SIEGBURGER STUDIEN

XXVI

RESPUBLICA-VERLAG SIEGBURG

ANNEGRET WENZ-HAUBFLEISCH

MIRACULA POST MORTEM

Studien zum Quellenwert hochmittelalterlicher Mirakelsammlungen vornehmlich des ostfränkisch-deutschen Reiches

1998

RESPUBLICA-VERLAG SIEGBURG

Die Deutsche Bibliothek – CIP-Einheitsaufnahme

Wenz-Haubfleisch, Annegret:
Miracula post mortem: Studien zum Quellenwert hochmittelalterlicher Mirakelsammlungen, vornehmlich des ostfränkisch-deutschen Reiches / Annegret Wenz-Haubfleisch. – Siegburg: Respublica-Verl., 1998
(Siegburger Studien; 26)
ISBN 3-87710-190-9

Gedruckt mit Unterstützung der Erzbistümer Bamberg und Köln, der Bistümer Mainz und Münster, des Landschaftsverbandes Rheinland, des Rhein-Sieg-Kreises, der Stadt Siegburg und von Herrn Walter Mundorf (†).
Respublica-Verlag Franz Schmitt, 53721 Siegburg, 1998
Druck: Franz Schmitt, Siegburg
ISBN 3-87710-190-9

Inhaltsverzeichnis

Vorwort des Herausgebers

Frau Dr. Wenz-Haubfleisch bedankt sich im Vorwort für meine Mitarbeit bei der Drucklegung des vorliegenden Werkes. Ich möchte ihr an dieser Stelle ebenfalls danken; hat sie doch die von mir vor 30 Jahren herausgegebene Quelle – die Siegburger Anno-Mirakel – bearbeitet und in einem größeren Zusammenhang untersucht. Darüber habe ich mich sehr gefreut. Das war auch der Grund, ihre Dissertation in die Reihe „Siegburger Studien" aufzunehmen.

An dieser Stelle möchte ich aber auch meines Freundes Walter Mundorf gedenken. Am Karfreitag, dem 10. April 1998 starb er im Alter von 68 Jahren. Seit dem Band II der Siegburger Studien hat er zu jedem neuen Band einen bedeutenden Druckkostenzuschuß gegeben. So ist es auch sein Verdienst, daß bisher 25 Bände dieser Reihe zu den verschiedensten Themen der Siegburger Geschichte erscheinen konnten. Als ich Ende vergangenen Jahres ihn besuchte und von dieser Veröffentlichung erzählte, stand er spontan auf, holte mehrere große Scheine und übergab sie mir als Zuschuß. Ihm, der am Karfreitag, dem Todestag Christi starb, durfte ich in der Osterwoche die Totenmesse feiern und ihn neben seiner 1984 verstorbenen Gattin auf dem Siegburger Friedhof beerdigen. Möge er im Frieden Christi ruhen und seine letzte Vollendung in Gottes Herrlichkeit erlangen.

Mauritius Mittler OSB Im August 1998

Vorwort

Die vorliegende Arbeit wurde im Sommersemester 1996 vom Fachbereich Geschichtswissenschaften der Philipps-Universität Marburg als Dissertation angenommen. Herr Professor Jürgen Petersohn hat sie angeregt und mit beständigem Interesse, Hinweisen und Kritik betreut, wofür ich ihm sehr herzlich danken möchte. Dem Zweitgutachter, Herrn Professor Hans K. Schulze, danke ich für die Übernahme des Korreferats und seine weiterführenden Korrekturvorschläge.

Anregungen und Hilfestellungen von Freunden, Kollegen sowie Mitgliedern des Arbeitskreises für hagiographische Fragen kamen der Arbeit zugute; ihnen allen gilt mein herzlicher Dank. Besonders verbunden fühle ich mich Dr. Otto Volk für seine Ratschläge und Ermutigungen sowie Dr. Anke Weichenhain für ihre abschließende Durchsicht des Manuskripts. Fritz Fischer und Peter Zientkiewicz vom Hessischen Landesamt für geschichtliche Landeskunde in Marburg sei für die Herstellung der Karte gedankt.

Pater Mauritius Mittler von der Abtei Siegburg hat diese Arbeit nicht nur in die Reihe Siegburger Studien aufgenommen, sondern die Drucklegung auch umsichtig betreut; hierfür habe ich ihm sehr zu danken. Ihre Veröffentlichung in dieser Reihe wäre indessen ohne eine Anzahl namhafter Druckkostenzuschüsse nicht möglich gewesen, die die Erzbistümer Bamberg und Köln, die Bistümer Mainz und Münster, der Landschaftsverband Rheinland, der Rhein-Sieg-Kreis, die Stadt Siegburg und Herr Walter Mundorf (Siegburg) zur Verfügung gestellt haben. Dem Franz Schmitt-Verlag in Siegburg gebührt Dank für die gute Zusammenarbeit und zügige Drucklegung.

Der Anteil, den Dietmar Haubfleisch an der Entstehung dieser Arbeit genommen hat, geht weit über den ständigen wissenschaftlichen Dialog hinaus – vielen herzlichen Dank dafür.

Das nun fertige Buch sei meinen Eltern Heinrich und Elsbeth Wenz in Dankbarkeit dafür gewidmet, daß sie meinen wissenschaftlichen Werdegang stets mit Anteilnahme und durch vielfache Unterstützung begleiteten.

Marburg, im Januar 1998

Vorbemerkung zur Zitierweise

In der vorliegenden Arbeit wurden Editionen aus verschiedenen Zeiten, die unterschiedliche Standards aufweisen, wie auch Handschriften benutzt. Einige Erläuterungen zur Zitierweise sind daher vonnöten. Handschriften wurden nach den Regeln der Monumenta Germaniae historica zitiert. In ungedruckten Quellen und alten Editionen wurde sie behutsam deren Regeln angepaßt. Beim Zitieren moderner Editionen, in denen statt der Satzzeichen die Pausenzeichen der Handschriften übernommen sind und die Schreibweise konsequent den Handschriften angepaßt ist, wurden wenigstens die Eigennamen groß geschrieben.

Abkürzungs- und Siglenverzeichnis

AA SS	Acta Sanctorum
- Febr.	Februarii
- Mart.	Martii
- Mai.	Maii
- Jun.	Junii
- Jul.	Julii
- Sept.	Septembris
- Oct.	Octobris
- ord. s. Ben. saec.	ordinis sancti Benedicti ... saeculum
AB	Analecta Bollandiana
Abt.	Abteilung
Addit. (et cont.)	Additamentum (et continuatio)
Apg.	Apostelgeschichte
Art.	Artikel
Aufl.	Auflage
Bayer.	Bayerische
Bd., Bde.	Band, Bände
bearb.	bearbeitet
begr.	begründet
Beih.	Beiheft
Beitrr.	Beiträge
bes.	besonders

beschr.	beschrieben
Bf.	Bischof
BHG	Halkin, Bibliotheca hagiographica graeca
BHL	Bibliotheca hagiographica latina
Bibl.	Bibliothek
briefl.	brieflich
bzw.	beziehungsweise
c.	capitulum
Cat. cod.	Catalogus codicum
- hag. lat. bibl. civ. Trev.	hagiographicorum latinorum bibliothecae civitatis Treverensis
- hag. lat. sem. Trev.	hagiographicorum latinorum seminarii et ecclesiae cathedralis Treverensis
- lat. Bibl. Reg. Monac.	latinorum Bibliothecae Regiae Monacensis
- manu script. qui in bibl. mon.	manuscriptorum qui in bibliotheca monasterii
Cod.	Codex
DA	Deutsches Archiv für Erforschung des Mittelalters
ders./dies.	der- /dieselbe
Diss.	Dissertation
dt.	deutsch
ebd.	ebenda
Ebf.	Erzbischof
ed.	edidit, ediderunt
eingel.	eingeleitet
Ecl.	Ecloga
engl.	englisch
Ep. (ded.)	Epistola (dedicatoria)
erarb.	erarbeitet
Erg.bd.	Ergänzungsband
Exc.	Exzerpt
f., ff.	folgende
Fasc.	Fascicule
FMSt	Frühmittelalterliche Studien
fol.	folio
fortgef.	fortgeführt
GP	Germania Pontificia
H.	Heft
hg.	herausgegeben
hl(l).	heilige(r)
HRG	Handwörterbuch zur deutschen Rechtsgeschichte

Hs(s).	Handschrift(en)
HZ	Historische Zeitschrift
Jb.	Jahrbuch
Jh(s).	Jahrhundert(s)
JL	Regesta pontificum Romanorum ab condita ecclesia ad annum post Christum natum MCXCVIII
Kl.	Kloster
lat.	lateinisch
lib.	liber
LexMA	Lexikon des Mittelalters
Lief.	Lieferung
LuxUB	Urkunden- und Quellenbuch zur Geschichte der altluxemburgischen Territorien bis zur burgundischen Zeit
masch.	maschinenschriftlich
Matth.	Matthäus
m.E.	meines Erachtens
MGH	Monumenta Germaniae historica
- D	Reihe Diplomata
- Const.	Reihe Constitutiones
- LL	Reihe Leges
- SS (rer. Merov.)	Reihe Scriptores (rerum Merovingicarum)
Mlat. Wb.	Mittellateinisches Wörterbuch bis zum ausgehenden 13. Jahrhundert
Mrh. Regesten	Mittelrheinische Regesten
Mrh. UB	Urkundenbuch zur Geschichte der jetzt die Preussischen Regierungsbezirke Coblenz und Trier bildenden mittelrheinischen Territorien
Ms.	Manuskript
NA	Neues Archiv der Gesellschaft für ältere deutsche Geschichtskunde
NB	Nationalbibliothek
ND	Neu- bzw. Nachdruck
Neuausg.	Neuausgabe
NF	Neue Folge
Nr., No.	Nummer, Numero
NS	Nouveau série
o. Dat.	ohne Datierung
Österr.	Österreichische
PL	Migne. Patrologia Latina
Praef.	Praefatio

Prol.	Prolog
r	recto
R.	Reihe
rec.	recensuit
red.	redigiert
Reg. Imp.	Regesta Imperii
Rh. UB	Rheinisches Urkundenbuch. Ältere Urkunden bis 1100
S.	Seite
saec.	saeculum
sc.	scilicet
Siegb.	Siegburger
Sp.	Spalte
StMGOSB	Studien und Mitteilungen zur Geschichte des Benediktinerordens und seiner Zweige
s. v.	sub verbo
Tl.	Teil
Trad.	Tradition
UB	Universitätsbibliothek, Urkundenbuch
Übers., übers.	Übersetzung, übersetzt
v	verso
v. a.	vor allem
Verf.in	Verfasserin
VerfLex	Die deutsche Literatur des Mittelalters. Verfasserlexikon
Veröff.	Veröffentlichungen
vgl.	vergleiche
VJ	Gregorii episcopi Turonensis liber de virtutibus s. Juliani
VM	Gregorii episcopi Turonensis libri de virtutibus s. Martini
vol.	volumen, volume
Z.	Zeile
z. B.	zum Beispiel
Zs.	Zeitschrift

Einleitung

Als Mirakelsammlungen werden Serien von Berichten über Wunder der Heiligen bezeichnet. Sie stellen eine Quellengattung dar, die im europäischen Mittelalter – dem lateinischen Westen wie dem griechischen Osten – zu Tausenden entstand und überliefert wurde[1]. Neben einem Lebenswandel in der Nachfolge Christi betrachtete man Wunder im allgemeinen als den augenfälligsten und unzweifelhaften Beweis für die Heiligkeit eines Menschen, die zu seiner kultischen Verehrung berechtigte. Sie entstanden also als Ausfluß der Heiligenverehrung.

In deutlichem Mißverhältnis zu seinem quantitativen Vorkommen steht die wissenschaftliche Beschäftigung mit diesem Material[2], und dies vor allem auf zwei Ebenen: Während in den letzten zwanzig Jahren im Zuge methodischer und thematischer Neuansätze in der Geschichtswissenschaft fast schon eine „Mirakelboom" zu nennende Auswertung dieser Quellen einsetzte, läßt die editorische und quellenkundliche Erschließung weiterhin große Defizite erkennen[3]. Ohne ausreichende Einsichten über den spezifischen Charakter dieser Quellen und ohne die Grenzen ihrer Aussagefähigkeit festgelegt zu haben, bleibt die Tragfähigkeit der wissenschaftlichen Erkenntnisse solcher Arbeiten aber ungewiß.

Die Situation in der Mirakelforschung stellt indessen keinen Einzelfall dar. Manfred THALLER hat vor kurzem ganz allgemein festgestellt, daß über viele in den letzten Jahrzehnten neu entdeckte und vornehmlich für quantifizierende Forschungen herangezogene Quellengattungen kaum „gesicherte hilfswissenschaftliche Kenntnisse ... – im Sinne klassischer Quellenkunden –" existieren. Er befürchtet, daß dies „zu gravierenden Fehleinschätzungen bei der Signifikanz der bearbeiteten Quellen führen" könne[4].

Nicht nur die quellenkundliche Erschließung der Mirakelsammlungen, sondern auch die der hagiographischen Quellen überhaupt ist trotz der jahrhundertelangen Beschäftigung der Bollandisten mit diesen Zeugnissen auf manchen Gebieten noch

---

[1] Siehe die Verzeichnisse der BHL und BHG.

[2] Siehe hierzu im einzelnen den Forschungsüberblick.

[3] Das Verdienst der großen Quellenedition der Acta Sanctorum soll damit keinesfalls in Zweifel gezogen werden, nur sind deren Editionen aufgrund neu aufgefundener Handschriften und veränderter Editionsprinzipien inzwischen weitgehend veraltet.

[4] THALLER, Entzauberungen, S. 153.

sehr unzureichend. Der Grund hierfür liegt in der großen Quellenvielfalt der Hagiographie, die Märtyrerakten, Passionen, Viten, Translationsberichte, Mirakelsammlungen, Martyrologien, Legendare, Reliquienverzeichnisse, liturgische und andere Quellen umfaßt. Bezeichnenderweise haben, als Léopold GENICOT, der Herausgeber der „Typologie des sources du moyen âge occidental", einen Bearbeiter für die in einem Band zu behandelnde Hagiographie suchte, so renommierte Forscher wie Baudouin de GAIFFIER oder Marc van UYTFANGHE und andere abgesagt. Diese ursprüngliche Idee wurde 1989 dann ganz fallen gelassen[5]. Hagiographische Quellengruppen werden dort inzwischen einzeln behandelt, wobei ein Band zu Mirakelsammlungen bislang nicht erschienen ist.

Ziel der vorliegenden Arbeit ist es daher, einen Beitrag zur Quellenkritik hagiographischer Zeugnisse und zur Aufhebung des Mißverhältnisses von Mirakelauswertung und Mirakelkritik zu leisten. Aufgrund ihrer typologischen Vielfalt kann es jedoch auch hier nicht darum gehen, eine Quellenkunde der Mirakelsammlungen schlechthin zu erarbeiten. Es wurde hingegen ein sehr häufig anzutreffender Typus ausgewählt: *Miracula post mortem* – Berichte über posthum gewirkte Wunder, die in der Regel zu mehr oder weniger ausführlichen Mirakelsammlungen arrangiert wurden. Selbst aus diesem Material mußte aufgrund der übermäßigen Fülle eine in mehrfacher Hinsicht einschränkende Auswahl vorgenommen werden:

Erstens wurde ein Zeitrahmen gesteckt, der das 10. bis 12. Jahrhundert umfaßt. Es handelt sich dabei um die Phase, in der die Gattung voll entwickelt war und eine erste Blüte erlebte. Mit dem Beginn des 13. Jahrhunderts setzten, beeinflußt von den Vorgaben des von der römischen Kurie immer stärker monopolisierten und formalisierten Kanonisationsverfahrens[6], bereits typologische Veränderungen ein, die einer gesonderten Untersuchung bedürfen. Seit dem 12. Jahrhundert wurden außerdem an den bald zahlreich entstehenden Marienwallfahrtsorten Mirakelbücher geführt, die ebenfalls eine eigene quellenkundliche Erforschung erfordern[7].

Zweitens wurde ein geographischer Rahmen abgesteckt, der das ostfränkisch-deutsche Reich umfaßt unter Ausgrenzung der in den heutigen Beneluxländern und Frankreich gelegenen Teile, also vornehmlich des nieder- und oberlothringischen Raumes. Die Einbeziehung dieser Gebiete hätte die Materialbasis um mehr als zwei Drittel vergrößert und so den Rahmen des Bearbeitbaren gesprengt. Zum anderen sind Mirakelsammlungen dieses Raumes bereits in anderen Forschungsarbeiten mit berücksichtigt worden, was einen Verzicht auf diese Quellen rechtfer-

---

[5] PHILIPPART, Introduction, S. 9 f.

[6] Als einschlägige Literatur zur Entwicklung des Kanonisationsverfahrens ist zu nennen: BROSCH, Heiligsprechung; KEMP, Canonization; KUTTNER, Réserve; KLAUSER, Heiligsprechungsverfahren; PETERSOHN, Kanonisationsdelegation; VAUCHEZ, Sainteté, S. 39 ff.

[7] Im hier gewählten Untersuchungsgebiet sind sie allerdings noch nicht so früh anzutreffen. Einen wichtigen Beitrag zu ihrer Erforschung hat jüngst SIGNORI, Maria, geleistet.

tigt[8]. Aus dem für die vorliegende Arbeit gewählten Gebiet aber sind bislang vergleichsweise wenige Mirakelsammlungen überhaupt Gegenstand von Untersuchungen geworden. Es besteht folglich hier das größte Defizit in der Aufarbeitung der Mirakelliteratur. Daher soll und kann mit der quellenkritischen Analyse dieses Materials eine Basis für künftige Auswertungen gelegt werden.

Drittens war für die Auswahl maßgebend, daß eine Mirakelsammlung mindestens zehn Mirakelberichte umfaßt. Dieser eher willkürlich anmutende Wert mußte gesetzt werden, um das Material auf solche Mirakelsammlungen zu begrenzen, die diese Bezeichnung verdienen, und deren Anlage einen gewissen organisatorischen Aufwand erforderte.

Die quellenkritischen Forschungen können trotz des beschränkten geographischen Raums einen generellen Erkenntnisfortschritt über den gewählten Typus von Mirakelsammlungen beanspruchen. Durch die Heranziehung weiterer ausgewählter Wunderserien anderer Regionen für einzelne Aspekte und die Einbeziehung der bisherigen ansatzweisen quellenkritischen Untersuchungen, die zum großen Teil an Mirakelsammlungen außerhalb des gesteckten Untersuchungsgebiets gewonnen wurden, werden die erzielten Ergebnisse erweitert und gefestigt. Das heißt, sie werden aussagekräftig sein für posthume Mirakelsammlungen des 10. bis 12. Jahrhunderts im zentraleuropäischen Bereich.

Der Quellenwert der Mirakelsammlungen soll aus verschiedenen methodischen Perspektiven geprüft werden. Dies geschieht teilweise in Anlehnung an die Vorgaben, die den Faszikeln der Reihe der „Typologie des sources du moyen âge occidental“ zugrunde liegen[9]. Nach der Formulierung einer Definition der Gattung wird zunächst ihre Entwicklung von der Spätantike bis zum Hochmittelalter umrissen, um die gattungsgeschichtlichen Traditionen, auf deren Folie sich die hochmittelalterliche Entwicklung vollzog, aufzuzeigen.

Im zweiten Schritt wird die Perspektive der institutionellen und organisatorischen Bedingungen der Quellenentstehung gewählt. Zuerst richtet sich der Blick auf den organisatorischen und editorischen Aufwand, mit dem die Mirakelsammlungen hergestellt wurden. Mit Hilfe von Text- und Handschriftenanalysen wird dabei die idealtypische Genese einer Mirakelsammlung rekonstruiert. Dieser Schritt dient dazu, die Sorgfalt, mit der die redaktionelle Bearbeitung einer Wundersammlung erfolgte, zu bestimmen. Anschließend soll das räumliche Verhältnis der Autoren zu den von ihnen berichteten Wundererlebnissen beleuchtet werden, um die Position, die sie zu ihnen einnahmen, zu ermessen. Schließlich soll ihren Darstellungsprinzipien und dem literarischen Anspruch der Texte nachgegangen werden. Hierbei soll vor allem untersucht werden, in welchem Maße Formeln und Stereotypen, aber auch rhetorische Stilisierungen sowie sprachliche Elemente und

[8] Es handelt sich um quellenkundliche und sozialgeschichtliche Arbeiten von SIGAL, Travail; DERS., Histoire; DERS., L'homme; RENDTEL, Mirakelberichte.

[9] GENICOT, Introduction, bes. S. 13 f.

weitere Darstellungsformen anderer Quellengruppen die Gestaltung der Mirakelberichte beeinflußten. Auf der Basis dieser Ergebnisse wird die Gattungszugehörigkeit der Mirakelsammlungen zu diskutieren sein. Ferner soll geklärt werden, aus welchen Anlässen und mit welchen Absichten geistliche Institutionen Heiligenkulte initiierten, neu belebten und förderten, als deren Ausfluß diese Kultunterlagen entstanden. Es wird in diesem Zusammenhang auch zu fragen sein, ob und wenn ja, welche Funktionen diese Texte bei den genannten Bemühungen erfüllten.

Im dritten Schritt wird die Richtung bestimmt, in die die Mirakelserien wirken sollten: Hierbei wird aufgezeigt, welches Publikum die Hagiographen ansprechen wollten und mit welchen Intentionen sie diese Quellengattung produzierten.

Abschließend sollen die Ergebnisse zusammengefaßt und zudem ausblickartig Themen und Fragestellungen für künftige Forschungen angerissen werden, für die die Mirakelsammlungen aufgrund der gewonnenen Erkenntnisse eine aussagekräftige Quellengattung darstellen.

A. Forschungsüberblick

I. Das hagiographische Werk der Bollandisten

Die hagiographische Forschung blickt dank der Arbeit der Bollandisten auf eine fast 400jährige Tradition zurück, deren Ertrag für die Mirakelforschung im folgenden analysiert werden soll[1].

Als katholische Antwort auf die Kritik der Reformation an den Exzessen der Heiligenverehrung wurde zu Beginn des 17. Jahrhunderts in der Antwerpener Niederlassung der Societas Jesu ein Editionswerk konzipiert, das die Quellentexte, die über Leben und Verehrung der Heiligen Auskunft geben, möglichst in ihrer ursprünglichen Gestalt, das heißt gereinigt von in Jahrhunderten angefügtem legendarischen Ballast, darbieten und dem Heiligenkalender folgend die Kultunterlagen bereitstellen sollte. Führender Kopf des Unternehmens war der später der ganzen Gruppe ihren Namen gebende Jean BOLLAND (1596-1665), der die bahnbrechenden Konzeptionen seines Mitbruders Heribert ROSWEYDE (1569-1629) weiterentwickelte. Zusammen mit seinem Helfer Gottfried HENSCHEN (1601-1681) gab BOLLAND 1643 zwei Januarbände der Acta Sanctorum heraus, wie das Werk fortan heißen sollte.

Das Konzept war für seine Zeit außerordentlich modern, da mit ihm in Ansätzen textkritische Editionen angestrebt und verwirklicht wurden. Die Methode wurde im 19. Jahrhundert mit der Weiterentwicklung der allgemeinen historischen Kritik weiter verfeinert[2]. Ausführliche Commentarii praevii gaben Auskunft über die benutzten Handschriften, den Wert der Quellen, die historische Persönlichkeit des Heiligen sowie deren Kult und stellten damit wichtige Informationen für die Benutzung der Texte bereit. Damit liegt ein – entsprechend dem jeweiligen Stand der Entstehungszeit – zuverlässiges editorisches Werk vor, das allerdings bis heute

---

1 Zur Geschichte der Société des Bollandistes siehe DELEHAYE, L'œuvre; PEETERS, L'œuvre; AIGRAIN, L'hagiographie, S. 329 ff.; HAUSBERGER, Kritisches hagiographisches Werk (verfolgt die Geschichte bis zur Auflösung am Ende des 18. Jhs.); DERS., Art. Hagiographie, bes. S. 368 ff.; WEILANDT, Ansichten, S. 33 ff.

2 Siehe die neuen Editionsprinzipien von Charles DE SMEDT bei JOASSART, Deux projets, S. 359.

nicht vollendet werden konnte[3]. Es stellt die größte und bedeutendste Sammlung hagiographischer Texte der Welt dar, einen unentbehrlichen Zugang zu den Heiligen und ihren Kultunterlagen. Da sich die Bollandisten um vollständige Zusammenstellung aller das Leben und den Kult eines Heiligen betreffender Quellen bemühten, nahmen sie auch Mirakelsammlungen in ihre Editionen auf.

Angesichts der Tatsache, daß die Antwerpener Jesuiten ihre Hauptaufgabe in der Bereitstellung von Editionen sahen und sehen[4], konzentrierte sich ihre kritische Arbeit in erster Linie auf den einzelnen Text beziehungsweise das Textcorpus eines Heiligen und die einzelne heilige Persönlichkeit. Als Leitbegriffe ihrer wissenschaftlichen Kritik können „Wahrheit" und „Historizität" gelten[5], die sie zum einen bemüht sein ließen, legendäre, auf purer Erfindung beruhende Heilige auszusondern, zum anderen die Texte auf die Historizität ihres Gehaltes zu überprüfen. Sie verstanden sich, besonders seit dem 19. Jahrhundert, als ein spezieller Zweig der Geschichtswissenschaft[6].

Durch diese Konzentration auf einzelne Heilige und Texte vernachlässigten die Bollandisten lange Zeit übergreifende typologisch-quellenkundliche Fragen, obwohl sie durch ihre enorme Quellenkenntnis dazu prädestiniert gewesen wären, solche Probleme anzugehen[7]. Der erste, der sich in erstaunlichem Umfang mit verschiedenen hagiographischen Quellengruppen befaßte, war Hippolyte DELEHAYE[8]. Er erforschte zu Beginn des 20. Jahrhunderts vor allem die spätantiken Legenden und Passionen[9]. Dabei lieferte er wichtige Hinweise zur Entstehung der Quellen und deckte ihre Durchsetzung mit Topoi und Motiven auf. In der Tradition der Bollandisten wie auch der Geschichtswissenschaft der Zeit blieb jedoch auch DELEHAYE auf der Suche nach der „Wahrheit", den verwertbaren Fakten, lau-

---

[3] Die AA SS reichen bis zum 4. Bd. des November, erschienen 1925; hinzu kommt ein Dezemberband mit dem Martyrologium Romanum. Siehe die vergleichende Übersicht der drei Aufl. der AA SS bei DELEHAYE, L'œuvre, S. 172 f. Zu den Problemen, die einer Vollendung entgegenstehen, OMMESLAEGHE, Jubilé, S. VI.

[4] Hierzu OMMESLAEGHE, Jubilé, S. XI, der 1987 als primäre Ziele die Beendigung der Serie und die Überarbeitung der veralteten Bände aufstellt.

[5] VAUCHEZ, L'hagiographie, S. 252 f.

[6] Einer ihrer herausragendsten Vertreter, Charles DE SMEDT (1833-1911), hat 1883 mit seinen „Principes de la critique historique" eines der frühesten Lehrbücher der historischen Methode verfaßt und den (nicht verwirklichten) Plan ausgearbeitet, am Museum Bollandianum eine historisch-kritische Schule vergleichbar der Ecole des chartes in Paris einzurichten; hierzu JOASSART, Deux projets, S. 354, 362 ff. Siehe zur Persönlichkeit DE SMEDTS den Nachruf von DELEHAYE, Notice.

[7] Andererseits erschwerte wahrscheinlich die Herausgabe von Quellen nach dem Heiligenkalender, die es erforderlich machte, sich mit Texten ganz unterschiedlicher Epochen und Regionen zugleich zu befassen, solche Arbeiten.

[8] DELEHAYE (1859-1941) stand den Bollandisten von 1912 bis zu seinem Tod vor; siehe den Nachruf von PEETERS, Le R.P. Hippolyte Delehaye, S. I-XXXVII, und dessen Bibliographie, S. XXXVIII-LII.

[9] Les légendes hagiographiques, 1905, 4. Aufl. 1955; Les passions des martyres et les genres littéraires, 1921.

tete sein Credo „aider la vérité à se faire jour“[10]. Fragen nach dem Heiligenideal, der spezifischen Frömmigkeit und ähnlichem ging er folglich nicht nach, obgleich er einräumte, daß die Legenden eine Wahrheit enthielten, die sich über die historische erhebe[11]. GRAUS hat diese Haltung kraß als eine Opferung der Legenden bezeichnet[12]. Besonders aufschlußreich für DELEHAYES wissenschaftliche Herangehensweise ist seine Aufsatzsammlung „Cinq leçons sur la méthode hagiographique“[13], in der er Möglichkeiten der Bestimmung der Authentizität von Heiligen, ihren Kulten und Reliquien aufzeigt.

DELEHAYE hat sich aber auch als erster und bisher einziger Bollandist ausführlicher quellenkritisch mit Mirakelsammlungen beschäftigt. Seine Forschungen galten spätantik-frühmittelalterlichen Serien posthumer Mirakel, die sich auf bestimmte Heilige und deren Kultorte beziehen. Sie stammen aus dem griechischen Osten und dem lateinischen Westen des 4. bis 7. Jahrhunderts[14]. Dabei kommt er zu wichtigen Beobachtungen, die an gegebener Stelle referiert werden sollen.

Sieht man hingegen die Jahrgänge der 1882 erstmals erschienenen Analecta Bollandiana durch, deren Aufgabe es sein sollte, in Ergänzung zu bereits publizierten Bänden der Acta Sanctorum neu aufgefundene Texte zu edieren, Verzeichnisse von Handschriften hagiographischen Inhalts zu bieten sowie Untersuchungen allgemeinerer Art zu veröffentlichen[15], so dominieren weiterhin Analysen, die den einzelnen Text betrachten. Zum selben Ergebnis gelangt man, wenn man die Publikationslisten einiger führender Bollandisten auswertet[16]. Beinahe einziges übergreifendes Gebiet, das besonders von Baudouin de GAIFFIER, aber auch von anderen bearbeitet wurde, ist die Themen- und Motivforschung, zu der in den letzten dreißig Jahren einige Aufsätze publiziert wurden[17].

Einen weiteren vielversprechenden Ansatz in der hagiographischen Forschung leistete GAIFFIER mit seiner bereits 1926 an der Ecole des chartes vorgelegten Dissertation „L'hagiographie dans le marquisat de Flandre et le duché de Basse-Lo-

---

[10] Zitiert nach DEVOS, Cent ans, S. XII.

[11] DELEHAYE, Légendes, S. 217.

[12] GRAUS, Volk, S. 31; dazu GAIFFIER, Bollandistes, S. 265 f., der die Schärfe dieses Urteils zurückweist.

[13] Subsidia hagiographica, Bd. 21, 1934; siehe hierzu auch seinen Aufsatz La méthode historique et l'hagiographie.

[14] DELEHAYE, Premiers libelli; DERS., Recueils antiques.

[15] DELEHAYE, L'œuvre, S. 153; JOASSART, Origines.

[16] Z.B. die von COENS, in: AB 90, 1972, S. XVII-XXIII; GAIFFIER, in: AB 100, 1982, S. VII-XVIII; PEETERS, in: AB 69, 1951, S. XLVIII-LIX; HALKIN, in: AB 100, 1982, S. XIX-XXX, und AB 106, 1988, S. XLI-XLIV.

[17] GAIFFIER arbeitete über zahlreiche Themen; siehe seine Publikationsliste in: AB 100, 1982, S. VII-XVIII; COENS untersuchte die Kephalophorie; siehe seine Publikationsliste in: AB 90, 1972, S. XVII-XXIII; auch Paul DEVOS hat sich der Motivforschung zugewandt: siehe Le manteau partagé; Voyage marin sur un manteau; FROS, A mortuis suscitati, untersucht die Typologie von Auferweckungswundern.

tharingie au XIe siècle", die in Einzelbeiträgen gedruckt wurde[18]. GAIFFIER untersucht hier die gesamte hagiographische Produktion eines Raumes in einer bestimmten Zeit unter Aspekten wie Autoren, Auftraggeber, Vorbilder, Stil, historischer Wert der Texte, Publikum. Obwohl sich unter seinen Quellen nicht wenige Mirakelsammlungen befinden[19], ist der Ertrag seiner Arbeit für die Mirakelforschung jedoch gering[20], da sich seine Hauptergebnisse auf die Auswertung der Viten stützen. Von anderen Bollandisten wurde dieser Ansatz nicht weiter verfolgt.

Aufgrund dieser Beobachtungen ist der Schluß zu ziehen, daß für die Erschließung der Mirakelsammlungen vor allem das kritische Editionswerk der Bollandisten von unschätzbarem Wert ist. Gemäß ihrer Maxime, alle auf einen Heiligen bezogenen Texte zu edieren, haben sie auch diese hagiographischen Quellen in ihre Bände aufgenommen. Sicherlich ist manche vor Jahrhunderten entstandene Edition heute veraltet, da inzwischen neue Handschriften aufgefunden wurden, die nicht zuletzt in dem wertvollen Organ der Bollandisten, den Analecta Bollandiana, verzeichnet sind, doch sind sie als vorläufige Textgrundlage immer noch unentbehrlich. Der methodische Ertrag der Arbeit der Bollandisten für den Umgang mit Mirakelsammlungen ist jedoch eher gering zu veranschlagen.

II. Die deutsche Geschichtswissenschaft des 19. und beginnenden 20. Jahrhunderts

Im folgenden Abschnitt soll zum einen dargelegt werden, in welchem Maße das große nationale Editionsunternehmen der Monumenta Germaniae historica[21] die editorischen Voraussetzungen schuf, um das hagiographische Material, insbesondere die Mirakelsammlungen, auswerten zu können, und zum anderen, inwieweit Forscher im 19. und beginnenden 20. Jahrhundert Fragestellungen an diese Quellengattung herantrugen.

Dem „Vater" der Monumenta, dem ehemaligen preußischen Staatsminister Freiherrn vom Stein, war in erster Linie an einer Edition der Geschichtsschreiber gelegen, also im weiteren Sinne der erzählenden Quellen. Diese sollten als Grund-

---

[18] Der größte Teil findet sich in seiner Aufsatzsammlung Etudes critiques, S. 415-507 (der Teil L'hagiographe et son public au XIe siècle erschien bereits 1947 in den Miscellanea L. VAN DER ESSEN, S. 135-166); der Abschnitt Les revendications de biens dans quelques documents hagiographique du XIe siècle wurde in den AB 50, 1932, S. 123-138, publiziert; siehe seine Publikationsliste, in: AB 100, 1982, S. VII-XVIII.

[19] Siehe das Quellenverzeichnis auf S. 416 ff.

[20] Einige Beobachtungen finden sich auf S. 421 f.

[21] Siehe zu dessen Entstehung und Entwicklung BRESSLAU, Geschichte; GRUNDMANN, Monumenta; aus biographischer Perspektive FUHRMANN, Gelehrtenleben.

lage für die Erforschung einer deutschen Nationalgeschichte dienen[22]. Steins Vorstellungen schlugen sich auch in dem Plan des zunächst für die Herausgabe der Zeugnisse gewonnenen Archivars Carl Georg DÜMGÉ nieder[23]. Dieser erkannte, daß für eine solche Nationalgeschichte auch die hagiographischen Quellen – konkret spricht er von den „vitae sanctorum" – von Interesse sein mochten: diese „Goldkörner in den Sammlungen eines Ughelli, Surius, der Bollandisten, Mabillonischen Annalen dürfen durchaus nicht vernachlässigt bleiben"[24]. Bei den in dem Entwurf konkret aufgezählten Viten handelt es sich allerdings ausschließlich um diejenigen von Herrscherinnen und Herrschern sowie für die Reichsgeschichte bedeutenden Persönlichkeiten wie Brun von Köln oder Bernward von Hildesheim[25]. Viteneditionen sollten also in dem Maße erfolgen, wie sie der Aufarbeitung der politischen Geschichte des mittelalterlichen Deutschland dienten.

Der neue Entwurf für die Monumenta, der nach dem Rücktritt DÜMGÉs 1824 von Georg Heinrich PERTZ aufgestellt wurde, legte das Schwergewicht auf die konkrete Einteilung des Editionswerkes in die fünf Hauptabteilungen, die noch heute den Zentralbestand der MGH ausmachen. Er betonte, daß man mit dem Aussondern unbrauchbarer Quellen sehr vorsichtig verfahren sollte, da über den Wert einer Schrift durchaus unterschiedliche Vorstellungen vorhanden sein könnten[26].

Kennzeichnete den Beginn der MGH eine gewisse Vorsicht im Aussortieren vermeintlich wertloser Quellen, so hatte sich gegen Ende des 19. Jahrhunderts die Einstellung zu den hagiographischen Zeugnissen zu scharfer Ablehnung entwikkelt[27]. 1887, als mittlerweile 28 Scriptoresbände vorlagen, wies Oswald HOLDER-EGGER einen Angriff auf die Editionsprinzipien der MGH von Ottokar LORENZ zurück; die Replik ist höchst aufschlußreich für das Verhältnis der Monumenta-Editoren zu den hagiographischen Quellen. „Größten Theils", so meinte HOLDER-EGGER, enthielten sie „ganz werthlose Wundererzählungen". Diese hätten schon aus Platzgründen nicht aufgenommen werden können, aber auch deshalb nicht, weil sie „zur Hälfte historisch unbrauchbares Zeug enthalten hätten". Einen Ausdruck DÜMGÉs aufgreifend, spricht er dann von den „Goldkörnern", die „in der Wüstenei der Heiligengeschichten verloren wären, wenn man sie nicht sorgfäl-

---

22 BRESSLAU, Geschichte, S. 3 f.; GRUNDMANN, Monumenta, S. 1; WEILANDT, Ansichten, S. 37; siehe auch OERTEL, Pertz.

23 DÜMGÉ, Ankündigung.

24 Ebd., S. 29.

25 Ebd., S. 48 ff.

26 PERTZ, Plan, S. 791 f.

27 Zu den Gründen LIFSHITZ, Beyond Positivism, S. 111 ff., die geltend macht, daß sich seit der Mitte des Jahrhunderts einerseits die Einführung des Begriffs Hagiographie und die mit ihm verbundenen negativen Konnotationen durchsetzten und andererseits das Interesse an der Nationalgeschichte sich verstärkte.

tig gesammelt hätte." HOLDER-EGGER rechtfertigt damit das Prinzip der Monumenta, insbesondere aus hagiographischen Quellen nur die Teile zu edieren, die „historisch brauchbar" waren[28], mitunter also nur Exzerpte darzubieten.

Trotz dieser bis in die Wortwahl außerordentlich despektierlichen Haltung HOLDER-EGGERs gegenüber den hagiographischen Quellen, insbesondere gegenüber den Wunderberichten, und der Verkennung der in ihnen liegenden Erkenntnismöglichkeiten, eröffnete die Herangehensweise der Monumenta-Editoren auch bestimmten hagiographischen Zeugnissen eine Chance. In der Tat sind in den Scriptoresbänden nicht wenige Viten, Translationsberichte und auch Mirakelsammlungen vollständig ediert worden[29] – von den für diese Untersuchung ausgewählten Texten insgesamt 21[30].

Mit den meisten anderen hier herangezogenen Mirakelserien verfuhr man wie beschrieben, das heißt, sie wurden in Exzerpten, die manchmal nur eine Zeile im Petit-Druck umfassen, wiedergegeben[31], und zwar jeweils die Stellen, an denen sich eine im Sinne der Monumenta brauchbare historische Information – etwa die Nennung eines Ortsnamens oder einer bedeutenden Person – befand. Diese Teile, die viele Seiten in den Scriptoresbänden füllen, sind für die Forschung – sieht man einmal von den erwähnten Informationssplittern ab – völlig nutzlos; sie stellen geradezu eine Verschwendung von Arbeitskraft und Papier dar. Hingegen ermöglichen die in den Vorreden nachgewiesenen und beschriebenen Handschriften auch heute den ersten Zugriff auf die Textüberlieferung.

Die erkenntnisleitenden Interessen, die die editorische Arbeit der Monumenta bestimmten, dominierten auch in der im Zeichen des Historismus stehenden Geschichtsforschung des 19. und bis weit ins 20. Jahrhundert hinein[32]. Hierzu trugen nicht nur ehemalige Mitarbeiter der Monumenta und Mitglieder der Zentraldirektion in ihrer Tätigkeit als Professoren an deutschen Universitäten bei[33], sondern auch andere, nicht in unmittelbarer Verbindung mit ihr stehende Professoren und

---

[28] HOLDER-EGGER, Monumenta, S. 20.

[29] Noch kritischer und herablassender als HOLDER-EGGER ging Bruno KRUSCH mit den hagiographischen Zeugnissen der Merowingerzeit um, und doch hat er u.a. die Julians- und Martinsmirakel Gregors von Tours vollständig ediert. Siehe die Beispiele bei GRAUS, Volk, S. 28 mit Anm. 55 u. 56; LOTTER, Methodisches, S. 300 mit Anm. 7.

[30] Siehe das Quellenverzeichnis.

[31] Siehe das Quellenverzeichnis; zum Schicksal der Vitalis-Mirakel jüngst WENZ-HAUBFLEISCH, Überlieferung.

[32] Zum Historismus existiert inzwischen eine Fülle von Literatur; hier seien nur einige Arbeiten aus neuester Zeit genannt: IGGERS, Geschichtswissenschaft; JÄGER/RÜSEN, Geschichte; WITTKAU, Historismus; OEXLE, Geschichtswissenschaft; DERS., 'Historismus'; Historismus, ed. OEXLE/RÜSEN.

[33] GRUNDMANN, Monumenta, S. 18 f., verweist darauf, daß die Monumenta für den wissenschaftlichen Nachwuchs oft das „Sprungbrett" darstellten, um sich zu habilitieren; andere wechselten von dort in den Schul- oder Archivdienst. Siehe hierzu auch seine Übersicht über die Mitarbeiter S. 23 ff.

Lehrer[34]. Das Schwergewicht ihrer Forschungen lag auf der Geschichte der politischen Ereignisse sowie der Rechts- und Verfassungsgeschichte. Auf diesen Sektoren wurden in dieser Zeit bis heute unentbehrliche, fakten- und quellengesättigte Werke hervorgebracht, von denen für die politische Geschichte paradigmatisch Wilhelm GIESEBRECHTs Geschichte der Deutschen Kaiserzeit[35] und für die Rechts- und Verfassungsgeschichte WAITZ' achtbändige deutsche Verfassungsgeschichte genannt seien[36].

In der von Karl LAMPRECHT und anderen gegen Ende des 19. Jahrhunderts vertretenen kulturgeschichtlichen Richtung hätte aufgrund des sozialpsychologischen Ansatzes eine Möglichkeit für die fruchtbringende Einbeziehung dieser Quellen liegen können. Daß sie nicht in den Blick genommen wurden, lag möglicherweise an dem universalistischen Ansatz der Kulturgeschichte[37].

Zu Beginn des 20. Jahrhunderts entstand die historische Landeskunde, die sich aus zwei Wurzeln entwickelte. Zum einen führte der LAMPRECHT-Schüler Rudolf KÖTZSCHKE in Leipzig die kulturhistorischen Traditionen seines Lehrers fort[38], zum anderen wird sie repräsentiert durch den in der Tradition O. REDLICHs und A. SCHULTEs stehenden Hermann AUBIN auf dem Bonner und später auf anderen deutschen Lehrstühlen. Ihren Initiativen sind die ersten landesgeschichtlichen beziehungsweise landeskundlichen Institute zu verdanken, die zum großen Teil noch heute Bestand haben und einen wesentlichen Teil der historischen Forschung ausmachen. Diesen beiden eng verwandten Richtungen ging es um eine Kulturraumforschung, die vor allem rechts-, verfassungs-, wirtschafts-, sozial- und siedlungsgeschichtliche Komponenten in die Erforschung historischer Landschaften einbrachte[39]. Auch für deren Fragen vermochte das hagiographische Material allerdings kaum Antworten zu liefern.

Abschließend ist festzustellen, daß der deutschen Mediävistik des 19. und beginnenden 20. Jahrhunderts der Zugang zu den hagiographischen Quellen verwehrt blieb. Den an Daten und Fakten zur politischen und Ereignisgeschichte in-

---

[34] Historiker, die mit den Monumenta in Verbindung standen, waren z.B. Georg WAITZ (Nachfolger von G. H. PERTZ als Präsident), Wilhelm WATTENBACH, Philipp JAFFÉ (trat aus Konfliktgründen mit PERTZ aus den MGH aus), Wilhelm GIESEBRECHT, Harry BRESSLAU, Robert HOLTZMANN; als Historiker, die den Monumenta fern standen, können genannt werden Gerold MEYER VON KNONAU, Bruno GEBHARDT. Eine zusammenfassende Darstellung zur Geschichte der deutschen Mediävistik seit dem 19. Jahrhundert fehlt. Die folgenden Ausführungen fußen daher weitgehend auf den nützlichen biographischen Artikeln des Historikerlexikons. Kurze allg. Hinweise liefert LOTTER, Methodisches, S. 299.

[35] 5 Bde., Braunschweig 1855-1888, 6. Bd., hg. u. fortges. v. B. v. SIMSON, Leipzig 1895.

[36] Kiel 1844-1878, in versch. Aufl.

[37] Zu Lamprecht SCHORN-SCHÜTTE, Lamprecht, bes. S. 117 ff.; zur Kulturgeschichte insgesamt HAAS, Kulturforschung.

[38] Zum Fortwirken von LAMPRECHTS Kulturgeschichte in der Landesgeschichte WUNDER, Kulturgeschichte, S. 71; GERLICH, Landeskunde, S. 71 ff.; HAAS, Kulturforschung, S. 204 ff.

[39] Siehe GERLICH, Landeskunde, S. 71 ff., zu LAMPRECHT, KÖTZSCHKE und AUBIN sowie die einschlägigen Artikel im Historikerlexikon, die weiterführende Hinweise enthalten.

teressierten Historikern lieferten diese Zeugnisse in der Tat eine geringe Ausbeute. Wie die verstümmelten Editionen der Monumenta zeigen, wurden sie vielfach nur als Steinbrüche genutzt. Obendrein nährten gerade diese mit Wunderberichten gesättigten Quellen immer wieder ihre Skepsis, und sie unterstellten den mittelalterlichen Hagiographen nur allzu leicht Betrugsabsichten[40]. Die kulturhistorische Forschung beachtete sie wahrscheinlich wegen ihres universalhistorischen Ansatzes nicht, der Landeskunde vermochten sie auf ihre Fragen keine Antworten zu liefern. Wegen andersgelagerter Forschungsinteressen und negativer Voreinstellungen also blieb dieses Feld historischer Erkenntnismöglichkeiten brach liegen[41].

III. Entwicklungen in der Geschichtswissenschaft nach dem Zweiten Weltkrieg

Nach dem Zweiten Weltkrieg trugen vornehmlich zwei Entwicklungen dazu bei, daß Mirakelsammlungen verstärkt in das Blickfeld der Mittelalterforschung rückten. Zum einen wurde das bereits zu Beginn der zwanziger Jahre von Marc Bloch und Lucien Febvre, den Begründern der für eine ganze Forschungsrichtung namengebenden Zeitschrift Annales, entwickelte Konzept der Mentalitätsgeschichte, das eine Erforschung kollektiver Vorstellungen und Einsichten anstrebte[42], nicht nur in Frankreich, sondern auch in anderen Ländern rezipiert und gewann Akzeptanz. Damit einhergehend vollzog sich ein bedeutender Wandel im Quellenverständnis, denn die Faktizität eines in einem historischen Zeugnis überlieferten Sachverhalts wurde dadurch weniger wesentlich als die dahinter verborgenen Einstellungen und Vorstellungen. Dies wurde in Deutschland zum Beispiel von Helmut Beumann 1960 dezidiert so formuliert, wobei er auch den Begriff Mentalität

---

[40] Siehe die eindrucksvollen Beispiele bei Lotter, Methodisches, S. 299 f. mit Anm. 6 und 7; Ders., Severinus, S. 2 f.; zu ähnlichen Forschungstendenzen in England Finucane, Use, S. 2 f.

[41] Diese Einschätzung gewinnt auch Lotter, Methodisches, S. 299; Graus, Volk, S. 28; Ähnliches konstatiert auch Haarländer, Vitae episcoporum, für die Viten in ihrem Forschungsüberblick (Einleitung A. II.). – Ich danke Dr. Stephanie Haarländer, daß sie mir Teile ihrer Diss. im Manuskript zur Verfügung stellte.

[42] Siehe die Artikel zu Bloch und Febvre im Historikerlexikon sowie Erbe, Sozialgeschichtsschreibung, S. 27 ff.; Burke, Offene Geschichte, S. 17 ff.; Iggers, Geschichtswissenschaft, S. 41 ff. Zu Bloch siehe überdies Fink, Marc Bloch; Raulff, Historiker. Zur Konzeption der Mentalitätengeschichte Wunder, Kulturgeschichte, S. 72 ff.; Iggers, Geschichtswissenschaft, S. 41 ff.; Duby, Histoire; Le Goff, Mentalités; Ariès, Geschichte der Mentalitäten. Heute existiert allerdings eine ganze Palette von Vorstellungen darüber, wie sich Mentalitätsgeschichte definiert und was ihr Gegenstand ist; dazu Rieks, Französische Sozial- und Mentalitätsgeschichte, S. 79 ff.

verwendete[43]. Die deutsche Forschung aus der Schule BEUMANNs und anderer hat jedoch weniger kollektive Bewußtseinslagen in den Blick genommen als die einzelner Autoren, zumeist Historiographen, so daß diese Arbeiten weniger der Mentalitäts- als der (politischen) Ideengeschichte zuzurechnen sind[44]. Gleichwohl bringen sie ein gewandeltes Quellenverständnis zum Ausdruck[45].

Zum zweiten waren die seit den siebziger Jahren besonders von der anglo-amerikanischen und französischen Forschung betriebene Ausweitung der Forschungsfelder und eine weitere Differenzierung der Methoden[46] entscheidend für die Berücksichtigung von Mirakelsammlungen als Quellengruppe. Denn viele der neuen Fragestellungen ließen sich mit den herkömmlicherweise ausgewerteten administrativen und historiographischen Quellen nicht mehr bearbeiten. Neue Quellentypen wurden daher entdeckt und herangezogen (zum Beispiel Rechnungen, Bußbücher, Testamente, Gerichtsprotokolle, Gnadengesuche, Predigten, Bild- und Sachquellen, Eheverträge, Reiseberichte, hagiographische Quellen). Hierzu gehörten auch – insbesondere posthume – Mirakelsammlungen[47].

Übergangen wurden bei dieser kurzen Skizze zunächst vereinzelte ältere historische und volkskundliche Arbeiten, die Mirakelsammlungen auswerteten beziehungsweise ihren Wert erkannten; auf diese sei im folgenden hingewiesen.

---

[43] BEUMANN, Methodenfragen, S. 3: „Eine andere Lage ergibt sich, wenn nicht mehr vornehmlich nur nach historischen Nachrichten gefragt wird, wenn nicht die Aktionen allein erforscht werden sollen, sondern auch die dahinter verborgenen Motive. Die Frage nach den Motiven schließt die weitere nach den Denkgewohnheiten eines Zeitalters, nach der Mentalität seiner Menschen, allgemein gesprochen, nach seiner Bewußtseinslage in sich."

[44] Dies wird auch von LOTTER, Severinus, S. 3, so gesehen. Mentalitätsgeschichtliche Arbeiten sind in der deutschen Mediävistik erst spät entstanden, sieht man von SPRANDEL, Mentalitäten, ab; hierzu auch SCHÖTTLER, Paradigma, S. 175.

[45] LOTTER, Methodisches, S. 303.

[46] Bezeichnende und einflußreiche Richtungen sind Quantifizierung, Sozialgeschichte, Strukturgeschichte, Mentalitätengeschichte, Frauen- bzw. Geschlechtergeschichte, Mikro-Historie, Alltagsgeschichte, Historische Anthropologie, Psychohistorie, Umweltgeschichte, Kulturgeschichte – Bereiche, die auch in der Mittelalterforschung Bedeutung gewonnen haben.

[47] Kürzlich hat auch UYTFANGHE, Vita, S. 196, nicht ohne kritischen Unterton festgestellt: „Der allgemeine Durchbruch der nouvelle histoire (Sozial-, Ideen-, Mentalitätsgeschichte) hat in der Tat bewirkt, daß man sich heutzutage von allen Seiten gierig auf die Hagiographie 'stürzt' und sie über alles und jedes 'befragt': über das 'Alltagsleben', über soziale Entwicklungen (einschließlich der historischen Frauenforschung), selbstverständlich über religiöse Praktiken, aber auch über Kultur, Unterricht und Ausbildung, über Sprachkommunikation, sogar über Krankheiten (basierend auf Mirakelgeschichten) und selbstverständlich auch über Denkformen, Glaubensauffassungen und -vorstellungen, über Menschen- und Weltbild, kurzum über dasjenige, was die Franzosen so schön *l'outillage mental* nennen." – Nur am Rande sei erwähnt, daß die hagiographische Forschung inzwischen eine solche Bedeutung erlangt hat, daß sie sich in verschiedenen Ländern auch institutionell etabliert hat: Z.B. gibt es in den USA eine Hagiography Society, die einen Newsletter herausgibt, in Italien die Associazione italiana per lo studio della santità, dei culti e dell'agiografia, ebenfalls mit einem Mitteilungsblatt: Sanctorum (1, 1996), sowie drei Lehrstühle für Hagiographie (siehe Hagiography Society Newsletter, vol. V, no. 1, Nov. 1994, S. 5). 1994 erschien erstmals die neue Zeitschrift Hagiographica. Im selben Jahr tagte in Deutschland zum ersten Mal der von Klaus HERBERS (Tübingen) initiierte Arbeitskreis für hagiographische Fragen, der seitdem regelmäßig Tagungen mit Workshop-Charakter veranstaltet.

A. Bouillet betonte bereits 1897 im Vorwort seiner Edition der Fides-Mirakel (Conques) deren Informationsgehalt für die Sozialgeschichte, den urkundliches Material nicht erreiche[48]. Elisabeth Busse-Wilson schrieb 1939 in einer Studie über die Elisabeth-Mirakel, sie seien „ein ungehobener Schatz zur Kenntnis der Mentalität von Elisabeths Zeitgenossen“[49]. Peter Bernards erkannte in einer Untersuchung über die rheinisch-moselländische Mirakelliteratur des 12. Jahrhunderts (1941) deren Aussagewert für die „Kulturgeschichte“ und das „Volksleben“[50]. Insbesondere die Volkskunde befand sich in dieser Zeit bereits auf den Spuren der Mirakel[51]. Beispielhaft seien die von Georg Schreiber in dem Sammelband „Deutsche Mirakelbücher“ vereinigten Aufsätze genannt.

Mirakelsammlungen gehören seit Pierre-André Sigals gewissermaßen bahnbrechendem Aufsatz von 1969 über die Reimser Gibriansmirakel, der sicherlich nicht zufällig in der Zeitschrift Annales erschien[52], zu den am häufigsten ausgewerteten hagiographischen Zeugnissen. Mittlerweile existiert eine Flut von Aufsätzen und auch eine Anzahl von Monographien, für deren Fragestellungen sie die Quellengrundlage bilden[53].

---

[48] Liber miraculorum sancte Fidis, ed. Bouillet, S. XXIX f.: „Aucun chroniqueur ne nous fait connaître l'histoire des provinces du Midi de la France et leur état social durant le haut moyen-âge. Les nombreuses chartes qui nous ont été conservées de cette région, si importantes qu'elles soient, sont impuissantes cependant à combler cette lacune. Aussi, à ce point de vue spécial, les renseignements fournis par l'écolâtre d'Angers et par son continuateur sont-ils d'une haute valeur, et leur intérêt ne saurait être révoqué en doute. Les personnages mis en scène ont, pour le plus grand nombre, vécu dans le Rouergue, le Quercy, l'Auvergne ou le Languedoc; c'est dans ces provinces ou dans leur voisinage que se passent la plupart des faits racontés. Les mœurs souvent brutales des seigneurs, l'oppression des faibles et des petits par les grands et les puissants, mille détails de mœurs et de coutumes, mille renseignements sur les institutions et les usages de la vie privée et de la vie sociale, tout cela passe sous nos yeux à mesure que nous lisons le *Livre des Miracles* de sainte Foy. Nous y voyons aussi quelle diffusion prodigieuse avait pris le culte de cette martyre, et quelle confiance en son pouvoir surnaturel poussait vers son tombeau la foule des pèlerins avides de ses faveurs.“

[49] Busse-Wilson, Wunder, S. 187; Hervorhebung der Verf.in. Daß sie bereits den Begriff Mentalität verwendet, ist bemerkenswert. Er wurde erst 1922 durch Lévy-Bruhl in die französische Wissenschaft eingeführt und gelangte von dort u.a. in die englische und französische Sprache. Auf dem Gebiet der Psychologie wurde er nur im Bereich der Kinderpsychologie eingesetzt; Rieks, Französische Sozial- und Mentalitätsgeschichte, S. 101 f.

[50] Bernards, Mirakelliteratur, S. 57. Allerdings überschätzt er den Quellenwert maßlos, wenn er dort schreibt: „Weil eben ihre Angaben gleichzeitig, wie die Pilger sie berichteten, niedergeschrieben werden und nichts anderes als die natürliche Erzählweise des einfachen Volkes festgehalten ist, werden Phantasie und Erfindungsgabe des geistlichen Schreibers weitgehend ausgeschaltet.“

[51] Siehe auch Rendtel, Mirakelberichte, S. 19; Signori, Maria, S. 19.

[52] Sigal, Maladie; der Aufsatz ging aus einem Vortrag hervor, den er im Rahmen einer von George Duby, einem der herausragenden Vertreter der Annales-Gruppe, geleiteten Veranstaltung („séminaire“) gehalten hatte; ebd., S. 1522.

[53] Siehe auch Signori, Maria, S. 21, die von „praktischen Untersuchungen“ spricht.

Versucht man den Ertrag der Mirakelforschung der vergangenen 25 Jahre systematisch zu erfassen[54], so ist in formaler Hinsicht festzustellen, daß eine Vielzahl von Aufsätzen existiert, von denen manche einzelne Mirakelsammlungen, andere eine größere Anzahl untersuchen. Daneben haben größere Mengen französischer, englischer und skandinavischer Mirakelsammlungen bereits monographische Behandlungen erfahren[55].

Der geographische Schwerpunkt solcher Untersuchungen liegt im allgemeinen in Mittel- und Nordeuropa, der zeitliche kann im Hochmittelalter ausgemacht werden, verschiebt sich aber zunehmend ins Spätmittelalter[56]. Das Frühmittelalter hingegen ist in dieser Hinsicht noch weniger erforscht[57]. Mirakelforschung wird jedoch nicht ausschließlich von der Mediävistik betrieben, sondern auch auf dem Gebiet der Frühen Neuzeit arbeitende Historiker schenken dieser Quellengattung Aufmerksamkeit[58].

In Bezug auf die behandelten Themenkreise ist festzustellen, daß eine Reihe von Arbeiten unspezifisch mit „Die Mirakel des hl. N.“ betitelt ist[59] – oder auch popularisierend, etwa mit „Zuflucht der Armen“ oder „Alltag im Marburger Raum“[60] – und eigentlich ohne konkrete Fragestellung zusammenträgt, was sich in den Mirakelberichten versammelt findet: Krankheiten, die geschlechts- und altersspezifische Verteilung der Notleidenden, ihre Herkunft, Verhaltensweisen und Einstellungen und anderes. Viele Arbeiten gehen aber auch mit (einer) konkreten Fragestellung(en) an das Material heran, die, auf einen gemeinsamen Nenner gebracht, der Sozial- und Mentalitätsgeschichte zugeordnet werden können. Das Erkenntnisinteresse kann sich auf einzelne soziale Gruppen richten, wobei ein besonderes Schwergewicht auf Kinder gelegt wird[61], aber auch auf Frauen[62] oder

---

[54] Im folgenden können nur die wichtigsten Arbeiten genannt werden; siehe im übrigen das umfassendere Literaturverzeichnis, das aufgrund der Verstreutheit der Artikel aber nicht den Anspruch auf Vollständigkeit erheben kann. Siehe zur Forschungslage auch Krötzl, Pilger, S. 10 ff.; ders., Heilige und ihre Klienten, S. 16 ff.; Rendtel, Mirakelberichte, S. 18 ff.

[55] Sigal, L'homme; Rendtel, Mirakelberichte; Finucane, Miracles; Krötzl, Pilger.

[56] Hier sind vor allem die Arbeiten von Gabriela Signori zu den Mirakelbüchern von Marienwallfahrtsorten zu nennen (siehe das Literaturverzeichnis); jüngst auch Goodich, Violence.

[57] Piétri, Ville de Tours, wertet die Martinsmirakel aus, Rouche, Miracles, mehrere karolingerzeitliche Mirakelsammlungen; künftig Röckelein, Kommunikation und Mobilität im frühmittelalterlichen Sachsen (siehe ihre Ankündigung in Miracle Collections, Anm. 28, S. 273).

[58] Z.B. Platelle, Les chrétiens face au miracle; Habermas, Wallfahrt; Schuh, Jenseitigkeit.

[59] Z.B. D'Angomont, Sur les miracles de saint Privat; Busse-Wilson, Die Wunder am Grabe der hl. Elisabeth von Marburg; Foreville, Les 'Miracula S. Thomae Cantuariensis'; Gardoni, Les miracles de saint Gérard; Österberg, Människor och mirakler; Sigal, Maladie; ders., Miracles de sainte Hélène.

[60] So die Titel von zwei Aufsätzen von Norbert Ohler über die Anno- und die Elisabeth-Mirakel.

[61] Siehe das Kapitel „Kinder“ bei Rendtel, Mirakelberichte, S. 209 ff.; Duft, Wunder an ertrunkenen Kindern; Habermas, Sorge; Gros, Le thème de l'enfant sauvé; Krötzl, Parent-Child Relations; Gordon, Accidents among Medieval Children; Sigal, Grossesse.

[62] Siehe das Kapitel „Frauen“ bei Rendtel, Mirakelberichte, S. 200 ff.; Habermas, Weibliche Erfahrungswelten; Signori, Ländliche Zwänge; dies., Defensivgemeinschaften.

Adlige[63]. Das Phänomen der Not (Krankheit, Unfall, Unglück) – Kernstück eines jeden Mirakelberichts –, das vor allem mit quantifizierenden Methoden analysiert wird, spielt in den Untersuchungen eine bedeutende Rolle[64], ebenso das Pilgerwesen als Aspekt mittelalterlicher Mobilität[65]. Dem mentalitätsgeschichtlichen Bereich zuzuordnen sind Themenstellungen wie Heiligenverehrung (teilweise unter dem Begriff Volksreligiosität)[66], zwischenmenschliche Beziehungen[67] sowie Wahrnehmungen und Einstellungen[68].

Daneben sind noch einige speziellere Studien zu nennen. Sie betreffen das Votivbrauchtum[69] und Gebärden, letztere wurden bislang allerdings nur für die Anno-Mirakel untersucht[70]. Daneben wurde die Kasuistik medizinischer Probleme in den Mirakelsammlungen bereits mehrmals von der medizinhistorischen Forschung zum Gegenstand von Untersuchungen gemacht[71]. Ihre Ergebnisse sind für Allgemeinhistoriker sehr wichtig, da sie helfen, die Beobachtungsgabe und Genauigkeit des jeweiligen Mirakelautors einzuschätzen. Die fruchtbringende Anwendung des methodischen Instrumentariums der Psychologie auf die Wunderberichte hat Maria E. WITTMER-BUTSCH überzeugend vorgeführt[72].

Die einzelnen Arbeiten bewegen sich meistens in einem engen zeitlichen Rahmen. Dadurch konnten die Entwicklung bestimmter Phänomene und die zugrunde liegenden mentalen Wandlungen – etwa die Verlagerung des Wundergeschehens

---

[63] Siehe das Kapitel „Rittertum und Adel" bei RENDTEL, Mirakelberichte, S. 191 ff.

[64] Siehe die einschlägigen Kapitel bei SIGAL, L'homme, S. 227 ff.; DERS., Maladie; FINUCANE, Miracles, S. 59 ff.; DERS., Faith Healing; OHLER, Zuflucht, S. 13 ff.; DERS., Alltag, S. 12 ff.; HIESTAND, Kranker König, S. 68 ff.; ROUCHE, Miracles; SCHUH, Jenseitigkeit, S. 30 ff.; FINUCANE, Cantilupe; FOREVILLE, Miracula, S. 455 ff.; GONTHIER/LE BAS, Analyse, S. 20 ff.; SIGNORI, Aggression; HABERMAS, Wallfahrt, S. 49 ff.

[65] KRÖTZL, Pilger; SIGAL, L'homme, S. 117 ff.; RENDTEL, Mirakelberichte, S. 30 ff.; in dem Sammelbd. Wallfahrt und Alltag werden unter diesem Aspekt mehrere Mirakelsammlungen ausgewertet; FINUCANE, Cantilupe; FOREVILLE, Miracula, S. 447 ff.; DIES., Diffusion; SIGAL, Maladie, S. 1531 ff.; FINUCANE, Miracles, S. 152 ff.

[66] Siehe die in der vor. Anm. genannten Arbeiten, die diesen Aspekt unter dem Thema Pilgerwesen behandeln; daneben BÉTÉROUS, Quelques aspects de la piété populaire; PLATELLE, Religion populaire.

[67] RENDTEL, Mirakelberichte, S. 164 ff.; HABERMAS, Sorge; KRÖTZL, Parent-Child Relations; SIGNORI, Bauern.

[68] RENDTEL, Mirakelberichte, S. 172 ff.; KRÖTZL, Evidentissima signa mortis; DERS., 'Crudeliter afflicta'; SIGNORI, Aggression; SIGAL, Paralysie; DERS., Vocabulaire.

[69] Z. B. BAUTIER, Typologie; SIGAL, L'ex-voto; SCHUH, Votivgaben.

[70] KUCHENBUCH, Elevatis.

[71] FEHLMANN, Mirakelbuch; Kurzfassung: Heilkundliche Kasuistik (Anno); JANSEN, Medizinische Kasuistik; WENDEL-WIDMER, Wunderheilungen (beide Elisabeth); ENZINGER, Medizinhistorische Anmerkungen (Walpurgis).

[72] BUTSCH, Historische und psychologische Aspekte; WITTMER-BUTSCH, Pilgern zu himmlischen Ärzten.

vom Heiligenschrein an jeden beliebigen Ort, an dem Not entstand[73], oder die Entstehung des Votivbrauchtums und seine Entwicklung zum Votivbild – noch nicht hinreichend erklärt werden[74].

Es fällt auf, daß Mirakelsammlungen bisher für sich genommen untersucht, aber kaum im Rahmen einer größeren Palette von Quellen zu bestimmten Fragestellungen herangezogen wurden. Zu nennen sind hier lediglich Maria E. WITTMER-BUTSCHs Untersuchung über die Bedeutung von Schlaf und Traum im Mittelalter (1990), Shulamit SHAHARs Arbeit über Kindheit im Mittelalter (1993, engl. 1990), Muriel LAHARIEs Buch über Geisteskrankheit (o.J.) und die noch unveröffentlichte Trierer Habilitationsschrift von Michael MATHEUS über Adlige als Zinser von Heiligen (1989).

Der Grund für diese Zurückhaltung in der Verwendung von Mirakelsammlungen scheint mir darin zu liegen, daß über ihren Quellenwert nach wie vor große Unklarheit besteht. Christian KRÖTZL hat den Forschungsstand jüngst folgendermaßen skizziert: „Trotz der intensiven Forschungstätigkeit der letzten Jahre sind noch keine systematischen Kriterien oder Ansatzpunkte zur Analyse und Interpretation von Mirakelberichten als historische Quellengattung erarbeitet worden. Selbst in der modernen Forschung wird vielfach davon ausgegangen, daß es sich bei den Mirakelberichten um eine stereotype Quellengattung handelt, die vom Früh- bis ins Spätmittelalter nur geringen inhaltlichen Veränderungen unterlag und aus diesem Grunde nur von beschränkter Aussagekraft sein kann. Die Mirakelberichte sind vielfach als 'Steinbruch' für höchst verschiedenartige Fragen der Kultur- und Sozialgeschichte verwendet worden, ohne daß man sich näher mit Funktion und inhaltlicher Struktur dieser Quellengattung befaßt hätte. Eine nach Funktion, Inhalt und Entstehungszeit gegliederte Typologie der mittelalterlichen Mirakelberichte ist nach wie vor ein Forschungsdesideratum“[75].

Auch der Artikel über Mirakel im Lexikon des Mittelalters stellt fest: „Der Begriff miraculum war schon im MA derart komplex, daß die Forsch[ung] bis heute noch nicht zu einer erschöpfenden Theorie oder gar allgemeingültigen Eidologie des Mirakels (M.) gelangte“[76].

---

[73] VAUCHEZ, Sainteté, S. 519 ff. u. Tabelle S. 523, weist erstmals darauf hin; KRÖTZL, Pilger, trägt diesem Unterschied in der Gliederung seiner Arbeit Rechnung und geht S. 370 f. auf mentale Wandlungen ein: die Möglichkeit, den Heiligen in allen Lebenslagen anzurufen und damit die Verschiebung des Mirakels aus dem sakralen Raum in den Raum des Alltags; individuelleres und selbständigeres Agieren der Menschen gegenüber dem Heiligen; S. 372 f. auch einige interessante Überlegungen zu kirchlichen Interessen an Distanzmirakeln. SIGAL, Miracles de sainte Hélène, S. 506, deutet die Entwicklung zum Distanzmirakel als eine Spiritualisierung des Glaubens; SIGNORI, Bauern, S. 128, betont ebenfalls den Bedeutungsverlust der sakralen Umgebung für die Heilwirkung.

[74] Einige Hinweise bei PLATELLE, Miracle, S. 179 f., die darauf deuten, daß bestimmte Phänomene über lange Zeiträume konstant blieben.

[75] KRÖTZL, Pilger, S. 15; ähnlich DERS., Heilige und ihre Klienten, S. 19; LOTTER, Methodisches, S. 306; SIGNORI, Maria, S. 21.

[76] WAGNER, Art. Miracula, Mirakel, Sp. 656.

Die Intensität der inhaltlichen „Ausbeutung" dieser Quellen steht also in einem Mißverhältnis zu dem, was über ihre Entstehungsbedingungen, ihre Funktion, ihr Publikum, ihre stereotypen und individuellen Merkmale, ihre Typologie bekannt ist.

Ein ebenso großes Manko besteht im Bereich der Editionen. Obwohl die Sammlung der Bollandisten bekanntermaßen vielfach veraltet ist und dies zum Teil auch für die der MGH gilt[77], hat noch keine intensive Neuedition hagiographischer Quellen eingesetzt[78]. Nur für neun im Rahmen dieser Arbeit behandelte Mirakelsammlungen liegen moderne Ausgaben vor[79]. In Frankreich ist die Situation hingegen etwas günstiger[80].

Wie die folgenden Ausführungen zeigen werden, ist der Forschungsstand indessen nicht ganz so desolat, wie ihn KRÖTZL beschreibt. Zwar fehlt bislang eine monographische Behandlung dieses Komplexes, doch existieren einzelne quellenkundliche Studien, die schwerpunktmäßig den Zeitraum von der Entstehung der Gattung in Nordafrika zu Beginn des 5. Jahrhunderts bis ins 12. Jahrhundert abdecken. Die detailliertesten, auf umfänglichem Material beruhenden Analysen sind für hochmittelalterliche französische Sammlungen durchgeführt worden. Der Schwerpunkt der Untersuchungen liegt auf den Strukturen der Mirakelsammlungen, den Kompositionstechniken, den Informationsquellen der Autoren und den Wundertypen.

Zunächst sind zwei junge Unternehmen zu nennen, die sich die quellenkundliche Erschließung von hagiographischen Quellen schlechthin zum Ziel setzen. Das vor einigen Jahren begonnene Projekt „Les sources hagiographiques narratives composées en Gaule avant l'an mil (SHG)"[81] beabsichtigt die Inventarisierung und kritische Sichtung aller erzählender hagiographischer Texte Galliens vor dem Jahr 1000. Jedes Werk wird einem einheitlichen Untersuchungsschema unterworfen, in dessen Rahmen zunächst eine Identifikation des Heiligen, eine Vorstellung des gesamten Textcorpus und die Zusammenstellung der einschlägigen Literatur vorge-

---

[77] Z.B. die Heinrichsvita und -mirakel, die derzeit einer Neuedition durch Marcus STUMPF entgegensehen: Die anonyme Vita sancti Heinrici imperatoris und ihre Neubearbeitung durch Adelbert von Bamberg (Arbeitstitel).

[78] Die Bollandisten sind ihrem Auftrag in den letzten 70 Jahren nur noch z.T. im Rahmen der Analecta Bollandiana gerecht geworden; siehe zu den Problemen und Perspektiven 1987 OMMESLAEGHE, Jubilé, der als wichtigste künftige Aufgaben die Beendigung der AA SS und die Neubearbeitung alter Ausgaben benennt (S. XI f.). Die Legitimation für die Existenz der Société des Bollandistes gewinnt er gerade daraus, daß die Hagiographie heute ein wichtiger Forschungsgegenstand ist (S. IX ff.).

[79] Libellus de quibusdam miraculis beati Adalberonis, ed. SCHMALE-OTT; Anno, ed. MITTLER; Vita Annonis minor, ed. Mittler, II; Ǒdalscalci vitae s. Kǒnradi liber tertius, ed. BERSCHIN; Quirinalien des Metellus von Tegernsee, ed. JACOBSEN; Passio secunda sancti Quirini, ed. WEISSENSTEINER; Vita sancti Uodalrici, ed. BERSCHIN/HÄSE; Vitae sanctae Wiboradae, ed. BERSCHIN, Ekkehard I./IV.; Vitae sanctae Wiboradae, ed. BERSCHIN, Herimann.

[80] Dies war ein Grund für Constanze RENDTEL, sich in ihrer Untersuchung auf französische Mirakelsammlungen zu konzentrieren: Mirakelberichte, S. 22.

[81] Siehe DOLBEAU/HEINZELMANN/POULIN, Sources hagiographiques.

nommen wird. Im zweiten Schritt erfolgt eine individuelle Betrachtung jedes einzelnen Textes im Hinblick auf seine handschriftliche Überlieferung, die verfügbaren Editionen und seinen Quellenwert. Es schafft damit wichtige textkritische Grundlagen. Die Inventare, von denen bisher drei vorliegen, werden im Rahmen der Francia und ihrer Beihefte veröffentlicht[82].

Weiterhin ist das von Guy PHILIPPART betreute und herausgegebene, auf mehrere Bände angelegte Sammelwerk „Hagiographies" zu nennen, das sich als Vorstufe einer Typologie der hagiographischen Quellen schlechthin versteht[83]. Es möchte einen Überblick über die Geschichte der erzählenden hagiographischen Quellen im lateinischen Westen von der Spätantike bis 1550 geben, wobei eine Beschränkung auf die „hagiographie historiographique"[84] vorgenommen wird, das heißt auf solche Quellen, die der historischen Erinnerung eines Heiligen dienen[85]. Im soeben erschienenen ersten Band werden auch Mirakelsammlungen berücksichtigt, allerdings in unterschiedlichem Maße. Monika RENERs Beitrag über die „lateinische Hagiographie im deutschsprachigen Raum von 1200-1450" etwa behandelt ausschließlich Viten[86].

Eine kritische Einführung in die frühesten Mirakelsammlungen der Westkirche, die in Nordafrika zu Beginn des 5. Jahrhunderts entstanden, bieten zwei Arbeiten von DELEHAYE[87]. Er zeigt, daß die von Augustin im Rahmen des 22. Buchs seiner Civitas Dei niedergelegte Mirakelsammlung auf autobiographischen oder zu Protokoll gegebenen Berichten, sogenannten *libelli,* fußen, daß sie zeitgenössisch und detailliert sind sowie Angaben zu den Gewährsleuten enthalten. Aufgrund dieser Merkmale schätzt er ihren Quellenwert hoch ein.

Mit den Grundsätzen der Mirakelaufzeichnung Gregors von Tours hat sich DELEHAYE ebenfalls[88] sowie in jüngerer Zeit HEINZELMANN[89] auseinandergesetzt. Nach beider Einschätzung zeichnen sich seine Martinsmirakel ebenfalls durch einen hohen Quellenwert aus, da Gregor ihnen eine strikt chronologische Struktur verleiht, die Mirakel sukzessive und nah zum Geschehen verzeichnet sowie seine Informanten angibt.

---

[82] Siehe POULIN, Le dossier de saint Samson de Dol; DERS., Les dossiers de S. Magloire; DERS., Sources hagiographiques de la Gaule (SHG) III.

[83] Zu den hochqualifizierten Beiträgen, aber auch zur Kritik an der Konzeption, die Einzelbeiträge je nach ihrem Eintreffen in der Redaktion zu publizieren, siehe die Rezension von PETERSOHN, in: HZ 261, 1995, S. 865 f.

[84] PHILIPPART, Introduction, S. 13.

[85] Zu nennen ist auch die 1993 von DUBOIS/LEMAÎTRE vorgelegte kommentierte Bibliographie zur hagiographischen Forschung (Sources et méthodes de l'hagiographie médiévale), die allerdings nicht in allen Teilen befriedigt.

[86] S. 199-265.

[87] DELEHAYE, Premiers Libelli; DERS., Recueils antiques II.

[88] Recueils antiques II.

[89] Source.

HEINZELMANN hat darüber hinaus weitere Studien zu frühmittelalterlichen Mirakelsammlungen durchgeführt, insbesondere solchen, die im Zusammenhang mit Translationsberichten aufgezeichnet wurden[90]. Dabei zeigt er, daß sich diese Gattung seit dem 9. Jahrhundert endgültig durchsetzte und dieser Durchbruch abermals von einem bedeutenden Schriftsteller, nämlich Einhard, dem Biographen Karls des Großen, markiert wird. Die stark chronologische Struktur, die die im Zusammenhang mit Translationsberichten aufgezeichneten Mirakelsammlungen kennzeichnet, läßt ihn zu einem Vergleich mit Annalen kommen: „annales d'un sanctuaire“[91].

Zwei Studien Hedwig RÖCKELEINs sind sächsischen Translationsberichten und Mirakelsammlungen der Karolingerzeit gewidmet. Auf ihrer Suche nach literarischen Vorbildern kommt sie zu dem Ergebnis, daß sich die sächsische Hagiographie insgesamt in literarische Traditionen des westfränkischen Reiches einfügte, die Typologie der Wunder vor allem dem Vorbild der Bibel entsprach und die Autoren in den Mirakelsammlungen anders als in den Viten keine Anleihen bei anderen Hagiographen machten[92]. Hinsichtlich des Publikums zieht sie den Schluß, daß die Texte neben dem Klerus allenfalls die literaten Oberschichten erreichten, während die breite Bevölkerung durch konkrete Handlungen angesprochen wurde[93].

HEINZELMANNs Ergebnisse werden durch Forschungen SIGALs über eine große Anzahl französischer Mirakelsammlungen des 11. und 12. Jahrhunderts ergänzt und modifiziert[94]. Letzterer widmet sich Fragen der Überlieferungszusammenhänge, der Strukturierung von Mirakelsammlungen, der Informationsbasis der Autoren sowie dem Bezug derselben zu den berichteten Geschehnissen. Seine Hauptaussage gipfelt darin, daß Mirakelautoren Historiker eines Kultes und der thaumaturgischen Fähigkeiten eines Heiligen gewesen seien[95].

Die vorangehend vorgestellten Arbeiten stellen Arbeitsweisen der Mirakelautoren in den Mittelpunkt und lassen die Typologie der Wundergeschehen weitgehend außer acht. Dieser Frage widmet sich die Studie von Benedicta WARD an Einzelbeispielen für die Zeit von 1000 bis 1250. Für Erkenntnisse über die *miracula post mortem* ist dabei ihre Unterscheidung von sogenannten „traditional shrines“ des 11. und beginnenden 12. Jahrhunderts und der „modernen“ Kulte des 12. Jahrhunderts, die sie jeweils an drei Beispielen untersucht, von Bedeutung[96]. Während die erstgenannten vor allem ihre geistlichen Gemeinschaften, deren Besitz und Hintersassen durch Rache- und Bestrafungsmirakel schützten, reagierten die Hei-

---

[90] HEINZELMANN, Source; DERS., Translationsberichte.
[91] DERS., Source, S. 245; auch SIGAL, Histoire, S. 252, kommt zu diesem Vergleich.
[92] RÖCKELEIN, Miracle Collections.
[93] DIES., Pragmatik.
[94] SIGAL, Histoire; DERS., Travail.
[95] DERS., Histoire, S. 256.
[96] WARD, Miracles, S. 33 ff. und 67 ff.

ligen des 12. Jahrhunderts fast ausschließlich auf die Nöte – in aller Regel Krankheiten – von Pilgern. Als wichtigstes Ergebnis für unseren Zusammenhang bleibt festzuhalten, daß die Wundertypen der Mirakelsammlungen im Zeitraum von 250 Jahren erheblichen Wandlungen unterlagen. Auf deren tiefere gesellschaftliche Ursachen geht WARD nicht ein.

Hier führt die Arbeit von Thomas HEAD weiter. Durch subtil geführte Untersuchungen hagiographischer Quellen der Diözese Orléans, darunter auch Mirakelsammlungen, vermag er die rechtlich-sozialen Veränderungen in der Gesellschaft zwischen 800 und 1200 aufzuzeigen, durch die sich auch das Schutz- und Hilfsbedürfnis beziehungsweise die Lösungsstrategien von Konflikten, die in den Mirakeln an „traditional shrines" im Sinne WARDs thematisiert werden, wandelten[97]. HEAD zeigt damit die Verankerung der Mirakelberichte in der sozialen Realität der Zeit, was ihren Quellenwert unterstützt.

Gabriela SIGNORIs jüngst veröffentlichte Dissertation über die Mirakelaufzeichnungen von acht Marienwallfahrtsorten, die im Zeitraum vom beginnenden 12. bis zum ausgehenden 13. Jahrhundert entstanden, leistet schließlich einen Beitrag zur Quellenkunde von Mirakelsammlungen der Muttergottes[98]. Ihren Forschungen zufolge entstammen die Marienmirakel einem „Dialog zwischen Kirche und Welt" und sind im Spannungsfeld zwischen „geistlichem Kulturgut und weltlichen Glaubensvorstellungen" angesiedelt. Letztere werden durch klerikales Eigeninteresse, Ständepastorale und Kultpropaganda verdeckt[99]. Aufgrund dessen ordnet SIGNORI diese Wundererzählungen dem Bereich der Predigt zu und verneint entschieden die Möglichkeit, in ihnen eine „quantifizierbare 'Realität'" erfassen zu können[100]. Diese Art der Wallfahrtsliteratur sei normiert und normativ[101]. Die positive Einschätzung früherer quellenkritischer Untersuchungen und die unreflektierte quantifizierende Herangehensweise in vielen Mirakelauswertungen[102] werden mit wichtigen Argumenten relativiert. Es bleibt zu untersuchen, ob SIGNORIs Erkenntnisse lediglich für Mirakelsammlungen dieser Heiligen gelten oder ob diese allgemein für Mirakelserien ihrer Untersuchungszeit und ihres Untersuchungsraums zutreffen[103].

---

97 HEAD, Hagiography, S. 135 ff.

98 SIGNORI, Maria.

99 Ebd., S. 49; DIES., Miracle Kitchen, S. 302.

100 DIES., Maria, S. 49; DIES., Miracle Kitchen, S. 302.

101 Dies., Maria, S. 52. Diese Schlußfolgerung halte ich für überspitzt, denn ihre eigene Untersuchung deckt vielfältige soziale und politische Entwicklungen, religiöse Strömungen und mentale Befindlichkeiten auf sowie die regional- und zeitspezifischen Charakteristika der einzelnen Marienkulte.

102 Besonders gegen diese richtet sich ihre Ablehnung quantifizierender Forschungsansätze.

103 Auffallend ist, daß Marienmirakelsammlungen z.T. andere Überlieferungsstränge aufweisen als herkömmliche. Sie gelangten u.a. häufig in spätmittelalterliche Exemplasammlungen, was auf ihren andersgearteten Zuschnitt hindeutet. SIGNORI, Maria, S. 27. – Siehe dazu unten S. 239.

Einen ersten Beitrag zur Quellenkunde spätmittelalterlicher Mirakelsammlungen – solcher aus Kleinpolen – hat Aleksandra WITKOWSKA geliefert[104]. Sie unterscheidet Wunderserien, die für einen Kanonisationsprozeß gesammelt wurden und die Form eines Gerichtsprotokolls haben, von solchen, die an eine Vita angefügt wurden und dabei eine stärkere literarische Ausgestaltung erfuhren. Ihre Arbeit legt nahe, daß die Formalisierung des Kanonisationsverfahrens seit dem beginnenden 13. Jahrhundert die Differenzierung in zwei Typen von Mirakelsammlungen zur Folge hatte.

Die bisherigen quellenkundlichen Erkenntnisse erstrecken sich vornehmlich auf Mirakelsammlungen bis um 1200, wobei frühmittelalterliche Wunderserien des 9. bis 10. Jahrhunderts wie auch die spätmittelalterlichen noch genauerer Untersuchung bedürfen[105]. Für das Selbstverständnis und die Arbeitsweise der Mirakelautoren wie auch das Spektrum der Wundertypen liegt dadurch eine Reihe wichtiger Aufschlüsse vor. Dabei drängt sich der Eindruck auf, daß die Autoren, von einem vorwiegend chronistischen Interesse geleitet, mirakulöse Erfahrungen der klerikalen und der Laienwelt als Teil der Geschichte ihrer eigenen Gemeinschaft für die Nachwelt zu fixieren bestrebt waren. Bislang nur für die Marienmirakel nachgewiesen, scheint sich auch ein ausgeprägtes pastorales Interesse in den Wunderserien niederzuschlagen, das die soziale und mentale Realität des Berichteten zum Teil stark überlagert.

[104] WITKOWSKA, Miracula.

[105] Gerade bei letzteren wäre es nach dem oben Gesagten wichtig, im Rahmen eines Kanonisationsprozesses aufgezeichnete Mirakelsammlungen von solchen, die diesem Zweck nicht dienten, zu unterscheiden bzw. die Wechselwirkungen zwischen frei gestalteten und prozeßabhängigen Mirakelsammlungen zu untersuchen.

B. Definition der Gattung: Mirakelberichte und Mirakelsammlungen

Unter einer Mirakelsammlung versteht man eine Zusammenstellung einzelner Mirakelberichte in unterschiedlicher Zahl. Mirakelberichte sind geschlossene Erzählungen, die als Wunder gedeutete Erfahrungen Gläubiger mit dem unmittelbar als Person oder aus dem Jenseits wirkenden Heiligen schildern[1]. Die Definition läßt eine Zweiteilung der Mirakelberichte erkennen: in die, die ein Heiliger zu Lebzeiten – *in vita* – und jene, die er nach seinem Tod – *post mortem* – an seinem Verehrungsort oder fern davon wirkte. Im zweiten Fall spielten seine Reliquien bei der Heilsvermittlung für die Gläubigen eine wichtige Rolle.

Das Grundgerüst der Mirakelberichte besteht aus einem dreiteiligen Aufbau. Den Ausgangspunkt der Darstellung bildet eine einer Person oder Personengruppe widerfahrene Notsituation, die ausweglos oder unerträglich erscheint. Durch die gläubige, verehrende Hinwendung zum Heiligen, die sich in intensiven verbalen Äußerungen und Gesten als Kulthandlungen artikulieren kann, wird der Heilige als Mittler zu Gott gleichsam aktiviert. Aufgrund seiner Fürsprache beseitigt der göttliche Eingriff die Notlage vollständig oder teilweise. Dieser Vorgang wird als Wunder interpretiert. Der Aufbau des Mirakelberichts folgt also dem Dreischritt Notlage – gläubige Anrufung des Heiligen – Befreiung aus der Notsituation[2]. In vielen Mirakelberichten wird im Anschluß daran auch die obligatorische Dankesbezeugung des Geretteten geschildert. Manchen Wunderbegebenheiten, zumeist, wenn es sich um einen akuten Notfall handelt, stellt der Hagiograph ein viertes Erzählelement voran, die „Alltagssituation", welche durch das hereinbrechende Unglück jäh gestört wird. Inhaltlich gesehen treten diese Strukturtypen bei Wundern auf, die man auch als Hilfswunder bezeichnen kann.

---

[1] Die Definition lehnt sich an Assion, Mirakel-Literatur, S. 175, an. Eine zu eingeschränkte und unscharfe Definition gibt Harmening, Mirakelbücher, S. 47: „Die Volkskunde versteht unter 'Mirakel' Gnadenerweise eines an einem bestimmten Ort verehrten Heiligen", ebenso Herbers, Art. Mirakelbuch. – Die Entwicklung der theologischen Konzeption des Wunders braucht hier nicht skizziert zu werden. Einen guten Überblick bieten Hardon, Concept, und Ward, Miracles.

[2] Eine ähnliche Strukturbeschreibung gibt Lotter, Methodisches, S. 328.

Der Heilige kann jedoch auch ungebeten in das Leben der Menschen eingreifen; in der Regel geschieht dies strafend. In einem Strafwunder wird die Vorstellung artikuliert, daß eine Notlage aufgrund eines „Vergehens", meistens gegenüber dem Heiligen oder einer religiösen Vorschrift, eintrat[3]. Eine solche Problemlage kann nach dem oben skizzierten Schema Notlage – Anrufung – Befreiung wieder rückgängig gemacht werden.

Weitere, von den Gläubigen nicht explizit erbetene Eingriffe der Heiligen können Visionen, Himmelserscheinungen oder Beeinflussungen der Elemente sein, die zwar in kaum einer Mirakelsammlung fehlen, aber jeweils einen prozentual geringen Anteil erreichen.

Die Hilfs- und Strafmirakel besitzen somit ein recht starres, gleichförmiges Schema, wobei der durch den Heiligen vermittelte göttliche Eingriff – das Wunder – das zentrale Moment bildet, auf das alle anderen Strukturmerkmale zugespitzt sind. Wie GOODICH zurecht hervorhebt, war ein „dramatisches Rahmenwerk" mit bestimmten Schlüsselelementen und -handlungen erforderlich, damit ein Ereignis als Wunder akzeptiert werden konnte. Diese Elemente und Handlungen bilden die Basis für die Strukturierung und inhaltliche Ausführung des Mirakelberichts[4].

Im Prinzip trifft diese Definition auf *miracula in vita* und *miracula post mortem* gleichermaßen zu. Es sind jedoch bei beiden Typen Nuancen festzustellen. In den zu Lebzeiten gewirkten Mirakeln stehen die Person des Heiligen, seine Verhaltensweisen gegenüber dem Notleidenden und seine Handlungen zur Lösung des Problems im Vordergrund[5], während in den postmortalen Mirakeln die Rolle des in Not Geratenen stärker hervortritt. Seine eigenen Kulthandlungen werden hervorgehoben und führen zu der Konsequenz des Wundereintritts.

Wenngleich beide *miracula*-Typen im gesamten Mittelalter anzutreffen sind, findet vom frühen Mittelalter zum Hoch- und Spätmittelalter eine Bedeutungsverlagerung zugunsten der *miracula post mortem* statt. Besonders frühmittelalterliche Heilige zeichneten sich durch thaumaturgische Fähigkeiten zu Lebzeiten aus. Dies konnte soweit gehen, daß die gesamte Lebensbeschreibung eines Heiligen aus einer Serie von Wunderepisoden bestand[6].

---

[3] Zum Beispiel unterlassene Sonn- oder Feiertagsheiligung, fehlender Dank für eine Heilung, Nicht-Erfüllung eines Gelübdes, Zweifel an der Heiligkeit einer Person.

[4] GOODICH, Filiation, S. 308: „A series of customary 'clichés' appears in the performance of the miracle itself, thus placing the actors within a dramatic framework consonant with a range of predefined expectations. Such signposts, gestures, contexts etc. are necessary in order to classify the event as a proper miracle, and are further employed by the witness, notary and hagiographer as the structural basis of their narrative accounts."

[5] Die Hll. imitierten mit ihren Handlungen Christus und die Apostel, SIGAL, L'homme, S. 32 ff.

[6] HEINZELMANN, Source, S. 243.

Im Zusammenhang mit der aufkommenden Praxis der Körperteilungen und der Übertragung von Märtyrerreliquien an geistliche Institutionen entstand seit dem 8. Jahrhundert das neue „genre“ der Translationsberichte[7], die aus einem Übertragungsbericht und anschließender Mirakelsammlung bestehen. Die Aufzeichnung der sich im Gefolge von Reliquientranslationen ereignenden Wunder, die die Bedeutung des Heiligen als neuen mächtigen Patron unter Beweis stellten[8], wurde dabei zum Teil über Jahre hinweg fortgeführt. Die „klassische Periode“ dieser Translationsberichte fällt nach HEINZELMANN in die Zeit des 8. bis 11. Jahrhunderts[9], doch wurden nach den hier untersuchten Quellen noch bis weit ins 12. Jahrhundert häufig Berichte über Translationen verfaßt.

Die zweite Gruppe der posthumen Mirakelberichte gewann seit dem 12. Jahrhundert vermehrte Bedeutung, als sich das Kanonisationsverfahren mehr und mehr an die Kurie in Rom verlagerte. Als die konstitutiven Elemente der Heiligkeit bildeten sich damals irdische Tugenden (*virtutes*) und Mirakel (*signa*) heraus, wobei die Kurie Wunderkraft und Verdienste sozusagen „verklammert[e] ... durch ein Prinzip, das man vielleicht die thaumaturgische Verdienstkonsequenz nennen könnte“[10]. Hierbei bevorzugte das Papsttum offenbar weniger *miracula in vita patrata* als gut dokumentierte und bezeugte *miracula post mortem*[11].

Daneben konnten Vita, Mirakelsammlung und Translationsbericht kombiniert, die Mirakelserien aber auch als separate Schriften angelegt werden. In selteneren Fällen wurden sie sogar in historiographische Quellen inseriert. Die beschriebenen Arten von Mirakelserien sind auf den Kultort eines Heiligen, an dem seine sterblichen Überreste oder Teile davon (Reliquien) ruhten, bezogen und dort zusammengestellt worden.

Posthume Mirakelsammlungen müssen von der Quellengattung der Exempla abgesetzt werden, die zwar nicht per se aus Wundergeschichten bestehen, aber oft im Gewande von Mirakelberichten daherkommen[12]. Nach BREMOND/LE GOFF/SCHMITT handelt es sich bei einem Exemplum um „un récit bref donné comme véridique et destiné à être inséré dans un discours (en général un sermon) pour convaincre un auditoire par une leçon salutaire“[13]. Beim Exemplum steht also der Einsatz einer Erzählung in einem bestimmten Kontext mit didaktischer Zielsetzung im Vordergrund. Die Entwicklung der Exempelliteratur tendierte dahin, regelrechte Exemplasammlungen anzulegen, deren früheste, der Dialogus miraculorum und die Libri octo miraculorum, von dem Zisterziensermönch Caesarius von Heisterbach stammen[14]. Den entscheidenden Unterschied dieser Mirakel zu den hier

[7] Ebd., S. 244.
[8] HEINZELMANN, Translationsberichte, S. 65.
[9] Ebd., S. 94.
[10] DEMM, Heiligkeitskonzeption, S. 320.
[11] Siehe den Diskussionsbeitrag von VAUCHEZ zu HEINZELMANN, Source, S. 259.
[12] OPPEL, Exemplum, S. 109; DAXELMÜLLER, Narratio, S. 81 f.
[13] BREMOND/LE GOFF/SCHMITT, L''exemplum', S. 37 f.
[14] Ebd., S. 59; zu Caesarius LANGOSCH, Art. Caesarius von Heisterbach.

untersuchten kann man mit OPPEL darin sehen, daß letztere als Sammlungen von Wallfahrtsmirakeln entstanden und damit in einem „relativ eng zu fassende[n] Bezugsrahmen" standen, während die Mirakel der Exempla eine aus mündlicher und schriftlicher Tradition gespeiste „Vielfalt thematisch und inhaltlich unterschiedlicher, oft beziehungslos aneinandergereihter Wundererzählungen im Zusammenwirken mit der ihnen zugedachten Funktion als Exemplum auf[wiesen]"[15]. Die Grenze zwischen Mirakel- und Exemplasammlung war in eine Richtung offen: Mirakelberichte aus Heiligenviten und Mirakelsammlungen konnten Eingang in Exemplasammlungen finden. Um die eine Gruppe von der anderen abzugrenzen, schlägt NISSEN vor, die an Orten der Heiligenverehrung gesammelten Mirakel als Kultmirakel zu bezeichnen[16], während OPPEL für die aus Mirakelberichten bestehenden Exemplasammlungen den Begriff „exemplarische[n] Mirakelsammlungen" prägt[17].

Um die abstrakten Ausführungen über die Struktur der Mirakelberichte zu veranschaulichen, soll durch die Nacherzählung zweier Wunderepisoden des in Siegburg verehrten Kölner Erzbischofs Anno II. (aufgezeichnet 1183 ff.) gezeigt werden, wie das beschriebene Gerüst, das allen Mirakelberichten zugrunde liegt, ausgefüllt sein kann.

In einem Mirakel heißt es, eine Frau sei kraftlos an Arm und Hand gewesen. Als sie sich vor den Reliquien niederwarf, wurde sie sofort geheilt[18].

Ein anderes berichtet von dem Sohn eines Mannes Theoderich aus Wiedenest, der so klein war, daß er noch gestillt werden mußte. Diesen nahm die Mutter mit zu einem Weiher, an dem sie die Wäsche zu waschen pflegte. Sie setzte den Knaben am Ufer ab und eilte nach Hause zurück, um die Dinge zu holen, die sie zur Wäsche benötigte. Unterdessen fiel das unbeaufsichtigte Kind in den Weiher und ertrank. Als die Mutter zurückkam, war es schon weit fortgespült, und in ihrer Verzweiflung schrie sie so laut, daß Verwandte und Nachbarn herbeieilten, um bei der Suche des Knaben zu helfen. Als man ihn leblos aus dem Wasser geborgen hatte, flehten alle inständig den Heiligen an, worauf der Knabe wieder zu sich kam und das geschluckte Wasser aus seinem Mund lief. Eltern und Verwandte unternahmen anschließend eine Pilgerreise, um ihr Gelübde einzulösen und das Wunder bekannt zu machen[19].

Beide Beispiele entsprechen der oben aufgezeigten Struktur, unterscheiden sich jedoch in vielerlei Hinsicht in ihrer Ausfüllung. In beiden Fällen hören wir von einer Notlage, im ersten handelt es sich um eine Krankheit, während es im zweiten um einen Unglücksfall geht, bei dem ein kleines Kind ertrinkt. In beiden Mirakelberichten vollziehen Menschen gegenüber dem Heiligen bestimmte Devotionsak-

---

[15] OPPEL, Exemplum, S. 111.
[16] NISSEN, Niederländische Mirakelbücher, S. 277.
[17] OPPEL, Exemplum, S. 114.
[18] Anno, ed. MITTLER, I,27.
[19] Ebd., II,53.

te, um ein Wunder herbeizuführen, im ersten, indem sich die betroffene Person vor den Reliquien niederwirft, im zweiten, indem eine ganze Gruppe von Menschen am Ort des Unglücks den Heiligen anruft. Die Notlage wird jeweils durch die Vermittlung des Heiligen vollständig beseitigt. Beide Male findet eine Pilgerfahrt statt, im ersten Fall, um Hilfe zu suchen, im zweiten, um für die erfahrene Rettung zu danken. Im ersten Beispiel handelt es sich damit um ein Reliquienmirakel, im zweiten um ein Distanzmirakel.

An der Gegenüberstellung der Variablen, mit denen die jeweilige Mirakelstruktur besetzt ist, wird ersichtlich, daß diese ganz unterschiedlich sein können, die Konstellationen von Not, Devotion und Hilfe, die uns in den Wunderberichten begegnen, vielfältiger Art sind. Die Beispiele unterscheiden sich jedoch vor allem in der Ausführlichkeit ihrer Darstellung. Während das erste Mirakel eigentlich nicht mehr als das bloße Gerüst enthält, bietet das zweite in dessen Rahmen noch weitaus mehr an zusätzlichen Informationen. Zunächst einmal nennt es den Wohnort des Betroffenen und sein ungefähres Alter, sodann auch den Namen seines Vaters. Es beschreibt überdies die den Notfall bedingenden Umstände, aus denen sich beiläufig ein Stück weiblicher Tätigkeit fassen läßt (die routinemäßige Erledigung einer bestimmten häuslichen Arbeit und die Beaufsichtigung des Kleinkindes). Darüber hinaus erleben wir die Reaktionsweise einer Mutter auf das Verunglücken ihres Kindes sowie bestimmte Mechanismen sozialen Verhaltens einer Gemeinschaft angesichts einer Notlage.

Die beiden Beispiele veranschaulichen, daß die Struktur der Mirakelberichte sowohl in knapper und spröder Ausführung als auch in lebhafter Anschaulichkeit und Breite ausgefüllt sein kann. Die Wunderdarstellungen zeichnen sich somit einerseits durch eine große Gleichförmigkeit aus, da jeder Bericht einen Grundbestand an Informationen und deren stereotype Aneinanderreihung erwarten läßt, andererseits können sie – je nach Gestaltungsfreude des Autors – viele individuelle Details enthalten.

C. Das Untersuchungsmaterial, die Heiligen und ihre Kultorte

Für den gewählten geographischen Raum des ostfränkisch-deutschen Reiches und den Zeitrahmen des 10. bis 12. Jahrhunderts konnten 35 Heilige (darunter das Heiligenpaar Aureus und Justina) ermittelt werden, die in nennenswerterem Umfang Wunder gewirkt haben[1]. Da für einige Heilige Mirakelsammlungen aus verschiedenen Zeitphasen vorliegen, wurden insgesamt 47 Texte aufgespürt. Der Umfang der Mirakelserien schwankt in erheblichem Maße. Mit über 300 Berichten ist die des hl. Anno die weitaus stärkste; im europäischen Hochmittelalter wird sie wohl nur noch von der des hl. Thomas Becket von Canterbury um mehr als das Doppelte übertroffen[2]. Zahlen zwischen 20 und 30 Mirakelberichten stellen in etwa das Normalmaß dar. Die Anzahl der untersuchten Mirakelberichte beläuft sich somit auf etwa 1350.

Die Wunder in den einzelnen Mirakelsammlungen beziehen sich mit zwei Ausnahmen auf einen Kultort, an dem die oder der Heilige verehrt wurde. Von Kaiser Heinrich II. existiert neben der Mirakelsammlung von seinem Ruheort, dem Bamberger Dom, eine weitere aus Merseburg, wohin wahrscheinlich nach seiner Kanonisation Reliquien transferiert wurden. Diese gelangten an verschiedene Merseburger Kirchen, und der Autor ist bemüht, von allen diesen Orten Wunder zu sammeln[3]. Nach der Translation des hl. Modoald von Trier nach Helmarshausen

---

[1] Mirakelsammlungen von unter zehn Mirakelberichten wurden nicht ausgewertet. Einzige Ausnahmen: Gebhard von Konstanz wurde, da sein Kult in Konkurrenz zu dem Domheiligen Konrad stand und deshalb interessant zu sein schien, trotz weniger Mirakel dazugenommen. Aufgrund der Beziehungen zwischen dem Kloster Hornbach und dem Stift Zell wurde auch bei den Mirakeln des hl. Philipp von Zell diese Ausnahme gemacht. Außerdem wurde versucht, alle Mirakel eines Heiligen zu erfassen, selbst wenn einzelne Mirakelsammlungen weniger Mirakel aufwiesen wie die jüngere Vita Annos von Köln und die Quellen zu Ulrich von Augsburg aus dem 12. Jh.

[2] Materials, ed. Robertson, Bd. 1 und 2.

[3] Die Reliquien sollen von einem Abt Volkmar nach Sachsen übertragen worden sein. Ein solcher ist 1144 im Kloster St. Peter auf der Altenburg belegt (UB Hochstift Merseburg, Tl. 1, Nr. 99). Der Autor spricht von *plerisque curationum locis* (Miraculorum s. Heinrici pars altera, PL 140, c. 11, Sp. 133). Ausgemacht werden können der Merseburger Dom, in dem die meisten Wunder geschahen (c. 12, 19, 22, 23, 24), Kloster Altenburg (c. 21) und die diesem benachbarte Pfarrkirche St. Vitus (c. 20).

wurde eine Vita in Auftrag gegeben, die einige Wunder an seiner früheren Ruhestätte enthält; daneben sammelte man in Helmarshausen selbst die Zeichen des neuen Patrons.

Bei der Verteilung der Kultorte ergeben sich bestimmte Schwerpunkte. Am stärksten ist der rheinisch-moselländische Raum mit den Verehrungsstätten Deutz (Heribert), Siegburg (Anno), Mainz (Aureus und Justina), Trier (Maximin, Celsus, Symeon, Matthias, Modoald), Tholey (Kuno) und Mettlach (Liutwin) vertreten. Die östlich angrenzende Pfalz weist mit Zell (Philipp) und Hornbach (Pirmin) zwei Verehrungsorte auf. Im Bodenseeraum mit Zurzach (Verena), St. Gallen (Wiborada), Konstanz (Konrad) und Petershausen (Gebhard) sowie im baierisch-österreichischen mit Augsburg (Ulrich, Simpert), Tegernsee (Quirin), Salzburg (Virgil, Eberhard, Hartwig, Vitalis), Göttweig (Altmann) und Lambach (Adalbero) finden sich ebenfalls vergleichsweise viele Wallfahrtsorte. Das nördliche Hessen besitzt mit Helmarshausen (Auctor, Modoald), Hasungen (Heimerad) und Hersfeld (Wigbert) derer drei. In Westfalen wurden Heilige in Münster (Liudger) und Herzfeld (Ida) verehrt, in Sachsen in Hildesheim (Godehard, Bernward) und dem bereits erwähnten Merseburg (Heinrich). Franken ist mit Bamberg und den Heiligen Otto, Heinrich und Kunigunde vertreten. Dagegen zeigen sich der gesamte mitteldeutsche und auch der norddeutsche Raum in der Untersuchungszeit auffallend kultleer.

Die Karte im Anhang zeigt diese räumliche Anordnung der Kultorte. Anhand der eingezeichneten Grenzen der Kirchenprovinzen wird ersichtlich, daß sich Mirakelsammlungen in den rheinischen Erzbistümern ballen (Mainz 23, Trier acht und Köln sechs Mirakelsammlungen). In der Salzburger Provinz wurden neun Mirakelserien angelegt, wohingegen die östlichen und nördlichen fast frei von dieser Quellengattung bleiben. Lediglich in Merseburg im Erzbistum Magdeburg stellte man bezeichnenderweise unter Bamberger Kulteinfluß eine Mirakelserie zusammen. Diese Kultkarte – das sei besonders betont – ist allerdings nicht aussagekräftig für Heiligenverehrung schlechthin. Denn das Reich war übersät von geistlichen Gemeinschaften, in denen nachgewiesenermaßen Heilige auf verschiedenste Weise verehrt wurden – die, die fehlen, legten entweder keine oder nur sehr kleine Mirakelsammlungen an.

Was die zeitliche Verteilung der Wunderzusammenstellungen betrifft[4], so entfallen bei weitem die meisten, nämlich 29, auf das 12. Jahrhundert[5], dem 10. und

[4] Ausgegangen wird hier von dem Jh., in dem das Gros der Wunder passierte.

[5] Libellus de quibusdam miraculis beati Adalberonis, ed. Schmale-Ott; Vita Altmanni, ed. Wattenbach; De B. Altmanno ... Vita altera, AA SS Aug. II; Anno, ed. Mittler; Vita Annonis minor, ed. Mittler, II; Auctor: Translatio sancti Modoaldi, ed. Jaffé, c. 9; Inventio et miracula ss. Aurei et Justinae, AA SS Jun. IV; Miracula sancti Bernwardi, ed. Pertz; Oudalscalchi vita Chounradi, ed. Pertz; O̊dalscalci vitae s. Ko̊nradi liber tertius, ed. Berschin; De signis sancti Counradi, ed. Pertz; Translatio sancti Counradi, ed. Pertz; Vita et miracula beati Eberhardi, ed. Wattenbach; Vita Gebehardi, ed. Wattenbach, lib. II; Translatio Godehardi, ed. Pertz; Vita et miracula sancti

11. Jahrhundert entstammen acht[6] beziehungsweise neun[7] Sammlungen. Die Gattung war also in diesen beiden Säkula etwa gleich verbreitet und nahm dann geradezu sprunghaft im 12. Jahrhundert zu. Die Zahlen korrespondieren mit einer allgemeinen Ausweitung des Pilgerverkehrs, wie er in diesem Zeitraum zu beobachten ist[8].

Vergleicht man diese in der Karte gezeigte Situation mit der des lothringischen und französischen Raums, so ergibt sich jedoch ein eher schütteres Bild der Kultorte mit Mirakelaufzeichnungen. Constanze RENDTEL hat für Frankreich im Hochmittelalter 67 Heilige mit Mirakelsammlungen ermittelt, von denen sechs abzuziehen sind, da sie über den in dieser Arbeit gewählten Zeitrahmen des 10. bis 12. Jahrhunderts hinausgehen, bleiben also 61. Von den Mirakelsammlungen fallen zwölf ins 10. Jahrhundert, 25 ins 11. und 28 ins 12. Jahrhundert[9]. Die Mirakelproduktion wurde dort also besonders im 11. Jahrhundert bereits weitaus intensiver betrieben als in dem für die Untersuchung ausgewählten Arbeitsgebiet.

Allein für den nieder- und oberlothringischen Raum können im Untersuchungszeitraum 31 Heilige mit nennenswerter Wundertätigkeit namhaft gemacht werden. Neun Mirakelsammlungen wurden im 10., 19 im 11. und neun im 12. Jahrhundert angelegt. Auffallenderweise war also in diesem Reichsteil die Heiligenverehrung, soweit sie sich in Mirakelsammlungen niederschlug, fast so ausgeprägt wie im gesamten übrigen Reich, und der Höhepunkt der Wunderaufzeichnung lag bereits im 11. Jahrhundert. Sie nahm im 12. sogar ab, während sie im Un-

---

Haertwici, ed. WATTENBACH, c. 5, S. 97; Adalberti vita Heinrici II. imperatoris, ed. WAITZ, lib. II; Miraculorum s. Heinrici pars altera, PL 140; De miraculis sancte Cunegundis, ed. WAITZ, Kunigunde: Miracula varia, AA SS Mart. I, Kunigunde: Bamberg, Bayer. Staatsbibl., R.B. Msc. 120, Kunigunde: Leipzig, UB, Rep. II 64; Libellus Monasteriensis de miraculis sancti Liudgeri, ed. DIEKAMP; Matthias: Trier, Seminarbibliothek, Hs. 98; Miracula s. Modoaldi, ed. JAFFÉ; Miracula et elevatio sancti Ottonis, ed. KÖPKE; Miracula s. Ottonis, ed. KÖPKE; Quirinalien des Metellus von Tegernsee, ed. JACOBSEN; Passio secunda sancti Quirini, ed. WEISSENSTEINER; Liber de vita et miraculis s. Simperti, AA SS Oct. VI; Translatio s. Udalrici, ed. WAITZ; Uodalscalcus, De Eginone et Herimanno, ed. JAFFÉ; De sancto Virgilio, ed. WATTENBACH, Virgil: Wien, Österr. NB, Cod. 339; Miracula sancti Vitalis, ed. BASNAGE.

[6] Lebensgeschichte der hl. Ida, ed. WILMANS; Ex miraculis s. Maximini, ed. WAITZ, Maximin: Historia miraculorum, AA SS Mai. VII; Philipp: Mainz, Stadtbibl. I c: 4°/402; Vita sancti Uodalrici, ed. BERSCHIN/HÄSE, lib. II; Miracula sanctae Verenae, ed. REINLE; Vitae sanctae Wiboradae, ed. BERSCHIN, Ekkehard I./IV.; Vitae sanctae Wiboradae, ed. BERSCHIN, Herimann, lib. II; Wigbert: Wolfenbüttel, Herzog-August-Bibl., Cod. 76.14 Aug. 2°.

[7] Vita Annonis, ed. KÖPKE, III; Miracula s. Celsi, AA SS Febr. III; Vita et passio Conradi, ed. PERTZ; Vita Godehardi posterior, ed. PERTZ; Ekkeberti vita s. Haimeradi, ed. KÖPKE; Miracula s. Heriberti, ed. HOLDER-EGGER; Liutwin: Miracula, AA SS Sept. VIII; Modoald: Vita auctore Stephano, AA SS Mai. III; Miracula sancti Pirminii, ed. HOLDER-EGGER; Symeon: Vita auctore Eberwino, AA SS Jun. I.

[8] SCHMUGGE, Pilgerfahrt, weist S. 17 darauf hin, daß das Pilgern seit der Jahrtausendwende ein Massenphänomen wurde; ähnlich DERS., Zu den Anfängen, S. 41; DERS., Pilgerverkehr, S. 8.

[9] RENDTEL, Mirakelberichte: Für diese Angaben wurde der Quellenkatalog in Bd. 2, S. 334 ff., ausgewertet. Eine Auswertung der SIGALschen Quellengrundlage (L'homme) mußte unterbleiben, da er im Quellenverzeichnis nicht zwischen posthumen Mirakelsammlungen und solchen zu Lebzeiten sowie Exempla unterscheidet und keine zeitlichen Einordnungen vornimmt.

tersuchungsgebiet so recht aufblühte. Der östliche Raum zeigt gegenüber der Heiligenverehrung, präziser gesagt, gegenüber der Verschriftlichung solcher Kulthandlungen, also eine retardierte Entwicklung, wie sie Peter Moraw bereits für andere Bereiche feststellen konnte[10]. Entlang der Naht zwischen beiden Kulturräumen, dem Rhein-Mosel-Gebiet, gab es – kaum überraschend – die meisten Mirakelsammlungen. Daneben konzentrierten sie sich dort, wo spätantik-christliche Traditionen bestanden.

Die Intensität der Mirakelaufzeichnung in dem schmalen Gürtel des lothringischen Raums, gerade im 11. Jahrhundert, kann man vielleicht mit der Klosterreform in Verbindung bringen, die von hier ihren Ausgang nahm und dann nach Osten ausstrahlte. Es läßt sich zumindest nachweisen, daß in dieser Zeit zahlreiche Klöster, die die Mirakelaufzeichnung pflegten, reformiert worden waren. Der Befund in der Bischofsstadt Trier, einer Stelle in der Naht zwischen westlichem und östlichem Reichsteil, ist für diese Entwicklung vielleicht symptomatisch. Hier gab es zu verschiedenen Zeiten drei Heiligenkulte mit Mirakelaufzeichnungen. Alle drei Heiligen – Maximin, Celsus und Matthias – wurden in reformierten Klöstern verehrt[11].

In einer weiteren Hinsicht scheint der romanische und hier vor allem der nordfranzösisch-belgische Raum moderner. Dort sind bereits im 12. Jahrhundert Sammlungen von Marienmirakeln verbreitet, die im vorliegenden Untersuchungsmaterial noch ganz fehlen[12]. Die Verehrung konzentriert sich hier nach wie vor auf die in ihren Reliquien, zumeist *toto corpore*, präsenten Heiligen. Die mit dem Marienideal verbundenen Verehrungsformen haben also in den gewählten Untersuchungsraum noch keinen Eingang gefunden[13].

Die vorliegenden Mirakel wurden in erster Linie von männlichen Heiligen gewirkt. Lediglich Ida, Kunigunde, Justina, Verena und Wiborada brechen das Bild etwas auf. Der vorherrschende Heiligentyp waren wirkliche oder vermeintliche Erzbischöfe oder Bischöfe, die zumeist an ihren Grabstätten, die sie nicht selten gegründet hatten – Klöstern, (Dom)stiften und Kirchen – verehrt wurden: 23 an

---

10 Moraw, Entwicklungsunterschiede.

11 Siehe hierzu den Überblick von Becker, Monastische Observanz.

12 Die älteste Sammlung von Marienmirakeln hat der Reimser Domherr Flodoard im 10. Jh. in seine Annalen inseriert, Signori, Marienbilder, S. 62; S. 77 eine Verbreitungskarte von Marienmirakelsammlungen, die die Konzentration im nordfranzösisch-flandrischen Raum zeigt; siehe auch Signori, Maria, S. 25, und Karte I. – Ein Reflex dieser fortgeschrittenen Entwicklung findet sich in den Trudo-Mirakeln aus der Mitte des 11. Jhs. Dort wird von einer flandrischen Frau berichtet, die teilweise durch die Muttergottes, teilweise durch den hl. Trudo geheilt wurde: Miraculorum S. Trudonis ... libri duo, AA SS ord. s. Ben. saec. VI,2, Buch 2, c. 77, S. 100. Den bislang ältesten Hinweis auf einen solchen Kult im Reich bietet ein Ulrichsmirakel aus dem 12. Jh. Eine Frau wurde im Augsburger Dom, in der *ecclesia sanctae Dei genitricis,* geheilt: Uodalscalcus, De Eginone et Herimanno, ed. Jaffé, c. 7, S. 435. Es findet sich hier die von Signori beobachtete Verkürzung des Personenkults auf den Kathedralkult: Signori, Maria, passim; dies., Marienbilder, S. 60.

13 Früheste Marienmirakelsammlung im Reich ist offenbar die Straßburger Sammlung Gottfrieds von Ensmingen von 1290; siehe dazu Signori, Maria, S. 247 ff.; dies., Hagiographie.

der Zahl[14]. Darauf folgen sieben weitere Geistliche: Mönche, Einsiedler, Inklusen[15]. Mit Matthias ist ein Apostel, mit Quirin ein spätantiker Märtyrer vertreten und mit Heinrich, Kunigunde und Ida drei adlige weltliche Personen[16]. Einen Sonderfall bildet das Heiligenpaar Aureus und Justina, der angeblich älteste Mainzer Bischof und seine Schwester, die bei einem Hunneneinfall ihr Leben verloren haben sollen. Ihre angeblichen Überreste wurden im 12. Jahrhundert bei Fußbodenarbeiten im St. Albanskloster in Mainz aufgefunden[17]. Zu Beginn der Mirakelsammlung wird jedes Wunder beiden gemeinsam zugeschrieben, nach und nach tritt Aureus jedoch gegenüber Justina zurück und wird schließlich fast ganz von ihr abgelöst.

Zu etwa Zweidritteln waren Klöster die Kultträger (24 Heilige)[18], sieben Heilige wurden in Domstiften verehrt[19], fünf Heilige an sonstigen Stiften und Kirchen[20]. Die Pflege der Heiligenkulte war also fest in monastischer Hand – im Gegensatz zu den Marienkulten, die fast ausschließlich von Welt- und Regularklerus getragen wurden[21]. Das bedeutet, daß die Klöster, die sich doch eigentlich der Kontemplation verschrieben hatten, auf diese Weise intensive Beziehungen zu Laien und deren Problemen bekamen, die ihren Klosteralltag phasenweise erheblich beeinflußten. Zugleich hatten sie die Heiligenverehrung, die Autorisierung und Verschriftlichung von Mirakelberichten beinahe monopolisiert. Dies gilt im übrigen auch für den Typus der Bischofsvita in ottonisch-salischer Zeit, der nach Stephanie HAARLÄNDERs Forschungen weit überwiegend im monastischen Bereich entstand[22].

---

[14] Adalbero von Würzburg, Altmann von Passau, Anno und Heribert von Köln, Auctor, Celsus, Modoald, Liutwin, Maximin und Kuno von Trier, Aureus von Mainz, Bernward und Godehard von Hildesheim, Konrad und Gebhard von Konstanz, Vitalis, Virgil, Hartwig und Eberhard von Salzburg, Liudger von Münster, Otto von Bamberg, Simpert und Ulrich von Augsburg. – Noch für das Spätmittelalter kann VAUCHEZ, Sainteté, Tableau XII, S. 304, einen hohen Prozentsatz (37%) von Bischöfen unter den Heiligen ermitteln.

[15] Heimerad von Hasungen, Philipp von Zell, Pirmin von Hornbach, Symeon von Trier, Verena von Zurzach, Wiborada von St. Gallen, Wigbert von Fritzlar. – Im Spätmittelalter hat diese Gruppe laut VAUCHEZ, Sainteté, Tableau XV, S. 307, einen Anteil von ca. 34% an den Kanonisierten.

[16] Die Zahl der kanonisierten Laien erreicht im Spätmittelalter etwa 25%; VAUCHEZ, Sainteté, Tableau XIX, S. 312.

[17] Inventio et miracula ss. Aurei et Justinae, AA SS Jun. IV, c. 1, S. 50; siehe hierzu unten S. 205.

[18] Lambach (Adalbero); Göttweig (Altmann); Siegburg (Anno); Helmarshausen (Auctor, Modoald); Mainz, St. Alban (Aureus und Justina); Hildesheim, St. Michael (Bernward); Trier, St. Eucharius (Celsus, Matthias); Tholey (Kuno); Petershausen (Gebhard); Hasungen (Heimerad); Deutz (Heribert); Mettlach (Liutwin); Trier, St. Maximin (Maximin); Bamberg, St. Michael (Otto); Hornbach (Pirmin); Tegernsee (Quirin); Augsburg, St. Ulrich und Afra (Simpert, Ulrich); Zurzach (Verena); Salzburg, St. Peter (Vitalis); St. Gallen (Wiborada); Hersfeld (Wigbert).

[19] Konstanz (Konrad); Salzburg, Dom (Virgil, Hartwig, Eberhard); Hildesheim, Dom (Godehard); Bamberg, Dom (Heinrich, Kunigunde).

[20] Herzfeld (Ida); Münster, Liudgerikirche (Liudger); Zell (Philipp); Trier, St. Symeon (Symeon); Trier, St. Paulin (Modoald).

[21] SIGNORI, Marienbilder, S. 62

[22] HAARLÄNDER, Vitae episcoporum, Einleitung, B. II. 3.

Die Pflege der Heiligenkulte war aber auch fest in männlicher Hand. Keiner der Kultorte wurde von weiblichen Religiosen bewohnt[23].

Die Überlieferungsformen der Mirakelsammlungen lassen sich in fünf Kategorien einteilen. 1. Im Zusammenhang mit einer Vita erstellte Mirakelsammlungen liegen in 24 Fällen vor, 2. eine Einheit von Vita, Translationsbericht und Mirakeln ist in fünf der oben genannten 24 Fälle zu beobachten, 3. Inventions-, Translations-, oder Elevationsbericht und Mirakel wurden elfmal verknüpft, zehnmal wurden 4. Mirakelsammlungen separat geführt, zweimal wurden 5. Mirakelsammlungen in den Rahmen einer Klosterchronik eingefügt. Manchmal kann nicht eindeutig bestimmt werden, ob Texte von einem Autor von Anfang an zusammen konzipiert wurden, oder ob sie nach unabhängiger Entstehung nur gemeinsam tradiert wurden. Drei Beispiele seien zur Illustration der Problematik angeführt. Lambert von Deutz plante ursprünglich nur, eine Vita des hl. Heribert von Köln zu verfassen, widerstrebend ließ er sich anschließend auch noch zu einer Mirakelsammlung herab[24]. Beide Texte wurden jedoch teilweise gemeinsam tradiert[25]. Die Mirakel Eberhards von Salzburg existieren in einigen Handschriften, die jeweils unterschiedliche Redaktionsstufen repräsentieren, ohne eine Vita. Einzig in einem Wiener Codex vom ausgehenden 12. Jahrhundert, der eine Art Endredaktion darstellt, sind sie an eine Lebensbeschreibung angebunden[26]. Vita und Mirakel der hl. Verena, die jeweils anonym überliefert sind, können zwei verschiedenen Autoren zugewiesen werden, wurden aber mehrmals gemeinsam tradiert[27]. Die Überlieferungsformen korrespondieren mit denen, die SIGAL für französische Mirakelsammlungen ermitteln konnte[28].

In der verbreiteten Kombination „Vita und Mirakel" konnte man das gottgefällige und heiligmäßige Leben eines Heiligen darstellen und in seinen postmortalen Mirakeln die sich daraus ergebende Fähigkeit, Wunder zu wirken. Einige Texte, jedoch bei weitem nicht alle, die diese Verbindung aufweisen, wurden mit Kanonisationsabsichten an der Kurie in Rom eingereicht, die diesen Nachweis der Heiligkeit – tugendhaftes Leben und Wundertätigkeit – geradezu forderte[29].

In der Verknüpfung von Inventions-, Translations- beziehungsweise Elevationsbericht und Mirakelsammlung wurden meistens aktuelle, kultkonstituierende oder -fördernde Aktivitäten, in deren Anschluß Wunder geschahen, verarbeitet. Erfolgten diese Bemühungen nach einer Kanonisation, so wurde deren Verlauf in

---

23 Im Gegensatz dazu gab es in Frankreich auch Nonnenklöster mit Heiligenverehrung, SIGAL, Travail, S. 171 f.

24 Miracula s. Heriberti, ed. HOLDER-EGGER, Prol., S. 1245 f.

25 Siehe unten S. 240, Anm. 77.

26 Siehe hierzu die Ausführungen in Kapitel E. Genese von Mirakelsammlungen.

27 Siehe unten S. 240, Anm. 77.

28 SIGAL, Travail, S. 149; DERS., Histoire, S. 241; DERS., L'homme, S. 12 f.

29 Dies trifft zu für Anno von Köln (Vita Annonis minor), Konrad von Konstanz (Udalschalks Vita), Heinrich und Kunigunde in Bamberg, Symeon von Trier, Ulrich von Augsburg (Gerhards Vita) und Wiborada von St. Gallen (Herimanns Vita).

den Beschreibungen mitbehandelt. In anderen Fällen zeigen die Berichte, daß die Auffindungen dem Zufall entsprangen und sich der Kult relativ spontan entwikkelte. Die Mirakelberichte nehmen in den Darlegungen gegenüber dem Inventions-, Translations- oder Elevationsbericht in der Regel den größten Raum ein. Aufgrund ihrer relativen Fülle scheinen sie neben den thaumaturgischen Fähigkeiten des Heiligen vor allem das Florieren des Kultes zu dokumentieren.

Eigenständige Existenzen von Mirakelsammlungen erhellen in besonders starkem Maße das reine Kultleben. Die historische Person des Heiligen spielt hier gar keine Rolle mehr.

Zwei Mirakelsammlungen wurden nicht im Rahmen klassischer hagiographischer Produktion verfaßt. Die als „Miracula sancti Liutwini" bezeichnete Schrift ist in Wahrheit eine der Reihe der Äbte folgende Klosterchronik, die lediglich am Ende eine Serie Mirakel bietet[30]. Die Ulrichsmirakel Udalschalks aus dem 12. Jahrhundert schließlich sind in eine Abhandlung über den Streit zwischen Bischof Hermann von Augsburg und Abt Egino von St. Ulrich und Afra eingebettet[31] und werden dort als Teil der Blüte dargestellt, zu der das Kloster unter Egino gelangte.

Bei den verschiedenen Überlieferungsformen sind keine zeitlichen Schwerpunkte des Auftretens zu beobachten.

---

[30] Liutwin: Miracula, AA SS Sept. VIII.

[31] Uodalscalcus, De Eginone et Herimanno, ed. Jaffé.

D. Entwicklung der Gattung

In diesem Kapitel soll die Entstehung der Quellengattung der Mirakelsammlungen und ihre typologische Entwicklung bis zum eigentlichen Untersuchungszeitraum des 10. bis 12. Jahrhunderts umrissen werden. Ihre Entstehung liegt bereits in der Spätantike – im Westen wie in der Ostkirche[1], die hier allerdings außer acht gelassen werden soll – und ist eng verknüpft mit dem Aufkommen des Reliquienkults. Daher soll zunächst ein Blick auf dessen Genese geworfen werden. Im Anschluß daran werden Augustin und ein anonymer nordafrikanischer Autor als Begründer der Gattung sowie Gregor von Tours als derjenige, der für das Aufblühen dieses Genres im Mittelalter eigentlich verantwortlich ist, vorgestellt. In der Karolingerzeit gewann die Gattung bereits eine gewisse Verbreitung; es ist hier kein herausragender Mirakelautor hervorzuheben, sieht man einmal von dem Initiator Einhard ab, so daß für diese Zeit die allgemeinen Entwicklungen anhand seiner und zweier weiterer Beispiele – bereits aus dem Untersuchungsraum – nachgezeichnet werden sollen.

I. Entwicklung des Reliquienkults in der Spätantike[2]

Bereits seit der Mitte des 2. Jahrhunderts läßt sich ein besonderes Gedenken für die Märtyrer, die Blutzeugen des christlichen Glaubens, nachweisen. Die christliche Gemeinde versammelte sich am jeweiligen Hinrichtungstag an ihren Gräbern, oft auch unter Formen, die dem paganen Totenkult entlehnt waren (zum Beispiel Veranstaltung von Totenmählern). Schon zu dieser Zeit rief man die Märtyrer an und bat um ihre Fürbitte, da man sie bereits im Himmel wähnte. Im 4. und 5. Jahrhundert begann man dann, große Basiliken über den Märtyrergräbern zu errichten. Gleichzeitig wurden erste Gebeintranslationen vorgenommen. Entgegen dem

---

[1] Grundlegend: DELEHAYE, Recueils antiques.

[2] Grundlegend: HERRMANN-MASCARD, Reliques, S. 23 ff.; KÖTTING, Reliquienverehrung; DERS., Reliquienkult; ANGENENDT, Kult der Reliquien; BROWN, Cult; zusammenfassend: HEINZELMANN, Translationsberichte, S. 17 ff.; knapp: ANGENENDT, Frühmittelalter, S. 59; siehe auch DERS., Zur Ehre der Altäre erhoben.

römischen Begräbnisrecht öffnete man die außerhalb der Stadt gelegenen sakrosankten Gräber und übertrug die Überreste der Märtyrer in innerstädtische Kirchen. Eine besondere Vorreiterrolle spielte hier der zu den Kirchenvätern gezählte Bischof Ambrosius von Mailand (geb. wahrscheinlich 339, gest. 397, Bischof 374-397)[3], der am 17. Juni 386 die in der Kirche der hll. Nabor und Felix aufgefundenen Gebeine der Märtyrer Gervasius und Protasius in die von ihm erbaute, jedoch noch außerhalb der Stadt gelegene Basilika (*Basilica Ambrosiana*) überführte und dort unter dem Altar beisetzen ließ[4]. Überliefert sind außerdem zwei weitere Translationen von Märtyrerleibern durch Ambrosius[5]. Eine solche Übertragung war ein im Westen bis dahin nicht dagewesener Vorgang[6], der dann jedoch im Mittelalter immer größere Bedeutung erlangen sollte[7]. Ambrosius' Vorgehen war in mehrerer Hinsicht bedeutsam. Zum einen eignete sich hier der Gemeindevorsteher Gebeine an und verband sie durch die Beisetzung in seiner Gemeindekirche untrennbar mit der gemeinschaftlichen Liturgie dieses Gotteshauses. Zum anderen beschränkte Ambrosius hierdurch das wahllose Feiern von Todestagen der Märtyrer, wie sie an vielen *memoriae* üblich waren, da diese, wie bereits gesagt, heidnischen Familiengedenktagen ähnlich waren. Der Kult der Reliquien wurde also vom Bischof selbst in die Hand genommen, autorisiert und kontrolliert[8]. Die Beisetzung der Märtyrer in Verbindung mit einem Altar bedeutete einen wichtigen Schritt in der Ausbildung der Kirchenpatrozinien[9]. Bereits im 6. Jahrhundert galt es in Gallien als unüblich, wenn in einen Altar bei der Weihe keine Reliquien eingelegt wurden. 787 bestimmte das II. Konzil von Nicäa, daß jeder Altar Märtyrerreliquien enthalten solle[10]. Bedeutsam ist vor allem, daß die Verehrung der Märtyrer nun nicht mehr an ihre Gräber gebunden war, sondern daß man ihnen durch Übertragung der Gebeine oder Gegenstände, die diese zu Lebzeiten benutzt hatten (Sekundärreliquien) wie auch von solchen, vor allem Tüchern (*brandea*), die

---

[3] Zu Ambrosius siehe Kraft, Art. Ambrosius; Dassmann, Art. Ambrosius.

[4] Ebd.; Rimoldi, Art. Gervais et Protais. Als Quellen sind zu nennen Ambrosius' Brief an seine Schwester Marcellina: Ep. LXXVII (Maur. 22), rec. Zelzer; Vita di s. Ambrogio, ed. Pellegrino, c. 14, S. 70/72; Augustin geht an verschiedenen Stellen seines Werkes darauf ein, am ausführlichsten in den Confessiones, ed. Verheijen, IX,7, S. 142.

[5] Vita di s. Ambrogio, ed. Pellegrino, c. 29, S. 92/94: Übertragung der Märtyrer Vitalis und Agricola von Bologna nach Florenz; ebd. c. 32, S. 96/98: Translation des Märtyrers Nazarius in die Apostelbasilika in Mailand.

[6] In der Ostkirche lassen sich die ersten Gebeintranslationen bereits Mitte des 4. Jhs. nachweisen; Herrmann-Mascard, Reliques, S. 29. Um dieselbe Zeit wie Ambrosius sollen auch Martin von Tours und Johannes von Neapel Translationen vorgenommen haben; Herrmann-Mascard, Reliques, S. 37.

[7] Seit dem Beginn des 6. Jhs. häuften sich solche Translationen; Herrmann-Mascard, Reliques, S. 37.

[8] Brown, Cult, S. 36 f.; Dassmann, Ambrosius, S. 55, spricht von einer „sinnvollen Einbeziehung der Märtyrerfrömmigkeit in das sakramentalliturgische Leben der Gemeinde".

[9] Leben des heiligen Ambrosius, S. 119; hier wird allerdings unrichtig vom „Kirchenpatronat" gesprochen.

[10] Kötting, Reliquienverehrung, S. 24.

mit der Grabstätte in Berührung gekommen waren (Berührungsreliquien), überall Kultstätten stiften konnte. Dies war die Voraussetzung für die Entstehung und weite Verbreitung des Reliquienkultes.

Nach der ambrosianischen Translation erhielt der Reliquienkult einen weiteren Aufschwung mit der Auffindung des Protomärtyrers Stephanus in Kaphar Gamala im Jahr 415[11], dessen Reliquien besonders zahlreich an nordafrikanische Kirchen verteilt wurden[12]. Zunächst erwarb Bischof Evodius von Uzali um 418/19 solche, dann gelangten sie nach Aquae Tibilitanae, das castellum Sinitense, Calama und recht spät, etwa 424, auch nach Hippo, wo Augustinus als Bischof wirkte und ihnen eine *memoria* errichten ließ[13].

II. Spätantike nordafrikanische Mirakelsammlungen

1. Augustins Mirakelsammlung in seiner Schrift „De civitate Dei"[14]

Erst seit der Translation der Stephansreliquien nach Hippo um 424 begann Augustinus Mirakel zusammenzutragen und dies auch anderen Bischöfen nahezulegen. Obwohl sich auch bei der Überführung der Märtyrer Gervasius und Protasius Wunder ereignet hatten – ein Mann namens Severus erhielt sein Augenlicht zurück, und einige von Dämonen Besessene wurden befreit[15] –, ging man weder in Mailand noch zunächst an den nordafrikanischen Gnadenstätten daran, systematisch Wunder zu sammeln[16].

Im 22. und letzten Buch seines Werks „De civitate Dei" berichtet Augustin eine Serie von Wundern, die sich teils durch Gebete und sakramentale Handlungen, teils durch die Verehrung von Reliquien, insbesondere die des hl. Stephanus, an verschiedenen *memoriae* Nordafrikas ereigneten[17]. Sie sind Teil einer Schrift, die

---

[11] Siehe hierzu Saxer, Morts, S. 245.

[12] Grundlegend zum Reliquienkult in Afrika Saxer, Morts.

[13] Bei den Reliquien, die Augustin erwarb, handelte es sich um Staub vom Stuhl des hl. Stephanus, den er vielleicht bei seinem Besuch in Uzali im Sommer 424 erhielt. Etwa 425 weihte er eine *memoria* zu Ehren des Stephanus, mit deren Bau er den Diakon Heraclius beauftragt hatte. Dieser baute auch ein Hospiz für den Zustrom der Pilger; Saxer, Morts, S. 258 f.

[14] Hierzu grundlegend Delehaye, Libelli; ders., Recueils antiques II, S. 73 ff.; Harnack, Motiv; Stolz, Wunderkapitel; Saxer, Morts; ders., Reliques.

[15] Die Blindenheilung berichtet Ambrosius selbst im Brief an seine Schwester Marcellina (Ep. LXXVII (Maur. 22), rec. Zelzer, S. 128); sie wird von Paulinus in der Ambrosius-Vita erwähnt (Vita di s. Ambrogio, ed. Pellegrino, c. 14, S. 70/72), desgleichen von Augustinus in den Confessiones, ed. Verheijen, IX,7, S. 142, in der Civitas Dei, XXII,8, S. 816, sowie in den Retractationes (I,13) und in einer Predigt (286) (siehe zu letzteren beiden Quellen Vooght, Miracles, S. 9, Anm. 17).

[16] Dassmann, Ambrosius, S. 60, verweist darauf, daß Ambrosius die Märtyrer nicht so sehr als Nothelfer verehrte und empfahl als vielmehr als Fürsprecher „bei der Sündenvergebung im himmlischen Gericht und bei der Erlangung des ewigen Heils."

[17] Augustin, De civitate Dei, XXII,8, S. 815-827.

zwischen 413 und 427 verfaßt wurde und eine Apologie des Christentums gegen den Vorwurf, daß die Einnahme Roms im Jahre 410 durch die Truppen Alarichs aufgrund der Vernachlässigung des Kultes der Götter erfolgt sei, darstellt[18].

Zum Zusammenhang, in dem die Wunder im Gottesstaat stehen, sei nur soviel gesagt: Augustin möchte zum einen Zweiflern begegnen, die danach fragen, warum gegenwärtig keine Wunder geschehen und die damit auch die Anfangswunder in Frage stellen. Zum anderen möchte er aber die aktuellen Wunder als ein Zeugnis der Auferstehung und Himmelfahrt Christi deuten. Denn, so argumentiert er, die Märtyrer seien für diesen Auferstehungsglauben in den Tod gegangen, den sie durch ihre Wunder bestätigten[19]. Dabei legt sich der Kirchenvater nicht fest, wer nun konkret diese Wunder wirkt: ob Gott selbst sie vollbringt oder durch seine Diener, seien dies die Märtyrer oder Engel[20].

Augustins Wundersammlung, die über 20 Berichte umfaßt, besteht aus zwei Teilen. Im ersten berichtet er Wunder, die sich zu verschiedenen, teils weit zurückliegenden Zeiten[21] an unterschiedlichen Orten Nordafrikas zutrugen[22] und durch diverse religiöse Praktiken, zumeist Gebete und sakramentale Handlungen, bewirkt wurden. Der zweite Teil enthält Berichte über Wunder, die durch die Verehrung von Stephanus-Reliquien an den oben erwähnten verschiedenen *memoriae* Nordafrikas hervorgerufen wurden. Diese liegen höchstens wenige Jahre zurück. Augustin bietet also keine auf einen bestimmten Kultort bezogene Mirakelsammlung, sondern er vereinigt in der Civitas Dei Wunderberichte aus ganz Nordafrika. Um die genannte Absicht der Mirakelaufzeichnung zu erreichen, bedurfte es des Beweises möglichst vieler verschiedener Wunder an ganz unterschiedlichen Orten.

Augustins Mirakelberichte zeichnen sich durch große Ausführlichkeit und Anschaulichkeit, dabei aber sprachliche Einfachheit der Darstellung aus. Häufig nennt er den Namen der betroffenen Person, ihre soziale Stellung und ihre Herkunft. Von Leiden behaftet sind etwa der Rechtsbeistand der Vikariatspräfektur Innocentius aus Karthago[23], Innocentia, ein Mitglied der Führungsschicht von

---

[18] DEMANDT, Spätantike, S. 146; OESTERLE, Art. Augustinus I u. II, Sp. 1226; MARROU, Saint Augustin, S. 66.

[19] Augustin, De civitate Dei, XXII,8, S. 815: *Nam facta esse multa miracula, quae adtestarentur illi uni grandi salubrique miraculo, quo Christus in caelum cum carne in qua resurrexit ascendit, negare non possumus.* Ebd., XXII,9, S. 827: *Cui, nisi huic fidei adtestantur ista miracula, in qua praedicatur Christus resurrexisse in carne et in caelum ascendisse cum carne? quia et ipsi martyres huius fidei martyres, id est huius fidei testes, fuerunt; huic fidei testimonium perhibentes mundum inimicissimum et crudelissimum pertulerunt eumque non repugnando, sed moriendo uicerunt; pro ista fide mortui sunt, qui haec a Domino inpetrare possunt, propter cuius nomen occisi sunt; pro hac fide praecessit eorum mira patientia, ut in his miraculis tanta ista potentia sequeretur.* Hierzu VAN DER MEER, Augustinus, S. 626 ff.; STOLZ, Wunderkapitel, S. 852.

[20] Augustin, De civitate Dei, XXII,9, S. 827.

[21] Das Wunder an Innocentius aus Karthago (ebd., XXII,8, S. 816 ff.) muß sich 388/89 ereignet haben; SAXER, Morts, S. 256; STOLZ, Wunderglaube, S. 57; das Mirakel in Fussala (ebd., S. 820) datiert STOLZ, Wunderglaube, S. 58, in das Jahr 411, SAXER, Morts, S. 256, läßt es undatiert.

[22] Genannt werden: Karthago, Curubis, Fussala, die *villa Victoriana*, Hippo.

[23] Augustin, De civitate Dei, XXII,8, S. 816 ff.

Karthago[24], oder Hesperius aus tribunizischem Stand, wohnhaft in Hippo[25], und so fort. Bei den Wundern handelt es sich zumeist um Krankenheilungen. Die Leiden sowie die zur Erlangung der Heilung angewandten Devotionsformen werden genau beschrieben. So erhält die genannte, an Brustkrebs leidende Innocentia im Schlaf eine Vision, der zufolge sie sich am Taufbrunnen von der ersten Getauften die kranke Stelle mit dem Zeichen Christi bezeichnen lassen solle. Sie folgt der Vision und wird sofort gesund[26].

Der Bischof von Hippo akzeptiert nicht leichtfertig jedes ihm zu Ohren gekommene Wunder. Er berichtet solche Zeichen, bei denen er selbst zugegen war, wie etwa das an Innocentius, für das er den Bischof Aurelius von Karthago als weiteren, noch lebenden – wie er hervorhebt – Zeugen anführen kann. Das Wunder an Innocentia kennt er zunächst nur vom Hörensagen, läßt es sich aber daraufhin von der Frau selbst berichten[27]; ähnlich verfährt er im Fall eines Schauspielers aus Curubis, den er, um sich über das Wunder Gewißheit zu verschaffen, nach Karthago kommen läßt[28]. Die in Uzali geheilte und ihm persönlich bekannte Petronia aus Karthago beschreibt er als in der Stadt bekannte Persönlichkeit, die man aufsuchen könne, um sich der geschehenen Sache zu vergewissern[29]. Sein Anliegen, authentische Wunder zu schildern, ist damit ganz offensichtlich.

Dieses Streben nach Authentizität wie auch die Sorge, daß die zeitgenössischen Wunder zu wenig zur Kenntnis genommen oder schnell wieder vergessen würden[30], ließen ihn ein besonderes Verfahren entwickeln. Er regte die Geheilten dazu an, ihre Wundererlebnisse in sogenannten *libelli* zu fixieren. Diese enthielten somit den unmittelbaren Bericht derer, die Prodigien an sich erfahren hatten[31].

In der Civitas Dei berichtet Augustin zum Beispiel über die erwähnte vornehme Frau Petronia aus Karthago, er habe sie dazu bewogen, einen solchen *libellus* über ihr Schicksal zu verfassen, und gibt einen Teil daraus in seinem Werk wieder[32]. Den am Ostersonntag unter seinen Augen in seiner Kirche in Hippo von

[24] Ebd., S. 818 f.
[25] Ebd., S. 820.
[26] Ebd., S. 818 f.
[27] Ebd., S. 819.
[28] Ebd., S. 819 f.
[29] Ebd., S. 824 f.
[30] Ebd., S. 815 f. klagt er: *Nam etiam nunc fiunt miracula in eius nomine, siue per sacramenta eius siue per orationes uel memorias sanctorum eius; sed non eadem claritate inlustrantur, ut tanta quanta illa gloria diffamentur. Canon quippe sacrarum litterarum, quem definitum esse oportebat, illa facit ubique recitari et memoriae cunctorum inhaerere populorum; haec autem ubicumque fiunt, ibi sciuntur uix a tota ipsa ciuitate uel quocumque commanentium loco. Nam plerumque etiam ibi paucissimi sciunt ignorantibus ceteris, maxime si magna sit ciuitas; et quando alibi aliisque narrantur, non tanta ea commendat auctoritas, ut sine difficultate uel dubitatione credantur, quamuis Christianis fidelibus a fidelibus indicentur.*
[31] DELEHAYE, Libelli, S. 428 f.; DERS., Recueils antiques II, S. 78, gibt folgende Definition des *libellus*: „Le *libellus* est une sorte de procès-verbal, ou plutôt le récit authentique d'un témoin, dicté souvent par celui-là même qui a été l'objet d'un miracle, et destiné à être lu en public."
[32] Augustin, De civitate Dei, XXII,8, S. 824 f.

seinem Zittern geheilten Paulus aus Caesarea in Kappadozien lud er zu sich zum Essen ein, ließ sich alles ausführlich berichten und regte ihn ebenfalls zu einem *libellus* an[33], der als einziger noch erhalten ist. Augustin inserierte ihn in seine Predigt am dritten Osterfeiertag, verlas ihn also vor den Gottesdienstbesuchern[34].

Der *libellus* beginnt mit der Bitte an Augustin, ihn dem Volk vorzulesen, und Paulus' Bekenntnis, ihn auf dessen Geheiß verfaßt zu haben[35]. Anschließend folgt die Geschichte seiner Erkrankung und die seiner neun Geschwister aufgrund des Fluchs der Mutter, weil diese sich von dem ältesten Sohn beleidigt fühlte. Von einem unheilbaren Zittern befallen, verstreuten sich die Kinder in alle Winde. Die Geschwister Paulus und Palladia verschlug es nach Nordafrika, wo ersterer zu Ostern (zwei Tage später auch Palladia) in Hippo vor einer großen Menge geheilt wurde. Der Bericht ist in der ersten Person abgefaßt. Es ist zutreffend bemerkt worden, daß der Grieche Paulus ihn wohl kaum selbst in Latein verfaßt, sondern ein Notar dies besorgt haben wird[36]. Dennoch ist davon auszugehen, daß der Schreiber die authentische Berichterstattung des Paulus wiedergegeben hat. Dafür spricht gerade die Darstellung in der ersten Person Singular[37]. Die Ausführungen in der Civitas Dei und die Schilderungen des *libellus* gleichen sich nicht bis ins Detail, jedoch entstehen dadurch keine Widersprüchlichkeiten, sondern jeder Text enthält einige wenige eigene Präzisierungen. Im ganzen gesehen stimmen die Berichte also in hohem Maße überein, was darauf schließen läßt, daß Augustin diese Geschichte im Gottesstaat nach dem *libellus* darstellt[38]. Dies spricht aber für die quellentreue Kompilation des Augustinus in der Civitas Dei.

Dieser Befund wirft ein Licht auf die Funktion der *libelli*. Sie wurden zunächst einmal als Einzelaufzeichnungen gesammelt. Augustin legte, wie F. VAN DER MEER es treffend auf den Begriff bringt, ein „Wunderarchiv“ an[39]. Die einzelnen *libelli* konnten zu Mirakelserien, wie sie in der Civitas Dei vorliegen, zusammengestellt werden, wobei vor allem die Wunder im zweiten Teil zumindest teilweise – wie deutlich wurde – auf solchen beruhen. Die Berichte konnten jedoch auch immer wieder einzeln zu Predigtzwecken der Gemeinde vorgelesen und ausgelegt werden. Hierauf weist der Bischof ausdrücklich hin: Es sei Brauch geworden, solche *libelli* in der Kirche öffentlich zu verlesen[40]. Paulus aus Caesarea spricht die Zuhö-

---

33 Ebd., S. 826.

34 Augustin, Sermo 322, Migne PL 38, Sp. 1443-1445; Augustin, De civitate Dei, XXII,8, S. 826; bereits in seiner Predigt am zweiten Osterfeiertag kündigt er den *libellus* an: Sermo 321, Migne PL 38, Sp. 1443.

35 *Rogo, domine beatissime papa Augustine, ut hunc libellum meum, quem ex praecepto tuo obtuli, sanctae plebi jubeas recitari*: Augustin, Sermo 322, Migne PL 38, Sp. 1443.

36 DELEHAYE, Libelli, S. 431; VAN DER MEER, Augustinus, S. 639.

37 Auch DELEHAYE, Libelli, S. 432, konstatiert: „... et si Paul de Césarée, un Cappadocien, n'a probablement pas tenu la plume, le libelle a été écrit en son nom et sous sa dictée“.

38 So auch SAXER, Morts, S. 273.

39 VAN DER MEER, Augustinus, S. 629.

40 Augustin, De civitate Dei, XXII,8, S. 825.

rer in seinem *libellus* teilweise direkt an[41]. Der seelsorgerliche Aspekt spielte hierbei wohl eine wesentliche Rolle, zumal, da Augustin betont, daß die biblischen Wunder überall bekannt seien, die zeitgenössischen in den Kirchen jedoch nur von wenigen gehört, aber nicht weitererzählt und behalten würden[42].

Hinzuweisen ist noch auf den Sprachgebrauch Augustins. Zwar heißt *libellus* in der Grundbedeutung „Büchlein, kleine Schrift“, doch hatte der Terminus auch im römischen Rechtsleben eine konkrete Bedeutung. Er bezeichnete vor allem schriftliche Eingaben an die Magistrate oder den Kaiser in Form von Berichten, Anfragen, Bitt-, Klage- und Beschwerdeschriften[43]. Eine Computerrecherche des Forschungsinstituts Augustinus-Lexikon an der Justus-Liebig-Universität Gießen zum Lemma „libellus“ ergab, daß Augustinus den Begriff 179 mal verwendet, und zwar in beiden Bedeutungen. Somit kann zwar der amtliche Gebrauch des Terminus im Zusammenhang der Mirakelaufzeichnung nicht ohne weiteres vorausgesetzt werden, auffallend bleibt jedoch, daß Augustin niemals eine andere Bezeichnung für diese Schriften verwendet und damit einen Begriff prägt.

Dem Kirchenvater gelang es nach eigenen Angaben innerhalb von zwei Jahren, beinahe 70 *libelli* mit Wunderberichten, die sich an der Stephanus-*memoria* in Hippo zutrugen, zu sammeln. In Calama, wohin die Reliquien bereits eher gelangten und wo häufiger solche Aufzeichnungen abgegeben würden, seien es noch weit mehr[44]. Eingesetzt wurden diese authentischen Berichte für pastorale Zwecke.

2. Die Mirakelsammlung des hl. Stephanus aus Uzali

Wie gesagt, gelangten die ersten Stephanus-Reliquien nach Uzali; zu dem Brauch, *libelli* anlegen zu lassen, regte jedoch erst Augustin den Bischof Evodius an. Außer dem erwähnten *libellus* der Petronia sind aus Uzali zwar keine weiteren, aber eine Sammlung von Stephanus-Mirakeln dieser Zeit überliefert, deren Aufzeichnung Bischof Evodius in Auftrag gab[45]. Sie ist die erste Mirakelserie, die sich auf eine einzige Kultstätte bezieht und als eigenständige Sammlung überliefert ist.

---

[41] Augustin, Sermo 322, Migne PL 38, Sp. 1444 f.: *Passionis meae vel oculi vestri testes sunt, vel miserabilis soror mea, quae ad eruditionem omnium, communis mali praebet exemplum: ... Huic itaque tanto Dei beneficio non ingratus, hunc libellum obtuli; in quo etiam quae de nostris calamitatibus ignorabatis, et quod de mea incolumitate et salute cognovistis, exhibui: ut et pro mea sorore orare dignemini, et pro me agere Deo gratias.*

[42] Augustin, De civitate Dei, XXII,8, S. 816, 825.

[43] Heumann/Seckel, Handlexikon, S. 312 f.; Vocabvlarivm ivrisprvdentiae Romanae, Bd. 3,2, Sp. 1557-1559.

[44] Augustin, De civitate Dei, XXII,8, S. 824: *Nondum est autem biennium, ex quo apud Hipponem regium coepit esse ista memoria, et multis, quod nobis certissimum est, non datis libellis de his, quae mirabiliter facta sunt, illi ipsi qui dati sunt ad septuaginta ferme numerum peruenerant, quando ista conscripsi. Calamae uero, ubi et ipsa memoria prius esse coepit et crebrius dantur, incomparabili multitudine superant.*

[45] De miraculis sancti Stephani, Migne PL 41, Sp. 833.

Die aus zwei Büchern bestehende Mirakelsammlung aus Uzali wurde von einem unbekannten Autor, wahrscheinlich Mitglied des Diözesanklerus[46], zusammengestellt. Sie dürfte nach dem Besuch Augustins in Uzali, also nach dem Sommer 424, entstanden sein[47]. Die Sammlung enthält insgesamt 20 Mirakelberichte in zwei Büchern, die zwei deutlich unterschiedene Zielgruppen ansprechen. Das erste soll am Festtag des Märtyrers dem Kirchenvolk verlesen werden, läßt also damit die seelsorgerliche Absicht erkennen, das zweite aber soll dem Klerus von Uzali zur Erbauung dienen[48]. Da im zweiten Buch auf die Praxis des Verlesens angespielt wird, dürfte es später als das erste entstanden sein[49]. Der Autor spricht im Prolog des ersten Buches den Auftraggeber, Bischof Evodius, an, in c. 1 des zweiten Buches aber die *sanctissimi patres et fratres*[50]. Die beiden Zielgruppen sind verantwortlich für die sehr ungleichmäßige Aufteilung der Mirakelsammlung: Im ersten Buch sind auf etwa 20 Spalten 16 Mirakel verteilt, im zweiten auf die gleiche Papiermenge lediglich vier. Den Festtagsbesuchern, die im ersten Buch angesprochen sind, konnte man unmöglich derart ins Detail gehende Berichte zumuten, die lesenden Kleriker waren aber sehr wohl in der Lage, sich in die mit Einzelheiten gespickte Materie zu vertiefen.

Im Prolog des ersten Buches versichert der Autor, daß er die Mirakel des hl. Stephanus der Wahrheit gemäß in einfacher Sprache und so, wie sie von den Menschen selbst berichtet worden seien, darstellen möchte[51]. Er beabsichtigt also, sich bis in die Sprache hinein größtmöglicher Quellentreue zu befleißigen. Dabei bietet der Autor eine Auswahl von Mirakeln, die sich an den bekannteren und berühmteren Begebenheiten orientiert[52].

Auch die Mirakel im ersten Buch berichtet er vergleichsweise ausführlich mit dem Bemühen, präzise Angaben zu Namen, Stellung und Wohnort der Geretteten zu machen. Die Wunder sind aktuell. In Buch I, c. 3 schildert er das erste Zeichen nach der Ankunft der Reliquien, das sich an der blinden Bäckerin Hilara aus Uzali ereignete und sich mithin um 418 zugetragen haben muß. Verschiedene weitere Wunder sind mit verknüpfenden Zeitangaben versehen, die die Dichte des Aufein-

---

[46] Saxer, Morts, S. 252 f.

[47] Ebd., S. 270.

[48] De miraculis sancti Stephani, Migne PL 41, I, c. 15, Sp. 842.

[49] Ebd., II, c. 1, Sp. 841 f.; Saxer, Morts, S. 270.

[50] De miraculis sancti Stephani, Migne PL 41, I, Prol., Sp. 833; II, c. 1, Sp. 841. Saxer, Morts, ist diese unterschiedliche Zwecksetzung entgangen.

[51] De miraculis sancti Stephani, Migne PL 41, I, Prol., Sp. 833: ... *nec ingenio et lingua aliqua quasi exaggerare praevalentes; sed ipsarum rerum veritatem, prout Deus donaverit, fideliter explicare cupientes, ut ipsa nostra narratio non tam verborum pompam audeat quaerere, sed potius mendaciorum fucum studeat declinare; ita ut ubicumque res postulaverit, ipsorum quoque hominum verba, sicut ab eis dicta sunt, simpliciter ponere non debeamus erubescere.*

[52] Ebd., I, c. 4, Sp. 837; I, c. 15, Sp. 842.

anderfolgens und den seriellen Charakter der Mirakelsammlung hervortreten lassen[53]. Die Sprache ist in der Tat einfach. Gelegentlich eingestreute biblische Verweise erläutern den berichteten Sachverhalt gemäß der christlichen Lehre.

Es ist ungewiß, ob der Autor seine Sammlung auf *libelli* stützt, und in welchem persönlichen Verhältnis er zu den Ereignissen steht. In jedem Fall wurde anläßlich eines Wunders größtmögliche Öffentlichkeit hergestellt. So soll die Bäckerin Hilara am Tag nach ihrer Heilung ebenso in die Kirche gekommen und das Wunder dort öffentlich berichtet haben[54] wie der Friseur Concordius aus Uzali, der von einem Fußbruch geheilt wurde[55]. An späterer Stelle berichtet der Autor, daß die Geheilten am Festtag des Märtyrers nach dem Verlesen des jeweiligen Mirakelberichts in die Mitte der Kirche gerufen und so der Gemeinde präsentiert wurden, die sie beglückwünschte[56]. Die Gläubigen konnten sich damit der Tatsächlichkeit der berichteten Wunder vergewissern. Aus diesen Indizien spricht, daß der Autor eine gute Kenntnis der Wunder besessen haben wird.

Die Quellengattung der Sammlungen von *miracula post mortem* nahm mit Mirakelaufzeichnungen des beginnenden 5. Jahrhunderts aus Nordafrika ihren Anfang[57]. Ausgangspunkt bildeten von den Geheilten selbst verfaßte oder doch auf sie zurückgehende Berichte, die dem Wunder größtmögliche Authentizität verliehen. Auf diese Weise entstand ein Fundus für die Verwendung in der Predigt, eine Funktion, an der Augustin wohl am meisten gelegen war. Sie konnten aber auch zu Mirakelserien zusammengestellt werden, wie dies von Augustin und in Uzali praktiziert wurde. Dort diente die zweigeteilte Sammlung der Stephanus-Mirakel der Verlesung und damit der Feier des Heiligenfestes sowie der Erbauung der Geistlichen.

III. Gregors von Tours Mirakel des hl. Julian von Brioude und des hl. Martin von Tours

Nach den nordafrikanischen Mirakelaufzeichnungen aus dem ersten Drittel des 5. Jahrhunderts finden wir solche erst wieder am Ende des 6. Jahrhunderts in Gallien. Im hagiographischen Werk des Bischofs Gregor von Tours (geb. 538 oder

---

53 Ebd., I, c. 4; c. 6-8.

54 Ebd., I, c. 3, Sp. 836: ... *quid in se mirabiliter gestum fuisset, congratulantibus et admirantibus fidelibus enarravit.*

55 Ebd., I, c. 4, Sp. 837: ... *in ecclesiam venit, et gloriam Dei atque Amici Dei sanitatis attestatione praedicavit.*

56 Ebd., II, c. 1, Sp. 841 f.

57 Delehaye, Libelli, S. 433, geht allgemein davon aus, daß solche *libelli* früher oder später zu einer Sammlung zusammengestellt wurden und sie so die Geburtsstunde der im Mittelalter so weit verbreiteten Mirakelsammlungen markieren.

539, gest. wahrscheinlich 594, Bischof seit 573)[58] sind zwei Mirakelsammlungen enthalten, die denen aus Nordafrika recht ähnlich sind, die des hl. Julian von Brioude[59] und die von Gregors Amtsvorgänger Martin von Tours[60]. Es läßt sich jedoch keinerlei Kontinuität zu Augustin oder der Sammlung von Uzali nachweisen. Die genannten Mirakelbücher sind vielmehr Gregors originäre Schöpfung, und sie sind es auch gewesen, die bestimmend auf die weitere Ausbreitung der Gattung im Mittelalter gewirkt haben, wurden seine Werke doch außerordentlich stark rezipiert[61].

Die wesentlichen kompositorischen Merkmale der Martinsmirakel wurden bereits von Martin HEINZELMANN erarbeitet[62]; zu verweisen ist außerdem auf eine ältere Untersuchung beider Mirakelsammlungen von Hippolyte DELEHAYE[63].

Die Martinsmirakel teilt Gregor in vier Bücher ein. In dem aus 40 Kapiteln bestehenden ersten Buch berichtet er aus verschiedenen schriftlichen und mündlichen Quellen geschöpfte Mirakel, die sich vor seiner Zeit als Bischof von Tours ereigneten. Die folgenden drei Bücher enthalten Begebenheiten von der Zeit seiner Bischofseinsetzung in Tours bis – sehr wahrscheinlich – unmittelbar vor seinen Tod. Dies kann man daraus schließen, daß die Bücher II und III jeweils 60 Kapitel umfassen, das IV. Buch jedoch abrupt und ohne die für die anderen Bücher charakteristischen Schlußworte mit dem 47. Kapitel endet.

Gregor berichtet im wesentlichen Mirakel, die sich in der Martinsbasilika am Grab des Heiligen ereigneten. Hinzu tritt eine Reihe von Wundern an der Kultstätte in Candes, wo der hl. Martin verstarb. Daneben sammelte der Bischof jedoch auch auf seinen Reisen Wunder von anderen Martinskultstätten oder ließ sich solche von auswärtigen Besuchern berichten. Dies zeigt, daß er bestrebt war, die Zeichen des verehrten Patrons überall ausfindig zu machen; die überwältigende Mehrheit der weit über 200 Berichte (in manchen Kapiteln stecken mehrere Wunderberichte) bezieht sich jedoch auf die Kultstätte in Tours.

Die 51 Kapitel der Juliansmirakel finden sich in einem Buch niedergelegt. Auch hier trägt Gregor im wesentlichen zusammen, was sich an der Kultstätte in Brioude ereignete, fügt jedoch ebenso Mirakel aus einer Kirche in Tours und von anderen Verehrungsorten hinzu.

---

58 Zur ersten Orientierung ANTON, Art. Gregor v. Tours; BRUNHÖLZL I, S. 128 ff.

59 VJ, ed. KRUSCH; engl. Übers. DAM, Saints, S. 163-195.

60 VM, ed. KRUSCH; engl. Übers. DAM, Saints, S. 200-303. Gregor selbst teilt sein Werk in zehn Bücher Historiae und sieben Bücher Mirakel und einige weitere Schriften ein (Historiae, ed. KRUSCH, X,31). Die zu den Mirakelbüchern gezählten Werke „In gloria martyrum“ und „In Gloria confessorum“ sind jedoch von anderem Charakter.

61 HEINZELMANN, Source, S. 235. Aus diesem Grund kann auch die wenig ältere, kurze Mirakelsammlung des hl. Hilarius von Poitiers aus der Feder von Venantius Fortunatus hier außer acht bleiben, ed. KRUSCH, engl. Übers. DAM, Saints, S. 155-161.

62 HEINZELMANN, Source.

63 DELEHAYE, Recueils antiques II, S. 305 ff.; einige wertvolle Beobachtungen steuert auch PIÉTRI, Pèlerinage, S. 98 ff., bei.

Grundlage seiner Aufzeichnungen sind nicht schriftliche Berichte der Geretteten, wie wir sie aus Nordafrika kennen; das wäre bei dem geringen Alphabetisierungsgrad im Gallien dieser Zeit nicht zu erwarten gewesen. Gregor betont jedoch an mehreren Stellen, nur solche Wunder aufzeichnen zu wollen, die er selbst gesehen oder doch von zuverlässigen Menschen erfahren habe[64]. Neben diese allgemeinen Versicherungen treten Äußerungen in einzelnen Mirakelberichten, er habe das Wunder von dem Notleidenden selbst gehört[65]. Somit spielt auch bei ihm der persönliche Bericht der Geretteten eine Rolle. Eine besondere Funktion scheinen die Küster der Kirche gehabt zu haben, denn von ihnen ließ sich Gregor nachweislich Wunder berichten, beklagt aber zugleich, daß diese sich nicht immer die Namen merkten[66]. Bei den von auswärtigen Kultstätten übermittelten Mirakeln nennt er regelmäßig seine Gewährsleute[67]. Hieraus wird ersichtlich, daß Gregor ebenso wie Augustin und der Mirakelautor von Uzali großes Interesse besaß, authentische Berichte von Mirakeln zu liefern.

Für seine genauen Erkundigungen spricht, daß viele Erzählungen, sowohl der Martins- als auch der Juliansmirakel, präzise Angaben zu den Geretteten – Namen, Herkunftsorte und eine soziale Einordnung[68] – wie auch detaillierte und lebensnahe Schilderungen über die von ihnen erlebten Vorgänge enthalten[69]. Es besteht daher kein Zweifel, daß den Berichten individuelle Erlebnisse zugrunde liegen. Felix THÜRLEMANN betrachtet diese Darstellungsmittel – Betonung der Glaubwürdigkeit der Mirakelberichte und die Anführung von Gewährsleuten sowie möglichst vieler individueller Details – allerdings als Metadiskurs, der Authentizität bloß simuliere[70]. Dem hält HEINZELMANN zurecht entgegen, daß „in einer weitgehend oralen Kultur Zeugenschaft auch zur tatsächlichen Rückfrage gedacht“ sei[71].

Die Anlage der Martinsmirakel folgt fast durchgehend einer strikten Chronologie. HEINZELMANN hat diese Anordnung in einer tabellenförmigen Zusammenstellung für das IV. Buch offengelegt, in dem die hohe Dichte an Datierungen dies erlaubt[72], aber auch für die Bücher II und III ist eine chronologische Anlage wahrscheinlich. Das eigentliche Raster bilden die Festtage Martins, daneben sind jedoch immer wieder Daten aus der Politik – Regierungsjahre der Könige, Gesandtschaften, etc. – eingestreut, die absolute Datierungen erlauben und so die Rekonstruktion des Zeitgerüsts ermöglichen. Von Gregor hergestellte Bezüge zwischen auf-

---

64 VM, ed. KRUSCH, I,3; II,Prol.; III,43.
65 Um nur einige Beispiele zu nennen: VM, ed. KRUSCH, I,37; II,16; II,24; II,33; II,40; passim.
66 Ebd., III,43; VJ, ed. KRUSCH, c. 2, kennt er ebenfalls von dem Küster.
67 Z.B. VM, ed. KRUSCH, I,13-16 (Venantius Fortunatus); IV,29 (die Nonne Agnes von Poitiers); Bf. Palladius von Saintes ließ ihm sogar schriftliche Aufzeichnungen zukommen, IV,8.
68 Statistische Angaben bei PIÉTRI, Ville de Tours, S. 550 ff.
69 Zum Spektrum der Notlagen ebd., S. 565 ff.
70 THÜRLEMANN, Historischer Diskurs, S. 25 ff., 34.
71 HEINZELMANN, Diskurs, Anm. 29, S. 242; zustimmend RÖCKELEIN, Miracle Collections, S. 271.
72 HEINZELMANN, Source, S. 237 ff.

einanderfolgenden Mirakeln lassen daneben eine relative Chronologie erkennen. Gregor arbeitet also wie ein Chronist mit starkem Zeitbezug. Nicht eine thematische Gliederung seiner Mirakelsammlung ist sein primäres Anliegen[73], sondern eine Zusammenstellung der Ereignisse am Martinsgrab in ihrer täglichen Abfolge[74]. Seine Dokumentationsabsicht wird dadurch besonders deutlich.

Obendrein liefert der Touronenser Bischof eine Reihe von Hinweisen, die auf eine sukzessive und nah zu den Geschehnissen erfolgte Abfassung schließen lassen. HEINZELMANN führt dafür zurecht das unvollendete IV. Buch an; dabei verweist er außerdem anhand der Wendungen *nuper* in c. 45 und *praesenti tempore* in c. 47 darauf, daß Gregors Aufzeichnung im Fluß war[75]. Solche Beispiele lassen sich auch in anderen Büchern finden, ebenfalls Indizien für die schrittweise Zusammenstellung[76]. Folglich sind Gregors Wunderberichte von großer Aktualität, welche durch mehrmalige Anspielungen auf seuchenartige Erkrankungen, also allgemeine Probleme der Zeit, unterstrichen wird[77].

Aus diesen Beobachtungen zur Strukturierung der Mirakelsammlung folgert HEINZELMANN weiter, daß Gregor seine Berichte nach Notizen erstellt haben müsse, kurzen Aufzeichnungen, die entweder er selbst oder seine Notare – ein solcher werde in den Mirakeln erwähnt –, vielleicht auch die Küster nach der Befragung eines Geheilten gemacht haben dürften[78]. Idealtypisch könne man sich vorstellen, Gregor habe bei der Redaktion der Mirakelsammlung einen Stapel chronologisch geordneter Notizen vor sich gehabt[79]. In der Tat läßt nicht nur die chronologisch exakte Anlage der Mirakelsammlung darauf schließen, sondern auch die vielen Details zu den Personen und Abläufen erlauben kaum einen anderen Schluß. Andernfalls müßte man annehmen, daß Gregor fast täglich Wunder aufgezeichnet hätte. Darüber, wer die Notizen anfertigte, erfahren wir jedoch nichts. Bei dem ausgeprägten Interesse, das der Bischof am Martinskult zeigte[80], ist es nicht ausgeschlossen, daß er sich selbst so oft wie möglich in der Basilika aufhielt.

---

[73] Gelegentlich sortiert er offenbar auch Wunder: in VM, ed. KRUSCH, I,29-31 berichtet er drei Strafwunder; er endet in c. 31 mit der Bemerkung, davon nun genug erzählt zu haben. VJ, ed. KRUSCH, c. 13-20 enthalten ebenfalls Strafwunder.

[74] DELEHAYE, Recueils antiques II, S. 306, spricht von einer Aufzeichnung „au jour le jour"; ebenso HEINZELMANN, Source, S. 241.

[75] Ebd., S. 239.

[76] VM, ed. KRUSCH, III,33: *Hoc anno*; III,34: *Superiore quoque anno* (hier ein klarer Beweis, daß die Chronologie gelegentlich gestört ist, die Aufzeichnung der beiden Begebenheiten aber zusammen erfolgte). Es lassen sich sogar die Intervalle bestimmen, in denen jedes einzelne Buch entstand: 573-581 (II); 581-587 (III); 588-593 (IV); siehe die Übersicht bei HEINZELMANN, Source, S. 239.

[77] VM, ed. KRUSCH, II,51; III,18; III,33; III,34.

[78] HEINZELMANN, Source, S. 240.

[79] Ebd.

[80] Zur Rolle Martins als eine von zwei „Konstanten" in der Biographie Gregors, HEINZELMANN, Gregor, S. 177.

Die bereits erwähnte Äußerung in c. 45 des III. Buches, er habe diejenigen, die ein Wunder erlebt hatten, auch selbst nach ihrem Namen gefragt, könnte darauf hindeuten[81].

Kennzeichnend für Gregors Darstellungsweise ist seine einfache Sprache, in der er lebendig und konkret beschreibt[82]. Er äußert sich in II,19 der Martinsmirakel explizit zu dieser Form und bekundet damit gleichzeitig, welchen Zweck er mit der Mirakelaufzeichnung verfolgt, nämlich den der Erbauung: *Sed nobis in ecclesiasticum dogma versantibus videtur, ut historia, quae ad aedificationem ecclesiae pertenet, postposita verbositate, brevi atque simplici sermone texatur, ut et virtutem beati antestitis prodat et sapientibus fastidium non inponat*[83].

Seine seelsorgerliche Absicht zeigt sich an mehreren Stellen, an denen er auf den Bericht eines Wunders eine geistliche Nutzanwendung folgen läßt. Als Beispiel sei das Kapitel 24 in Buch II der Martinsmirakel angeführt, in dem er die Heilung eines stark behinderten Knaben schildert. Seine Mutter selbst soll sein Schicksal auf ihre durch sonntäglichen Geschlechtsverkehr eingetretene Schwangerschaft zurückgeführt haben. Gregor schließt den Bericht mit einer Warnung vor der Entweihung des Feiertags durch die Hingabe an fleischliche Gelüste, da dies zu Krankheiten wie Lähmung, Epilepsie und Lepra führen könne: *Sed quia dixi, parentibus eius ob peccatum evenisse per violentiam noctis dominicae, cavete, o viri, quibus sunt coniuncta coniugia! Sat est aliis diebus voluptati operam dare; hunc autem diem in laudibus Dei inpolluti deducite. Quia, cum evenerit, exinde aut contracti aut ephilentici aut leprosi nascuntur. Sitque documentum, ne malum, quod una nocte committitur, per multorum annorum spatia perferatur*[84].

Mit drastischen Worten und Drohungen sowie direkter Anrede (*cavete, o viri ...*) brachte er den Laien das Gebot zur Sonntagsheiligung nahe. Wie das Beispiel zeigt, wandte sich Gregor mit den Mirakeln an ein Laienpublikum, das er christlich unterweisen wollte[85]. Einige Strafwunder, denen nicht immer eine explizite

---

[81] *Cumque rumor surrexerit, beati antestitis apparuisse virtutem, vocatis ad nos custodibus aedis, quae sunt acta cognoscimus; nomina tamen non semper ab his discimus. Illos vero plerumque nominatim scribimus, quos videre potuerimus, aut ipsi discutimus*, VM, ed. KRUSCH, III,45.

[82] Hierzu auch PIÉTRI, Pèlerinage, S. 102.

[83] VM, ed. KRUSCH, II,19; ähnlich VJ, ed. KRUSCH, c. 4; zum *sermo rusticus* bei Gregor BEUMANN, Gregor von Tours; HEINZELMANN, Gregor, S. 151, verweist darauf, daß das Erbauungsmoment zwar auch die Historien, stärker aber die hagiographische Literatur kennzeichne. In der zitierten Stelle sieht er jedoch eher eine Stellungnahme unter literarischem Aspekt (Anm. 64, S. 237).

[84] VM, ed. KRUSCH, II,24.

[85] Zur Bedeutung der „Eigen- oder Autorrede" in Gregors hagiographischem Werk THÜRLEMANN, Historischer Diskurs, S. 17; S. 77 f. im Verhältnis zur Fremdrede in der Historiographie. Korrigierend HEINZELMANN, Diskurs, S. 243, Anm. 28. – Die Predigt war bis zum 5. Jh. ausschließliches Recht der Bischöfe gewesen, 529 wurde auf dem Konzil von Vaison aufgrund der Ausbreitung der Pfarrorganisation die Predigt der Priester eingeführt, RICHÉ, Pastorale, S. 207; LONGÈRE, Art. Predigt A, Sp. 171.

Belehrung angefügt ist, da sie für sich sprechen[86], kritisieren Feld-, handwerkliche und auch Küchenarbeit an Sonn- und Feiertagen und dienen damit ebenfalls der Durchsetzung der Festtagsheiligung[87]. Ein weiterer Bereich, in dem Gregor mit Belehrungen Stellung bezieht, ist die Anwendung von Zaubermitteln[88]. Die romanische Sprache von Gregors Laienpublikum und sein Latein waren einander wahrscheinlich so nah verwandt, daß es als „Horchsprache" verstanden wurde und Gregor den Text direkt als Predigt verwenden konnte[89].

Die beiden hervorstechendsten Merkmale in Gregors Wundersammlungen sind zum einen seine eindeutige Dokumentationsabsicht und zum anderen die Intention der Erziehung zum christlichen Glauben und zur Einhaltung der kirchlichen Gebote. Eine ältere Untersuchung von Jean SCHICK vermag die starke Abnahme der erbaulichen Elemente insbesondere im IV. Buch nachzuweisen[90]. Es ist zugleich das Buch, das die meisten Datierungen enthält und die Zeitstruktur leicht rekonstruierbar macht. Schließt man sich dem erwähnten, von HEINZELMANN geprägten Bild eines Stapels chronologisch geordneter Notizen an, so scheint Gregor diese im letzten Buch am wenigsten ausgestaltet zu haben[91].

Die Antwort auf die Frage nach dem Verhältnis von Hagiographie und Historiographie in diesen beiden Werken führt zu dem Ergebnis, daß historischer und hagiographischer Diskurs[92] von Gregor ganz eindeutig nebeneinander verwendet werden. Mit dieser Beobachtung läßt sich eine neuere Studie Martin HEINZELMANNs über „die Frage nach einem doppelten Diskurs bei Gregor"[93] ergänzen und modifizieren. HEINZELMANN untersucht die Begebenheiten, die sowohl in den Historiae als auch in den Mirakelbüchern berichtet werden. Er kommt zu dem Ergebnis, daß gemeinhin historische Werke von hagiographischem Diskurs und gemeinhin hagiographische von historischem Diskurs bestimmt sein können, weswegen eine klare Entsprechung von jeweiligem Diskurs und Gattung nicht nachgewiesen werden könne. Es scheint jedoch eine Tendenz Gregors feststellbar, Ge-

---

86 In einem Fall läßt Gregor den hl. Martin in einer Vision auftreten und den Gestraften auffordern, überall zu verkünden, daß am Sonntag nicht gearbeitet werden dürfe, was dieser angeblich auch tut, VM, ed. KRUSCH, II,40.

87 Siehe hierzu AUPEST, Observation.

88 Z.B. VM, ed. KRUSCH, I,27; VJ, ed. KRUSCH, c. 46: hier stellt Gregor zwei Begebenheiten einander gegenüber; ein schwer erkrankter Knabe kann durch Zaubereien nicht geheilt werden und stirbt, ein anderer überlebt, da er Staub vom Grab des hl. Julian zu sich nimmt.

89 HEENE, Hagiography, S. 418 f.; UYTFANGHE, L'hagiographie, S. 58, der von „Vorlesesprache" spricht.

90 SCHLICK, Composition, S. 282 ff., mit Tabelle und Graphik S. 283.

91 HEINZELMANN, Source, S. 240.

92 Unter hagiographischem Diskurs wird hier mit HEINZELMANN, Diskurs, S. 240 „die Aufschließung und Vorbereitung für den rechten Glauben durch das richtige Beispiel" verstanden. Ähnlich UYTFANGHE, Art. Heiligenverehrung II (Hagiographie), Sp. 156, der die Funktion des hagiographischen Diskurses ebenfalls in der Belehrung sieht. Die weiteren von ihm erarbeiteten Merkmale treffen weniger auf posthume Mirakel zu. Zum historiographischen Diskurs HEINZELMANN, Diskurs, S. 238 f.

93 Ebd., S. 243.

schichten der Vergangenheit in erster Linie unter „exemplarisch-erbaulichen Gesichtspunkten“[94] zu erzählen und sie auch in den Historiae entsprechend hagiographisch zu gestalten. Handelt es sich um zeitgenössische Berichterstattung, so stellt er die Gegenstände in den Historiae dokumentarisch, in den Mirakelbüchern aber didaktisch aufbereitet dar[95].

In den Mirakelsammlungen von Julian und Martin treffen wir, wie erläutert, weitestgehend zeitgenössische Berichterstattung an. Verglichen mit den Ergebnissen, die HEINZELMANN anhand der in Parallelüberlieferung vorliegenden Begebenheiten gewinnt, nehmen sie m.E. eine Zwischenstellung zwischen den von ihm erarbeiteten Zuordnungen ein. Sie sind also, wie bereits herausgearbeitet, sowohl dokumentarischen als auch exemplarischen Charakters.

IV. Karolingische Mirakelsammlungen des 9. Jahrhunderts

Wie die nordafrikanischen so blieben Gregors Wundersammlungen für etwa zwei Jahrhunderte einzigartig. Einige Indizien sprechen zwar dafür, daß außer den seinen noch weitere existierten, doch kamen sie ihnen sicherlich an Umfang und Bedeutung nicht gleich[96]. Im 9. Jahrhundert sprossen Mirakelsammlungen hingegen fast gleichzeitig in allen Teilen des Frankenreichs förmlich aus dem Boden. Der Grund hierfür ist ganz offensichtlich: eine starke Intensivierung des Reliquienkultes, die sich in Reliquientranslationen ungekannten Ausmaßes äußerte[97]. Diese Vorgänge beflügelten auch die literarische Produktion, wobei erstmals die Verbindung von Translationsbericht und Mirakelsammlung geschaffen wurde[98]. Solche Translationen waren für die geistlichen Institutionen Ereignisse ersten Ranges und wurden daher mit großem Aufwand, großer Feierlichkeit und unter starker Anteilnahme auch der Laien vollzogen. Nicht zufällig bildeten sie oftmals den Ausgangspunkt für die Entstehung eines Heiligenkultes, wobei vielfach bei der

[94] Ebd., S. 258.
[95] Ebd.
[96] Zu der weiteren Entwicklung siehe DERS., Source, S. 242 ff.
[97] Siehe hierzu HONSELMANN, Reliquientranslationen; HOTZELT, Translationen von Martyrerleibern; DERS., Translationen römischer Reliquien; DERS., Translationen von Martyrerreliquien; FROS, Liste des translations; die von ZENDER/FELLENBERG erarbeitete Karte „Reliquientranslationen zwischen 600 und 1200“ im Atlas zur Kirchengeschichte S. 28 läßt die zeitlichen Schichten nur schwer erkennen.
[98] Zur Typologie der Translationsberichte HEINZELMANN, Translationsberichte.

Übertragung selbst bereits die ersten Wunder einsetzten. Aufgrund ihrer Bedeutung wurde ein Translationsbericht verfaßt, dem eine Mirakelsammlung angefügt wurde[99].

Da Mirakelsammlungen im 9. Jahrhundert bereits eine weite Verbreitung erfuhren, sollen drei solcher Serien aus unterschiedlichen Regionen des eigentlichen Forschungsgebietes beispielhaft auf ihre Typologie untersucht und vorgestellt werden. Einhards um 830 entstandener Bericht über die Translation der Märtyrer Marcellinus und Petrus aus Rom nach Seligenstadt am Main im Jahr 827/28 und ihre Wunder[100] markiert gleichsam den Beginn der neuen Entwicklung im 9. Jahrhundert[101]. Wenig später, 839, verfaßte der Mönch Wandalbert von Prüm die Mirakel des in der Goarer Zelle des Klosters verehrten hl. Goar[102], die als zweite analysiert werden soll. Die dritte Sammlung entstand in den neunziger Jahren des 9. Jahrhunderts; es handelt sich um die Monheimer Walpurgis-Mirakel des Eichstätter Domklerikers Wolfhard[103].

1. Einhards Translation der hll. Marcellinus und Petrus

Der berühmte Karlsbiograph Einhard gliedert seine Schrift in vier Bücher[104]. In Buch I und II berichtet er die Translation der Heiligen von Rom nach Steinbach bei Michelstadt im Odenwald und von dort nach Seligenstadt, wobei er einzelne Wunderberichte einstreut. Die Bücher III und IV sind reine Wundersammlungen. Einhard selbst gibt deren Disposition vor[105]: Zunächst werden die Wunder aus Seligenstadt berichtet (Buch III), dann die aus der Pfalz Aachen (wo sich im Früh-

[99] Heinzelmann, Source, S. 245, und ders., Translationsberichte, S. 97, führt das Aufblühen der *miracula post mortem* auch darauf zurück, daß mit der Rückkehr zur klassischen Biographie in der karolingischen Renaissance kein Platz mehr für Wunderdarstellungen in den Viten gewesen sei (wie man dies bis zum 7. und 8. Jh. findet). Ich halte dies für wesentlich weniger entscheidend als die Intensivierung der Reliquienverehrung in breiten Volksschichten.

[100] Einhard, Translatio ss. Marcellini et Petri, ed. Waitz; zu Einhard: Fleckenstein, Art. Einhard; zu dem Werk: Eberl, Art. Einhard, Sp. 424; Brunhölzl I, S. 320 f. Das Jahr der Translation erfahren wir aus den Annales Fuldenses, ed. Kurze, ad annum 827: *Corpora beatorum Christi martyrum Marcellini et Petri mense Novembrio in Franciam allata sunt*, und auch aus den Annales regni Francorum, ed. Kurze, ad annum 827; dort ist die Translation allerdings in den Oktober verlegt.

[101] Heinzelmann, Source, S. 244.

[102] Wandalbert von Prüm, Vita et miracula sancti Goaris, ed. Stiene; zu Wandalbert und zum Werk: Vorwort Stiene, S. XXVI ff.; Wattenbach-Levison-Löwe, S. 896; Bischoff, Art. Wandalbert von Prüm; die Datierung ergibt sich aus Wandalberts Schlußwort zu den Mirakeln, S. 83.

[103] Monheimer Walpurgis-Wunder, ed. Bauch; zu Autor und Werk Vorwort Bauch, S. 19 ff.; Wattenbach-Levison-Löwe, S. 735 f.

[104] Die Translatio ist in zwei Handschriften aus dem 9. und 10. Jh. überliefert, von denen lediglich die jüngere, eine prachtvolle Ausführung, die Einteilung in vier Bücher aufweist; Einhard, Translatio et miracula ss. Marcellini et Petri, ed. Waitz, S. 238 f.; Bondois, Translation, S. 23 mit Anm. 3. Einhard spricht indessen in IV,15 selbst von seinem vierten Buch, so daß diese Einteilung seinem Kompositionswillen entsprach.

[105] Einhard, Translatio et miracula ss. Marcellini et Petri, ed. Waitz, III,Prol.

jahr/Sommer 828 Teile des hl. Marcellinus befanden; Buch IV,1-7), den dritten Teil schließlich bilden Wunder an verschiedenen Orten, an die Reliquien der Heiligen gelangten (IV,8-14). Es handelt sich dabei um St. Salvius in Valenciennes, St. Bavo in Gent und St. Servatius in Maastricht[106]. Im Anschluß daran berichtet er bei der Ankunft der Märtyrer Protus und Hyazinth sowie am Festtag des hl. Hermes in Seligenstadt geschehene Wunder, die er dennoch dem Einfluß der hll. Marcellinus und Petrus zuschreiben möchte (IV,15-17).

Grundlage seiner Aufzeichnung sind eigene Beobachtungen, jedoch in der Mehrzahl, wie er selbst im Prolog zum dritten Buch einräumt, Erzählungen anderer. Gleichwohl seien letztere nicht gering zu schätzen, so fügt er an, da er selbst sehr viele Wunder dieser Art erlebt habe[107]. Was wie eine schlaue Windung anmutet, ist nichts anderes als das Vertrauen auf die eigene Erfahrung, die ihn plausibel Erscheinendes ohne weiteres als gegeben hinnehmen läßt; folglich geht er durchaus nicht kritiklos vor.

Bei den Wundern aus Valenciennes, Gent und Maastricht stützt Einhard sich auf Schriften, die ihm jeweils von dort zugesandt wurden (IV,9; IV,11; IV,13). Die Mirakelberichte unterscheiden sich von den von ihm niedergeschriebenen so sehr, wie noch im einzelnen gezeigt wird, daß man ziemlich sicher davon ausgehen kann, Einhard inserierte die Schriften unbearbeitet in sein Werk. Dies trifft sicher für die Aufzeichnung aus dem Kloster St. Salvius in Valenciennes zu, da er von der Einfügung des *libellus* in seine Arbeit spricht (IV,11). Überdies wird ein Wunder an einem buckligen und an Zahnschmerzen leidenden Bauern doppelt erzählt, von Einhard selbst, der es durch den Bericht des Abtes Georg erfahren hat, und im Rahmen der Wiedergabe des *libellus* (IV,8; 10). Einhards Darstellung zeichnet eine größere Lebhaftigkeit und Ausführlichkeit aus. Die die Abschrift des Wunderbüchleins aus St. Bavo in Gent einleitende Formulierung *in quo haec per ordinem digesta reperta sunt* (IV,11) läßt ebenfalls den Schluß auf eine wörtliche Übernahme zu. Selbst wenn Einhard in der Einführung zur dritten Wundersammlung aus St. Servatius in Maastricht mißverständlich formuliert, er wolle deren Text gemäß seiner Erinnerung darbieten (*si bene recolo*), läßt doch die Verwendung der ersten Person Plural ebenfalls auf eine wortgetreue Reproduktion schließen[108]. Hier liegt also der einmalige Fall von Mirakelsammlungen innerhalb einer Mirakelsammlung vor. Folglich sind die Merkmale dieser Wunderserien gesondert darzustellen.

---

[106] Letztere beiden Einrichtungen unterstanden Einhard; FLECKENSTEIN, Art. Einhard, Sp. 1738.

[107] *Quibus tamen ut fidem haberem, ex his quae ipse vidi et coram positus agnovi tam firmiter mihi persuasum est, ut sine ullo dubitationis scrupulo vera esse crederem quae ab his dicebantur qui se illa vidisse testati sunt, tametsi personarum, a quibus haec audieram, aut parvam aut nullam eatenus notitiam haberem.*

[108] Einhard, Translatio et miracula ss. Marcellini et Petri, ed. WAITZ, IV,13; IV,14: *Cumque ad vespertinum officium iuxta consuetudinem celebrandum eundem basilicam fuissemus ingressi, ...* HEINZELMANN, Source, S. 245 mit Anm. 99, geht ebenfalls von einer wortgetreuen Übernahme der Texte aus.

Für die in Seligenstadt und der Pfalz Aachen geschehenen Wunder gibt Einhard regelmäßig die Grundlage seiner Berichterstattung an. Neben dem eigenen Miterleben (III,1; III,3-5; III,7-9; III,16 f.; III,20; IV,5) erfährt er eine Reihe von Seligenstädter Mirakeln durch Boten, die ihm zum Teil schriftliche Nachrichten in die Pfalz Aachen übermitteln (III,12-14). Andere, bei denen er nicht zugegen sein konnte, vermag er ebenfalls mit Gewährsmännern abzusichern, die manchmal Augenzeugen der Geschehnisse waren (III,11; III,19; IV,3; IV,7). Einhard wendet also viel Sorgfalt auf, um seine Informanten transparent zu machen[109].

Wie Gregor erwähnt Einhard häufig Namen und/oder Herkunftsort der Geheilten, vielfach versucht er eine Altersbestimmung vorzunehmen, so daß die Notleidenden als Individuen gekennzeichnet werden[110]. Dies belegt, daß seine Arbeitsweise tatsächlich sehr gründlich war. Die Darstellung ist gelegentlich kurz, kann sich aber auch über mehrere Seiten erstrecken, sie ist in jedem Fall lebhaft, konkret, anschaulich. Über Stil und Sprache hat die Forschung wiederholt vermerkt, er bediene sich hier nicht des in der Karlsvita geübten klassischen Stils, sondern schreibe eher „schlicht" und „volkstümlich"[111].

Der Chronologie frönt Einhard allerdings nicht in gleichem Maße wie Gregor. Wie er im dritten Buch formuliert, möchte er die Zeichen berichten, *ita ut memoriae occurrerint ..., quia in earum relatione magis, quid et quare, quam quando aliquid gestum sit, considerandum est*[112]. Trotz dieser Präferenz des Wie und Warum entbehren die Mirakel innerhalb der drei thematischen Einheiten kaum der chronologischen Anordnung, doch muß man diese aufgrund fehlender präziser Zeitangaben mit etwas Aufwand rekonstruieren. Einhard teilt nicht einmal mit, wann die Reliquien nach Michelstadt kamen. Die bereits zitierten Fuldaer und die Reichsannalen geben aber den archimedischen Punkt[113]. Die Verlegung nach Seligenstadt erfolgte gemäß dem Wunderbericht in I,14 am 17. Januar, also bereits 828. Einhard stellt dasselbe Wunder an die Spitze seiner Serie in Buch III unter Verweis auf die Überführung nach Seligenstadt, jedoch ohne genaue Datierung. Am selben Tag ereignete sich ein weiteres Wunder (III,2). Anschließend, so erfahren wir im ersten Buch, reiste Einhard in die Pfalz Aachen, wo er von Hilduin von Soisson einen geraubten Teil des hl. Marcellinus zurückerhielt. Wie den Fuldaer Annalen zu entnehmen ist[114], aber auch aus Einhards Schrift geschlossen werden kann, geschah dies im Jahr 828. In II,11 berichtet er von einem im November vor einer erneuten Abreise nach Aachen (noch 828) stattgefundenen Wunder, das er in Buch III,9 ohne Zeitangabe wiederholt. III,11 geschah auf der Reise nach Aachen im November 828, die Wunder III,12-14 wurden ihm während seines dortigen Aufenthalts aus

---

109 Hierzu auch BONDOIS, Translation, S. 60 f.
110 Siehe auch ebd., S. 62.
111 EBERL, Art. Einhard, Sp. 424; BRUNHÖLZL I, S. 321; LANGOSCH, Lateinisches Mittelalter, S. 41.
112 Einhard, Translatio et miracula ss. Marcellini et Petri, ed. WAITZ, III,4.
113 Siehe oben Anm. 100.
114 Annales Fuldenses, ed. KURZE, ad annum 828.

Seligenstadt berichtet. Da die Mirakel in c. 15-18 des dritten Buchs in seiner Gegenwart geschahen, muß er inzwischen wieder nach Seligenstadt zurückgekehrt sein. Zwei dieser Wunder – an den Taubstummen Prosper und Gottschalk (c. 17, 18) – ereigneten sich am Festtag beziehungsweise der Vigil der hll. Marcellinus und Petrus (1. und 2. Juni). Darüber, ob diese und die im Anschluß berichtete Winterreise nach Aachen ins Jahr 829 oder 830 zu verlegen sind, besteht eine Forschungskontroverse, die sich nicht schlüssig lösen läßt[115]. Ungeachtet dessen scheint Einhard entgegen seiner eigenen Aussage die Wunder des dritten Buches also chronologisch angeordnet zu haben, was er auch durch anknüpfende Formulierungen wie *Exin post aliquot dies* (III,5), *Post paucos dies* (III,7) oder *Sub idem fere tempus* (III,8) deutlich macht.

Die Aachener Prodigien (IV,1-7) müssen gemäß dem oben Gesagten im Frühjahr/Sommer 828 passiert sein. Ihre Darstellung läßt allerdings keinerlei Rückschluß auf eine chronologische Reihung zu. Anschließend schiebt Einhard die noch zu besprechenden drei ihm zugesandten Mirakelsammlungen ein (IV,8-14). Den Schluß bilden Wunder der hll. Protus, Hyazinth und Hermes (IV,15-17) in Seligenstadt. Letzterer wirkte ein Wunder am Sonntag, dem 28. August, seinem Festtag, welcher im Jahr 830 auf diesen Wochentag fiel[116].

Daß Einhards Werk, wie BONDOIS bereits 1907 zu erweisen suchte und SCHEFERS jüngst erneut vertreten hat, in mehreren Schüben entstand, läßt sich nicht zweifelsfrei beweisen. Die Argumente, erstens besitze das dritte Buch eine eigene Vorrede, zweitens würden in ihm bereits in den ersten Büchern berichtete Wunder wiederholt und drittens seien die Mirakel der hll. Protus, Hyazinth und Hermes im vierten Buch ungeschickt angebunden, sprechen durchaus dafür[117]. Andererseits kündigt Einhard in der Vorrede des ersten Buches bereits die Schilderung von Translation u n d Wundern an – das schließt die Möglichkeit, letztere eigens eingeleitet zu versammeln, nicht aus. Im übrigen rekurriert er in den beiden letzten Büchern mehrmals auf bereits zuvor Berichtetes und schafft Überleitungen zwischen den einzelnen Büchern – gerade auch in III,1 –, wodurch das Werk zwar nicht den Charakter einer besonders gelungenen, aber doch geschlossenen Komposition erhält. Wenn daher keine sukzessive Arbeitsweise nachgewiesen werden kann, wird man dennoch vermuten dürfen, daß Einhard die Aufzeichnung kurz nach 830 und damit nah zu den Ereignissen vornahm[118].

---

115 BONDOIS, Translation, S. 27, plädiert für 830; ESSELBORN, Einhards Leben und Werke, S. 76, sowie DERS., Übertragung, Anm. 89, 92, 94, S. 95 f., für 829.

116 BONDOIS, Translation, setzt S. 29, ohne dies zu berücksichtigen, das Wunder in das Jahr 834.

117 Ebd., S. 30; ESSELBORN, Einhards Leben und Werke, schließt sich ihr S. 68 ff. an; SCHEFERS, Studie, S. 149, geht von zwei Texten aus, die Einhard später zusammenfügte, ebenso EBERL, Art. Einhard, Sp. 421.

118 FLECKENSTEIN, Art. Einhard, Sp. 1739, datiert die Schrift nach 830; EBERL, Art. Einhard, Sp. 421, die ersten beiden Bücher 830, die letzten beiden etwas später.

Ähnlich wie Gregor treibt auch Einhard eine seelsorgerliche Absicht um. So formuliert er in der Vorrede, die Taten von gerechten und gottesfürchtigen Personen dienten als Beispiel, um die Menschen von schlechten Lebensgewohnheiten abzubringen[119].

Von anderem Charakter sind, wie bereits angedeutet, die inserierten Wunderzusammenstellungen[120]. Ausgangspunkt war jeweils der Erwerb von Marcellinus-Reliquien aus der Pfalz Aachen im Jahr 828[121]. Sie gelangten am 4. Juni nach St. Servatius in Maastricht, am 19. Juni nach St. Salvius in Valenciennes und am 5. Juli nach St. Bavo in Gent. Die Wunder sind ebenfalls chronologisch aufgezeichnet, wobei jedes, ausgenommen das letzte der Maastrichter Zeichen, eine exakte chronologische Angabe enthält. Die 16 Wunder aus Valenciennes geschahen im Zeitraum vom 19. bis zum 26. Juni, die 14 aus Valenciennes vom 5. Juli bis 30. September und die 14 aus St. Servatius vom 4. bis 23. Juni. Weiterhin fällt auf, daß die Autoren fast lückenlos Namen und Wohnorte der Geheilten angeben, gelegentlich auch deren soziale Stellung. Die Berichte bestehen aus knappen und präzisen, nurmehr auf die wesentlichen Vorgänge reduzierten Darstellungen. Um ihren Charakter zu verdeutlichen, sei eines in vollem Wortlaut zitiert (IV,12): *Postea vero, duodecimo die Kalendarum Augustarum, femina quaedam nomine Eddela, ancilla Sancti Amandi de villa Baceroda vocata, quae plurimis annis oculorum lumina caruisse dicebatur, ibidem fideliter orans visum recepit.*

Diese drei Merkmale verleihen ihnen den Charakter von Protokollen. Sie sind bar jeglicher erbaulicher Momente und stellen somit reine Dokumentationen dar. Dem Stapel chronologisch geordneter Notizen, die HEINZELMANN Gregors Arbeitsweise unterstellt, kommen sie womöglich sehr nahe[122].

Einhard verwendet zur Kennzeichnung der ihm übersandten Schriften mit den zuletzt behandelten Wundersammlungen den Begriff *libellus*, den er darüber hinaus auch für zwei weitere, ihm schriftlich zugegangene Mirakelberichte benutzt (III,13; 14). Der Terminus kann also sowohl für eine Mirakelsammlung als auch für den einzelnen Wunderbericht stehen. SCHEFERS vermutet hier einen Terminus technicus und eine Fortführung der von Augustin begründeten Tradition des *libellus*. Dabei übersieht er, daß dieser den Begriff in einer ganz spezifischen Bedeutung verwendete, die es verbietet, hier einen Bezug herzustellen[123].

---

[119] Am Ende (Einhard, Translatio et miracula ss. Marcellini et Petri, ed. WAITZ, IV,18) äußert er demgegenüber die Meinung, nur gottesfürchtige Menschen sollten sie lesen, da sie den Ungläubigen widerwärtig sein und sie über seine schlechte Ausdrucksweise lästern würden. Diese Formulierung ist wohl eher als Bescheidenheitstopos zu deuten.

[120] Siehe zu diesen auch HEINZELMANN, Source, S. 245 f.

[121] Dies wird für St. Salvius in Valenciennes explizit angegeben (Einhard Translatio ss. Marcellini et Petri, ed. WAITZ, IV,10), auch für St. Bavo wird das Jahr genannt (IV,12), und für St. Servatius, bei dem jegliche Angabe fehlt, dürfen wir dies ebenfalls annehmen.

[122] Siehe oben S. 62.

[123] SCHEFERS, Studie, S. 159 f., der sich hier ausschließlich auf die Studie von HARNACK, Motiv, stützt. Siehe oben S. 57.

2. Wandalberts von Prüm Mirakel des hl. Goar

Wandalbert hat ein dreiteiliges Werk hinterlassen, bestehend aus einer Überarbeitung einer älteren Vita des hl. Goar, seiner Translation in eine neu erbaute Kirche mit anschließenden Mirakeln und einer sogenannten Commemoratio, die den lange beigelegten Streit zwischen Prüm und dem Bistum Trier um die Goarszelle beschreibt. Es handelt sich also um ein Werk, in dem ebenfalls Translation und Mirakel eine enge Verbindung eingehen, das aber noch eine weitere Kultlektüre und den Bericht über ein für Prüm einschneidendes Ereignis, nämlich die Zusicherung des Kultortes des verehrten Heiligen, enthält.

Der Prümer Mönch, der wie gesagt, 839 schreibt, deckt mit etwa 76 Jahren, wie er selbst errechnet, einen großen Berichtszeitraum ab[124]. Da keine schriftlichen Aufzeichnungen über die Wunder existieren und er in einiger Entfernung vom Kultort lebt, muß er sich auf Gewährsleute stützen, die er im Prolog nennt: der Mönch Herirad von Prüm sowie der Priester und Kleriker der St. Goarer Zelle Teodrad, *qui et aeuo iam maturiores essent et a puero circa locum ipsum diuersati fuissent*[125]. Beide führt er noch mehrmals als Gewährsmänner in Wunderberichten an (Herirad: XXV; XXX; Teodrad: XXVIII; XXXIII). Einmal dient ihm auch Abt Markward als Informant (XXXI). Weitere Absicherungen nimmt er dadurch vor, daß er behauptet, die Geheilten beziehungsweise andere mit ihnen in Beziehung stehende Personen lebten noch (III; VI; XI: Führer eines Schiffes, mit dem Karl der Große in Not geriet; XVII: Schwester; XXIII). In einigen Mirakelberichten erwähnt er den Abt Tancrad als Kronzeugen, doch ist nicht ersichtlich, ob er ihn noch gekannt und die Wunder von ihm erfahren hat[126].

Wandalbert gliedert seine Schrift nach den drei Abbatiaten von Asuer (759, 762-807), Tancrad (807-828) und Markward (828-853), verfolgt also ebenfalls eine chronologische Verzeichnung der Wunder. Er vermerkt jeweils, wenn ein neuer Abbatiat beginnt. Bei den Wundern aus der Amtszeit Markwards, also seiner eigenen Erlebniszeit, nimmt er die genauesten Datierungen vor (XXXIII: *Superiori anno*; XXXIIII: *anno praeterito in die sanctissimo Paschae*, und *eodem anno, quo ista conscripsimus cum idem in Quadragesima missas ageret*; XXXV: *nuperrime*, Festtag des hl. Goar, Juli 6).

Größtmöglicher Genauigkeit befleißigt er sich ebenfalls bezüglich der Informationen zu Name, Herkunft und sozialer Eingruppierung der Erretteten. Gerade aus dem Abbatiat Asuers vermag er die meisten Angaben zu liefern, bei den jüngeren verfährt er da etwas nachlässiger.

---

124 Wandalbert von Prüm, Vita et miracula sancti Goaris, ed. STIENE, Prol., S. 40.

125 Ebd., S. 41.

126 Wandalbert wurde 813 geboren, sein Eintrittsdatum in Prüm ist nicht bekannt; Tancred stand dem Kloster bis 828 vor.

In der Darstellung arbeitet der Prümer Konventuale recht uneinheitlich. Heilungswunder werden eher kurz und knapp berichtet, Strafwunder, die vor allem dann passieren, wenn Menschen achtlos und unehrerbietig zu Schiff an der Goarszelle vorbeifahren, werden bisweilen sehr ausführlich dargelegt[127]. Von einer solchen Bestrafung wird nicht einmal Karl der Große ausgenommen, der wegen seiner Nachlässigkeit in Nebel gerät (XI). Es hat den Anschein, als ob die bekannten Tücken des Rheins an dieser Stelle dadurch ihre Erklärung finden sollten, mit diesen Einschüchterungen aber auch der Kult beflügelt werden sollte. Das Beispiel Wandalberts zeigt deutlich, daß der Informationsgehalt von Mirakeln, je nach den Vorlieben des Autors, sehr unterschiedlich sein kann.

In einer zweiten Hinsicht unterscheidet sich das Werk Wandalberts von den bisher behandelten. Sein Interesse gilt nicht primär den aktuellen Wundern am Grab St. Goars, da er aus der Zeit Abt Markwards lediglich sechs Zeichen übermittelt (XXXI-XXXV,1-2). In der Schlußbemerkung zu den Mirakeln betont er ausdrücklich, daß er dem Abt das Werk mit einigen leeren Blättern übergebe, damit dort gegebenenfalls weitere Wunder eingetragen werden könnten[128]. Wandalberts Interesse ist vielmehr auf die Vergangenheit gerichtet: Alles, was den Kult des hl. Goar und die Geschichte der Goarszelle betrifft, wird von ihm zusammengestellt. Im Gegensatz zu Gregor und Einhard und auch zu Wolfhard, wie wir noch sehen werden, ist er somit zwar kein „Zeithistoriker", aber ein historisches Interesse treibt ihn dennoch um. Seine Arbeitsprinzipien sind ebenfalls durchaus die gleichen, und er faßt die Möglichkeit einer Aktualisierung seiner Mirakelsammlung durch einen anderen ins Auge[129].

3. Die Monheimer Walpurgis-Mirakel Wolfhards von Herrieden

Beauftragt von Bischof Erchanbold von Eichstätt (882?-912) legt Wolfhard von Herrieden die Wunder der hl. Walpurgis im Kloster Monheim in vier Büchern zu je zwölf Wunderkapiteln dar. In den ersten sieben Kapiteln des ersten Buches faßt er zunächst kurz das Leben der Heiligen zusammen (I,1-4), stellt die Übertragung ihres Leichnams nach Eichstätt dar (I,5) und schließlich die Translation einiger Partikel nach Monheim im Jahr 893, die sich die dortige Äbtissin Liubila erbeten hatte (I,6-7). Dann schließt er die bei der Übertragung und an dem Verehrungsort

[127] Dies beobachtet auch STIENE, Wandalbert von Prüm, Vita et miracula sancti Goaris, in seiner Voruntersuchung, S. XXXIX.

[128] Wandalbert von Prüm, Vita et miracula sancti Goaris, ed. STIENE, S. 84: *Quare etiam uacantes pergamenas huic libello subicere placuit, ut edito opere praesenti futuris post hoc temporibus, quae inserenda prudens aliquis aestimauerit, oportune possit inserere.*

[129] BISCHOFF, Art. Wandalbert von Prüm, Sp. 831, betrachtet dies zurecht als einen Hinweis „auf den wenig öffentlichen Charakter und die örtliche Gebundenheit der mal. Literatur."

selbst gewirkten zwölf Mirakel sowie weitere drei Bücher Mirakel an. Eine Translation ist also auch hier, wie bereits öfter beobachtet, der eigentliche Ausgangspunkt der Mirakelsammlung.

Übereinstimmend mit den zuvor besprochenen Autoren hat Wolfhard die Mirakel streng chronologisch zusammengestellt, wie er ganz explizit vermerkt (I,3). Sie decken den Zeitraum von 893 bis etwa 899 ab. Wolfhard hat jedoch die Wunder nicht etwa am Ende dieses Zeitraums niedergeschrieben, sondern er arbeitet genau wie Gregor von Tours sukzessive. Nach den akribisch erarbeiteten Ergebnissen von Bauch, auf die wir uns hier stützen können, verfaßte er das I. Buch 894/95, das II. 896, das III. 898 und das IV. 899[130]. Ereignis- und Abfassungszeit stehen damit in einem engen Verhältnis. Das IV. Buch enthält zwar ein Explicit und ist damit abgeschlossen, es fehlt aber jeglicher Verweis auf das Ende des ganzen Werks. Somit ist denkbar, daß Wolfhard noch weitere Wunderbücher anschließen wollte.

Ähnlich wie Wandalbert lebte auch Wolfhard nicht am Ort des Geschehens, mußte sich dort also immer wieder kundig machen[131]. Aus seinen eingestreuten Angaben läßt sich ableiten, daß er von Zeit zu Zeit in das Kloster reiste, um sich an Ort und Stelle zu informieren (II,4; III,9). Er verfügte dort offenbar über zwei ihm besonders zugeteilte Informantinnen, die mehrmals erwähnten Nonnen Diathild und Ruathild (III,6; III,9). Diathild verwaltete das Amt der Küsterin (III,6), mußte also einen besonderen Bezug zu den Pilgern haben. Im Kloster selbst, so kann man feststellen, wurden sogar Aufzeichnungen über Wunder angefertigt, da ihm die beiden erwähnten Nonnen bei einem Besuch ein Schriftstück vorlegten (III,9). Anläßlich solcher Besuche konnte Wolfhard auch selbst Wunder miterleben (II,8; IV,12). Mehrfach ist von den Monheimer Konventualinnen als Gewährsfrauen allgemein die Rede (II,6; II,12; III,6). Überhaupt legt der Hagiograph besonderen Wert darauf, die Herkunft seiner Kenntnisse transparent zu machen und sie allgemein abzusichern. Neben der Nennung von Informanten setzt er dazu noch andere Mittel ein, erwähnt er doch öfter, daß die Nonnen Sorge trugen, gespendete Gegenstände – hierbei handelte es sich zumeist um verloren gegangene und wunderbar wieder aufgefundene Dinge – zum Zeichen des Wunders sichtbar an den Wänden der Klosterkirche aufzuhängen. Die genaue Angabe von Namen und Wohnorten der Notleidenden dient dazu, Interessierten, vor allem aber Zweiflern, die Möglichkeit zu geben, sich selbst bei diesen Menschen über die wunderbaren Vorgänge kundig zu machen (I,19): *Si quis ergo haec ita gesta mente obstinata non credit, eundem ipsum interroget, dum advivit. Nam et locum hic exaratum invenit ubi degit et vocabulum, dum istud requirit aut perlegit, audit.* Eine ähnliche Funktion hat der Hinweis auf noch lebende Gerettete: Man kann sich folglich bei ihnen erkundigen, erfährt dabei zugleich, Wunder sind von anhaltender Wirkung (I,9; I,11;

---

130 Monheimer Walpurgis-Wunder, ed. Bauch, Anm. 32, S. 25 f.
131 Siehe zum folgenden auch ebd., Kommentar, S. 27 ff.

I,19; II,2; II,6; III,7). Mit diesen diversen absichernden Äußerungen korrespondiert Wolfhards wiederholt geäußerter Anspruch, die Wunder der Walpurgis mit größter Sorgfalt – *cura diligentissima* – aufzuzeichnen (I,Prol.; ähnlich II,Prol.)

Damit wurde bereits zu der Genauigkeit seiner Angaben übergeleitet. Viele Namens- und Ortsangaben finden sich vor allem bei den in der Nähe Monheims lebenden Menschen, weit angereiste ordnet er häufiger nur Regionen wie etwa Franken (I,18; II,4; II,8; III,4; IV,3; IV,10) oder Alemannien (I,12; II,11; III,11) zu. Der Autor berichtet alle Wunder relativ ausführlich und bedient sich bisweilen einer bildhaften Sprache. Mit kommentierenden Äußerungen drückt er oftmals seine eigene Anteilnahme aus. Die Darstellung wirkt daher sehr lebendig und lebensnah[132].

Seine Absicht ist erbaulicher Art: Dem Lob der Dreifaltigkeit und der Ermunterung des Volkes (I,Prol.), der Bekehrung der Menschen von ihrer verwerflichen Gesinnung (IV,Prol.) soll die Wunderaufzeichnung dienen. Seine Methode ist jedoch die gewissenhafter „Erforschung".

4. Zusammenfassung

Die Mirakelsammlungen des 9. Jahrhunderts weisen untereinander wie auch im Vergleich mit denen Gregors von Tours viele Gemeinsamkeiten, aber auch einige Unterschiede auf. Sie verbindet eine chronologische Anlage, relativ genaue „Personalangaben" zu den Notleidenden und eine besondere Sorgfalt bei der Absicherung der berichteten Wunder. Als Absicht wird die Erbauung der Gläubigen formuliert.

Wie Gregor arbeitet Wolfhard sukzessive, Einhard schreibt zumindest zeitlich nah zu den Ereignissen. Wandalbert greift jedoch so weit zurück, wie die Erinnerung der klösterlichen Tradition reicht, kann also nur für einen kleinen Teil seiner Arbeit als Zeitgeschichtsschreiber bezeichnet werden.

Wichtige Anstöße für Mirakelaufzeichnungen sind im 9. Jahrhundert Translationen; diese Kultakte beflügelten die Heiligenverehrung und lieferten dann auch das nötige Material zur Anlage von Mirakelsammlungen. Diese konnten neben Translationsberichten auch Verbindungen mit anderen Kultzeugnissen – Viten – und historiographischen Werken eingehen, wie die Schrift Wandalberts zeigt. Auch Wolfhard ergreift die Gelegenheit zu einer, wenn auch nur kurzgefaßten, Lebensbeschreibung der hl. Walpurgis.

Im allgemeinen werden die Wunder mit großer Anschaulichkeit dargestellt, können aber auch, wie die von Einhard inserierten Mirakel und auch einige Goarsmirakel zeigen, von geradezu nüchterner Kürze sein und mehr den Charakter von Notizen tragen. Knapp wie annalistische Aufzeichnungen, aber chronologisch fast

---

[132] Ebd., S. 32 f.

so dicht wie Tagebucheinträge[133], repräsentieren sie das Gerüst, von dem die Mirakelautoren ausgingen und das sie nach ihrem Geschmack, ihren jeweiligen inhaltlichen Vorlieben und der Botschaft, die sie übermitteln wollten, individuell ausgestalteten.

Ergänzend können die jüngsten Forschungsergebnisse Hedwig RÖCKELEINs über die charakteristischen Merkmale von Mirakelsammlungen im frisch christianisierten Sachsen, die im Rahmen von Viten und Translationsberichten, daneben auch separat, überliefert wurden, eingebracht werden. Gattungsmäßig betrachtet, knüpften die Autoren an literarische Traditionen des Westfrankenreiches an, woher die transferierten Heiligen oftmals stammten (zum Beispiel Liborius, Vitus). Ihre Arbeits- und Darstellungsweise entspricht der der zuvor besprochenen Hagiographen weitgehend[134].

133 HEINZELMANN, Source, S. 245, spricht demnach nicht ganz zutreffend von Mirakelsammlungen als „annales d'un sanctuaire".

134 RÖCKELEIN, Miracle Collections.

E. Genese von Mirakelsammlungen

Die Genese einer Mirakelsammlung zu rekonstruieren, stellt sich als ausgesprochen schwierig dar, denn nur selten äußern sich die Autoren explizit über ihre Arbeitsweise. Leider nur singulär, aber sehr erhellend sind die Aussagen Bernhards von Angers, des Autors der Fides-Mirakel aus dem 11. Jahrhundert, über sein „Arbeitsethos". In seinem Widmungsbrief an seinen Lehrer Fulbert von Chartres fordert er diesen als *mortalium doctissime* gepriesenen zunächst auf, sein Werk zu korrigieren und dort, wo ihm der Stil häßlich sowie der Stoff unangemessen behandelt erscheinen, selbst zur Feder zu greifen, um es mit edlerem und ruhmvollerem Stil zu schmücken. An diese typischen Bescheidenheitsfloskeln gegenüber der gelehrten Kapazität schließt Bernhard ein entschiedenes Postulat über die Mirakelaufzeichnung an, das aus dem topischen Rahmen fällt. Mit Bestimmtheit sagt er, es sei besser, himmlische Wunder, solange sie neu und unzweifelhaft seien, von welchem ungebildeten Scholaster auch immer, mit unversehrter Wahrheit dem Pergament anzuvertrauen als mit zweifelhafter Hoffnung auf einen teilnahmslosen Rhetor aus unbekannten Teilen der Welt zu warten[1]. Bernhard spricht hier ein entscheidendes Problem aller Überlieferung an, das der Flüchtigkeit mündlicher Tradition, und er stellt daher bestimmte Anforderungen an die Darstellung: Aktualität und Nähe, um Unbezweifelbarkeit und Wahrheit zu gewährleisten, die ein größeres Gewicht besitzen als stilistischer Glanz.

Im folgenden wird der Weg beschritten, zum einen aus den edierten Texten selbst, aus versteckten und eher beiläufigen Hinweisen der Autoren Entstehungs- und Kompilationsprozesse von Mirakelsammlungen nachzuvollziehen, und zum anderen mit Hilfe von Handschriftenuntersuchungen unterschiedliche textliche Redaktionsstufen und verschiedene Vollständigkeit aufzudecken. Die Hinweise, die man dadurch gewinnt, sind genügend zahlreich und aussagekräftig, um – mit

---

[1] *Quam ut manifestius edicam, melius est cęlestia miracula, nunc dum sunt nova et indubia, a scolastico quamlibet indocto salva veritate utcumque tradi litteris, quam ab ignotis mundi partibus oscitantem spe dubia oratorem expectari,* Liber miraculorum sancte Fidis, ed. Bouillet, Widmungsbrief, S. 3.

aller Vorsicht – die idealtypische Genese einer Mirakelsammlung rekonstruieren zu können. Vorab soll jedoch danach gefragt werden, auf welchen Informationen basierend die Autoren eine Wunderserie anlegten.

I. Organisation der Mirakelaufzeichnung

Im 76. Kapitel des II. Buchs der Anno-Mirakel beendet der Autor seinen Wunderbericht mit der Bemerkung: „Nachdem er [der Pilger] die Brüder herbeigerufen hatte, eröffnete er ihnen, wer und woher er sei, und erzählte die ganze Geschichte seines Unglücks ...". Der Autor macht hiermit deutlich, daß die zuvor von ihm geschilderten Vorgänge der Darstellung des Pilgers, der sich mit Namen und Wohnort vorgestellt hat, entspricht[2]. Dieser Eindruck wird verstärkt in Wunderberichten, die in indirekter Rede[3], besonders aber in solchen, die in wörtlicher Rede gestaltet werden, was hin und wieder ebenfalls vorkommt[4]. Sie vermitteln den Eindruck, als hätten die Autoren die Berichte der Pilger Wort für Wort mitgeschrieben. Unterstreichen möchten sie damit, daß sie ihren Informanten in der Berichterstattung getreulich folgen. Diese Darstellungsmittel zeigen deutlich, daß die Informationsgrundlage der Verfasser für die Mirakelaufzeichnung der Pilgerbericht ist. Hierauf beziehen sie sich in der Tat häufig[5].

Es stellt sich nunmehr die Frage, wer an der Kultstätte solche Pilgerberichte entgegennahm. Für die Sammlung der Wunder des Märtyrers und Erzbischofs Thomas Becket und die Betreuung der zu ihm Gereisten in der Kathedrale von Canterbury wurden eigens zwei Mönche von Christchurch abgestellt, die diese Aufgabe erfüllten. Zunächst war es Benedikt, der spätere Abt von Peterborough, der mit der eher beiläufigen Bemerkung: *Quibus etiam diebus, quum jam crebris miraculorum signis sancta Cantuariensis coruscaret ecclesia, et infirmis per totam ecclesiam laborantibus juxta commissam mihi curam intenderem*[6], signalisiert, mit dieser Funktion betraut worden zu sein. Nach etwa 17 Monaten bekam er Un-

---

[2] Eine identische Situation spiegelt der Bericht des Mönches William über ein von Thomas Becket gewirktes Wunder. Er läßt den Pilger sagen: *Quaeris, frater Willelme, quis sim, cur et unde venerim*, Materials, ed. ROBERTSON, Bd. 1, V,31. Auch Bernhard von Angers, der Autor der Fides-Mirakel aus dem 11. Jahrhundert, betont, ein Wunder *verbum e verbo, ut ab eius* [des Geheilten] *ore audio*, zu erzählen, Liber miraculorum sancte Fidis, ed. BOUILLET, Widmungsbrief, S. 3.

[3] Anno, ed. MITTLER, III,28.

[4] Z.B. Anno, ed. MITTLER, I,90; II,17; Inventio et miracula ss. Aurei et Justinae, AA SS Jun. IV, c. 11 (teilweise); Matthias: Trier, Seminarbibliothek, Hs. 98, c. 16; 19 f.; 33; Miraculorum S. Trudonis ... libri duo, AA SS ord. s. Ben. saec. VI,2, Buch 2, c. 50; 58; 66; 71; 99; Ex miraculis s. Trudonis, ed. HOLDER-EGGER, c. 63, 3. Mirakel. In den Becket-Mirakeln wird ebenfalls eine Reihe von Wundern in wörtlicher Rede gestaltet, wobei sich bes. William dieses Stilmittels bedient, Materials, ed. ROBERTSON, Bd. 1, II,67; V,30; passim.

[5] Zu diesem Ergebnis anhand der Untersuchung französischer Mirakelsammlungen kommt auch SIGAL, Travail, S. 168. Zu weiteren Quellen der Mirakelaufzeichnung siehe Kap. G.

[6] Materials, ed. ROBERTSON, Bd. 1, I,15. Hervorhebung der Verf.in.

terstützung von seinem Mitbruder Wilhelm, da die Canterbury-Wallfahrt solche Ausmaße angenommen hatte, daß Benedikt allein überfordert war[7]. Sie hinterließen jeder eine umfangreiche Mirakelsammlung, die zusammen knapp 700 Wunderberichte zählen.

Ähnlich ging man rund 30 Jahre früher im Kloster Saint-Remi in Reims anläßlich der Translation des hl. Gibrianus vor. Hier wurde Baldewin, *unus de custodibus sacri pignoris*, von Abt Odo dazu aufgefordert, an dem Grab des Heiligen Tag und Nacht zu wachen und die dort auftretenden Wunder sorgfältig (*diligenterque*) aufzuschreiben (*memoriae commendare*)[8].

Zu *custodes tumuli* ernannte man zu Beginn des 14. Jahrhunderts in Hereford anläßlich der sich auf die Translation des hl. Thomas Cantilupe einstellenden Mirakel den Almosener Gilbert de Cheveninge und einen weiteren Kanoniker, denen die Registrierung der Wunder übertragen wurde[9].

Die drei Beispiele zeigen, daß neben der Betreuung der Pilger auch die Mirakelaufzeichnung regelrecht organisiert wurde. Bestand das Interesse an einer Dokumentation der Kultentwicklung, so überließ man ihre Anlage nicht dem Zufall, sondern trug diese Aufgabe geeigneten Personen auf.

Im vorliegenden Untersuchungsmaterial lassen sich solche eindeutigen Aufgabenverteilungen nicht ausmachen, vielmehr scheint der Organisationsgrad hier geringer gewesen zu sein. Zwar zeichnete eine Person für die Mirakelaufzeichnung verantwortlich, der Empfang der Pilger und die Sammlung ihrer Berichte wurden aber auf mehrere Schultern verteilt. So begegnen in den Anno-Mirakeln, aber auch in anderen Mirakelsammlungen, neben dem Autor weitere Mitglieder der Klostergemeinschaft, die Pilgerberichte entgegennahmen, in dem oben angeführten Beispiel allgemein die Brüder. Zur Erfüllung dieser Aufgabe wären die Küster prädestiniert gewesen, da sie sich aufgrund ihrer Verantwortung für den Kirchen-

---

[7] ... *tandem fratri qui circa haec operam dederat a principio cooperator et coadjutor accessit. Cum enim vires ejus res incepta videretur excedere, et emergentia miracula frater ille solus audire non sufficeret et scribere, videbatur huic in somnis, quod stanti sibi ad orationem cum fratribus in choro vir assistens throno domini archipraesulis dicens acclamaret, 'Operam adhibe', tanquam ex ipso mandatum procederet. Mane vero, congregatis fratribus et conquerentibus quod minus sollicita diligentia miraculis audiendis adhiberetur, quae in ecclesia Cantuariensi coruscabant, et quae populi frequentia venientis ad orationem referebat, ex decreto communi injunctum est et huic partes suas interponere*, Materials, ed. ROBERTSON, Bd. 1, I,Widmungsbrief, S. 138.

[8] SIGAL, Maladie, S. 1525 mit Anm. 3; DERS., Travail, S. 176, Anm. 157; RENDTEL, Mirakelberichte, S. 234, Anm. 47. – Man darf sich unter dem oder den Küstern der Reliquien aber kein eigenes Klosteramt vorstellen, noch weniger, daß die Wunderaufzeichnung regelmäßig zu deren Pflichtenkreis gehörte. Vom „Mittellateinischen Wörterbuch" erbetene Recherchen in dem Belegmaterial zum Begriff *custos* erbrachten lediglich drei Nachweise von Klerikern im Dienst am Heiligengrab oder den Reliquien und keine Hinweise auf deren Tätigkeit als Mirakelautoren. In dem Antwortschreiben wird hervorgehoben: „Das Wort *custos* kann jede Person bezeichnen, die mit der Obhut über irgendeine Sache betraut ist, und besitzt deshalb nicht einmal im kirchlichen Raum eine spezifische Bedeutung" (D. Vitali, briefl. v. 22. 01. 1996). Die Breite der Verwendung des Begriffs belegt auch DU CANGE, Bd. II, Sp. 726 ff.

[9] FINUCANE, Pilgrimage, S. 166, 169.

raum, unter anderem die Kerzen, Lampen, liturgischen Geräte und Gewänder, häufig in der Kirche und damit in der Nähe des Grabes oder Schreines aufhielten, die Belegdichte hierfür ist indessen gering[10].

II. Entstehung von Mirakelsammlungen

1. Stufe 1: Notizen

Wie hat man sich nun die Verarbeitung dieser mündlichen Berichte vorzustellen? Die Feststellung, in der Kultur des Mittelalters sei Vieles ausschließlich mündlich tradiert worden, ist ein Gemeinplatz. Äußerungen von Mirakelautoren, daß ihnen gerade die eine oder andere Information – häufig Personennamen oder die von Wohnorten – entfallen sei, deuten auf eine Aufzeichnung aus dem Gedächtnis hin[11]. Lambert von Deutz (später von Lüttich), der Autor der Heribert-Mirakel, gibt dafür ein aufschlußreiches Zeugnis. Am Ende des Prooemiums schreibt er, daß einige Wunder verkehrt (*praepostere*) – gemeint ist wohl entgegen der zeitlichen Reihenfolge – niedergelegt worden seien[12], was deshalb so geschehen sei, weil die Mönche ihn zu verschiedener Zeit zu diesem Werk angetrieben hätten[13]. Lambert will damit wahrscheinlich zum Ausdruck bringen, die Deutzer Brüder versorgten ihn mit Mirakelstoff gerade so, wie er ihnen einfiel, was eine Verletzung der chronologischen Reihenfolge nach sich zog. Die in der Deutzer Mönchsgemeinschaft kursierenden Heribert-Mirakel wurden also auf diese Weise zusammengetragen und fixiert. Der Mönch Ekkebert von Hersfeld, der die Vita und Mirakel des hl. Heimerad von Hasungen etwa 60 Jahre nach dessen Tod aufzeichnete, stützt sich zum Teil auf Augenzeugenberichte Hasunger Mönche[14]. Wundergeschichten, so kann man sich vorstellen, bildeten einen interessanten Gesprächsstoff für die Geistlichen, der immer wieder erzählt wurde und daher lange bewahrt werden konnte – freilich unter Ausschmückungen, Verkürzungen und anderen Umformungen, wie sie der mündlichen Tradition eigen sind[15].

---

[10] Der Autor der Merseburger Heinrichsmirakel vermerkt, daß der Küster bei fast allen Wundern zugegen war: Miraculorum s. Heinrici pars altera, PL 140, c. 24, Sp. 140; auch der der Simpert-Mirakel stützt sich zweimal auf die Information des Küsters: Liber de vita et miraculis s. Simperti, AA SS Oct. VI, c. 22, S. 249; c. 28, S. 250; SIGAL, L'homme, S. 123 ff.; DERS., Travail, S. 157, macht vier Küster als Autoren von Mirakelsammlungen namhaft. Auf ihre Rolle in der Pilgerbetreuung geht er S. 169 ein; siehe auch DERS., Reliques, S. 207. Zu den Aufgaben der Küster allgemein MOULIN, Vie quotidienne, S. 216 f.; GOETZ, Leben, S. 98 f.; HOURLIER, Art. Custos.

[11] Anno, ed. MITTLER, I,61; II,49; II,68 (Wohnorte); I,45 (Einfügen einer Begebenheit außerhalb der Reihenfolge, da sie dem Gedächtnis entfallen war); Ex miraculis s. Maximini, ed. WAITZ, c. 14, S. 232 (Name).

[12] Die Heribert-Mirakel folgen tatsächlich nicht der Chronologie.

[13] Miracula s. Heriberti, ed. HOLDER-EGGER, Proemium, S. 1246.

[14] Ekkeberti vita s. Haimeradi, ed. KÖPKE, c. 38, S. 607.

[15] SIGAL, Travail, S. 161 mit Anm. 81, vermag dafür einige Beispiele zu liefern.

Daneben gibt es jedoch noch eine andere Möglichkeit der Bewahrung von Mirakelgut, auf die der anonyme Autor der Marienmirakel von Rocamadour aus dem 12. Jahrhundert hinweist. Er berichtet im Prolog des II. Buches, daß der *notarius* krank geworden sei und die Mirakel deshalb nicht ordnungsgemäß verzeichnen konnte[16]. Aus diesem Grund erwähnt er die in dieser Zeit geschehenen Wunder nur kurz in Form einer Aufzählung im Rahmen des Prologs. Er bezeichnet die Personen exakt mit Geschlecht und Herkunftsort und bringt das Leiden, von dem sie befreit wurden, auf einen Begriff, wobei er die Zusammenstellung gemäß der Typologie der Nöte anordnet[17]. Der Notar hatte die Funktion, die Mirakel *et ordine et a capite* zu verzeichnen, also der Reihe nach und vollständig („von Anfang an")[18]. Im Kloster Rocamadour gab es demnach einen Schreiber – vielleicht der klösterlichen Kanzlei entstammend[19] –, der dem Autor das Rohmaterial für seine Mirakelsammlung in Form von Notizen zur Verfügung stellte. Am Anfang einer Mirakelsammlung konnten daher in wenigen Strichen gezeichnete, auf dem Pilgerbericht fußende Wunderereignisse stehen, die später vom Notar selbst verarbeitet oder, wie im beschriebenen Fall, dem eigentlichen Autor der Mirakelsammlung zur Verarbeitung übergeben wurden.

Einen besonders guten Einblick in die redaktionelle Arbeit eines Mirakelautors ermöglicht uns der bereits vorgestellte Bernhard von Angers[20]. Bernhard, dessen Verehrung für die hl. Fides bereits in seiner Zeit als Schüler Fulberts in Chartres entbrannte und der sich durch ein Gelübde verpflichtete, an ihren Verehrungsort nach Conques zu pilgern, suchte das Kloster insgesamt dreimal auf, und jedesmal verfaßte er anschließend eine Mirakelsammlung[21]. Insbesondere klärt er den Leser über die Entstehung des ersten Buches auf. Es geht auf einen drei Wochen und vier Tage dauernden Besuch zurück, nach dem er die Mirakel *cursim breviterque ... in membranulis notata*, also offenbar auf einzelne Pergamentblätter kurz notiert, nach Angers mitnahm, um sie dort mit größerer Sorgfalt auszugestalten (*allataque nunc habundantiore dicendi usus genere, cum majore diligentia in apertiorem tran[s]fero lectionem*)[22]. Einen Teil der auf diese Weise gesammelten Mirakel hatte

---

[16] Miracles de Notre-Dame de Roc-Amadour, ed. ALBE, Tl. 2, Prol., S. 167; SIGNORI, Maria, S. 202.

[17] Um einen Eindruck zu vermitteln, sei der Anfang daraus zitiert: *Referamus ergo ad laudem et gloriam nominis Domini et ejus generose matris virum quemdam de Burgundia, canum, illustrem et sensu maturum, virum de pago Trecensi, mulierem Papiensem, mulierem de Wasconia, quemdam Nivernensem, quemdam de Montelio Ademari; non omnes in ecclesie nostre presentia verumptamen omnes per ecclesie nostre suffragia asserebant – et testes cum eis quam plures – se recepisse lumina*; Miracles de Notre-Dame de Roc-Amadour, ed. ALBE, Tl. 2, Prol., S. 165 f.

[18] Ebd., S. 167; siehe hierzu auch SIGAL, Travail, S. 175.

[19] Die gängigen Lexika definieren den *notarius* als Kanzleischreiber: DU CANGE, Bd. IV, S. 645; NIERMEYER, S. 721 f.

[20] Siehe hierzu auch SIGAL, Travail, S. 174 f.; BONNASSIE, Sud-Ouest, S. 304 ff.

[21] Liber miraculorum sancte Fidis, ed. BOUILLET, I u. II; siehe auch dessen Einleitung, S. XI ff., und jüngst BONNASSIE, Sud-Ouest, S. 304 f.

[22] Liber miraculorum sancte Fidis, ed. BOUILLET, I,7, S. 30; ähnlich schon im Widmungsbrief an Fulbert, S. 3.

er offenbar bereits in Conques redigiert, denn er erklärt im 7. Kapitel des ersten Buches, die voranstehenden sechs Berichte in einem Buch (*volumen*) niedergelegt zu haben. Allerdings habe er den Mönchen bei seiner Abreise untersagt, diesen Band – *immaturem imperfectumque* – abzuschreiben, solange die Wunder nicht durch andere vermehrt und von einem Lehrer gelesen und korrigiert worden seien. Erst dann könnten sie zu den *authenticas scriptas*, also den autorisierten Schriften, gezählt werden[23].

Wie der Fides-Verehrer weiter betont, ging es ihm bei seiner Redaktionsarbeit nicht darum, Überflüssiges hinzuzufügen, sondern mehr von dem, was er gehört hatte, bei der ersten Notierung aber der Kürzung zum Opfer fallen mußte. Bernhard dürfte also jeweils das Wesentliche festgehalten haben, Stichpunkte, über deren Lesen ihm die weiteren Details der wundersamen Hergänge wieder in den Sinn kamen.

Im Material des Untersuchungsgebietes sprechen sowohl Metellus von Tegernsee, der Verfasser von Passio, Translatio und Mirakeln des hl. Quirinus in metrischer Form, als auch Heinrich, der dessen Dichtung in Prosa umarbeitete, von *scedulis* und *pitaciis*, also wie auch immer gearteten Einzelaufzeichnungen, die ihnen als Grundlage dienten[24].

Lambert von Deutz stützte sich neben den erwähnten mündlichen Berichten seiner Klosterbrüder auch auf schriftliche Unterlagen. Am Ende der Vita berichtet er nämlich von Mirakelaufzeichnungen, die einer *lectioni simplici* genügten[25], deren Charakter freilich kaum einzuschätzen ist.

Die Stufe der Notizen, auf die die Beispiele hinweisen[26], konnte allerdings nicht durch einen Handschriftenfund belegt werden. Offenbar fiel solches Konzeptmaterial, wenn es seine Bestimmung erfüllt hatte, der Vernichtung anheim. Die Tatsache aber, daß wir auf jeden Fall auch mit Notizen zu rechnen haben, und die gelegentlich beobachtete gezielte Betrauung von Geistlichen mit der Sammlung von Wundern zeigt, wie wichtig es den Mirakelautoren und den sie beauftragenden geistlichen Gemeinschaften war, nicht beliebige Geschichten zu erzählen, sondern einzelne Fälle möglichst exakt zu dokumentieren[27]. Die Ausführungen Bernhards von Angers belegen dies in einzigartiger Weise.

---

[23] Ebd., I,7, S. 30. Zum Verständnis des Begriffs *authenticus* im Sinne von „autorisiert" GUENÉE, Authentique.

[24] Passio secunda sancti Quirini, ed. WEISSENSTEINER, Prol., S. 247, siehe auch S. 34; Quirinalien des Metellus von Tegernsee, ed. JACOBSEN, Ecl. 8 und 18. – Laut DOLBEAU, Noms de livres, S. 96, kann *scedula* auch kleines Büchlein (hagiographischen Inhalts) heißen.

[25] Vita Heriberti, ed. PERTZ, S. 753, Anm. m.

[26] Siehe zu einigen weiteren Beispielen, die z.T. jedoch nicht so eindeutig sind, SIGAL, Travail, S. 166 f., 174 ff.

[27] Die Auffassung von RENDTEL, Mirakelberichte, S. 15 f., daß eine Mirakelaufzeichnung nach Notizen eine Ausnahme darstellte und Mirakelberichte auf „indirekter und wohl eher unzuverlässiger mündlicher Überlieferung" basierten, kann keine Allgemeingültigkeit beanspruchen.

2. Stufe 2: Frühere Redaktionsstufen („Rohfassungen")

Als zweite Stufe der Mirakelaufzeichnung lassen sich aufgrund des Materials frühe Redaktionen, die man auch als „Rohfassungen" bezeichnen könnte, herausschälen. Im ersten Beispiel wird es aufgrund der Existenz des Autographs einer solchen frühen Fassung möglich sein, den kompilatorischen Prozeß selbst nachzuvollziehen. In den nachfolgenden Beispielen können, da sie nur in Abschriften überliefert sind, ausschließlich durch den inhaltlichen Vergleich der verschiedenen Redaktionsstufen frühere, gleichsam rohere Textstufen herauskristallisiert werden[28].

a) Die Mirakel des hl. Trudo aus dem 11. Jahrhundert

1935 gab Joseph BRASSINNE unter dem Titel „Une source du livre II du Miracula sancti Trudonis"[29] 36 Mirakelberichte eines anonymen Autors heraus, die er in einem Lütticher Codex entdeckt hatte[30]. Der Band stammte aus dem Kloster Saint-Trond und enthielt als Haupttext in sauberer, gleichmäßiger Schrift geschrieben die Bücher 11 bis 22 der Moralia Gregors des Großen über Job. Dieser codicologische Befund ist recht auffällig, denn die beiden Texte stehen in keinem inhaltlichen Bezug zueinander. Die Mirakel wurden auf den letzten eineinhalb Blättern der letzten (24.) völlig ungestörten Lage eingetragen. Die berichteten Mirakel ereigneten sich im Jahre 1050, am 24. Mai beginnend, an der Kultstätte des hl. Trudo in der Abtei, die seinen Namen trug.

Vor diesem Fund war lediglich eine aus zwei Büchern bestehende, dem Abt Guntram (1034-1055) gewidmete Mirakelsammlung bekannt gewesen, die im ersten Buch ausnahmslos vor dem Jahr 1012 geschehene Mirakel und im zweiten Buch solche, die sich zwischen dem 24. Mai 1050 und dem Januar 1051 zutrugen, enthält und einem Mönch Stepelinus zugeschrieben wird[31].

Beim Vergleich des zweiten Buches Stepelins mit der Mirakelsammlung in dem Lütticher Codex stellt sich heraus, daß sich von den 36 Lütticher Mirakeln 23 auch in dem 102 Berichte umfassenden II. Buch des Stepelinus finden; darüber hinaus

---

[28] Hingewiesen werden soll bereits an dieser Stelle auf einige Erwägungen, die HERBERS, Miracles, S. 24 ff., bezüglich der Entstehung und Weiterverarbeitung der Jakobus-Mirakel anstellt: Ausgehend von der Feststellung, daß im Speculum historiale des Vincent von Beauvais nicht nur die vollständigste Sammlung von Jakobsmirakeln vorliegt, sondern auch eine, die in der chronologischen Anordnung konsequenter und im Stil schlichter ist als die des Liber sancti Jacobi, zieht er vorsichtig in Betracht, daß eine unabhängige Mirakelsammlung in anderer Anordnung und einfacherem Stil existierte, für die er den Begriff „earlier, prototypical, collection" (S. 25) prägt.

[29] In: Bulletin de la Société d'art et d'histoire du diocèse de Liège 26, S. 29-52, Text S. 39-52.

[30] Lüttich, Bibliothèque générale, Nr. 231. Siehe [FIESS/GRANDJEAN], Bibliothèque, Nr. 133, S. 89. Der Katalog gibt fälschlicherweise die Signatur 230 an.

[31] Herausgegeben wurde diese Mirakelsammlung von MABILLON, AA SS ord. s. Ben. saec. VI,2, S. 83-104; in Exzerpten von HOLDER-EGGER, S. 823-830.

besitzt jede Mirakelsammlung Eigengut. Keiner der Wunderberichte stimmt jedoch in den beiden Serien wörtlich überein, vielmehr bietet Stepelinus ausnahmslos eine ausführlichere, in anspruchsvollerem Latein abgefaßte Version.

Die codicologische Untersuchung des Textes brachte folgende Erkenntnisse: Paläographisch gesehen gehören Gregors Abhandlung wie auch der Mirakeltext in die erste Hälfte des 11. Jahrhunderts[32]. An der Schrift der Mirakelsammlung fällt auf, daß sie flüchtig und unregelmäßig ist. Die Buchstaben stehen zum Teil nicht auf einer Linie, sondern tanzen oberhalb der Blindliniierung und sind wenig sorgfältig gezeichnet. Wie schon BRASSINNE beobachtete, sind verschiedene kleinere Stücke radiert, auf fol. 189vb sogar einmal ein größerer Abschnitt (Z. 14 Mitte bis 21 Mitte). An anderen Stellen wurden Worte und Satzteile über der Zeile oder auch am Rand nachgetragen. Vor allem zwei Abschnitte deuten auf die Verwendung anderer Federn und Tinten hin (fol. 190rb, Z. 1-16 Mitte; fol. 190va, Z. 3-16 Mitte)[33]. Das Äußere des Textes läßt daher den Schluß zu, daß es sich hier nicht um eine Reinschrift handelt, sondern um eine erste Aufzeichnung mit deutlichen Spuren redaktioneller Bearbeitung. Die verschiedenen Federn und Tinten lassen auf eine schrittweise Aufzeichnung schließen[34]. Für die Sukzessivität spricht auch die Bemerkung des Autors im letzten Mirakel: *Antequam hujus miraculi narrationem perscripsissemus ecce quidam letissime accurit exclamans: Benedictus Dominus qui nos frequentatione suorum mirabilium letificat*[35] – noch bevor er also das Mirakel protokolliert hatte, kam jemand herbei, der sich über die Häufigkeit der Wunder freute. Was dieser zu berichten hatte, enthält der Anonymus dem Leser allerdings vor.

Der Text gewährt somit einen Einblick in die mittelalterliche Praxis von Mirakelaufzeichnungen: Als Konzeptpergament bediente sich der Autor in ökonomischer Denkweise eines Codex, in dem Raum unausgefüllt geblieben war. In diesen trug er die von dem Heiligen gewirkten Mirakel wahrscheinlich in größeren Intervallen ein.

Die These, in der vorliegenden Aufzeichnung eine erste knappe Protokollierung der Wundergeschehen zu besitzen, läßt sich auch anhand des Inhalts stützen. Die Mirakelsammlung besitzt keinerlei Überschrift und auch keinen Prolog. Vielmehr ist zu Beginn in der Art eines Rubrums knapp festgehalten, worum es sich

---

[32] Zur Datierung siehe [FIESS/GRANDJEAN], Bibliothèque, Nr. 133, S. 89; BRASSINNE, Miracula sancti Trudonis, S. 34. Eine spätere Datierung wird vertreten in: Handschriften uit de abdij van Sint-Truiden, Nr. 20, S. 141: erstes Viertel 12. Jh. (ca. 1120). Diese Datierung stützt sich auf eine Untersuchung von LAPIÈRE, Lettre ornée, S. 202, die aufgrund des stilgeschichtlichen Vergleichs der einzigen Initiale des Gregor-Textes mit den Initialen zweier anderer, späterer Handschriften aus Saint-Trond, die von demselben Illuminator stammen sollen, zu dieser späten Datierung gelangt. Diese ist paläographisch nicht zu halten.

[33] BRASSINNE, Miracula sancti Trudonis, S. 34, weist auf diese Tatsachen hin, bezeichnet die Wechsel der Federn und Tinten und auch die Rasuren jedoch nicht genauer.

[34] Diesen Schluß zieht auch BRASSINNE, ebd., S. 34.

[35] Ebd., c. 36.

bei dem Folgenden handelt: *Hec sunt opera Domini que apud nos dignatus est operari meritis sanctorum suorum Trudonis et Eucherii, temporibus paternitatis gloriosi abbatis Guntramni, in L anno a tempore incarnationis Domini*[36]. Sie endet abrupt mit dem letzten Mirakelbericht, also ohne jegliches Nachwort. Die Mirakelberichte selbst – und dies spricht ebenfalls für die These der Rohfassung – sind äußerst kurz gehalten und bieten über die wesentlichsten Informationen zu den Notleidenden und ihrer Errettung hinaus kaum weitere Details. BRASSINNE charakterisiert den Text treffend: „En lisant ce récit, on croit participer à la vie même de celui qui, fièvrieusement, livrait à l'écriture ses impressions du moment“[37]. Wir können folglich davon ausgehen, daß der Autor die Mirakel mehr oder weniger unmittelbar nach dem jeweiligen Geschehen in frischer Erinnerung in dem Gregor-Codex fixierte.

b) Die Mirakel des hl. Virgil von Salzburg vom Ende des 12. Jahrhunderts

Die Überlieferungslage der Virgil-Mirakel ist recht kompliziert. Sie sind in mehreren Redaktionen erhalten, wobei zwei frühere Textstufen identifiziert werden können. Ausgehend von der verfügbaren Edition und den zusätzlich betriebenen Handschriftenstudien sollen die verschiedenen Redaktionsstufen vorgestellt und der Entstehungsprozeß rekonstruiert werden.

Bereits dem Bearbeiter der MGH-Ausgabe, Wilhelm WATTENBACH, waren zwar mehrere handschriftliche Redaktionen bekannt, doch fertigte er seine Edition lediglich auf der Grundlage zweier an[38]:

A) umfaßt drei Codices, deren ältester der Wiener Codex 339 (Provenienz: Salzburger Domkapitel), geschrieben von Händen des ausgehenden 12. und 13. Jahrhunderts, ist. Eine weitere, ins 15. Jahrhundert gehörende Handschrift aus St. Florian befindet sich ebenfalls heute in Wien (Cod. 547). Als dritten Codex nennt er clm 7592 aus der Bayerischen Staatsbibliothek München, ebenfalls aus dem 15. Jahrhundert[39]. Dieser enthält nicht wie die anderen Handschriften die Viten und Mirakel der hll. Eberhard und Hartwig.

Der Wiener Handschrift 339 kommt als ältester der Redaktionsstufe A eine besondere Bedeutung zu. Sie wurde anhand eines Mikrofilms untersucht und soll hier genauer beschrieben werden. Sie enthält S. 291-295 eine in Lektionen eingeteilte Vita Virgils. Wie WATTENBACH vermerkt, ist die liturgische Bearbeitung nur in dieser Handschrift vorzufinden[40]. S. 295-313 (Sp. 1) folgen, von verschiedenen

---

36 Ebd., Vorrede. Gemeint ist im 1050. Jahr.

37 Ebd., S. 34.

38 Siehe hierzu Vitae et miracula sanctorum Iuvavensium, ed. WATTENBACH, Vorwort, S. 84 ff.

39 Der Codex gehört zweifellos zur Redaktion A, zeichnet sich aber dadurch aus, daß immer wieder einzelne oder ganze Serien von Mirakeln ausgelassen werden. Anscheinend wurde hier an einigen Stellen bewußt ausgewählt. Auf die Unterschiede weist bereits WATTENBACH hin. Cat. cod. lat. Bibl. Reg. Monac., Bd. III,3, Nr. 1389, S. 176, ohne nähere Aufschlüsse hierüber.

40 Vitae et miracula sanctorum Iuvavensium, ed. WATTENBACH, Vorwort, S. 85.

Händen des ausgehenden 12. Jahrhunderts geschrieben, Mirakel des hl. Virgil. Auf S. 313 stehen, von einer Hand des 13. Jahrhunderts auf den unteren Rand außerhalb der Liniierung gekritzelt, drei Mirakel vom Jahr 1208. Auf der zweiten Spalte dieser Seite beginnt, ebenfalls von einer Hand des 13. Jahrhunderts, eine weitere Vita Virgils (S. 313-316). Nachdem auf S. 317-336 Viten und Mirakel der hll. Hartwig und Eberhard eingeschaltet sind, folgen S. 337-339 nochmals Virgil-Mirakel vom Jahr 1225.

WATTENBACH ediert die bis S. 313 reichende erste Serie von Mirakeln nicht vollständig, sondern läßt die letzten vier (ab S. 311, 2. Sp.) aus. Lediglich S. 95, Anm. d, gibt er den Beginn jedes Wunders an. Er verweist dort auch auf die Mirakel von 1208. Zumindest ein Teil dieser Wunderberichte scheint sich, wie aus seinen weiteren Angaben zu schließen ist, auch in der Handschrift aus St. Florian befunden zu haben. Es bleibt unverständlich, warum WATTENBACH diese vier Mirakel wie auch die übrigen, später hinzugefügten, nicht edierte; zu vermuten ist, weil diese in der Redaktion B fehlten.

B) umfaßt vier Codices, darunter zwei Handschriften des sogenannten „Magnum Legendarium Austriacum“ (Heiligenkreuz, Zwettl). Zu dieser Redaktion gehört daneben eine Handschrift aus St. Peter in Salzburg, nach der CANISIUS ediert. Direkt oder über eine Zwischenstufe ist dieser Codex von einer WATTENBACH noch nicht bekannten ehemaligen Admonter Handschrift der zweiten Hälfte des 13. Jahrhunderts abhängig[41]. Ein Vergleich des Drucks von CANISIUS (Antiquae Lectiones, Bd. 6, S. 1178-1193) mit der Edition ergibt:

1) Es fehlen die c. 5, S. 90, und 21, S. 94 f., der WATTENBACHschen Edition.

2) Es fehlen, wie gesagt, die weiteren von WATTENBACH nicht edierten vier Mirakel des Cod. 339 der Österreichischen Nationalbibliothek.

3) Der Text steht der Redaktion A sehr nahe, weist aber immer wieder kleinere Abweichungen auf (Wortumstellungen, Verwendung anderer Worte mit gleichem Sinngehalt).

Dem Handschriftengut der Redaktion B wurde nicht weiter nachgegangen. Sie steht der spätesten erkennbaren Redaktionsstufe des Wiener Codex sehr nahe. Auffallend ist, daß die im Magnum Legendarium ebenfalls überlieferten Texte der hll. Eberhard und Hartwig auch unter dem Festtag des hl. Virgil, dem 27. November, und nicht ihren eigenen, dem 22. beziehungsweise 14. Juni, stehen. Sie scheinen aus einer Textvorlage geschöpft, die die Texte der drei Heiligen verband, wie dies auch in der Wiener Handschrift der Fall ist. Im Rahmen des im 12. Jahrhun-

---

[41] Die Hs. wird in der Bibliothek der gräflich Kuenburgschen Fideikommißherrschaft Mladá Vosiče aufbewahrt; siehe hierzu MARTIN, Admonter Handschrift, bes. S. 276 ff.; WATTENBACH-SCHMALE, S. 165, Anm. 6.

dert entstandenen Magnum Legendarium Austriacum wurden zahlreiche Heiligenviten und Mirakel zum Teil in kürzend überarbeiteten Fassungen tradiert. Das gesamte Textgut dieses Legendariums bedürfte einer genaueren Untersuchung[42].

Einen Sonderfall stellt eine Lambacher Handschrift des 13. Jahrhunderts dar[43]. Der Text besteht aus einem sonst nicht bekannten Prooemium, auf das eine besonders detaillierte Beschreibung der Lage und des Aussehens des Virgilgrabes sowie seines Bildnisses folgt, wie wir sie in dieser Ausführlichkeit aus der übrigen Überlieferung nicht kennen. Hieran schließen sich drei Mirakel an: stark verkürzt ein Wunder an einem besessenen Diakon, das auch in allen anderen Redaktionen zu finden ist, ebenfalls stark gekürzt eine Errettung aus Wassernot auf der Donau (in der Edition WATTENBACHs c. 16, S. 93) und ein in der sonstigen Überlieferung fehlendes Wunder an einem Pilger, der von Räubern überfallen wurde. Aufgrund des Inventionsberichts, in dem der Tod Erzbischof Konrads vermerkt ist, kann der Text nicht vor dem 25. Oktober 1200 geschrieben worden sein, liegt also später als der Wiener Codex, der als Endstufe zu definieren ist[44]. Es könnte sich um den Versuch einer gänzlichen Neubearbeitung handeln.

Darüber hinaus konnten zwei weitere Handschriften ermittelt werden, die in den Editionen nicht berücksichtigt sind, deren eine damals auch noch nicht bekannt war, und die ich aufgrund des Vergleichs mit der WATTENBACHschen Edition und der Wiener Handschrift 339 als „Rohfassungen" verschiedener Stufen ansprechen möchte. Es handelt sich um eine Mainzer und eine Linzer Handschrift.

Die Mainzer Handschrift repräsentiert zwar die jüngere Stufe, soll aber aus darstellerischen Gründen hier zuerst betrachtet werden. Der Codex stammt aus dem dortigen Kartäuserkloster[45]. Es handelt sich um eine Sammelhandschrift, die von verschiedenen Händen zu verschiedenen Zeiten geschrieben wurde. Der Datierung der Virgil-Mirakel in den Analecta Bollandiana ins 13. Jahrhundert kann man sich anschließen[46]. Am auffälligsten ist, daß diese Handschrift bereits mit dem 12. von 22 Kapiteln der WATTENBACHschen Edition endet. In den Analecta Bollandiana wird die vorsichtige Vermutung geäußert, dies sei der ursprüngliche Schluß der Virgil-Mirakel gewesen[47]. Darüber hinaus läßt sich eine Reihe von Abweichungen feststellen, die darauf hindeuten, hier mit einer früheren Redaktionsstufe konfrontiert zu sein:

---

[42] Siehe vorläufig [PONCELET], De Magno Legendario Austriaco, mit einer Auflistung des Inhalts, S. 38-96; LEVISON, Conspectus codicum; PHILIPPART, Art. Legendare, Sp. 649 f.; zur Typologie der Legendare DERS., Légendiers latins.

[43] Sie enthält als Haupttext die Vita und Mirakel Bischof Adalberos von Würzburg; zu dem Codex siehe Vita sancti Adalberonis, ed. SCHMALE-OTT, S. 5 f.; Mirakel des hl. Virgil auf fol. 12r-14r.

[44] Siehe dazu die folgenden Ausführungen.

[45] Mainz, Stadtbibliothek, Hs. I 553 (Carthus. 186), fol. 172r-178v; siehe hierzu Miracles des SS. Eberhard et Virgiles, S. 177-181, hier S. 177; der Text ist ebd., S. 179 f. ediert.

[46] Ebd., S. 177.

[47] Ebd., S. 181.

Zunächst fällt eine Variation im Text der Auffindung des hl. Virgil auf, die den Mirakeln vorangestellt ist. Während der edierte Text eine ausführliche und feierliche zeitliche Einordnung der Invention nach dem Inkarnationsjahr, der Indiktion[48] und dem Tag, dem amtierenden Papst, dem regierenden Kaiser, dem König und dem Herzog von Bayern bringt, daneben die genauen Umstände, nämlich den Wiederaufbau des Domes nach einem Brand, ist in der Version der Mainzer Handschrift nur Jahr und Monat der Auffindung angegeben, den Verlauf schildert sie mit etwa demselben Wortlaut wie die Edition:

De sancto Virgilio, ed. WATTENBACH, Inventio, S. 88:	Mainz, I 553, fol. 172v-173r:
Anno vero dominicae incarnationis 1181, 14. indictione, 14. Kalendas Martii, sub Alexandro papa III, apostolatus ipsius 21. et ultimo, regnante serenissimo principe Friderico Romanorum imperatore augusto, anno regni eius 28, conregnante sibi filio suo Heinrico Romanorum rege gloriosissimo, Ottone de Witelinspach inclito duce Bawariorum ducatum tenente, supra memorati fabrica monasterii, quae scismatis persecutione conflagrante ante aliquot annos diruta et diruenda deperierat, sumptibus et iussu preclarissimi pastoris Chuonradi Salzburgensis archiepiscopi, apostolicae sedis tunc legati in Alemannia, cardinalis presbyteri Sancti Marcelli, Sabinensis episcopi, quando-	*Cvm deo omnium bonorum auctori corpus famuli sui Virgilii Salzburgensis episcopi reuelari placuisset, factum est anno incarnationis dominicę m̊c̊lx̊xxi̊ mense februario,*

[48] Die Angabe der Indiktion fehlt Wien, Österr. NB, Cod. 339, S. 295.

que etiam Moguntiensis archiepiscopi, dum a fundamento cepit reaedificari, sancti Spiritus cooperante gratia et divinae maiestatis suffragante clementia corpus beati Virgilii quod ob immensi temporis antiquitatem ab omnibus ignorabatur, contigit revelari. Quadam ergo die factum est, ut lapides muro elapsi aliquantulum intro spectandi aditum transeuntibus prebuissent; diligentius aliquibus hoc ipsum considerantibus concavitatis patuerunt indicia et picturae vetustioris deaurata illic visa sunt scemata.

Porro canonicis huius rei novitatem perquirentibus, et latius eiusdem muri aperturas patefacientibus, inventa est beati Virgilii octavi post sanctum Ruodbertum Salzburgensis episcopi tumba et depicta imago, eiusdemque imaginis huiuscemodi epigramma: 'Virgilius templum construxit scemate pulchro'. Et preterea dies obitus eius, 5. Kalendas Decembris. Isdem vero dignus Deo pontifex, ut in annalibus nostris reperimus, maioris ecclesiae, in qua et sepultus fuit, primus extitit fundator, et beati Rudberti ac sedis

ut lapides de muro ecclesię elapsi aliquantulum introspectandi aditum transeuntibus praebuissent diligentius aliquibus hoc ipsum considerantibus concauitatis patuerunt inditia et picturę uetustioris deaurata illic uisa sunt scemata.

Porro canonicis huius rei nouitatem perquirentibus et latius eiusdem loci aperturas patefatientibus inuenta est beati Uirgilii octaui post sanctum R[upertum] Salzpurgensis episcopi tumba et depicta eiusdem imago imaginis huiuscemodi superscriptio 'Virgilius templum construxit scemmate pulchro.' Et praeterea dies obitus eius v̊ kalendas decembris. Isdem vero dignus deo pontifex, ut in annalibus nostris reperimus maioris ecclesię, in qua et sepultus fuit, primus extitit fundator et beati Růdberti ac sedis episcopalis in ipsam

episcopalis in ipsam ecclesiam, qua nunc est, pius translator. Tempus etiam, quo dictus pontifex obierat, annum incarnationis Domini septingentesimum octogesimum quartum in eisdem annalibus invenimus.	*ecclesiam, qua nunc est, pius translator. Tempus etiam, quo dictus pontifex obierat, annum uidelicet incarnationis domini quingentesimum* cc^{mvm} $l^{m}x^{v}x^{m}$ iiii^{tvm} *in eiusdem* (sic!) *annalibus inuenimus.*

Es folgen dann die Mirakel in weitgehend übereinstimmendem Wortlaut. In einem Bericht über einen frevlerischen Diakon, der Virgil nicht als Heiligen anerkannte, ist in der Mainzer Handschrift sein Name – Otto – hinzugesetzt (fol. 173r: *iuuenis quidam diaconus et noster canonicus Otto nomine*), während er in der Edition diskret verschwiegen wird (*iuvenis quidam diaconus et ecclesiae eiusdem canonicus*, S. 88). An einigen weiteren Stellen finden sich explizierende Zusätze, die den Text verständlicher werden lassen:

a) In dem Bericht über den erwähnten, mit Besessenheit bestraften Kanoniker heißt es in der Edition (c. 2, S. 89, 2. Sp., Z. 11): *sonantibusque campanis plebs totius civitatis convenit*; der Zusatz der Handschrift (fol. 174r) lautet: *sonantibusque campanis non solum domnus abbas et monachi sed et plebs tocius ciuitatis conuenit.*

b) In c. 3, S. 90, 1. Sp., Z. 25 f. liest man: *Sed et his similia adiciens non orando sed subsannando opem allato infirmo flagitabat.* Die Handschrift formuliert: *Sed et hiis similia aditiens more latronis dominum in cruce subsannantis opem allato infirmo flagitabat.* (fol. 175r).

c) Ebd., Z. 32 f.: statt *cum omni plebis multitudine prostratus* heißt es sinnvollerweise *coram omni multitudine* (fol. 175r).

d) Ebd., Z. 39: *vexationis scilicet suae et curationis ordinem exposuit* (fol. 175r).

e) In der wörtlichen Rede am Schluß des Kapitels (ebd., Z. 48-50) ist *In fratrem nostrum Virgilium graviter peccasti* sinnvollerweise eingefügt (fol. 175v).

f) C. 4, S. 90, 1. Sp., Z. 60, wird *hocque infirmitatis tormento* spezifiziert; die Krankheit dauerte nur elf statt zwölf Jahre (fol. 175v).

g) In c. 6, S. 91, 1. Sp., Z. 29 ist von der Krankheit eines *filius Heinrici de Laimingen idemque Chunonis ex sorore nepos* die Rede. Es bleibt unverständlich, um welchen Kuno es sich handelt. Die Mainzer Handschrift expliziert *idemque Chunonis de Weruen ex sorore nepos* (fol. 176v).

Die übrigen kleinen Abweichungen bestehen aus Umstellungen von Worten, Auslassungen einiger Worte, ein Mirakel wurde umgestellt. Der auffälligste Unterschied ist, wie gesagt, die Kürze der Mirakelsammlung; sie endet mit c. 12, S. 92, der MGH-Edition.

Aufgrund der beschriebenen Abweichungen spricht einiges dafür, daß wir es hier mit einer früheren Redaktionsstufe zu tun haben:

1) Die Ausgestaltung des Auffindungsberichtes mit einer feierlichen Datierung könnte eine spätere Zutat sein, um dem Ereignis den ihm gebührenden Stellenwert zu verleihen. Die Handschrift aus Mainz hält dagegen nur die notwendigsten Angaben fest.

2) Man könnte sich später entschlossen haben, aus Diskretion den Namen des frevlerischen und besessenen Diakons wegzulassen.

3) Die Mainzer Fassung bringt an verschiedenen Stellen Explizierungen, die den Sinngehalt des Textes verbessern; bei späteren Abschriften könnten solche Teile verloren gegangen sein. Die unter b) vorgestellte Abweichung ist davon allerdings auszunehmen. Hier scheint bewußt eine dem Satzrhythmus (Reim) besser angepaßte Formulierung gewählt worden zu sein.

Ohne diese Beobachtungen würde man vielleicht schlußfolgern, daß die gegenüber der Edition wesentlich weniger Mirakel umfassende Mainzer Handschrift lediglich eine unvollständige Abschrift darstellt. Nun aber wird man sie als eine Fassung ansehen, die noch nicht weiter gediehen war.

Anders als bei den Trudo-Mirakeln wird der Text der Wunderberichte weitgehend unverändert gelassen. Es fällt in dieser Mirakelsammlung auf, daß, das mehrfach erwähnte Zeichen an dem besessenen Diakon und einige weitere ausgenommen, die Mirakel insgesamt nur sehr kurz und knapp berichtet werden. Man hat sich also später nicht mehr der Mühe unterzogen, diese „Rohfassung“ auszugestalten. Lediglich das Ereignis der Auffindung hat man in einen besonders feierlichen Rahmen gestellt.

Bei der Linzer Handschrift handelt es sich um einen Sammelcodex mit Heiligenleben aus dem 13. Jahrhundert. Sie enthält einen Provenienzvermerk des Klosters St. Lampertus in Suben und den Schreibervermerk eines Romanus[49]. Bereits Wattenbach war diese Handschrift bekannt, jedoch zog er sie nicht für seine Edition heran[50]. Später hat Bruno Krusch nochmals auf sie aufmerksam gemacht und ihre Aufzeichnung für älter erklärt als die Wiener Handschrift[51].

Das Manuskript zeigt die größten Abweichungen von den vorhergehend besprochenen. Es bringt in dem Inventionsbericht keinerlei Datierung und nähere Zusammenhänge, sondern berichtet lediglich von einer Mauer, die in Kürze abgerissen werden sollte und aus der herausfallende Steine den Blick in eine Öffnung freigaben. Ohne das Incipit, das auf die Mirakel des hl. Virgil von Salzburg hinweist, wäre hieraus nicht einmal ersichtlich, daß vom Salzburger Dom die Rede ist. Die Handschrift berichtet dann aber auch von der Erweiterung der Öffnung, dem Grab Virgils und dem Bildnis. Die Wiedergabe der Inschrift weicht in der Wort-

---

[49] Linz, Bundesstaatliche Studienbibliothek, Hs. 359 (alt 256, ehem. Cc V,7), fol. 190v-192r; siehe hierzu Handschriften der öffentl. Studienbibliothek in Linz, S. 189.

[50] Vitae et miracula sanctorum Iuvavensium, ed. Wattenbach, Vorwort, S. 87.

[51] Vitae Corbiniani, ed. Krusch, S. 545 f.; siehe zu der Hs. auch Wattenbach, Verzeichniß, S. 613.

stellung von der MGH-Edition und der Mainzer Handschrift ab (fol. 190v)[52] : *Incipit de miraculis sancti Virgilii Salzburgensis episcopi. Quadam die in muro, qui in proximo diruendus erat, elapsi lapides intro spectandi aditum praebuerunt transeuntibus. Cuius ergo pro cauitatis paruerunt indicia et picture uetustioris colorata uisa sunt illic cemata. Porro fratribus maioris ecclesie huius rei nouitate alacriter perquirentibus et aperturas eiusdem muri latius patefacientibus inuenta est beati Virgilii octaui episcopi a beato Růdberto tumba et depicta imago eiusdemque picture non fallax superscriptio 'Virgilius pulcro construxit scemate templum' et praeterea dies obitus eius esse v kalendas decembris. Idem vero dignus deo pontifex Virgilius, ut in annalibus nostris reperire potuimus, primus eiusdem basilicę legitur extitisse fundator et beati Růdberti ac sedis episcopalis in eum locum, in quo nunc est, pius translator. Ad tantę igitur admirationis auditum plurimis confluentibus non pauci superuenientium a doloribus membrorum suorum sunt alleviati.*

Der Bericht über den ungläubigen Diakon, der sich in der Edition und der Mainzer Handschrift zunächst anschließt, dann aber von den ersten Mirakeln an Pilgern unterbrochen und später fortgesetzt wird, fehlt zu Beginn des Textes, er wird weiter unten im Zusammenhang erzählt. Die Mirakel folgen ansonsten in der Reihenfolge und im Inhalt den genannten Fassungen, zwischendurch fehlen jedoch 15 Berichte (c. 4, S. 90, 2. Sp., Z. 21 bis c. 5, S. 91, 1. Sp., Z. 7). Sie enden bereits mit c. 6, S. 91, der MGH-Edition; somit liegt hier der kürzeste Text vor.

Der Mirakeltext weicht stellenweise stärker von dem in den vorhergehend genannten Fassungen ab, bietet jedoch unverkennbar denselben Inhalt. Der Bericht über das Strafwunder an dem ungläubigen Diakon ist in der Edition und auch in der Mainzer Handschrift, die sich hierin sehr ähneln, wesentlich stärker ausgestaltet. Die Dramaturgie ist erhöht, und es werden erheblich mehr Details und Einzelhandlungen mitgeteilt. Anders als die Mainzer Handschrift teilt die Linzer Fassung ebenfalls den Namen des Diakons nicht mit. Bei dem in c. 6 enthaltenen Mirakel an dem Sohn Heinrichs von Laimingen wird die Verwandtschaft zu Kuno von Werfen ganz unterdrückt, das heißt es fehlt hier die mißverständliche Verstümmelung der Edition. Ansonsten enthält die Handschrift gegenüber der Edition teils mehr, teils weniger Informationen, zum Beispiel fehlt in der Handschrift die Mitteilung, daß der Geheilte in c. 4, S. 90, 1. Sp., Z. 60 zwölf Jahre gelähmt gewesen sei. Ferner werden Wortumstellungen vorgenommen oder synonyme Begriffe verwendet. Nach dem Wunder an einer Frau aus dem Pongau (c. 4, S. 90, 2. Sp., Z. 16-19) fügt die Handschrift *Hęc quę scripsimus oculis nostris uidimus et uniuersa ciuitas* (fol. 191v) an, was in der Edition und der Mainzer Handschrift fehlt. Gerade diese fehlende Bezeugung deutet auf spätere Redaktionsstufen und einen beziehungsweise zwei weitere Redaktoren der Mainzer Fassung und der Edition hin, welche(r) diesen Satz nicht mehr für sich in Anspruch nehmen konnte(n).

---

[52] Siehe S. 89.

Die bereits von Krusch geäußerte These, hier liege eine noch ältere Fassung der Virgil-Mirakel vor[53], kann aus folgenden Gründen bejaht werden: 1. aufgrund der Kürze und Ungenauigkeit des Inventionsberichtes, 2. der Knappheit des Mirakels an dem Diakon, 3. der Kürze der Mirakelsammlung überhaupt und 4. der eingefügten Bezeugung des Autors.

Nach dem Vergleich der Handschriften und der Edition kann man sich folgende Entstehung der Virgil-Mirakelsammlung vorstellen:

Zunächst wurden die Ereignisse während der Auffindung ohne genauere zeitliche Einordnung schnell festgehalten. Die rasch danach einsetzenden Mirakel wurden dann knapp verzeichnet, lediglich das Wunder an dem ungläubigen Diakon etwas weiter ausgebaut. In diesem Stadium bis c. 6 der Edition gediehen, wurden die Mirakel bereits weiter tradiert.

Auf der nächsten Stufe faßte man die Ereignisse bei der Invention wegen ihrer Bedeutung etwas genauer – man fixierte Jahr und Monat dieses Vorgangs. Das Wunder an dem Diakon teilte man auf und gestaltete es breit und dramatisch aus. In dem Zeichen an dem Sohn Heinrichs von Laimingen fügte man weitere Details über die Verwandtschaft hinzu. Auch in anderen Mirakeln brachte man Ergänzungen – etwa über die Dauer der Erkrankung – an und formulierte hin und wieder etwas um. Außerdem schob man noch einige aus einer anderen Quelle geschöpfte Mirakel ein und führte die Sammlung fort. Beim erreichten Stand von etwa 56 Wunderberichten (bis c. 12 der Edition) wurde der Text weiter tradiert.

Die letzte bekannte Stufe, frühestens repräsentiert von dem Wiener Codex 339, enthält die feierliche Datierung der Auffindung und den Zusammenhang des Domneubaus – mithin genauestens alle Angaben, um den Virgilkult zeitlich und sachlich einordnen zu können – sowie das um mehr als 30 Wunder vermehrte Mirakelgut. Es haben sich aber offenbar gegenüber der Mainzer Handschrift bereits entstellende Abschreibefehler eingeschlichen. In dem Wiener Codex übte man allerdings zu unbestimmter Zeit Zensur: Das ursprünglich verzeichnete Wunder an dem Sohn Heinrichs von Laimingen wurde radiert, vielleicht aus Diskretion, denn die Laiminger waren Ministeriale des Hallgrafen und die von Werfen als domstiftische Dienstmannen Burggrafen auf Hohenwerfen[54].

Anders als in der Linzer und der Mainzer Handschrift findet sich im Wiener Codex den Mirakeln vorangestellt aber auch eine Vita des Heiligen, zudem in Lektionen eingeteilt, also für liturgische Zwecke bearbeitet. Darüber hinaus enthält dieser Codex – wie beschrieben – die Vita und Mirakel der etwa zur selben Zeit im Salzburger Dom kultisch verehrten Erzbischöfe Hartwig und Eberhard. Zumindest die Eberhard-Mirakel existierten, wie wir gleich sehen werden, ebenfalls in verschiedenen Redaktionsstufen und ohne die Überlieferung der Vita. Das Salzburger Domkapitel hat hier offensichtlich die Kultunterlagen seiner gegen Ende

[53] Siehe oben S. 91.
[54] Dopsch, Soziale Entwicklung, S. 390; Zillner, Werfener Burggrafen.

des 12. Jahrhunderts besonders verehrten „Hausheiligen“[55] zusammengefaßt und in die endgültige Form gebracht. Dabei ist es äußerst wahrscheinlich, daß die Abfassung der Vita und die Endredaktion des Inventionsberichts mit Mirakeln in einem Zuge erfolgten. Denn im Bericht über die Auffindung wird ganz zu Anfang auf die *supra memorati fabrica monasterii* (gemeint ist der Dom) verwiesen. Dies kann sich nur auf den Schluß der Vita beziehen, in dem Virgil mit einer ähnlichen Formulierung als Dombauherr bezeichnet wird[56]. Die Redaktionen der Linzer, Mainzer und Wiener Fassungen erfolgten in kürzester Zeit. Mit WATTENBACH kann man als Terminus ante quem die erneute Übernahme des Erzbistums Mainz durch Konrad im Jahr 1183 annehmen[57], denn der Inventionsbericht macht außerordentlich präzise Angaben über den Status von Personen und hätte diesen Wechsel Konrads nach Mainz sicherlich vermerkt. In jedem Fall datiert die Anlage des Wiener Codex noch in das ausgehende 12. Jahrhundert.

c) Die Mirakel des hl. Eberhard von Salzburg aus dem ausgehenden 12. Jahrhundert

Die Eberhard-Mirakel liegen ebenfalls in mehreren Redaktionen vor, deren gegenseitige Abhängigkeit unterschiedlich gedeutet wird.

Für die Redaktionen A und B ist auf die oben zu Virgil gemachten Angaben zu verweisen; es handelt sich um die von WATTENBACH für seine Edition herangezogenen Codices mit Ausnahme des clm 7592.

Zwei weitere Fassungen unterscheiden sich sowohl von A und B als auch untereinander nicht unwesentlich. Die eine von beiden ist in einem St. Lambrechter Codex vom Ende des 12. Jahrhunderts überliefert und befindet sich heute in der Universitätsbibliothek Graz (G); WATTENBACH ediert sie in seiner mehrfach genannten Ausgabe in Anm. 15, S. 102[58]. Die Mirakel folgen hier auf eine metrische Series archiepiscoporum der Salzburger Oberhirten bis zu Konrad II. (gest. 1168). Ihnen ist eine zum Teil zweispaltige Tabelle der Salzburger Erzbischöfe, wiederum bis zu Konrad II., nachgestellt. Die zwischen beide Teile eingeschobenen zwölf Mirakelberichte zeichnen sich durch ihre ausgesprochen kurze Darstellung aus. Die Mirakelsammlung enthält zwar wesentlich weniger Berichte als Fassungen A und B (18), gegenüber diesen jedoch vier Mirakel Eigengut. Sie besitzt kaum textliche Gemeinsamkeiten mit A und B, ebensowenig mit der im Anschluß zu besprechenden Fassung M.

---

[55] Verwendung des Begriffs in Anlehnung an BERSCHIN, Ǒdalscalcs Vita, S. 91.

[56] ... *cuius corpus in latere meridiano monasterii, cuius ipse 12 annis fabricator et in tertio decimo consecrator extiterat* ..., De sancto Virgilio, ed. WATTENBACH, Lectio VI, S. 88 (Hervorhebungen der Verf.in). *Fabrica* fehlt Wien, Österr. NB, Cod. 339, S. 295, wodurch der Satz des Subjekts entbehrt.

[57] Vitae et miracula sanctorum Iuvavensium, ed. WATTENBACH, Vorwort, S. 84; DOPSCH, Virgil, S. 45, setzt die Aufzeichnung ohne Begründung nach 1183 an.

[58] Graz, UB, Nr. 350.

Die vierte Fassung ist in einem Sammelcodex des Mainzer Kartäuserklosters aus dem 13. Jahrhundert überliefert, die, wie oben besprochen, die Virgil-Mirakel enthält (M)[59]. In der Ausführlichkeit steht sie zwischen A und B sowie G. Sie besitzt eine ganze Reihe textlicher Gemeinsamkeiten mit A und B, weniger mit G. Die Textstufe enthält die wenigsten Mirakel (6) und keinerlei Eigengut gegenüber A und B oder G.

Der Herausgeber der Fassung M stellt die Frage nach dem Abhängigkeitsverhältnis der Redaktionen A, G und M (bei ihm A, B und C)[60]. Daß A die älteste Stufe darstellt, hält er für unmöglich, denn aufgrund der geringen textlichen Übereinstimmungen kann von A ausgehend weder G von M noch umgekehrt abhängen. Eine unabhängige Herleitung beider Sammlungen von A hält er indes für unwahrscheinlich. Damit verwirft er die folgenden Abstammungsstemmata:

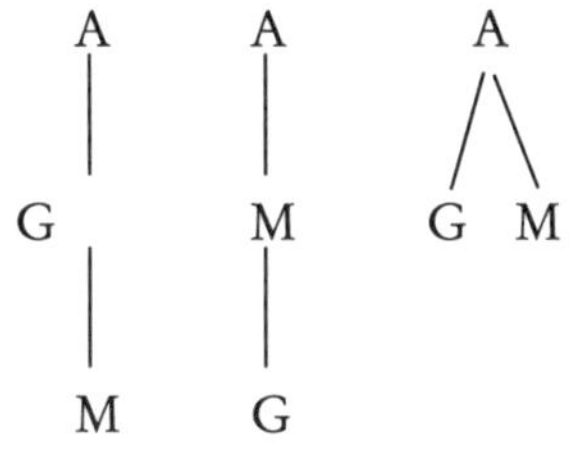

In G sieht er aufgrund der äußersten Knappheit ein „résumé fort sec“[61]. Man könne deshalb nicht davon ausgehen, daß sie die älteste Fassung darstelle. Genau diese These hatte Wattenbach formuliert[62]. Der Betrachter in den Analecta Bollandiana argumentiert nicht nur mit der stärkeren Ausschmückung der Redaktionen A, B und M, sondern auch mit ihrem Mehr an substantiellen Informationen. Am wahrscheinlichsten sei daher eine Abhängigkeit A's, B's und G's von M, wobei eine jeweils unabhängige Herleitung von M unwahrscheinlich sei. Der Autor geht daher von einer Abhängigkeit über einige verlorene Zwischenstufen aus, zum Beispiel:

[59] Mainz, Stadtbibliothek, Hs. I 553; siehe oben S. 87; vgl. Wattenbach-Schmale, S. 166, Anm. 9, der diesen Codex jedoch fälschlicherweise der Redaktion B zuweist, Miracles des SS. Eberhard et Virgile, S. 177. Der Autor bezeichnet die Fassung mit C, S. 178; Edition dieser Redaktionsstufe ebd., S. 179 f.

[60] Ebd., S. 177-179.

[61] Ebd., S. 179.

[62] Vita et miracula beati Eberhardi, ed. Wattenbach, S. 102, Anm. 15.

```
     X
    / \
   M   X²
      / \
     A   G
```

Dennoch betont er, diese Hypothese könne bei dem derzeitigen Stand der Handschriftenkenntnis keineswegs abgesichert werden.

Die Redaktionen A und B besitzen ein ausführliches Vorwort sowie ein Nachwort und legen manche Mirakel relativ breit dar. Von daher erwecken sie den Eindruck einer bereits ausgeformten und abgeschlossenen Mirakelsammlung. Zu erinnern ist, daß auch sie sich zusammen mit einer Vita, die in der Grazer und Mainzer Handschrift fehlt, in dieser Fassung in dem Wiener Codex 339 befinden.

Die Mainzer und die Grazer Redaktionsstufen enthalten demgegenüber nur kurze Einführungen in die Mirakel, die sich durchaus ähneln:

De sancto Eberhardo, ed. WATTENBACH, Anm. 15, S. 102:	Miracles des SS Eberhard et Virgile, S. 179:
Gesta miraculorum sancti Eberhardi prout oculis nostris vidimus cunctorum viventium aurem revelamus.	*Gesta beati Eberhardi archiepiscopi, praemissis equę miraculis, nostris per Dei misericordiam temporibus salubriter revelata, dilectioni vestrae duximus praesentium scripto notificanda, seriatim ea, sicut vidimus, sine figmento simpliciter prosequentes, omnibus infra notatis, quale possumus, veritatis testimonium perhibentes.*

Substantiell sagen beide Texte dasselbe, die Mainzer Handschrift nur wortreicher. Interessant ist, daß die Wunder bei beiden als *gesta* bezeichnet werden. Ein Nachwort fehlt jeweils.

Inhaltlich gesehen repräsentiert der Mainzer Text eine etwas ausgestaltetere Fassung, die aber immer noch stark auf das Wesentliche reduziert erscheint. Die Grazer Handschrift ist in der Tat sehr spröde.

Weder die WATTENBACHsche noch die These, die in den Analecta Bollandiana bezüglich der Grazer Handschrift vertreten wird, lassen sich schlüssig beweisen. Wenn hier derjenigen WATTENBACHs eine Präferenz gegeben wird, dann aufgrund des Vergleichs mit den Mirakeln des hl. Virgil. Mir scheint, daß beide dieselbe, das heißt äußerst knapp gehaltene Textstufe, repräsentieren; die Virgil-Mirakel sind – mit einigen Ausnahmen – nicht darüber hinaus gediehen, die Eberhard-Mirakel zwei Stufen darüber hinweg. Einige gegenübergestellte Beispiele mögen dies illustrieren:

De sancto Virgilio, ed. WATTENBACH, c. 4, S. 90, 2. Sp., Z. 28-33:	De sancto Eberhardo, ed. WATTENBACH, Anm. 15, S. 102:
Subsequenti item tempore duae mulieres, una caeca, altera dorsum ad genua habens inclinatum, curatae sunt. Ipso tempore puella cruribus contracta, et mulier surda et muta sanatae sunt. Dehinc alia mulier caeca ibi visum recepit.	*Mulier altera calculosa sepulchro sancti Eberhardi se superposuit, statimque calculo elapso convaluit. Arepticii duo illo adducti preter moram ab infestante sunt liberati. Miles quidam de nemore sancti Leonhardi uxorem suam sepulchro ipsius superflexit, moxque a menbrorum contraccione liberata est.*

Von dem erwähnten Eigengut der Grazer Handschrift ausgehend läßt sich vielleicht ebenfalls zugunsten einer frühen Textstufe argumentieren. Der Autor der Redaktionen A und B konnte womöglich für seine Darstellung aus einem Fundus solcher knapper Aufzeichnungen schöpfen und nahm sich die Freiheit, auch einiges wegzulassen. In diesem Zusammenhang ist daran zu erinnern, daß auch Stepelinus nur etwa zwei Drittel der von dem Anonymus überlieferten Mirakel des hl. Trudo übernahm. Die Mainzer Fassung stellte möglicherweise einen Versuch der Ausgestaltung dar, der dann aber abgebrochen wurde.

3. Stufe 3: Spätere Redaktionsstufe („Endfassung")

Gegenüber den vorstehend behandelten früheren Redaktionsstufen kann man spätere Redaktionen von Mirakelsammlungen ausmachen, die als Endfassungen bezeichnet werden sollen. Das Vorliegen einer späteren Redaktionsstufe ist dann sicher erkennbar, wenn eine frühere Fassung in der Überlieferung greifbar ist. Die Mirakelberichte von Endstufen zeichnen sich im allgemeinen dadurch aus, daß sie in der Kernaussage mit denen früherer Redaktionen übereinstimmen, literarisch aber stärker ausgeformt und ausführlicher gestaltet sind. Es können sachliche Details hinzutreten oder auch weggelassen werden. Widersprüchlichkeiten sind nicht immer auszuschließen[63]. Sichere Indizien für das Vorliegen einer Endfassung sind bei fehlender früherer Überlieferung Prologe und Epiloge oder zumindest abschließende Formeln, durch die das jeweilige Werk eine literarisch geschlossene Struktur erhält.

Innerhalb solcher geschlossener Mirakelsammlungen begegnen neben sehr ausführlichen, detailreichen Darstellungen mitunter auch knappste Ausführungen. Dies läßt sich besonders in den Anno-Mirakeln, aber auch in denen Virgils und Heriberts beobachten. Der Autor der Anno-Mirakel gestaltet vornehmlich Wunder an ertrunkenen oder durch andere Unglücke und Krankheiten totgeglaubten Kindern stärker aus. Er hebt sich sogar im ersten und dritten Buch einige für den Schluß der sonst chronologisch angeordneten Sammlung auf[64], während er Wunder an Blinden, Tauben und Lahmen bisweilen nur sehr kurz streift[65]. Der Autor der Heribert-Mirakel, der sich eines für Mirakelsammlungen ungewöhnlich gehobenen Stils bedient, verliert am Ende die Lust an der gestelzten Darstellung und berichtet dann nur noch schlicht und knapp[66]. Dieses Nebeneinander zeigt, daß nicht alle Notizen und Entwürfe gleichmäßig ausgestaltet wurden, sondern das Belieben und das Interesse des Autors für bestimmte Begebenheiten die Erzählfreude beeinflußten.

In die abschließende Redaktion einer Mirakelsammlung flossen offenbar noch aus anderen Quellen als aus Pilgerberichten und Notizen gespeiste Mirakel ein, denn beim Vergleich der früheren Stufen mit den späteren Redaktionen wurde bereits festgestellt, daß die Endredaktionen gegenüber ersteren Eigengut enthalten. Solche Mirakelberichte konnten aus rein mündlicher Tradition stammen, worauf bereits hingewiesen wurde, sie konnten aber auch weiterer schriftlicher Überlieferung entnommen worden sein, wie dies die Becket-Mirakel nahelegen. In die Mirakelsammlung des Erzbischofs von Canterbury sind mehrere Briefe von englischen und französischen Geistlichen über Gebetserhörungen inseriert, die sich fern von Canterbury ereigneten[67]. Solche Briefe wurden manchmal auch gleichsam

---

[63] Siehe hierzu den Vergleich der Trudo-Mirakel des Anonymus und des Stepelinus bei BRASSINNE, Miracula sancti Trudonis, S. 34 ff.; sein Schluß, daß Stepelin nach seinem Belieben mit der Vorlage umgegangen sei, ist freilich überspitzt (S. 37).

[64] Anno, ed. MITTLER, I,82; III,74.

[65] Ebd., z. B. I,9 f.; I,15-17; II,34.

[66] Miracula s. Heriberti, ed. HOLDER-EGGER, c. 33-42.

[67] Materials, ed. ROBERTSON, Bd. 1, II,50 f.; III,1; IV,23; passim. Ähnliches läßt sich auch in den Mirakeln des hl. Bischofs Thomas Cantilupe von Hereford aus dem 13./14. Jh. beobachten, FINUCANE, Pilgrimage, S. 190.

als amtliche Bestätigungen den Pilgern mitgegeben[68]. Die Zeugnisse aus Canterbury sind jedoch für den gewählten Untersuchungszeitraum singulär und beleuchten den Stellenwert der Schriftlichkeit auf der britischen Insel.

Umgekehrt konnten aber auch in früheren Redaktionen erfaßte Wunder nicht in die Endredaktion übernommen werden, wie das bei den Trudo-Mirakeln beobachtet wurde. Bernhard von Angers begründet eigens, weshalb er nicht alle Mirakel, über die er sich Notizen angelegt hat, ausführt. Sie seien in einer solchen Zahl geschehen, daß sie eine Bibliothek füllen könnten und bei vollständiger Erzählung nichts als Überdruß bereiten würden. Diese topische Formulierung, die man auch in anderen Mirakelsammlungen antrifft, erhält ihr Wirklichkeitsmoment dadurch, daß Bernhard weitere Überlegungen anstellt, wie in diesem Fall zu verfahren sei. Er hält es für zweckdienlich, entweder die Überfülle an Material kurz zu fassen oder nur solche Mirakel darzustellen, die keinesfalls hintanzustellen seien[69]. Der Verehrer der Fides scheint sich für letzteres entschieden zu haben, denn er berichtet weniger die üblichen Heilungswunder als außergewöhnliche Eingriffe der Heiligen.

Als Beispiel für eine Endstufe können die Mirakel der hll. Aureus und Justina, die in der ersten Hälfte des 12. Jahrhunderts im Kloster St. Alban in Mainz verehrt wurden, angeführt werden[70]. Ein nicht näher bekannter Mönch dieses Klosters ist als Autor der Sammlung anzusprechen[71]. Das Werk zerfällt in mehrere Teile. Vorangestellt ist ihm ein Brief des Abtes Werner von St. Alban (belegt von 1130-1145)[72] an Erzbischof Adalbert II. von Mainz (1138-1141), dem der Prolog des Autors der Mirakelsammlung folgt. Diesem fügt er die Kapiteleinteilung der drei Bücher, in die er das Werk analog der hl. Trinität gliedert[73], an. Mit einer Gebetsformel beendet er die Sammlung. Auch diese klare Disposition, die der Autor dem Werk gibt, spricht für seinen Charakter als Endfassung.

Aus dem untersuchten Material kann eine Reihe von Mirakelsammlungen aufgezählt werden, die durch einen Epilog oder doch wenigstens durch eine kurze Schlußformel beendet wird und damit ganz offensichtlich den redaktionellen Endstand erreicht hat. Dazu gehören neben den Aureus- und Justina-Mirakeln die Vita und Passio Konrads von Trier, die Vita und Mirakel Eberhards von Salzburg, Vita und Mirakel Gebhards von Konstanz, die Vita Heimerads von Hasungen, die Bamberger Vita und Mirakel Heinrichs II. wie auch seine Merseburger Mirakel, die Kunigundenmirakel, die Liudgers von Münster, Maximins von Trier und Philipps von Zell, Ulrichs von Augsburg, Wiboradas von St. Gallen sowie Wigberts von Fritzlar.

---

68 Materials, ed. ROBERTSON, Bd. 1, IV,14; Bd. 2, IV,LXXXIV.

69 Liber miraculorum sancte Fidis, ed. BOUILLET, I,7, S. 30.

70 Inventio et miracula ss. Aurei et Justinae, AA SS Jun. IV, S. 48-61.

71 Siehe unten S. 110, Anm. 17.

72 Mainzer UB, Bd. 2,1, Nr. 3, Anm. 2.

73 Inventio et miracula ss. Aurei et Justinae, AA SS Jun. IV, Prol., S. 49.

4. Stufe 4: Fortschreibung

Die Herstellung einer Endredaktion des Textes der Mirakel und das definitive Ende der Entwicklung einer Mirakelsammlung sind jedoch zwei verschiedene Dinge. Häufig läßt sich feststellen, daß sie fortgeschrieben wurden oder aber eine Fortsetzung der Berichterstattung regelrecht intendiert wurde, um die Sammlung durch neue Wunderberichte zu aktualisieren. Der Prozeß der Genese einer Mirakelsammlung kann daher noch eine vierte Stufe erreichen: die Fortschreibung.

a) Die Mirakel der hl. Verena von Zurzach aus dem 10./11. Jahrhundert

Die Zurzacher Verena-Mirakel sind mit Sicherheit einmal fortgeschrieben worden. In c. 15 wendet sich der Autor am Ende an die Brüder und sagt ihnen, nur einiges von vielem wiedergegeben zu haben, damit sie es am Fest der Heiligen während der Nokturn lesen und am Tag im Refektorium vernehmen könnten[74]. REINLE nimmt noch einen früheren Einschnitt in c. 14 an, da dieses mit einem Lob der Heiligen ende[75]. Ein solcher Preis kann aber auch ohne weiteres zwischendurch einmal eingestreut worden sein. Die Sammlung bricht ohne Schlußwort mit c. 21 ab, eine Fortsetzung dürfte also intendiert worden sein.

b) Die Mirakel des hl. Symeon von Trier aus dem 11. Jahrhundert

Die Mirakel des in der Porta Nigra in Trier als Inkluse lebenden Griechen Symeon sind mehrmals fortgeschrieben worden, wie eine Analyse des Textes und der handschriftlichen Überlieferung ergibt.

Der in den AA SS edierte Text[76] besteht aus einem Widmungsschreiben des Abtes Eberwin von St. Martin in Trier und St. Mauritius in Tholey an Erzbischof Poppo von Trier[77], der ihn zur Abfassung von Vita und Mirakeln des Inklusen aufgefordert hatte. Sodann folgt die Vita[78] und im Anschluß daran Mirakel[79]; ein Epilog fehlt. Das letzte Mirakel datiert vom Himmelfahrtstag, dem 14. Mai 1086[80], das erste geschah bereits am Tag nach dem Tod Symeons, am 2. Juni 1035[81]. Somit liegt eine mehr als 50 Jahre geführte Kultdokumentation vor.

Eberwin muß bereits kurze Zeit nach Symeons Tod mit der Aufzeichnung von Vita und Mirakeln begonnen haben, denn der Inkluse wurde schon Weihnachten 1035 von Papst Benedikt IX. aufgrund von Vita und Mirakeln, die ihm Erzbischof

---

[74] So auch REINLE, Verena, S. 48; KLÜPPEL, Reichenauer Hagiographie, S. 70.
[75] REINLE, Verena, S. 48.
[76] Vita auctore Eberwino, AA SS Jun. I, S. 86-99.
[77] Ebd., S. 86.
[78] Ebd., S. 86-91.
[79] Ebd., S. 91 f. u. 97-99.
[80] Ebd., c. 43, S. 98.
[81] Ebd., c. 22, S. 91.

Poppo zugesandt hatte, heiliggesprochen[82]. Damit ist bewiesen, daß nicht alle edierten Wunderberichte nach Rom übersandt worden sein können und die Mirakelsammlung über die Heiligsprechung hinaus fortgeführt wurde. Ferner ist Eberwin nicht als Autor der gesamten Mirakelsammlung anzusprechen. Bereits um 1000 als Abt von St. Martin nachweisbar[83], wird er schwerlich 1086 noch gelebt haben.

Da einige Wunder datiert sind, kann man in etwa eingrenzen, welche von ihnen zur Kanonisation eingereicht worden sein können. Das erste Wunder (c. 22) geschah am Tag nach dem Tod, der Beisetzung Symeons, an einem zur Wache am Grab abgestellten eingeschlafenen Kleriker. 30 Tage nach dem Ableben des Inklusen, also am 30. Juni 1035, setzte eine breitere Verehrung ein, deren Auftakt ein Wunder an einer Greisin bildete[84]. Ein Zeichen ereignete sich am 1. August[85] und zwei weitere am 1. November[86]. Wie bereits Maurice Coens bemerkte, werden die Wunder vom November nicht mehr zur Kanonisation in Rom vorgelegen haben, da die Kultunterlagen nach diesem Zeitpunkt nicht mehr rechtzeitig für eine Heiligsprechung zu Weihnachten 1035 eingetroffen wären. Er geht daher von einer ersten Aufzeichnungsphase der Mirakel aus, die zwischen c. 27 und 30 beendet wurde[87]. Auch das Wunder in c. 33 kann zur Kanonisation in Rom nicht mehr vorgelegen haben, da der Kranke fünf Monate lang zum Grab des Heiligen kam, bis er geheilt wurde, also ebenfalls frühestens im November[88]. Dem Inklusen sind auffälligerweise in diesem und auch dem Mirakel c. 34 die Epitheta *sanctus* beziehungs-

---

[82] Die Quellen zur Kanonisation Symeons wurden erstmals vollständig von Papebroch zusammengestellt: Embolismus D.P. de canonizatione S. Symeonis, ejusque ecclesia, AA SS Jun. I, S. 92 ff.; der Brief, mit dem Poppo Vita und Mirakel des Hl. an den Hl. Stuhl sandte, ist ursprünglich in den Gesta Treverorum, ed. Waitz, Addit. et cont. prima, S. 177 f., überliefert; Embolismus D.P. de canonizatione, S. 93 f. Die Kanonisationsurkunde (JL Nr. 4112; Papsturkunden, ed. Zimmermann, Nr. 599) vermerkt als Kanonisationstag lediglich den Weihnachtstag und ist ansonsten undatiert. Aufgrund eines Schreibens, in dem der Papst dem Erzbischof die Kanonisation des Hl. mitteilt, das der Form nach für falsch, vom Inhalt her aber für echt gehalten wird (JL Nr. 4113; Papsturkunden, ed. Zimmermann, Nr. † 600), datiert man die Kanonisation auf das Weihnachtsfest 1035 und die Heiligsprechungsurkunde in den Anfang des Jahres 1036. Zwar ist auch der Papstbrief undatiert, doch geht man davon aus, daß der Papst denjenigen Poppos, in dem neben dem Kanonisationsanliegen wichtige Probleme der Trierer Diözese zur Sprache kommen, sogleich beantwortete. Siehe hierzu Ramackers, Analekten; Coens, Document; Heintz, Simeon; Heyen, Simeon.

[83] Thomas, Art. Eberwin, Sp. 293.

[84] Vita auctore Eberwino, AA SS Jun. IV, c. 23, S. 91.

[85] Ebd., c. 27, S. 91.

[86] Ebd., c. 31 u. 32, S. 92.

[87] Coens, Document, S. 185. Ob man mit ihm aus dem Inhalt des vorletzten Mirakels weiter schließen kann, daß es überhaupt nicht mehr in das Jahr 1035 gehört, da es Bezug auf die Weihe eines Altares zu Ehren Allerheiliger nimmt und damit die Gründung des Stiftes St. Symeon voraussetze, ist fraglich. Der Altar könnte auch von einem Domkanoniker versehen worden sein. Das Mirakel schließt auf jeden Fall einen bereits erfolgten Umbau zur Stiftskirche aus, da die Weihe *in aedificio turris, ubi corpus viri Dei sepultum erat*, stattfand, Vita auctore Eberwino, AA SS Jun. IV, c. 31, S. 92.

[88] Ebd., S. 92; Coens, Document, S. 185.

weise *beatus* beigegeben, während er vorher gewöhnlich als *vir Dei*, *famulus Dei*, *dominus* oder ähnlich bezeichnet wird. COENS räumt ein, daß beide Begriffe zwar nicht im kanonischen Sinne gebraucht worden sein müssen, dieser Befund aber immerhin beachtenswert sei[89]. Weitere spätere Wunder finden sich in dem den Tod Erzbischof Poppos (1016-1047) voraussetzenden c. 40 und im erwähnten letzten Wunder c. 43, das am 14. Mai 1086 geschah[90].

Bereits den Bollandisten fiel auf, daß ab c. 35 nicht mehr ausschließlich von dem Grab des Heiligen, an dem sich die Wunder zutrugen, die Rede ist, sondern nun seine *ecclesia* erwähnt ist, folglich der Umbau zur Stiftskirche inzwischen erfolgt sein muß[91]. Die Gründung des Stifts St. Symeon wurde aber vor dem Jahr 1041 vorgenommen, in dem Erzbischof Poppo mit der Witwe Gerbirch einen Vertrag schloß, demzufolge die neue Gründung nach ihrem Tod ihre Güter in Hönningen erhalten sollte[92].

Die Textanalyse erlaubt somit, einen ersten Abschluß zwischen c. 27 und 30 anzunehmen, bei den übrigen Wundern können wir die Berichtszeit eingrenzen, nicht aber die Fortführungsphasen ermitteln.

An diesem Punkt führt die Untersuchung der Handschriften weiter. Die ausgesprochen reiche Überlieferung, von der nur die ältesten Codices gesichtet wurden, kennt verschiedene Endstufen. Eine Gruppe von vier Handschriften, davon drei Codices des 11. Jahrhunderts, schließt mit c. 33, der Prolog Eberwins fehlt dort jeweils[93]. Eine weitere Gruppe von drei Codices aus dem 11. und 12. Jahrhundert endet mit c. 34. Zwei von ihnen besitzen ebenfalls keinen Prolog[94]. Der in diese Gruppe gehörende Einsiedler Codex 247 des 12. Jahrhunderts fällt allerdings aus dem Rahmen, da er die Widmung an Abt Eberwin enthält und darüber hinaus ein Schlußwort, das sonst nirgends nachgewiesen werden kann[95]. Auch textlich zeigt

---

[89] Ebd.

[90] Vita auctore Eberwino, AA SS Jun. IV, S. 97 f.

[91] Ebd., S. 98, Anm. a.

[92] Mrh. UB, Bd. 1, Nr. 315: 1041. Bei der Urkunde handelt es sich um eine formale Fälschung, deren Inhalt aber nach WISPLINGHOFF als echt anzusehen ist, da Hönningen tatsächlich zum ältesten Besitz des Simeonsstiftes gehörte (WISPLINGHOFF, Untersuchungen zur ältesten Geschichte des Stiftes S. Simeon in Trier, S. 78 f.; dazu auch IRSCH/BUNJES, St. Simeon, S. 466).

[93] Trier, Stadtbibliothek, Hs. 118/106, 11. Jh. (siehe hierzu: COENS, Cat. cod. hag. lat. Bibl. civ. Trev., S. 158; KEUFFER, Kirchenväter-Handschriften, S. 8 f.); München, Bayer. Staatsbibl., clm 18625, 11. Jh. (siehe hierzu: Cat. cod. lat. Bibl. Reg. Monac., Bd. IV,3, Nr. 1561, S. 191, der jedoch keine nähere Beschreibung der Handschrift bietet); Einsiedeln, Stiftsbibliothek, Cod. 323, 11. Jh., (siehe hierzu: Cat. cod. manu script. qui in Bibl. mon. Einsidlensis O.S.B. servantur, Bd. 1, S. 295); Trier, Seminarbibliothek, Hs. 33, 15. Jh. (siehe hierzu: Cat. cod. hag. lat. Sem. Trev., S. 245; MARX, Handschriftenverzeichnis der Seminar-Bibliothek zu Trier, S. 25 ff.).

[94] Bern, Burgerbibliothek, Cod. 24, Anf. 11. Jh. (siehe hierzu: Cat. cod. Bernensium, S. 18); Wien, Österr. NB, Cod. 748, letztes Viertel 12. Jh. (siehe hierzu: Codices manuscripti theologici Bibliothecae Palatinae Vindobonensis, Bd. I,1, Sp. 889 f.; HERMANN, Die deutschen romanischen Handschriften, S. 272-274).

[95] Einsiedeln, Stiftsbibliothek, Cod. 247, S. 430-456, 12. Jh. (siehe hierzu: Cat. cod. manu script. qui in Bibl. mon. Einsidlensis O.S.B. servantur, Bd. 1, S. 207).

diese Handschrift etwas größere Abweichungen, so daß sie offenbar eine Sonderstellung einnimmt. Vereinzelt steht auch eine St. Maximiner Handschrift des 13. Jahrhunderts, die mit c. 35 endet und ebenfalls keinen Prolog besitzt. Da eine Reihe von Manuskripten mit dem 33. oder 34. Kapitel abschließt, könnte Eberwin etwa bis zu diesem Zeitpunkt an der Mirakelsammlung gearbeitet haben. Stützen ließe sich diese These auch mit der bereits angesprochenen Ersterwähnung der *ecclesia* des Heiligen in c. 35. Die Mirakelaufzeichnung könnte nun in die Hände der Stiftskanoniker übergegangen sein. Abgesehen von dem Einsiedler Codex fehlt allerdings auf dieser Stufe eine Handschrift mit dem Prolog Eberwins, den man im Rahmen der Schlußredaktion erwarten sollte.

Ältester Textzeuge für die bis 1086 fortgeführten Mirakel ist ein aus St. Martin stammender Codex aus dem beginnenden 13. Jahrhundert mit Prolog Eberwins aber ohne das c. 34. In dieser Handschrift werden Vita und Mirakel erstmals durch ein eigenes Explicit und Incipit geschieden[96].

Man wird damit davon ausgehen können, daß die erste Serie der Mirakel zwischen c. 27 und 30 abgeschlossen wurde, Eberwin dann noch bis c. 33 oder 34[97] daran weiterarbeitete und mit ziemlicher Sicherheit ab c. 35 Stiftskanoniker von St. Symeon die Mirakelaufzeichnung betreuten. Man wird weiter annehmen dürfen, daß auch diese letzten Mirakel, die immer noch die größte Zeitspanne von etwa 45 Jahren abdecken, in größeren Intervallen aufgezeichnet wurden, doch gibt es darüber weder textliche noch codicologische Aufschlüsse.

c) Die Mirakel des hl. Anno von Köln vom Ende des 12. Jahrhunderts

Ähnlich wie der St. Albaner Mönch im Falle der Aureus- und Justina-Mirakel steckt der unbekannte Autor der Anno-Mirakel die Disposition seines Werkes klar ab: In drei Büchern möchte er die Wunder seines Klosterpatrons aufzeichnen, die dieser im ersten Jahr nach seiner Heiligsprechung, also von April 1183 bis April 1184, wirkte (II,89; III,82; IV,1). Am Ende des dritten Buches (III,84) zeigt er sich auch erfreut, endlich den ersehnten „Hafen" erreicht zu haben. Er gibt noch einen Rückblick auf seine Arbeit, lobt den Heiligen nochmals, der, was die Menge seiner Wunder angehe, keine Konkurrenz in Deutschland besitze, und entschuldigt die Einfalt seiner Darstellungsweise. Der Autor legt jedoch noch ein viertes Buch an – auf Drängen der Mitbrüder, wie er angibt (IV,1). Hier verzeichnet er in 26 Kapiteln Wunder aus dem zweiten Jahr seit Annos Heiligsprechung und beschließt es ebenfalls mit einem Nachwort. Aber auch das vierte Buch be-

---

[96] Trier, Stadtbibliothek, Hs. 1384/54, 13. Jh., fol. 2r-13r, Übergang zu den Mirakeln fol. 8r (siehe hierzu: COENS, Cat. cod. hag. lat. Bibl. civ. Trev., S. 265 f.; Handschriften des historischen Archivs, S. 44).

[97] In c. 34 ist von einem alemannischen Mönch, der *forte erat apud nos*, die Rede. Diesen Hinweis möchte man zunächst auf St. Symeon beziehen, was bedeutete, daß das Stift bereits existierte und Stiftskanoniker mit der Aufzeichnung von Mirakeln betraut wären. Er könnte sich aber auch – aus der Sicht Eberwins – auf das Kloster St. Martin beziehen.

deutet nicht das Ende der Mirakelsammlung: Ohne weiteren Kommentar wird noch ein Nachtrag von 21 Kapiteln geliefert, der abrupt mit dem letzten Mirakel endet, also keinen Ausklang besitzt. Weitere Wunder Annos aus dem 12. Jahrhundert sind nicht überliefert. Es stellt sich aber die Frage, ob nicht eine Anfügung neuer Wunderberichte intendiert war. Die Sammlung der Anno-Mirakel kann jedenfalls aufgrund des unvermittelten Endes nicht ohne weiteres als abgeschlossen betrachtet werden[98].

Auch im codicologischen Befund der Handschrift G5 der Universitäts- und Landesbibliothek Düsseldorf, die man als älteste Reinschrift des Mirakelbuchs bezeichnen kann, spiegelt sich dieser Befund[99]. Während die ersten drei Bücher von einer Schreiberhand stammen, wurden das Buch IV und der Nachtrag jeweils von unterschiedlichen Händen eingetragen[100], wobei auch die Tinten wechseln. Auf fol. 95r ist das Explicit des dritten Buches in hellroter Tinte geschrieben, während das direkt darunter gesetzte Incipit des vierten Buches mit dunkelroter anschließt. Die Tinte des Textes ist hellbraun, dagegen die des dritten Buches schwarz. Innerhalb des vierten Buches wechselt sie wieder zu schwarz und wird dann im Nachtrag erneut heller.

d) Die Fortführungen der Mirakel des hl. Virgil von Salzburg in dem Cod. 339 der Österreichischen Nationalbibliothek in Wien aus dem 13. Jahrhundert

Wie oben bereits ausgeführt, liegt die älteste Handschrift der Endfassung der Virgil-Mirakel in dem Wiener Codex 339 aus der Provenienz des Salzburger Domkapitels vor, in dem es die Viten der zur selben Zeit verehrten Heiligen Virgil, Hartwig und Eberhard vereinte.

Die Vita Virgils wurde dort von mehreren Händen des ausgehenden 12. Jahrhunderts eingetragen, die letzte dieser Hände begann auch mit der Niederschrift des Inventionsberichts (S. 295-296), wurde dann aber von einer anderen Hand abgelöst, die die Seiten 297-298 schrieb. Insgesamt sind an der Verzeichnung von Inventionsbericht und Mirakeln 5 Hände beteiligt[101]. Hand 5 hat auch die Vita und Mirakel Hartwigs eingetragen und zumindest einen Teil der Vita und Mirakel Eberhards. Diese Texte müssen also ziemlich zeitgleich in den Codex gelangt sein. Nun befindet sich aber zwischen dem Ende der Virgil-Mirakel (S. 313, 1. Sp.) und dem Beginn der Vita Hartwigs (S. 317) eine auffällige Lücke von drei Seiten und

---

98 Ein ähnliches Phänomen läßt sich in den Fides-Mirakeln beobachten. Bernhard sah sein Werk offenbar mit dem ersten Buch beendet, da er es mit einem Widmungsbrief an die Mönche von Conques beschließt. Er wird aber bei zwei weiteren Besuchen in Conques noch zu einem zweiten und dritten Buch animiert, Liber miraculorum sancte Fidis, ed. Bouillet, II,7, S. 111 f.

99 Mittler, Einleitung (Siegburger Studien, Bd. V), S. 29*, geht davon aus, daß die Eintragungen der Mirakelberichte in die vorliegende Hs. über einen Zeitraum von zwei Jahren erfolgten. Aufgrund des sauberen, einheitlichen Aussehens der Hs. ist dies eher fraglich.

100 Löhr, Paläographische Untersuchung, S. 42*.

101 Hand 3: S. 299-300; Hand 4: S. 301-308, Hand 5: S. 309-313, 1. Sp.

einer Spalte. Auf diese Seiten ist von eindeutig späterer Hand eine neue Virgil-Vita eingetragen worden. Man könnte sich vorstellen, daß hier ursprünglich Raum gelassen wurde, um weitere Mirakel aufzunehmen. Tatsächlich sind in den Codex neue Virgil-Mirakel, die bisher unediert sind, eingetragen worden: die erwähnten, auf den unteren Rand von S. 313 geschriebenen drei Mirakel von 1208 und die auf S. 337-339 verzeichneten Wunder von 1225[102]. Der Virgilkult sollte also wohl auf den freigebliebenen Seiten, die dann anderweitig genutzt wurden, weiter dokumentiert werden und wurde es schließlich auf nicht dafür vorgesehenem Raum.

e) Die Mirakel des hl. Adalbero von Würzburg vom Ende des 12. und beginnenden 13. Jahrhundert

Ein ähnliches codicologisches Phänomen wie bei den Virgil-Mirakeln läßt sich im Fall derer Adalberos von Würzburg, der im Kloster Lambach ob der Enns verehrt wurde, beobachten. Der unbekannte Autor von Leben und Wundern des Bischofs hat im Cod. LIV des Klosters Lambach sein Autograph hinterlassen, so daß die Entstehungsgeschichte hier gut ablesbar ist. Die 23 Kapitel Wunder, die er verzeichnet, geschahen im Zeitraum von 1181 bis 1225[103].

Die Handschrift enthält die codicologische Besonderheit, daß die Mirakel zunächst auf fol. 15r-23r eingetragen sind, dort im 15. Kapitel abbrechen und auf fol. 31r-32v zu Ende geführt werden. Dazwischen sind ein Traktat über die drei Versuchungen und eine Predigt über die hl. Kunigunde eingeschoben. Der Verfasser habe, so die Deutung dieses Befundes durch die Herausgeberin von Vita und Mirakeln, Irene SCHMALE-OTT, und Erich TRINKS, mit der Aufzeichnung von Wundern begonnen, dann einige Blätter frei gelassen für eine Fortsetzung und zunächst den Traktat und den Sermo eingefügt. Bei der Fortsetzung der Wunder mußte er wegen des fehlenden Platzes die weiteren Zeichen hinter den Sermo setzen[104]. Diese Deutung ist keineswegs sicher, da der handschriftliche Befund der ersten 15 Mirakel jegliche Merkmale vermissen läßt, die auf eine sukzessive Aufzeichnung hindeuten. Die Schrift ist völlig gleichmäßig und Tinte und Feder wurden nicht gewechselt. Die Lücke für die Wunder könnte also von vornherein gelassen worden sein – freilich stellte sie sich als zu klein heraus.

In den cc. 16-23 ist jedoch eine Veränderung des Schriftduktus auffällig. SCHMALE-OTT und TRINKS stimmen darin überein, daß ein Teil dieser Wunder von der Altershand des Verfassers hier eingetragen wurde – die c. 17 und 18 stammen von 1225, haben sich also 20 Jahre nach den früheren Mirakeln ereignet. C. 23 wurde sicher von zwei verschiedenen, späteren Händen geschrieben, in c. 22 sieht

---

[102] Siehe oben S. 86. – Die drei Mirakel von 1208 sind auch in den clm 7592 gelangt.

[103] Das erste fiel in das Jahr 1181, das 11. geschah, als der 14. September auf einen Freitag fiel, also entweder 1184, 1190, 1196 oder 1201, das 15. geschah am 10. März 1204 und das 17. und 18. 1225.

[104] Vita sancti Adalberonis, ed. SCHMALE-OTT, S. 6; TRINKS, Gründungsurkunden, S. 113.

SCHMALE-OTT noch die Haupthand am Werk, TRINKS eine dritte fremde Hand[105]. Ich würde mich eher der Auffassung SCHMALE-OTTs anschließen. Auf jeden Fall zeigt also diese letzte Gruppe Mirakel die Sukzessivität in der Entstehung dieser Sammlung.

f) Die Mirakel der hl. Kunigunde vom ausgehenden 12. und beginnenden 13. Jahrhundert

Auch die Mirakel der im Dom zu Bamberg verehrten Kaiserin Kunigunde existieren in mehreren Fortsetzungsstufen. Die beiden ältesten Handschriften der Mirakel sind ein Bamberger und ein Leipziger Codex des beginnenden 13. Jahrhunderts[106]. Die Bamberger Handschrift enthält die Wunder bis zu c. 87 der WAITZschen Edition, der Leipziger Codex auch die darüber hinausgehenden, darunter eines, das am Translationstag, dem 9. September 1201, geschah. Diese Leipziger Handschrift zeichnet sich durch die erstmalige Zusammenstellung des bekannten Legendengutes des Kaiserpaares Heinrich und Kunigunde aus: Viten, Mirakel, Kanonisationsurkunde Innozenz' III. für Kunigunde, Offizien sind darin versammelt[107].

Die Bamberger Handschrift enthält in c. 87 die schlichte Bemerkung, selbst wenn alle Glieder des Autors sprechen könnten, wären sie nicht in der Lage, die Feinheit der Zeichen zu erzählen. Dies kann als Schlußwort und absichtsvolle Beendigung der Sammlung gedeutet werden. In direktem Anschluß folgen in der Bamberger Handschrift eine Anrufung und ein Sermo[108].

Nach der Kanonisation hielt man es aber offensichtlich für angebracht, alle Texte, die man über Kunigunde besaß, zusammenzufügen und auch die Mirakelsammlung auf den neuesten Stand zu bringen. Diese Stufe repräsentiert der Leipziger Codex, eine Fortführung also des Bamberger, der nun mit einem längeren Epilog im Bereich der Mirakel abgeschlossen wurde[109].

Eine offenbar noch frühere Stufe, die nur bis zum 44. Kapitel der WAITZschen Edition gedieh, kann heute nur noch an älteren Editionen abgelesen werden, da die handschriftliche Überlieferung verloren ist[110]. GRETSER und HENSCHEN edieren Mirakel – GRETSER im Anmerkungsapparat[111], HENSCHEN unter der Überschrift

[105] Vita sancti Adalberonis, ed. SCHMALE-OTT, S. 6; TRINKS, Gründungsurkunden, S. 112.

[106] Bamberg, Bayer. Staatsbibl., R.B. Msc. 120, fol. 37v-46r; Leipzig, UB, Rep. II 64, fol. 39v-55r; hierzu KLAUSER, Heinrichs- und Kunigundenkult, S. 199, 202; PRIEST, Handschriften, S. 249, 252; FISCHER, Katalog, Bd. 3, S. 59 ff.; SUCKALE-REDLEFSEN, Handschriften, Nr. 56, S. 54 ff.; Catalogus librorum, ed. NAUMANN, S. 59.

[107] Siehe hierzu auch KLAUSER, Heinrichs- und Kunigundenkult, S. 97.

[108] Bamberg, Bayer. Staatsbibl., R.B. Msc. 120, fol. 46r.

[109] Die Leipziger Handschrift hängt allerdings nicht von der Bamberger Handschrift ab, sondern folgt einem gesonderten Überlieferungsstrang.

[110] PRIEST, Handschriften, S. 260, 261.

[111] GRETSER, Divi Bambergenses, S. 135 ff.

„Miracula varia“[112] – nach Bamberger Codices, die bei eben diesem c. 44 abbrechen. Wir können daher von zwei Fortsetzungen der Kunigundenmirakel ausgehen.

g) Mirakelsammlungen ohne Epiloge

Lassen sich in den übrigen Mirakelsammlungen auch keine Fortsetzungsstufen herausdestillieren, so fällt doch eines ins Auge: Etwa die Hälfte der untersuchten Mirakelsammlungen enthält keinen Epilog oder einen anderen förmlichen Schluß[113]. Sie brechen abrupt mit dem letzten Mirakel ab und wirken dadurch unvollendet. SIGALs Schlußfolgerung bezüglich dieses Phänomens, das häufig in französischen Mirakelsammlungen anzutreffen ist, ist zuzustimmen: „Au fond, un recueil de miracles n'était jamais vraiment achevé et c'est peut-être pour cette raison qu'un certain nombre de ces ouvrages se terminent abruptement à la fin d'un récit, sans la moindre formule finale, comme si l'auteur se réservait la possibilité d'y adjoindre une suite“[114].

Jeglichen Zweifel an der grundsätzlichen Unvollendetheit von Mirakelsammlungen räumt die Bemerkung des anonymen Autors der älteren Mirakelsammlung Ottos von Bamberg aus, er wolle die letzte Seite seiner Mirakelaufzeichnung einem Fortsetzer einstweilen leer zuweisen[115]. Hier sei nochmals erwähnt, daß bereits im 9. Jahrhundert Wandalbert von Prüm, der Autor der Goarsmirakel, mit einer solchen Bemerkung seine Mirakelsammlung beschloß[116].

5. Zusammenfassung

Die ausführliche Analyse der edierten Texte und die Einbeziehung der handschriftlichen Überlieferung diente dazu, die Arbeitsweise der Mirakelautoren und damit verbunden die Entwicklungsphasen von Mirakelsammlungen zu erhellen. Dabei stellte sich heraus, daß die Autoren bei der Mirakelaufzeichnung offenbar weitgehend der Dynamik der Kultentwicklung folgten. Die von den Pilgern be-

---

112 AA SS Mart. I, S. 275 ff.

113 Es handelt sich um: Libellus de quibusdam miraculis beati Adalberonis, ed. SCHMALE-OTT; Vita Altmanni, ed. WATTENBACH; Miracula sancti Bernwardi, ed. PERTZ; Translatio Godehardi, ed. PERTZ; Vita et miracula sancti Haertwici, ed. WATTENBACH, c. 5, S. 97; Miracula s. Heriberti, ed. HOLDER-EGGER; Liutwin: Miracula, AA SS Sept. VIII; Matthias: Trier, Seminarbibliothek, Hs. 98; Miracula s. Modoaldi, ed. JAFFÉ; Miracula s. Ottonis, ed. KÖPKE; Miracula sancti Pirminii, ed. HOLDER-EGGER; Quirinalien des Metellus von Tegernsee, ed. JACOBSEN; Passio secunda sancti Quirini, ed. WEISSENSTEINER; Liber de vita et miraculis s. Simperti, AA SS Oct. VI; Symeon: Vita auctore Eberwino, AA SS Jun. I; Translatio s. Udalrici, ed. WAITZ; Miracula sanctae Verenae, ed. REINLE; De sancto Virgilio, ed. WATTENBACH; Miracula sancti Vitalis, ed. BASNAGE; Vitae sanctae Wiboradae, ed. BERSCHIN, Herimann, lib. II.

114 SIGAL, Travail, S. 174.

115 Miracula et elevatio sancti Ottonis, ed. KÖPKE, c. 29, S. 916: ... *complacicior sit adhuc, scriptori sequentium miraculorum calamum et paginam interim vacantem assigno.*

116 Siehe oben S. 72.

richteten Wunderereignisse kleideten sie oder Notare zunächst in kurze Notizen, unterwarfen sie dann einer vorläufigen und gossen diese schließlich während der Endredaktion in die Form einer ausgestalteten Version. Die Endredaktionen der Mirakelsammlungen erweisen sich oft nur als Zwischenschritte, zum großen Teil sogar als intendierte Zwischenphasen, um eine Fortführung anschließen zu können. Klaus HERBERS hat in diesem Zusammenhang zurecht die „living structure" der Mirakelsammlungen betont[117].

Die Mirakelaufzeichnungen nach Notizen verdeutlichen den Versuch, eine möglichst große Nähe zum Mirakelgeschehen einzunehmen und damit eine Ausgangsbasis für möglichst authentische Berichterstattung zu schaffen. Bei den Ausarbeitungen der folgenden Redaktionsstufen wurde der inhaltliche Kern der Mirakelberichte so gut wie nicht verändert. Michael GOODICH kommt in seinem Vergleich von in mehreren Fassungen überlieferten spätmittelalterlichen Mirakelberichten zum gleichen Ergebnis und führt dies auf das inzwischen stark formalisierte Kanonisationsverfahren zurück[118]. Wie noch gezeigt wird, bedurften Wunder bereits im Untersuchungszeitraum der Approbation geistlicher Autoritäten, so daß, wenn man GOODICHs Argumentation folgt, hierin der Grund für die enge Anlehnung an die jeweilige Vorlage liegt. Es darf jedoch ebensowenig vergessen werden, daß schon Augustinus sich kaum von den *libelli* entfernte und somit bestimmte Vorstellungen von „Quellentreue" seit langem vorhanden waren.

Im Zuge der redaktionellen Bearbeitung konnten aber ursprünglich erfaßte Mirakel wegfallen und andere, aus zusätzlichen Quellen gespeiste hinzutreten. Durch die ursprünglich eingenommene Nähe zum Wundergeschehen können wir von einem hohen Informationsgehalt der Mirakelberichte auch auf den späteren Redaktionsstufen und einem hohen Maß an Realitätsnähe ausgehen. Aus den festgestellten Tilgungen und Hinzufügungen von Mirakeln auf unterschiedlichen Redaktionsstufen ist die Folgerung zu ziehen, daß man sich bei der Auswertung dieser Quellengattung nicht auf die Endstufe beschränken kann, sondern bemüht sein muß, alle Redaktionsstufen zu berücksichtigen, will man die Gesamtmenge der überlieferten Wunderberichte bearbeiten. Die Editionslage, so ist anhand dieser wenigen Beispiele festzustellen, dürfte in den meisten Fällen mangelhaft sein, wodurch ein großes Forschungsdesiderat entsteht.

---

[117] HERBERS, Miracles, S. 13.
[118] GOODICH, Filiation, S. 322.

F. Die Autoren der Mirakelsammlungen

In den weitaus meisten Mirakelsammlungen (29) erfährt man den Namen des Autors nicht; nur für 18 Texte läßt sich die Verfasserschaft nachweisen, bleibt jedoch in einem Fall zweifelhaft[1]. Über diese Personen sind darüber hinaus weitere Informationen, zum Beispiel bezüglich ihrer Stellung und Funktion, zu gewinnen. Die Mehrzahl der namentlich bekannten Verfasser nennt sich selbst in Widmungsschreiben an ihren Auftraggeber oder in Prologen, andere in den Incipits der Texte, eine dritte Gruppe ist allein aus späteren, auf Klostertraditionen beruhenden Zuweisungen bekannt.

Der Mönch Theoderich von St. Eucharius wurde gemäß seinem Dedikationsbrief von Abt Richard beauftragt, Auffindung und Mirakel des hl. Celsus aufzuzeichnen[2]. In Tholey waren es der Abt und die Mönche, die dem Mitbruder Theoderich den Auftrag zur Abfassung von Vita und Mirakeln des von seinen Gegnern ermordeten Trierer Erzbischofs Konrad erteilten[3]. Der Mönch Ekkebert von Hasungen schrieb die Vita und Mirakel des hl. Heimerad auf Weisung des Abtes Hartwig, wie aus seinem Widmungsschreiben hervorgeht[4]. Uffing, Mönch im Kloster Werden, gibt im Prooemium von Vita, Mirakeln und Translationsbericht Idas seine Autorschaft bekannt[5]. Abt Wiker von St. Maximin beauftragte den Konventualen Sigehard, die Mirakel des Klosterpatrons aufzuzeichnen[6]. Der Vorsteher von St. Jakob in Lüttich, Abt Stephan II., verfaßte seine Modoald-Vita und -Mirakel auf Bitten Abt Thietmars II. von Helmarshausen[7]. Adilbert schrieb als Prior und *paedagogus parvulorum* in St. Ulrich und Afra die Vita und Mirakel des hl. Simpertus[8]. Auf Geheiß Erzbischof Poppos von Trier verfaßte Abt Eberwin von St. Martin in Trier und St. Mauritius in Tholey Vita und Mirakel Syme-

---

[1] Vitenautoren der ottonisch-salischen Zeit sind hingegen zu 50% identifizierbar, wie HAARLÄNDER, Vitae episcoporum, Kap. A. III., nachweist.

[2] Historia invent. s. Celsi, AA SS Febr. III, Ep. ded., S. 402; siehe zur Biographie Theoderichs THOMAS, Mönch Theoderich, S. 42 ff.

[3] Vita et passio Conradi, ed. PERTZ, Praef., S. 213.

[4] Ekkeberti vita s. Haimeradi, ed. KÖPKE, Prol., S. 598.

[5] Lebensgeschichte der hl. Ida, ed. WILMANS, Prooemium, S. 470; KÜHNE, Art. Uffing.

[6] Ex miraculis s. Maximini, ed. WAITZ, Praef., S. 230.

[7] Modoald: Vita auctore Stephano, AA SS Mai. III, Prol., c. 1, S. 51.

[8] Liber de vita et miraculis s. Simperti, AA SS Oct. VI, Praef., S. 245.

ons, des Inklusen der Porta Nigra[9]. Der Mönch Udalschalk von St. Ulrich und Afra in Augsburg legte in einer Streitschrift die Auseinandersetzungen seines Abtes Egino mit dem kaiserlichen Bischof Hermann von Augsburg dar und beschrieb dabei die zu Zeiten Eginos blühende Wundertätigkeit Ulrichs. Er nennt sich in der Praefatio als Autor[10].

Lediglich aus Incipits sind der im Auftrag der Göttweiger Mönche schreibende Abt Rupert als Autor der jüngeren Vita des hl. Altmann von Passau[11], der unter dem Pseudonym Metellus wirkende Dichter der Quirinalien[12] sowie Heinrich, der Autor der Passio secunda des hl. Quirinus[13], bekannt. Der vorerwähnte Udalschalk wird als Autor von Vita, Mirakeln und Translation Konrads von Konstanz in einer zeitgenössischen Wiener Handschrift erwähnt[14]. Durch ein Kolophon weist sich Herimann als Schreiber einer Handschrift von Vita und Mirakeln der hl. Wiborada aus. Man hält ihn außerdem für den Überarbeiter eines älteren Textes[15]. Der Augsburger Dompropst Gerhard wird in zwei Handschriften der Ulrichsvita und -mirakel sowie von Hermann von Reichenau als Autor genannt[16].

Schließlich werden die Auffindung und Mirakel der hll. Aureus und Justina in einer am Ende des 13. Jahrhunderts vorgenommenen Überarbeitung der von dem Mainzer Domscholaster Gozwin verfaßten Albanslegende, in die sie eingefügt und um eine zweite Auffindung von 1297 erweitert wurden, einem St. Albaner Mönch Goswin zugeschrieben. Es stellt sich die Frage, ob man dieser Klostertradition Glauben schenken darf, oder ob hier eine Verwechslung mit dem Autor der Passio sancti Albani vorliegt[17]. Auch Lambert von Deutz gibt seine Autorschaft an den Heribert-Mirakeln nicht preis. Die stilistische Übereinstimmung mit seiner Vita des Heiligen und mehrere spätere Zuweisungen lassen aber keinen Zweifel zu[18].

Etwas kompliziert liegen die Verhältnisse bei der älteren Wiborada-Vita. Ihrem Überarbeiter Herimann zufolge wurde sie von einem unter Abt Craloh lebenden Ekkehard begonnen und fand viele Fortsetzer[19]. Die heute vorliegende Form der älteren Wiborada-Vita, darüber ist man sich einig, wurde an verschiedenen Stellen

---

9 Symeon: Vita auctore Eberwino, AA SS Jun. I, Prol., S. 86.

10 Uodalscalcus, De Eginone et Herimanno, ed. JAFFÉ, Praef., S. 432.

11 Vita Altmanni, ed. WATTENBACH, Vorwort, S. 226 mit Anm. 4; WATTENBACH-SCHMALE, S. 195; LHOTSKY, Quellenkunde, S. 206.

12 JACOBSEN, Quirinalien, S. 115 ff.; DERS., Art. Metellus von Tegernsee, Sp. 453 f.

13 Passio secunda sancti Quirini, ed. WEISSENSTEINER, S. 247.

14 Ŏdalscalci vitae s. Kŏnradi liber tertius, ed. BERSCHIN, S. 92.

15 IRBLICH, Vitae sanctae Wiboradae, S. 182 ff.; Vitae sanctae Wiboradae, ed. BERSCHIN, S. 23 f.; siehe auch WORSTBROCK, Art. Hermann, Sp. 1059 ff.

16 Lebensbeschreibungen, ed. KALLFELZ, S. 37; Regesten der Bischöfe und des Domkapitels von Augsburg, Bd. 1, Nr. 102.

17 Analecta D.P. Ex libro Sigehardi monachi Sant-Albanensis, AA SS Jun. IV, S. 63; STAAB, Mainzer Kirche, S. 37, Anm. 24, hält die Zuschreibung für falsch. In dem selbständig überlieferten Auffindungsbericht mit Mirakeln im heute verschollenen Legendar des Kl. Böddeken, nach denen die AA SS edieren (ebd., S. 38), fehlt die Angabe eines Autors.

18 Belege bei H. MÜLLER, Heribert, S. 15 f.

19 Vitae sanctae Wiboradae, ed. BERSCHIN, Herimann, Prol., S. 112/114.

interpoliert[20]. In einem entgegen dem übrigen Text in der dritten Person Singular geschriebenen Epilog wird ebenfalls ein unter Abt Craloh lebender Ekkehard als Autor einer Wiborada-Vita erwähnt[21]. Für diesen Zeitraum (942-953, 954-968) kommt nur Ekkehard I. von St. Gallen in Betracht. Walter BERSCHINs Argumente lassen den Schluß zu, daß die vorliegende ältere Vita von Ekkehard I. stammt und von Ekkehard IV. überarbeitet wurde. Für die Tätigkeit des letzteren gibt es allerdings nur stilistische Hinweise, weswegen eine weitere Diskussion hier unterbleiben kann[22].

Die meisten der Mirakelautoren waren Mönche beziehungsweise Kleriker an der Kultstätte des jeweiligen Heiligen, darunter zwei, die das Amt des Scholasters (Lambert von Deutz)[23] beziehungsweise des Magisters (Heinrich von Tegernsee)[24] innehatten. Fünf bekleideten die gehobene Position von Äbten, Pröpsten und Prioren (Rupert, Eberwin, Stephan II., Adilbert, Gerhard). In Übereinstimmung mit der Beobachtung SCHMALEs für die Historiographie des früheren Mittelalters bestand die schreibende Zunft auch im Bereich dieser hagiographischen Zeugnisse in der Regel nicht aus den Angehörigen der gehobeneren geistlichen Positionen[25].

Ein kleiner Teil der Autoren gehörte nicht zur geistlichen Gemeinschaft des Kultorts. So wurde die jüngere Altmann-Vita von einem sonst nicht bekannten Abt Rupert verfaßt, Abt Thietmar bemühte den Lütticher Abt Stephan II. für die Modoald-Vita, Eberwin stand den Klöstern St. Martin in Trier und Tholey vor, Uffing war Mönch im Kloster Werden, Wiborada ruhte in der St. Mangenkirche in St. Gallen, nicht am berühmten Entstehungsort ihrer Vita, Gerhard bekleidete das Amt des Augsburger Dompropsts, während Ulrich im dortigen Kloster St. Ulrich und Afra bestattet war. Udalschalk schließlich schrieb als Mönch von St. Ulrich und Afra in Augsburg die hagiographischen Zeugnisse Konrads von Konstanz.

Dennoch kann für diese Autoren eine Nähe zum jeweiligen Kultort belegt werden. Aufgrund der Inkorporation der Herzfelder Kirche, des Verehrungsortes der hl. Ida, durch Werden[26] und der engen Bindung St. Mangens an St. Gallen[27] bestand eine besondere Nähe der Autoren zu diesen Orten. Der Abt Rupert hielt sich vermutlich in Göttweig auf, als er Vita und Mirakel Altmanns überarbeitete[28];

---

[20] IRBLICH, Vitae, S. 171 ff.; BERSCHIN, Verfasserproblem.
[21] Vitae sanctae Wiboradae, ed. BERSCHIN, Ekkehard I./IV., c. XLV, S. 102/104.
[22] BERSCHIN, Verfasserproblem, S. 270 ff.
[23] H. MÜLLER, Heribert, S. 3 f.; WORSTBROCK, Art. Lambert, Sp. 489 f.
[24] Passio secunda sancti Quirini, ed. WEISSENSTEINER, S. 29.
[25] SCHMALE, Funktion, S. 90.
[26] Zur Geschichte der Kirche und Pfarrei: TIBUS, Gründungsgeschichte, S. 577 ff.; STÜWER, Reichsabtei Werden, S. 281.
[27] RECK, St. Mangen, S. 429.
[28] Vita Altmanni, ed. WATTENBACH, Vorwort, S. 226 mit Anm. 4; WATTENBACH-SCHMALE, S. 195; LHOTSKY, Quellenkunde, S. 206.

gleiches gilt für Udalschalk und sein Werk über Konrad von Konstanz[29]. Stephan von Lüttich, der am entferntesten von der fraglichen Kultstätte lebte, teilt selbst mit, von einem Helmarshausener Mönch mit Material versorgt worden zu sein[30].

Manche der Autoren hatten entweder zu Lebzeiten eine vertraute Beziehung zum jeweiligen Heiligen oder hegten eine besondere Verehrung für ihn, was den Entschluß zur Abfassung des hagiographischen Schrifttums beeinflußte. Eberwin und sein Auftraggeber Poppo kannten Symeon persönlich von Reisen ins Heilige Land, ersterer stand dem Inklusen sogar in seiner Todesstunde bei[31]. Gerhard war ein enger Vertrauter Bischof Ulrichs von Augsburg in dessen letzten Lebensjahren[32]. Er erhielt nach Ulrichs Tod viele Anfragen über Leben und Wunder des Bischofs und fühlte sich daher bemüßigt, diesen Genüge zu leisten[33]. Adilbert erfuhr in seiner Jugend ein Heilungswunder durch den hl. Simpert, weswegen er ihm eine Vita gelobte[34]. Auch über Ekkehard I. von St. Gallen wird in erwähntem Epilog und von Herimann gesagt, er habe Wiborada für ein Heilungswunder eine Vita versprochen[35].

Die Autoren der anonym überlieferten Werke bleiben indessen nicht gänzlich konturenlos. So geben die meisten von ihnen durch bestimmte Wendungen – etwa wenn sie von den *fratres nostri* oder vom Heiligen als *patronus noster* sprechen – ihre Mitgliedschaft in der geistlichen Gemeinschaft, in der der Heilige verehrt wurde, zu erkennen. Insgesamt kann für 37 Texte und damit für rund 79% sicher gesagt oder wahrscheinlich gemacht werden, daß die Autoren Mönche oder Kleriker an der Kultstätte des jeweiligen Heiligen waren[36]. Diese Zahl korrespondiert auffällig mit Verhältnissen in Frankreich, wo SIGAL im 11. und 12. Jahrhundert die Entstehung von Mirakelsammlungen zu 80% am jeweiligen Kultort lokalisieren kann. An den übrigen Stätten, insbesondere in Nonnenklöstern, übernahmen

---

[29] Translatio sancti Counradi, ed. PERTZ, c. 2, S. 444.

[30] Modoald: Vita auctore Stephano, AA SS Mai. III, Prol., c. 2, S. 52.

[31] Symeon: Vita auctore Eberwino, AA SS Jun. I, c. 13, 15, S. 89; c. 20, S. 90.

[32] Vita sancti Uodalrici, ed. BERSCHIN/HÄSE, lib. II, Epilog, S. 404; siehe auch WEITLAUFF, Art. Gerhard, Sp. 1225 f.; Lebensbeschreibungen, ed. KALLFELZ, S. 37 f.

[33] Vita sancti Uodalrici, ed. BERSCHIN/HÄSE, Prol., S. 70.

[34] Liber de vita et miraculis s. Simperti, AA SS Oct. VI, Praef., S. 245.

[35] Vitae sanctae Wiboradae, ed. BERSCHIN, Ekkehard I./IV., c. XLV, S. 104; Vitae sanctae Wiboradae, ed. Berschin, Herimann, Prol., S. 114.

[36] Libellus de quibusdam miraculis beati Adalberonis, ed. SCHMALE-OTT; Vita Altmanni, ed. WATTENBACH; Anno, ed. MITTLER; Vita Annonis, ed. KÖPKE, III; Vita Annonis minor, ed. MITTLER, II; Auctor: Translatio sancti Modoaldi, ed. JAFFÉ, c. 9; Inventio et miracula ss. Aurei et Justinae, AA SS Jun. IV; Miracula sancti Bernwardi, ed. PERTZ; Miracula s. Celsi, AA SS Febr. III; Oudalscalchi vita Chounradi, ed. PERTZ; Vita et passio Conradi, ed. PERTZ; Vita et miracula beati Eberhardi, ed. WATTENBACH; Vita Gebehardi, ed. WATTENBACH, lib. II; Translatio Godehardi, ed. PERTZ; Vita Godehardi posterior, ed. PERTZ; Vita et miracula sancti Haertwici, ed. WATTENBACH, c. 5, S. 97; Ekkeberti vita s. Haimeradi, ed. KÖPKE; Adalberti vita Heinrici II. imperatoris, ed. WAITZ, lib. II; Miracula s. Heriberti, ed. HOLDER-EGGER; De miraculis sancte Cunegundis, ed. WAITZ, Kunigunde: Miracula varia, AA SS Mart. I, Kunigunde: Bamberg, Bayer. Staatsbibl., R.B. Msc. 120, Kunigunde: Leipzig, UB, Rep. II 64; Libellus Monasteriensis de miraculis sancti Liudgeri, ed. DIEKAMP; Liutwin: Miracula, AA SS Sept. VIII; Matthias: Trier, Seminarbibliothek, Hs.

nicht ansässige, männliche Autoren diese Aufgabe[37]. Fremden geistlichen Gemeinschaften gehörten, wie aufgezählt, sechs der Mirakelautoren an, und bei nur zwei Texten bleibt die Zugehörigkeit des Autors unklar[38].

Einige wenige der anonymen Autoren nennen ihre Auftraggeber, womit deutlich wird, von wem der Anstoß zu ihrer literarischen Tätigkeit ausging. Entweder trugen Äbte oder der gesamte Konvent den Wunsch an sie heran[39]. Darüber hinaus läßt sich die Nähe der anonymen wie der bekannten Autoren zum Kultgeschehen bisweilen sehr genau ermitteln, vermerken sie doch gelegentlich, einem Wunder selbst beigewohnt oder den Bericht eines solchen entgegengenommen zu haben. Anders als in Canterbury, wo, wie bereits ausgeführt, nach der Ermordung des Erzbischofs zwei Mönche für die Betreuung der Pilger und zur Mirakelaufzeichnung eingesetzt wurden, und in Reims, wo man einem Küster für die Reliquien die Mirakelregistratur auftrug, scheinen an den untersuchten Kultstätten potentiell alle Geistlichen Mirakelgeschehen und Kulthandlungen beigewohnt und ihre Kenntnisse dem Autor weitergegeben zu haben[40].

Die Sammlung von Wundern, so kann abschließend festgehalten werden, war zwar eine Angelegenheit der gesamten Geistlichkeit am Kultort, die Autorschaft einer Mirakelserie wurde jedoch von einer einzelnen Person übernommen, die aufgrund ihrer Beziehung zu Kultstätte und Kultleben eine zuverlässige Berichterstattung gewährleisten konnte.

98; Ex miraculis s. Maximini, ed. Waitz, Maximin: Historia miraculorum, AA SS Mai. VII; Miracula s. Modoaldi, ed. Jaffé; Miracula et elevatio sancti Ottonis, ed. Köpke; Miracula s. Ottonis, ed. Köpke; Philipp: Mainz, Stadtbibl. I c: 4°/402; Miracula sancti Pirminii, ed. Holder-Egger; Quirinalien des Metellus von Tegernsee, ed. Jacobsen; Passio secunda sancti Quirini, ed. Weissensteiner; Liber de vita et miraculis s. Simperti, AA SS Oct. VI; Uodalscalcus, De Eginone et Herimanno, ed. Jaffé; Translatio s. Udalrici, ed. Waitz; Miracula sanctae Verenae, ed. Reinle; De sancto Virgilio, ed. Wattenbach, Virgil: Wien, Österr. NB, Cod. 339; Wigbert: Wolfenbüttel, Herzog-August-Bibl., Cod. Guelf. 76.14 Aug. 2°.

[37] Sigal, Travail, S. 171 f. Da der Heiligenkult im untersuchten Raum nicht von weiblichen Konventen gepflegt wurde, kommt dieser Aspekt hier nicht zum Tragen. Allerdings konnte dieses Phänomen in den zuvor besprochenen Monheimer Walpurgis-Mirakeln beobachtet werden (oben S. 72).

[38] Miraculorum s. Heinrici pars altera, PL 140; Miracula sancti Vitalis, ed. Basnage.

[39] Vita Annonis, ed. Köpke, Praef., S. 465 f.: Abt Reginhard; Vita Annonis minor, ed. Mittler, Prol., S. 4: Abt Gerhard; Vita Gebehardi, ed. Wattenbach, Epilog, S. 594: *pater*; Miracula sancti Pirminii, ed. Holder-Egger, c. 2, S. 31: *sanctissimi patres*; die Erweiterung der Anno-Mirakelsammlung um ein viertes Buch erfolgte auf Drängen der Mitbrüder: Anno, ed. Mittler, IV,1.

[40] Siehe dazu oben S. 79.

G. Darstellungsprinzipien der Mirakelautoren

Im vorliegenden Kapitel soll der Frage nachgegangen werden, welche Rückschlüsse sich aus den gewählten Gestaltungsmitteln auf den Quellenwert der Mirakelsammlungen ziehen lassen. Auf dieser Basis soll zudem das Verhältnis dieser Quellengattung zu anderen Typen – erzählendem wie Rechts- und Verwaltungsschrifttum – bestimmt werden.

Ein wichtiges Kriterium für die Beurteilung der Authentizität der Mirakelberichte ist der Stellenwert, den die Chronologie in der Darstellung einnimmt, und zwar auf mehreren Ebenen. Erstens erweist es sich als bedeutsam, das Verhältnis von Geschehens- und Berichtszeit zu eruieren, da die Chance zuverlässiger Berichterstattung bei einer zeitlich nah zum Geschehen verfaßten Mirakelsammlung größer ist als bei einer nach Jahrzehnten niedergeschriebenen. Zweitens wird es als wichtig erachtet, die Bedeutung der Chronologie in der Anordnung der Mirakelberichte zu ermessen und drittens den Charakter der chronologischen Angaben zu erfassen. Denn die Intention eines Mirakelautors liegt um so stärker in der Berichterstattung individueller Geschehnisse, je mehr er sie chronologisch einpaßt. Sie liegt hingegen um so mehr in der Darstellung exemplarischer, überzeitlicher Vorgänge, je weniger er sie zeitlich verankert[1].

Als zweites Kriterium zur Bestimmung des Quellenwerts ist das Verhältnis der Autoren zur Wahrheit von Bedeutung. Für historiographische Quellen ist die Verbindlichkeit dieser Maxime als kennzeichnendes Merkmal bereits dargelegt worden[2]. Die Autoren lehnen sich an die antike Rhetoriklehre an, die die *historia* als der Wahrheit verpflichtet vom *argumentum* und von der *fabula*, die verschiedene Grade von Fiktionalität beinhalten, absetzt[3]. Dem Mittelalter wurde die griechische Bedeutung von *historia* – Augenzeugenschaft – durch Isidor von Sevilla vermittelt[4]. In der mittelalterlichen Geschichtsschreibung als „empirische Erfah-

---

[1] Vgl. die Äußerung Isos, des Autors der Otmarsmirakel aus der Karolingerzeit: er ordne die Mirakel in die Zeit und unter die Herrscher ein, da genaue Zeitangaben Zuverlässigkeit verbürgten und das Vertrauen der Nachwelt vergrößerten, Goetz, Zeitbewußtsein, S. 170 mit Anm. 78 u. 79.

[2] Schmale, Funktion, S. 72; Goetz, in: Schmale, Funktion, S. 189, 193; Guenée, Histoire, S. 18 f.; Melville, System, S. 45; Lacroix, L'historien, S. 17; Knape, Historie, S. 17.

[3] Melville, System, S. 43; Knape, Historie, S. 17, 19 f.

[4] Lacroix, L'historien, S. 46; Guenée, Histoire, S. 78; Goetz, in: Schmale, Funktion, S. 180.

rungsvermittlung"[5] kam dem Augenzeugenbericht hohe Bedeutung zu, und man hob, wann immer möglich, die eigene Anschauung hervor[6]. Daneben berief man sich auf zuverlässige Gewährsleute. „Augenzeugenschaft garantierte nach mittelalterlicher Auffassung von vornherein die Faktizität des Faktums und bedurfte keiner weiteren Prüfung"[7]. Den Werken mittelalterlicher Geschichtsschreiber ist damit eine subjektive Wahrheit nicht abzusprechen, wie tendenziös ihre Darstellung auch immer sein mag. Eine Untersuchung der Absicherungen der Mirakelberichte läßt daher die Bedeutung einer wahrheitsgemäßen Berichterstattung – nach den Prinzipien der zeitgenössischen Historiographie – für die Mirakelautoren ermessen.

Der Quellenwert der Mirakelsammlungen ist jedoch nicht allein von der Beachtung dieser darstellerischen Leitlinien abhängig, sondern wird maßgeblich bestimmt durch die konkret eingesetzten sprachlichen und stilistischen Mittel. Diese können den Aussagewert auf verschiedene Weise beeinträchtigen. Stereotypie in der Beschreibung kann eine Darstellung ebenso verfälschen wie literarische Stilisierung. Auch Anleihen in Bibel, Patristik und bei klassischen Autoren können hierzu beitragen. Ebenso können aus früheren und zeitgleichen Mirakelsammlungen sprachliche Formeln entlehnt sein, die die Individualität des Berichteten beeinträchtigen.

Hiermit ist ein dritter Untersuchungskomplex angesprochen, der in diesem Rahmen allerdings nur ansatzweise untersucht werden kann und dessen Ergebnisse daher lediglich Tendenzen aufzuzeigen vermögen. Dafür gibt es verschiedene Gründe. Zum einen ist die Quellengrundlage mit fast 50 Texten zu breit für eine erschöpfende Analyse. Zum anderen fehlen Vorarbeiten, denn in den zumeist alten Editionen werden kaum oder keine Zitate beziehungsweise Entlehnungen aus Bibel, Patristik und antiken Autoren ausgewiesen.

Aufgrund des Gesagten muß die Sprach- und Stilanalyse weitgehend auf textimmanente Beobachtungen beschränkt bleiben. Dabei soll erstens beispielhaft an der Art und Weise, in der die Mirakelautoren Krankheit und Genesung thematisieren, die Bandbreite des Vokabulars untersucht werden. Zweitens wird an ausgewählten Mirakelsammlungen das Spektrum der syntaktischen und rhetorischen Gestaltung aufgezeigt. Die Analyse versucht, die syntaktische Komplexität zu erfassen sowie zu ermitteln, in welchem Maße das Regelwerk der antiken Rhetorik hier Anwendung findet und welche Funktion es erfüllt. Da in etwa der Hälfte der Mirakelsammlungen das Gestaltungsmittel der direkten Rede eingesetzt wird, soll seiner Aufgabe im gegebenen Kontext ebenfalls nachgegangen werden. Auf zwei Ebenen wird zudem eine vergleichende Sprachanalyse durchgeführt. Zum einen wird Bezügen zum Rechts- und Verwaltungsschrifttum nachgespürt, zum anderen

---

[5] Melville, System, S. 47.

[6] Schulz, Lehre, S. 16 ff.; Goetz, Res gesta, S. 699; Guenée, Histoire, S. 78; Lacroix, L'historien, S. 46.

[7] Goetz, Res gesta, S. 699 f.

werden in einem Exkurs die Anno-Mirakel mit den Mirakelsammlungen der französischen Kultorte Rocamadour und Saint-Gilles verglichen, um an diesem Beispiel der aufgeworfenen Frage nach der gegenseitigen Beeinflussung von Mirakelsammlungen nachzugehen. Das Kloster Siegburg nahm zu den beiden Kultorten kurz vor Annos Heiligsprechung nachweislich Beziehungen auf, und zwei ältere Untersuchungen vertreten die These, man habe sich dort inspirieren lassen. Welche Elemente man den Mirakelsammlungen entnahm und wieviel Individualität man bewahrte, soll einer erneuten Prüfung unterzogen werden.

I. Das Verhältnis zur Chronologie

1. Das Verhältnis von Geschehens- und Aufzeichnungszeit

Die Untersuchung der zeitlichen Beziehung von Mirakelgeschehen und schriftlicher Fixierung ist deshalb wichtig, weil sich in eine nach Jahren aufgezeichnete Mirakelsammlung Ungenauigkeiten einschleichen können und Stereotype die individuellen Elemente ersetzt haben können. Von den untersuchten Mirakelsammlungen wurden 18 weitgehend parallel zu den Wunderereignissen (6) oder aber innerhalb einer Zeitspanne von bis zu zehn Jahren niedergelegt (12)[8]. Neun wurden innerhalb einer Generation nach den wunderbaren Vorgängen aufgezeichnet[9], während zehn Mirakelsammlungen bis zu 100 Jahre später abgefaßt wurden[10]. Untersuchungen von ESCH und GUENÉE haben gezeigt, daß die erinnerte Zeit im Mit-

---

[8] Anno, ed. MITTLER; Oudalscalchi vita Chounradi, ed. PERTZ; Kunigunde: De miraculis sancte Cunegundis, ed. WAITZ, Miracula varia, AA SS Mart. I, Bamberg, Bayer. Staatsbibl., R.B. Msc. 120, Leipzig, UB, Rep. II 64; Libellus Monasteriensis de miraculis sancti Liudgeri, ed. DIEKAMP; Symeon: Vita auctore Eberwino, AA SS Jun. I; De sancto Virgilio, ed. WATTENBACH. – Libellus de quibusdam miraculis beati Adalberonis, ed. SCHMALE-OTT; Auctor: Translatio sancti Modoaldi, ed. JAFFÉ, c. 9; Inventio et miracula ss. Aurei et Justinae, AA SS Jun. IV; Vita et passio Conradi, ed. PERTZ; Vita et miracula beati Eberhardi, ed. WATTENBACH; Translatio Godehardi, ed. PERTZ; Vita et miracula sancti Haertwici, ed. WATTENBACH, c. 5, S. 97; Matthias: Trier, Seminarbibliothek, Hs. 98; Miracula s. Ottonis, ed. KÖPKE; Vita sancti Uodalrici, ed. BERSCHIN/HÄSE, lib. II; Uodalscalcus, De Eginone et Herimanno, ed. JAFFÉ; Miracula sancti Vitalis, ed. BASNAGE.

[9] Vita Annonis, ed. KÖPKE, III; Miracula s. Celsi, AA SS Febr. III; De signis sancti Counradi, ed. PERTZ; Vita Gebehardi, ed. WATTENBACH, lib. II; Miraculorum s. Heinrici pars altera, PL 140; Miracula s. Heriberti, ed. HOLDER-EGGER; Miracula s. Modoaldi, ed. JAFFÉ; Philipp: Mainz, Stadtbibl. I c: 4°/402; Miracula sancti Pirminii, ed. HOLDER-EGGER; Vitae sanctae Wiboradae, ed. BERSCHIN, Ekkehard I./IV.

[10] Vita Godehardi posterior, ed. PERTZ; Ekkeberti vita s. Haimeradi, ed. KÖPKE; Liutwin: Miracula, AA SS Sept. VIII; Maximin: Historia miraculorum, AA SS Mai. VII; Miracula et elevatio sancti Ottonis, ed. KÖPKE; Liber de vita et miraculis s. Simperti, AA SS Oct. VI; Translatio s. Udalrici, ed. WAITZ; Miracula sanctae Verenae, ed. REINLE; Vitae sanctae Wiboradae, ed. BERSCHIN, Herimann, lib. II; Wigbert: Wolfenbüttel, Herzog-August-Bibl., Cod. Guelf. 76.14 Aug. 2°.

telalter etwa 100 Jahre betrug[11]. Drei Mirakelsammlungen decken einen Berichtszeitraum von bis zu 300 Jahren ab[12]. Bei einem Rest von sechs Wunderserien ist die Zeitstellung nicht rekonstruierbar[13].

In der Gruppe der Mirakelberichte, die bis zu 30 Jahre und mehr zurückliegende Wunderepisoden bieten, befinden sich jedoch auch 13 Texte, die die Mirakelsammlung bis in die Gegenwart des Verfassers führen, so daß sich die Spanne zwischen Geschehens- und Abfassungszeit in diesen Fällen allmählich verkürzt. Einige Beispiele mögen dies verdeutlichen. Die ältere Mirakelsammlung des hl. Bischofs Otto von Bamberg entstand 1190/91[14]. Sie enthält im ersten Teil frühe, das heißt unmittelbar nach seinem Tod 1139 bis etwa 1170 erfolgte Wunder, anschließend einen Bericht über seine Kanonisation und Elevation im Jahr 1189 und im dritten Teil Mirakel, die unmittelbar nach der Elevation geschahen, zur Aufzeichnung also einen Abstand von etwa eineinhalb Jahren haben[15].

Theoderich, der Autor der etwa 1010 aufgezeichneten Mirakel[16] des im Trierer Kloster St. Eucharius verehrten hl. Celsus, beginnt mit dem Bericht der Übertragung im Jahr 980 und eines Wunders aus dieser Zeit; dann geht er zu den Prodigien über, die sich um 1007 ereigneten[17].

---

[11] GUENÉE, Histoire, S. 79; DERS., Temps; ESCH, Zeitalter, bes. S. 321 ff.

[12] Modoald: Vita auctore Stephano, AA SS Mai. III; Quirinalien des Metellus von Tegernsee, ed. JACOBSEN; Passio secunda sancti Quirini, ed. WEISSENSTEINER.

[13] Vita Altmanni, ed. WATTENBACH; De B. Altmanno ... Vita altera, AA SS Aug. II; Vita Annonis minor, ed. MITTLER, II; Miracula sancti Bernwardi, ed. PERTZ; Adalberti vita Heinrici II. imperatoris, ed. WAITZ, lib. II; Lebensgeschichte der hl. Ida, ed. WILMANS.

[14] Die Abfassungszeit der Quelle läßt sich recht genau eingrenzen. Da Heinrich VI. bereits als Nachfolger Friedrichs I. angesprochen wird (Miracula et elevatio sancti Ottonis, ed. KÖPKE, c. 12, S. 914), die Nachricht von dessen Tod aber im November 1190 im Reich eintraf, und Papst Clemens III., der wahrscheinlich am 20. März 1191 verstarb, noch als lebend bezeichnet wird, muß die Abfassung im Winter/Frühjahr 1190/91 erfolgt sein; hierzu PETERSOHN, Jubiläumsfrömmigkeit, S. 39 f., Anm. 42; zum Tod Clemens' III. K. BAAKEN, Wahl, S. 203 ff.

[15] Miracula et elevatio sancti Ottonis, ed. KÖPKE, c. 1-7; 8-15; 17-28.

[16] Die Aufzeichnungszeit läßt sich nur schwer eingrenzen. Terminus post quem ist das Jahr 1006, in dem der Autor, wie er selbst angibt, in das Kloster eintrat (Miracula s. Celsi, AA SS Febr. III, c. 15, S. 410). Einen Hinweis, daß er nicht sogleich nach seinem Eintritt in St. Eucharius ans Werk ging, bietet c. 5, in dem er angibt, daß das Wunder vor wenigen Jahren in seiner Gegenwart geschah. Hieraus kann man mit THOMAS, Theoderich, S. 43, schließen, daß er nicht vor 1010 zu schreiben begann. Nach vorne ergibt sich ein Spielraum bis 1023, dem Todesjahr Abt Richards, seines Auftraggebers (THOMAS, Theoderich, S. 43). Man kann aber vertreten, daß die Aufzeichnung um 1010 erfolgte, da der Auftrag des Abtes lautete, die neueren Mirakel aufzuzeichnen: Das jüngste datierte Mirakel geschah allerdings am 29. Jan. 1007 (c. 10).

[17] Historia invent. s. Celsi, AA SS Febr. III; Miracula s. Celsi, AA SS Febr. III, c. 1-4; 5-15.

Der im Kloster Mettlach beheimatete Autor der Liutwin-Mirakel verfaßte sein Werk vor 1094[18]. Seine Wunderberichte setzen zwar bereits nach 995 ein, doch gehören die meisten in die Gegenwart des Verfassers[19].

Zählt man diese 13 den 18 Mirakelsammlungen, die einen Berichtszeitraum von bis zu zehn Jahren abdecken, hinzu, so ergibt sich, daß man in der Mirakelaufzeichnung überwiegend auf zeitnahe Berichterstattung Wert legte[20], was teilweise auch explizit artikuliert wird. So wurde dem erwähnten Autor der Celsus-Mirakel von seinem Abt ausdrücklich aufgetragen, einige von den Mirakeln *noviter exhibitis* aufzuzeichnen[21]. Auch der Verfasser der Mirakel der hl. Ida von Herzfeld aus dem 10. Jahrhundert möchte nur solche Wunder berichten, die *modernis temporibus* geschehen seien[22]. Die Mirakelautoren schilderten also im wesentlichen Gegenwartsgeschichte oder – mit einem modernen Begriff ausgedrückt – Zeitgeschichte[23]. Sofern möglich, waren sie darüber hinaus bestrebt, auch älteres Material, das womöglich auf die Ursprünge der Wundertätigkeit zurückführte, mit zu verarbeiten[24].

2. Die Bedeutung der Chronologie in der Anordnung der Mirakelberichte

Versucht man, die Strukturierung von Mirakelsammlungen zu rekonstruieren, so trifft man auf große Schwierigkeiten. Die Prologe geben in der Regel keine Hinweise darauf, welchen Ordnungsprinzips sich der jeweilige Mirakelautor bedient. Hagiographen wie der Anonymus der Trudo-Mirakel (11. Jahrhundert), der nahezu jedes Mirakel absolut oder wenigstens relativ datiert[25], oder gar der Gibriansmirakel (Reims, 12. Jahrhundert), der sogar Tag und teilweise Stunde jedes Zeichens angibt[26], bilden die Ausnahme. Gewöhnlich trifft man in den Mirakelsammlungen auf wenige versprengte Datierungen, die, wenn sie eine chronologische Folge ergeben, den Schluß zulassen, daß das Werk ganz oder zumindest weitgehend chronologisch angelegt wurde.

---

[18] Diese Datierung ergibt sich aus der Erwähnung Abt Nizos (III.) als letztem Abt des Chronikteils; FLESCH, Schriftkultur, S. 12 mit Anm. 1; WINHELLER, Lebensbeschreibungen, S. 95.

[19] Liutwin: Miracula, AA SS Sept. VIII, c. 3, geschah unter Abt Remigius, der nach BECKER, Fragmente, S. 12, um 995 Abt wurde. In c. 14 teilt der Autor mit, daß er von einigen der Mirakel nicht nur hörte, sondern sie auch selbst sah.

[20] Die Aussage von RENDTEL, Mirakelberichte, S. 15, daß sie nicht selten mehrere Jahrzehnte nach den Begebenheiten aufgezeichnet wurden, ist damit zu relativieren.

[21] Miracula s. Celsi, AA SS Febr. III, c. 15, S. 410.

[22] Lebensgeschichte der hl. Ida, ed. WILMANS, Prooemium, S. 471.

[23] Zur Kategorisierung in eine Vergangenheits- und eine Gegenwartsgeschichte SCHMALE, Funktion, S. 17 f., 24 ff.; DERS., Mentalität.

[24] Zum Interesse mittelalterlicher Geschichtsschreiber für Ursprünge siehe GOETZ, Gegenwart, S. 67 ff.

[25] Miracula sancti Trudonis, ed. BRASSINNE.

[26] SIGAL, Maladie, S. 1526; RENDTEL, Mirakelberichte, S. 28; auch die 22 Jakobsmirakel im Liber sancti Jacobi enthalten fast alle eine Zeitangabe, meistens sogar das genaue Jahr, HERBERS, Miracles, S. 12.

Einige explizite Erklärungen und Begründungen der Wunderverfasser, wenn sie eine Mirakelsammlung nicht chronologisch anlegen beziehungsweise die Chronologie an bestimmten Stellen durchbrechen, sprechen für das Vorherrschen der Auffassung, die chronologische Folge sei gleichsam das natürliche Anordnungsprinzip. So entschuldigt sich der Autor der Anno-Mirakel dafür, eine dem Gedächtnis entfallene Begebenheit außerhalb der Reihenfolge eingefügt zu haben[27], und auch der der Wiborada-Mirakel macht an einer Stelle seine Abweichung von der Chronologie transparent[28].

Sigehard, der Autor der Maximinsmirakel (10. Jahrhundert), betont zu Beginn der Sammlung, er werde deshalb nicht der Chronologie der Ereignisse folgen, weil er es bevorzuge, gleichartige Dinge zu verknüpfen. Und entschuldigend fügt er hinzu, dies tue der Erbauung der Leser keinen Abbruch, solange die Begebenheiten nicht verschwiegen würden[29]. Entschied sich Sigehard ganz bewußt für die thematische Ordnung, so wurden die Chronisten der Heribert- und der Fides-Mirakel (jeweils 11. Jahrhundert) durch äußere Umstände dazu gezwungen, die Chronologie zu durchbrechen. Bei Lambert, dem Autor der Heribert-Mirakel, liegt die Ursache in der Willkür, mit der ihn die Brüder des Klosters Deutz mit Material versorgen, das er offenbar fortschreitend aneinanderfügt[30]. Als weitere Quellen besitzt er, wie er bereits am Schluß der Vita Heriberti mitteilt, einfache Mirakelaufzeichnungen, die seit längerem vorliegen[31], und schließlich macht er auch eigene Beobachtungen zur Grundlage seiner Mirakelaufzeichnung[32]. Diese Mischung von Quellen zwingt ihn, sein Werk ohne chronologische, aber auch ohne thematische Ordnung zu kompilieren[33]. Der Autor der Fides-Mirakel, Bernhard von Angers, wiederum macht aus der Not, bei der Erforschung der älteren Mirakel keine chronologischen Notizen angefertigt zu haben, die Tugend, die Wunder unter thematischen Gesichtspunkten zusammenzustellen[34]. Eine deutliche thematische Zweiteilung seines Werkes ohne jedwede Beachtung der Chronologie und ohne explizite Erklärung nimmt der Autor der Wigbert-Mirakel (10. Jahrhundert) vor. Er berichtet im ersten Teil (c. 1-12) Hilfswunder und im zweiten (c. 13-18) Strafwunder[35]. Die Mirakelautoren wandten also, wenn sie nicht chronologisch sortierten, verschiedene Verfahren der thematischen Anordnung an oder stellten die Wunderberichte willkürlich zusammen.

---

[27] Anno, ed. Mittler, I,45.
[28] Vitae sanctae Wiboradae, ed. Berschin, Ekkehard I./IV., c. 45, S. 102.
[29] Maximin: Historia miraculorum, AA SS Mai. VII, c. 6, S. 26.
[30] Miracula s. Heriberti, ed. Holder-Egger, Proemium, S. 1246.
[31] Ebd., Anm. 2, S. 1245.
[32] Ebd., c. 11, S. 1251; c. 20, S. 1254.
[33] Sieht man einmal davon ab, daß er am Anfang Visionen zu Lebzeiten und seit dem Tode Heriberts zusammenstellt.
[34] Liber miraculorum sancte Fidis, ed. Bouillet, Widmungsbrief, S. 4 f.
[35] Wigbert: Wolfenbüttel, Herzog-August-Bibl., Cod. Guelf. 76.14 Aug. 2°, fol. 38rb-39va; 39va-40rb.

Welcher Prinzipien bedienten sich die Hagiographen nun am häufigsten? Aufgrund der oben genannten methodischen Schwierigkeiten muß zunächst einmal festgestellt werden, daß die Vorgehensweise bei über der Hälfte, nämlich 28 Texten, nicht klar zu bestimmen ist. Da in acht dieser Sammlungen wenigstens relative zeitliche Angaben vorhanden sind, folgen sie wahrscheinlich der Chronologie[36]. Damit scheidet aber immer noch fast die Hälfte der Mirakelsammlungen für eine nähere Bestimmung aus. Das Interesse, so muß man hieraus schließen, das gewählte Strukturierungsprinzip transparent zu machen, war bei vielen Mirakelautoren nicht vorhanden.

In weiteren 14 Mirakelsammlungen lassen sich Unterbrechungen der Chronologie feststellen[37]. Sicher chronologisch aufgezeichnet wurden nur fünf Mirakelsammlungen[38].

Setzt man nun die bei der Untersuchung des Verhältnisses von Geschehens- und Abfassungszeit der Mirakelsammlungen gewonnenen Ergebnisse in Beziehung zu den oben gemachten Beobachtungen, so ergeben sich aufschlußreiche Erkenntnisse. Von den 13 sicher chronologisch beziehungsweise wahrscheinlich chronologisch aufgezeichneten Mirakelsammlungen entstanden zehn in einem

---

[36] Unklar: Vita Altmanni, ed. WATTENBACH; De B. Altmanno ... Vita altera, AA SS Aug. II; Vita Annonis minor, ed. MITTLER, II; Auctor: Translatio sancti Modoaldi, ed. JAFFÉ, c. 9; Miracula sancti Bernwardi, ed. PERTZ; Oudalscalchi vita Chounradi, ed. PERTZ; Vita et passio Conradi, ed. PERTZ; Vita Gebehardi, ed. WATTENBACH, lib. II; Vita et miracula sancti Haertwici, ed. WATTENBACH, c. 5, S. 97; Ekkeberti vita s. Haimeradi, ed. KÖPKE; Adalberti vita Heinrici II. imperatoris, ed. Waitz, lib. II; Miraculorum s. Heinrici pars altera, PL 140; Libellus Monasteriensis de miraculis sancti Liudgeri, ed. DIEKAMP; Liutwin: Miracula, AA SS Sept. VIII; Miracula s. Modoaldi, ed. JAFFÉ; Modoald: Vita auctore Stephano, AA SS Mai. III; Miracula s. Ottonis, ed. KÖPKE; Vita sancti Uodalrici, ed. BERSCHIN/HÄSE, lib. II; Uodalscalcus, De Eginone et Herimanno, ed. JAFFÉ; Miracula sancti Vitalis, ed. BASNAGE. – Wahrscheinlich chronologisch: Vita Annonis, ed. KÖPKE, III; Vita et miracula beati Eberhardi, ed. WATTENBACH; De miraculis sancte Cunegundis, ed. WAITZ, Kunigunde: Miracula varia, AA SS Mart. I, Kunigunde: Bamberg, Bayer. Staatsbibl., R.B. Msc. 120, Kunigunde: Leipzig, UB, Rep. II 64 (siehe hierzu WENZ-HAUBFLEISCH, Kult, S. 163 f.); Miracula et elevatio sancti Ottonis, ed. KÖPKE; Philipp: Mainz, Stadtbibl. I c: 4°/402; Liber de vita et miraculis s. Simperti, AA SS Oct. VI; Symeon: Vita auctore Eberwino, AA SS Jun. I; De sancto Virgilio, ed. WATTENBACH.

[37] Miracula s. Celsi, AA SS Febr. III; De signis sancti Counradi, ed. PERTZ; Vita Godehardi posterior, ed. PERTZ; Miracula s. Heriberti, ed. HOLDER-EGGER; Lebensgeschichte der hl. Ida, ed. WILMANS; Matthias: Trier, Seminarbibliothek, Hs. 98; Maximin: Historia miraculorum, AA SS Mai. VII; Quirinalien des Metellus von Tegernsee, ed. JACOBSEN; Passio secunda sancti Quirini, ed. WEISSENSTEINER; Translatio s. Udalrici, ed. WAITZ; Miracula sanctae Verenae, ed. REINLE; Vitae sanctae Wiboradae, ed. BERSCHIN, Ekkehard I./IV.; Vitae sanctae Wiboradae, ed. BERSCHIN, Herimann, lib. II; Wigbert: Wolfenbüttel, Herzog-August-Bibl., Cod. Guelf. 76.14 Aug. 2°.

[38] Libellus de quibusdam miraculis beati Adalberonis, ed. SCHMALE-OTT; Anno, ed. MITTLER (mit Ausnahme kleiner Unebenheiten im 3. Buch); Inventio et miracula ss. Aurei et Justinae, AA SS Jun. IV; Translatio Godehardi, ed. PERTZ; Miracula sancti Pirminii, ed. HOLDER-EGGER.

Abstand von bis zu zehn Jahren[39], drei von bis zu 30 Jahren nach den Ereignissen[40]. Keine der einen darüber hinausgehenden Berichtszeitraum abdeckenden Serien wurde chronologisch angelegt. Von den unchronologischen wurde über die Hälfte, nämlich acht von vierzehn 30 bis 300 Jahre[41], vier 11 bis 30 Jahre[42] und nur eine bis zu 10 Jahre später geschrieben[43]. Eine von ihnen gehört zur Kategorie der nicht bestimmbaren[44].

Damit scheint folgende Tendenz zu bestehen: Je kürzer der Abstand zwischen Mirakelgeschehen und Mirakelaufzeichnung war, desto eher bediente man sich einer der Chronologie folgenden Gliederung der jeweiligen Mirakelserie, man kann weiter formulieren: desto eher konnte man sich offenbar eine chronologische Disposition vornehmen. Damit deutet auch die Praxis darauf hin, daß dieses Ordnungsprinzip als das angemessene betrachtet wurde.

Die in 17 Mirakelsammlungen gemachte Beobachtung, daß das erste vom Heiligen gewirkte Wunder oder ein bestimmtes Ereignis, in dessen Anschluß die Mirakel einsetzten, besonders genau datiert wird[45], gab zu weiteren Untersuchungen über deren Verhältnis zur Chronologie und dem Abstand von Geschehens- und Aufzeichnungszeit Anlaß. Zunächst legt dieses Vorgehen den Schluß nahe, daß die Mirakelautoren Wert darauf legten, einen Fixpunkt festzulegen, auf den sich die Wundertätigkeit des heiligen Patrons zurückführen ließ. Dieser hatte für sie beziehungsweise die geistliche Institution, der sie angehörten, offenbar eine besondere

---

[39] Libellus de quibusdam miraculis beati Adalberonis, ed. SCHMALE-OTT; Anno, ed. MITTLER; Inventio et miracula ss. Aurei et Justinae, AA SS Jun. IV; Translatio Godehardi, ed. PERTZ; Miracula sancti Pirminii, ed. HOLDER-EGGER; Vita et miracula beati Eberhardi, ed. WATTENBACH; De miraculis sancte Cunegundis, ed. WAITZ, Kunigunde: Miracula varia, AA SS Mart. I, Kunigunde: Bamberg, Bayer. Staatsbibl., R.B. Msc. 120, Kunigunde: Leipzig, UB, Rep. II 64; Philipp: Mainz, Stadtbibl. I c: 4°/402; Symeon: Vita auctore Eberwino, AA SS Jun. I; De sancto Virgilio, ed. WATTENBACH, Virgil: Wien, Österr. NB, Cod. 339.

[40] Miracula et elevatio sancti Ottonis, ed. KÖPKE; Liber de vita et miraculis s. Simperti, AA SS Oct. VI; Vita Annonis, ed. KÖPKE, III.

[41] Vita Godehardi posterior, ed. PERTZ; Maximin: Historia miraculorum, AA SS Mai. VII; Quirinalien des Metellus von Tegernsee, ed. JACOBSEN; Passio secunda sancti Quirini, ed. WEISSENSTEINER; Translatio s. Udalrici, ed. WAITZ; Miracula sanctae Verenae, ed. REINLE; Vitae sanctae Wiboradae, ed. BERSCHIN, Herimann, lib. II; Wigbert: Wolfenbüttel, Herzog-August-Bibl., Cod. Guelf. 76.14 Aug. 2°.

[42] Miracula s. Celsi, AA SS Febr. III; De signis sancti Counradi, ed. PERTZ; Miracula s. Heriberti, ed. HOLDER-EGGER; Vitae sanctae Wiboradae, ed. BERSCHIN, Ekkehard I./IV.

[43] Matthias: Trier, Seminarbibliothek, Hs. 98.

[44] Lebensgeschichte der hl. Ida, ed. WILMANS.

[45] Libellus de quibusdam miraculis beati Adalberonis, ed. SCHMALE-OTT; Anno, ed. MITTLER; Vita Annonis, ed. KÖPKE, III; Auctor: Translatio sancti Modoaldi, ed. JAFFÉ, c. 9; Inventio et miracula ss. Aurei et Justinae, AA SS Jun. IV; Miracula s. Celsi, AA SS Febr. III; Translatio Godehardi, ed. PERTZ; Ekkeberti vita s. Haimeradi, ed. KÖPKE; De miraculis sancte Cunegundis, ed. WAITZ, Kunigunde: Miracula varia, AA SS Mart. I, Kunigunde: Bamberg, Bayer. Staatsbibl., R.B. Msc. 120, Kunigunde: Leipzig, UB, Rep. II 64; Libellus Monasteriensis de miraculis sancti Liudgeri, ed. DIEKAMP; Matthias: Trier, Seminarbibliothek, Hs. 98; Miracula s. Modoaldi, ed. JAFFÉ; Philipp: Mainz, Stadtbibl. I c: 4°/402; Symeon: Vita auctore Eberwino, AA SS Jun. I; Translatio s. Udalrici, ed. WAITZ; De sancto Virgilio, ed. WATTENBACH; Miracula sancti Vitalis, ed. BASNAGE.

Bedeutung. Es sind in der Mehrzahl die Daten einer Invention, Elevation oder Translation. Von diesen sind neun, also gut die Hälfte, chronologisch oder wahrscheinlich in zeitlicher Folge angelegt worden[46]. Nur drei beachten die Chronologie nicht[47], bei fünf bleibt die Anordnung ungewiß[48]. Die chronologisch verzeichneten sind innerhalb von zehn Jahren (8) oder einer Generation (1) entstanden. Insgesamt wurden von jenen 17 Mirakelsammlungen elf innerhalb der ersten zehn Jahre nach dem Mirakelgeschehen aufgezeichnet, wovon zehn aus dem 12., eine aus dem 11. Jahrhundert stammen. Genaue Fixierung eines Ausgangspunkts der Wundertätigkeit, chronologische und rasche Aufzeichnung von Mirakelsammlungen kennzeichnen also immerhin rund ein Drittel der Texte, zu denen Aussagen möglich sind. Von diesen stammt eine überwältigende Mehrheit aus dem 12. Jahrhundert.

Aufgrund bestimmter inhaltlich-kompositorischer Interessen konnte ein an sich chronologisches Gerüst einer Mirakelsammlung aufgebrochen werden. Ein besonders aussagekräftiges Beispiel hierfür stellt die Mirakelsammlung des hl. Anno dar. Ihre dem zeitlichen Ablauf folgende Darstellung wird überlagert von bewußt thematisch geordneten Wundern, die der Autor am Ende des ersten, zu Beginn des zweiten sowie am Schluß des dritten Buches versammelt. Dabei handelt es sich durchweg um Totenerweckungen, ein selten anzutreffendes Wunder, das einen Heiligen ganz besonders auszeichnete[49]. Mit dieser Konzentration möchte der Autor die Fähigkeit Annos, solche Wunder zu wirken, besonders hervorheben. Am Übergang vom ersten zum zweiten Buch tut er dies zusätzlich mit überschwenglichem Heiligenlob, das sich von Bericht zu Bericht steigert. Zahlensymbolische Anspielungen tragen außerdem zu diesem Effekt bei. Die intendierte Verherrlichung vermag er mit dieser Verdichtung der Auferweckungen viel eher zu erreichen als mit einer Plazierung am jeweiligen chronologischen Ort. Am vorläufigen Ende der Mirakelsammlung im dritten Buch läßt er noch einmal ein Feuer-

---

[46] Libellus de quibusdam miraculis beati Adalberonis, ed. SCHMALE-OTT; Anno, ed. MITTLER; Inventio et miracula ss. Aurei et Justinae, AA SS Jun. IV; Translatio Godehardi, ed. PERTZ; Vita Annonis, ed. KÖPKE, III; De miraculis sancte Cunegundis, ed. WAITZ, Kunigunde: Miracula varia, AA SS Mart. I, Kunigunde: Bamberg, Bayer. Staatsbibl., R.B. Msc. 120, Kunigunde: Leipzig, UB, Rep. II 64; Philipp: Mainz, Stadtbibl. I c: 4°/402; Symeon: Vita auctore Eberwino, AA SS Jun. I; De sancto Virgilio, ed. WATTENBACH.

[47] Miracula s. Celsi, AA SS Febr. III; Matthias: Trier, Seminarbibliothek, Hs. 98; Translatio s. Udalrici, ed. WAITZ.

[48] Auctor: Translatio sancti Modoaldi, ed. JAFFÉ, c. 9; Ekkeberti vita s. Haimeradi, ed. KÖPKE; Libellus Monasteriensis de miraculis sancti Liudgeri, ed. DIEKAMP; Miracula s. Modoaldi, ed. JAFFÉ; Miracula sancti Vitalis, ed. BASNAGE.

[49] Anno, ed. MITTLER, I,82-II,4; III,74-83.

werk der wundersamen Überwindung todbringender Leiden und Gefahren ab. Andere Mirakelautoren gruppieren mehrfach verschiedene Wundertypen und können dadurch besser die Bandbreite der Wundertätigkeit hervorheben[50].

Die hier vorgestellten Beobachtungen decken sich weitgehend mit Ergebnissen, die SIGAL an französischem und FINUCANE an englischem Material gewonnen haben. Auch hier finden sich sowohl thematisch, chronologisch als auch nach keiner erkennbaren Ordnung angelegte Mirakelsammlungen[51]. Das Phänomen, daß Mirakel im Gefolge von Translationen oder auch Reliquienreisen, die in Deutschland offenbar nicht oder nur sehr selten vorgenommen wurden[52], offensichtlich sehr rasch und dann bevorzugt chronologisch verzeichnet wurden, läßt sich auch in Frankreich feststellen[53]. Den chronologischen Plan findet SIGAL daneben vorzugsweise dort verwirklicht, wo Mirakelsammlungen in chronikalischen Quellen begegnen[54]. Mirakelaufzeichnungen, die jeglicher geordneter Darstellung entbehren, wie dies bei den Heribert-Mirakeln belegt ist, stellt SIGAL für die Mehrzahl dieser Quellen französischer Provenienz fest. Die Autoren seien ihren Erinnerungen und ihren Assoziationen gefolgt und hätten innerhalb einer Mirakelsammlung kleinere thematische Gruppen gebildet. Zuweilen hätten sie nach dem Prinzip der Ähnlichkeit, ein anderes Mal nach dem des Kontrasts gruppiert, dann auch solche Mirakel, die auf denselben Gewährsmann zurückgingen oder Menschen vom selben Herkunftsort betrafen, daneben konnten dieselbe Altersgruppe oder dasselbe soziale Milieu berührende Wunder verbunden werden[55].

Abschließend kann man festhalten, daß die Chronologie von den Mirakelautoren als Sortierkriterium hoch eingeschätzt wurde, aber nur ein relativ enges Verhältnis von Geschehens- und Aufzeichnungszeit eine konsequente Anwendung erlaubte. Neben dieser Anordnung existierten verschiedene Möglichkeiten der thematischen Gliederung, zudem konnten Mischformen zwischen chronologischer und thematischer Sortierung gewählt werden. Auch inhaltlich-kompositorische Absichten waren für eine Unterbrechung der Chronologie verantwortlich.

---

[50] Z.B. Inventio et miracula ss. Aurei et Justinae, AA SS Jun. IV, c. 20-23 (Kerzenwunder), c. 31-34 (Gefangenenbefreiungen); Translatio Godehardi, ed. PERTZ, Wunder 8-15, S. 643 f. (Wunder an Thüringern und Hessen), 27-29, S. 646 f. (Gefangenenbefreiungen), 37-39, S. 648 f. (Meereskatastrophen).

[51] SIGAL, Travail, S. 178 ff.; FINUCANE, Miracles, S. 102.

[52] Einziges mir bekanntes Beispiel sind Reliquienreisen der Petershausener Mönche nach dem Klosterbrand von 1159, überliefert in der Petershausener Chronik, Casus, ed. FEGER, V,49.

[53] SIGAL, Travail, S. 179; FINUCANE, Miracles, geht dieser Frage nicht nach.

[54] SIGAL, Travail, S. 179. In den beiden Beispielen meiner Sammlung, den Liutwin-Mirakeln und den Ulrichsmirakeln Udalschalks, bleibt das Zeitgerüst unklar.

[55] SIGAL, Travail, S. 180 f.

3. Chronologische Informationen

Die verwendeten chronologischen Angaben können grob in vier Kategorien eingeteilt werden, die nicht alle gleichzeitig in einer Mirakelsammlung Verwendung finden mußten.

Eine vollständige Datierung mit Inkarnationsjahr und Tag, wie sie in Urkunden begegnet, findet sich in Mirakelberichten äußerst selten[56].

Etwas häufiger, aber ebenfalls nur gelegentlich wird ein Wunderereignis in eine bestimmte Epoche oder Zeitphase, etwa einen Abbatiat[57] oder die Regierungszeit eines (Erz)bischofs[58], einen bestimmten Monat[59] oder eine Jahreszeit[60], eingeordnet.

Die Fixierung eines Mirakelgeschehens auf einen bestimmten Tag – allerdings ohne Jahresangabe – begegnet dagegen sehr häufig. Dabei handelt es sich um Festtage des kirchlichen Kalenders und um bestimmte Heiligentage, auf die die Wunderereignisse oder auch Pilgerfahrten fielen. Ebenso können vorher oder nachher geschehene Mirakel auf solche Festtage hin datiert sein. Beeinflußt durch den Rhythmus des Pilgerns, werden an kirchlichen und an Heiligenfesttagen vornehmlich die der wärmeren Jahreszeit genannt. Aus dem Spektrum der kirchlichen Feiertage begegnen besonders häufig, und zwar in dieser Reihenfolge, Pfingsten, Ostern (einschließlich Karfreitag) und Himmelfahrt, dem der Heiligentage insbesondere Johannes (24. Juni) sowie Peter und Paul (29. Juni). Daneben bildete der Festtag des jeweiligen Protagonisten einer Mirakelsammlung einen besonderen Anziehungspunkt für die Gläubigen.

Am häufigsten stellten Mirakelautoren eine relative Chronologie zwischen mirakulösen Ereignissen her, mit der sie sowohl präzise chronologische Fixpunkte setzen konnten, indem sie ihre Angaben auf ein zuvor genau eingeordnetes Geschehen bezogen, als auch lediglich vage Vorstellungen eines Vorher oder Nachher vermittelten. Der anonyme Autor der Trudo-Mirakel bediente sich insbesondere der erstgenannten Vorgehensweise. Zu Beginn seiner Mirakelsammlung kündigt er

---

[56] Dem ersten Kunigundenmirakel wird eine solche vom Urkundenformular abgeleitete Datierung verliehen: *Anno dominice incarnationis 1199. indictione 2. Thiemone tercio decimo Babenbergensis ecclesie episcopo, quarto pontificatus sui anno, ad vincula sancti Petri* ..., De miraculis sancte Cunegundis, ed. Waitz, c. 1, S. 825; ebensolche Anklänge im ersten Adalbero-Mirakel: *Acta sunt hęc eodem anno, quo beati Virgilii ossa sunt revelata, in vigilia Iohannis baptistę*, Libellus de quibusdam miraculis beati Adalberonis, ed. Schmale-Ott, c. 1, S. 42.

[57] Z.B. Miracula s. Celsi, AA SS Febr. III, c. 11, S. 408: zur Zeit Abt Gundrads von St. Eucharius; Miracula sancti Pirminii, ed. Holder-Egger, c. 14, S. 34: im dritten Jahr des Abtes Willimann von Hornbach; Liutwin: Miracula, AA SS Sept. VIII, c. 3/4, S. 177: zur Zeit des Abtes Remigius von Mettlach; Maximin: Historia miraculorum, AA SS Mai. VII, c. 23, S. 30: zur Zeit des Abtes Willer von St. Maximin.

[58] Z.B. Miracula s. Celsi, AA SS Febr. III, c. 8, S. 408: zur Zeit Ebf. Liutolfs von Trier; Miracula s. Heriberti, ed. Holder-Egger, c. 18, S. 1254: zur Zeit Ebf. Pilgrims von Köln.

[59] Z.B. Philipp: Mainz, Stadtbibl. I c: 4°/402: *De fame in regionibus his in Julio:* Juli.

[60] Z.B. Matthias: Trier, Seminarbibliothek, Hs. 98, c. 7, fol. 22r: Weizenernte; c. 43, fol. 41v: Winter; Liutwin: Miracula, AA SS Sept. VIII, c. 8, S. 178: Winter.

an, die Wunder schildern zu wollen, die sich im Jahr [10]50 zutrugen. Das erste Mirakel datiert er genau auf den 24. Mai (*VIIII kalendas junii*), das nächste relativ hierzu: *Interea post alterum diem prime curationis*, das dritte bleibt undatiert, das vierte wird mit *Itidem super tertium diem* eingeleitet und so weiter[61]. Der Autor der Godehard-Mirakel hingegen setzt zwar ebenfalls fast jedes Wunder in einen chronologischen Bezug, läßt den Leser aber ganz im unklaren über die genaue zeitliche Relation. Zwischen diesen beiden Extrembeispielen bewegen sich die Formen der relativen chronologischen Einordnungen in den Mirakelsammlungen.

Das Verfahren zeigt, daß die Autoren zumindest teilweise bestrebt waren, einen chronologischen Zusammenhang zwischen den individuellen Wundererlebnissen der Gläubigen herzustellen, wobei die Angaben dazu dienten, das kontinuierliche Wirken des jeweiligen Patrons zu verdeutlichen. Sie verleihen einer Mirakelsammlung darüber hinaus einen seriellen Charakter, der durch weitere Mittel, die unten diskutiert werden sollen[62], verstärkt wird.

II. Informationsquellen der Autoren und Beweismittel

1. Das Verhältnis der Autoren zu den berichteten Geschehnissen

In kaum einem Prolog einer Mirakelsammlung unterläßt es der Autor, auf die Quellen seiner Darstellung einzugehen. Gemäß dem Tenor dieser Aussagen beabsichtigen die Verfasser, solche Wunder zu berichten, deren Zeuge sie geworden sind oder die ihnen von Augenzeugen berichtet wurden[63]. Manchmal wird noch auf die besondere Qualität der Zeugen als wahrhafte und zuverlässige Männer hingewiesen. Gelegentlich fügen sie hinzu oder beschränken sich darauf zu sagen, daß sie nur das berichten wollen, was sie für wahr halten; sie beabsichtigen also, die Plausibilität des ihnen Vorgetragenen zu prüfen. Der Autor der älteren Otto-Mirakel formuliert diesen Anspruch etwa folgendermaßen: *Quaedam igitur ex his dicturi sumus quae aut ipsi vidimus, aut a probatis et constantibus viris audivimus et libra veritatis examinata cognovimus ...*[64].

Der Verfasser der jüngeren Otto-Mirakel ist bezüglich der nicht selbst erlebten Mirakel etwas weniger kritisch. Ihm genügt das Zeugnis der Gläubigen schlechthin[65]. Der Autor der Pirminsmirakel schließlich hebt in eingängiger Reimprosa hervor, daß er sich ein eigenständiges Urteil über die erfahrenen Wunder bilden

---

[61] Miracula sancti Trudonis, ed. BRASSINNE, alle Belege S. 39 f.

[62] Siehe unten S. 146 ff.

[63] Dies läßt sich auch in französischen Mirakelsammlungen der Zeit feststellen, siehe SIGAL, Histoire, S. 243; DERS., Travail, S. 151.

[64] Miracula et elevatio sancti Ottonis, ed. KÖPKE, Prol., S. 911.

[65] *... signa, quae post mortem ipsius Deo cooperante vivere illum loquuntur, tam a nobis perspecta quam fidelium relatione collecta, ... in unum compilare et posteris commendare aggressi sumus*, Miracula s. Ottonis, ed. KÖPKE, Prol., S. 917.

möchte: *Quae oculis vidimus, que ab his qui interfuerunt didicimus, que vera et incorrupta tenemus, scribendo testimoniis perhibemus; verbis utimur veritatis, ut et vos credatis*[66].

Gelegentlich fügen sie innerhalb der Mirakelsammlung zusätzlich allgemeine Äußerungen absichernder Art ein, wofür das 22. Kapitel der Matthias-Mirakel ein Beispiel bietet: ... *quamuis et de reliquis quę praenotauimus beati Mathię operibus fidelia nunquam defuerint nobis testimonia*[67].

Mit diesen allgemeinen Äußerungen zielten die Autoren darauf ab, deutlich zu machen, daß sie sich in ein unmittelbares oder durch eine kritische Prüfung geprägtes Verhältnis zu den mirakulösen Vorgängen zu setzen und die wirklichen Abläufe zu berichten bestrebt waren.

Die Mirakelautoren bleiben jedoch nicht bei diesen Behauptungen stehen, sondern offenbaren in vielen einzelnen Mirakelberichten ihre Beziehung zu dem jeweiligen Wundergeschehen und lassen den Leser damit ermessen, in welchem Maße sie den Postulaten der Prologe folgen. Wie oben bereits gesagt[68], wurden die Wunder im Untersuchungszeitraum noch in der Mehrzahl am Kultort selbst erlebt. Die Chance des Autors, einem solchen Ereignis beizuwohnen, war also sehr hoch. In der Tat bekunden sie in vielen Mirakeln, selbst zugegen gewesen und damit Augenzeugen zu sein. Der Autor der Philippsmirakel beschreibt dies in einem Wunderbericht sehr deutlich: *Ecce horum ego ipse quae scribo testis existo, quia presens affui et qualiter actum sit, oculis meis conspexi*[69].

In den Fällen, in denen sich die Erretteten zum Dank für ein Wunder an den Kultort begaben, hatten die Autoren die Möglichkeit, diese über den Wunderhergang direkt zu befragen und ihn sich von den Begleitern bestätigen zu lassen. Dieser Vorgang wird ebenfalls des öfteren erwähnt. Sie erfuhren ein Wunder damit von den unmittelbar Betroffenen wie zum Beispiel in einem Bernward-Mirakel: ... *nobisque, qualiter hoc gestum sit, cum pluribus sue sanitatis testibus enarravit*[70].

Die Nähe vergrößerte sich noch, wenn der Autor die errettete Person[71], die ganze oder Teile der Familie[72] oder auch einige der Begleiter[73] persönlich kannte.

Als dritte Stufe konnten Mirakelautoren auf Berichte ihrer Mitbrüder zurückgreifen, die ebenfalls Mirakelgeschehen beiwohnten oder solche berichtet bekamen. Dies begegnet relativ häufig und zeigt, daß der ganze Konvent oder Teile da-

---

[66] Miracula sancti Pirminii, ed. HOLDER-EGGER, c. 2, S. 31.
[67] Matthias: Trier, Seminarbibliothek, Hs. 98, c. 22, fol. 31r.
[68] Siehe oben S. 30 f.
[69] Philipp: Mainz, Stadtbibl. I c: 4°/402: *De uiro et uxore eius contracta.*
[70] Miracula sancti Bernwardi, ed. PERTZ, c. 14, S. 785.
[71] Anno, ed. MITTLER, II,84.
[72] Ebd., IV,2; Liber de vita et miraculis s. Simperti, AA SS Oct. VI, c. 29, S. 250.
[73] Inventio et miracula ss. Aurei et Justinae, AA SS Jun. IV, c. 10, S. 51.

von in das Kultleben involviert waren[74]. Diese Gruppe garantierte einen relativ ungestörten Informationsfluß zum Autor. Anders als in französischen Mirakelsammlungen der Zeit spielen die Küster im vorliegenden Material – wie bereits erwähnt – kaum eine Rolle[75].

Die größte Distanz zwischen Autor und Wundergeschehen lassen einige Mirakelberichte erkennen, in denen er sich ausschließlich auf andere Gewährsleute als den Erretteten stützt. Dazu gehören Mirakelgeschichten älterer Mitbrüder aus früheren Zeiten[76]. Daneben handelt es sich um zeitgenössische Mirakel, die den Autoren vornehmlich von Weltgeistlichen, in deren Umfeld sie sich ereigneten, hinterbracht wurden, wie dies etwa von den Priestern Heremundus und Berengar aus Waleffe in den Trudo-Mirakeln erzählt wird[77].

Zusammenfassend kann man festhalten, daß die Autoren verschiedene Grade der Nähe, häufig aber einen solchen zu den Mirakelgeschehen besaßen, der ihnen eine zuverlässige Berichterstattung ermöglichte.

2. Die Beweissicherung von Wundern durch Öffentlichkeit

Wunder ereigneten sich in aller Regel nicht im Verborgenen. Der bettlägerige Kranke erlebte das Mirakel nicht allein, sondern ihn umgaben und umsorgten nahestehende Menschen. Über den häuslichen Bereich hinaus konnten sie zu Land oder zu Wasser, auf der Reise zu oder der Heimkehr von einem Kultort, schließlich nicht zuletzt dortselbst geschehen. Wunder spielten sich also in verschiedenen Räumen ab, die durch die Anwesenheit weiterer Personen unterschiedliche Grade von „Öffentlichkeit" erlangten[78].

Diese Öffentlichkeit besaß Beweisfunktion für das Wunder. Kein Autor drückt dies so deutlich aus wie der der Anno-Mirakel. In zwei Wunderberichten betont er mit der gleichen Formulierung, an der Tatsächlichkeit des jeweiligen Mirakels sei nicht zu zweifeln, da es *non in occulto, sed in manifesto* geschehen sei[79]. In einer der beiden Erzählungen fügt der Autor zudem entschuldigend hinzu, daß der Pilger nicht an einem Feiertag kam, daher kein Volk am Kultort anwesend war und er

---

[74] Z.B. Libellus de quibusdam miraculis beati Adalberonis, ed. SCHMALE-OTT, c. 13, S. 70; Anno, ed. MITTLER, II,48; III,83; Matthias: Trier, Seminarbibliothek, Hs. 98, c. 13, fol. 25v; Miraculorum S. Trudonis ... libri duo, AA SS ord. s. Ben. saec. VI,2, Buch 2, c. 71, S. 99.

[75] Siehe oben S. 79 f. mit Anm. 10.

[76] Z.B. Ekkeberti vita s. Haimeradi, ed. KÖPKE, c. 38, S. 607; Ex miraculis s. Maximini, ed. WAITZ, c. 12, S. 232.

[77] Miracula sancti Trudonis, ed. BRASSINNE, c. 23, S. 45; c. 30, S. 48; Anno, ed. MITTLER, III,70: der Geistliche, der den Nonnen von Dünnwald vorsteht, berichtet ein Wunder aus diesem Ort.

[78] Zur Problematik des Öffentlichkeitsbegriffs im Mittelalter sei hier lediglich auf HAVERKAMP, ... an die große Glocke hängen, verwiesen, der den Forschungsstand zusammenfaßt, bes. S. 82 ff. – Dr. Hedwig Röckelein verdanke ich diesen Literaturhinweis sowie Teile ihrer unveröffentlichten Habilitationsschrift.

[79] Anno, ed. MITTLER, III,76; 78.

somit das Wunder lediglich den Mönchen berichten konnte[80]. Auch der Wunderbericht erforderte also eine über die den Heiligenkult pflegende Gemeinschaft hinausgehende Öffentlichkeit. Die Absicherung von Mirakeln durch Publizität fügt sich in die besondere Rolle, die diese im gesamten Mittelalter im Rechtsleben, besonders im Gerichtsverfahren, spielte. Sie besaß verschiedene Funktionen, darunter die der Beweissicherung[81].

Ein Publikum wird in den Mirakelberichten regelmäßig erwähnt. Geschahen die Wunder am Kultort, dann wurden Geistliche und Laien Zeugen des Geschehens, es wurde ihnen von den Geheilten verkündet, und anschließend stimmten sie in deren Dank und Jubel mit ein[82]. Waren die Notleidenden in Begleitung gekommen, bestätigten diese Mitreisenden den Anwesenden zur Bekräftigung eigens den vorherigen Krankheitszustand[83]. Die fern vom Kultort Erlösten und deren mitgebrachte Zeugen verkündeten die Wunder wie die erste Gruppe *publice*[84], *coram fratribus et ęcclesia*[85], *clero et populo*[86], *fratribus et populo*[87], *cunctis*[88], *omnibus*[89], *presentibus*[90]. Diese aus Geistlichen und Laien bestehende Öffentlichkeit begutachtete also das Ergebnis eines Wunders. Formulierungen in manchen Mirakelsammlungen, vornehmlich des 12. Jahrhunderts, deuten darauf hin, daß hierzu ein vollständiger, dem Ablauf der Geschehnisse folgender Bericht seitens des Erretteten oder der Zeugen erforderlich war. Wendungen wie *rem gestam ordine pandunt* oder *rei geste ordinem pandunt* verwendet der Autor der Anno-Mirakel zum Beispiel häufiger[91], und auch der Verfasser der Aureus-Mirakel hebt die geordnete Schilderung in ähnlicher Weise hervor: *ordinem rei exponentes*; *gestae rei ordinem*

---

80 Ebd., III,76.
81 Ogris, Art. Publizität, Sp. 92 ff., bes. 93; Cordes, Art. Publizität, Sp. 318 f.
82 Z.B. Libellus de quibusdam miraculis beati Adalberonis, ed. Schmale-Ott, c. 17, S. 76; c. 18, S. 78; Anno, ed. Mittler, I,55; Liutwin: Miracula, AA SS Sept. VIII, c. 4, S. 177; Vita Gebehardi, ed. Wattenbach, lib. II, c. 2, S. 591; Vita sancti Uodalrici, ed. Berschin/Häse, lib. II, c. 29, S. 396/98.
83 Translatio Godehardi, ed. Pertz, S. 643; 646; Miracula sancti Bernwardi, ed. Pertz, c. 19, S. 785.
84 Anno, ed. Mittler, I,66; Matthias: Trier, Seminarbibliothek, Hs. 98, c. 23, fol. 32r; c. 33, fol. 35v; Vitae sanctae Wiboradae, ed. Berschin, Ekkehard I./IV., c. 34, S. 86; Vita sancti Uodalrici, ed. Berschin/Häse, lib. II, c. 26, S. 392.
85 Libellus de quibusdam miraculis beati Adalberonis, ed. Schmale-Ott, c. 13, S. 70.
86 Anno, ed. Mittler, I,84.
87 Ebd., I,92; II,2.
88 Ebd., III,27; Miracula s. Heriberti, ed. Holder-Egger, c. 34, S. 1259; Vita Gebehardi, ed. Wattenbach, lib. II, c. 2, S. 591; Matthias: Trier, Seminarbibliothek, Hs. 98, c. 51, fol. 48v; c. 54, fol. 49r.
89 Translatio Godehardi, ed. Pertz, S. 643; 646; Matthias: Trier, Seminarbibliothek, Hs. 98, c. 23, fol. 32r.
90 Miracula s. Heriberti, ed. Holder-Egger, c. 31, S. 1258.
91 Anno, ed. Mittler, I,48; II,2; siehe zu diesem Begriffsfeld auch das Register (Siegburger Studien, Bd. V).

referentes[92]. Die Mirakelautoren waren also bestrebt, über das reine Postulat eines Wunders hinausgehende Details zu erfahren. Durch ins einzelne gehende Darlegungen wurden Zweifel ausgeräumt und das versammelte Publikum zugleich in die Zeugenschaft mit einbezogen.

Mit der Beweiskraft der Öffentlichkeit argumentieren die Hagiographen noch in anderer Weise. Sie heben mehrmals hervor, der Betroffene sei stadt-[93] oder allgemein bekannt[94], oder das Wunder habe sich überall herumgesprochen[95]. Solche Kenntnisse schützten davor, fingierten Wundern zu erliegen. Dies illustriert ein von dem Autor der älteren Godehard-Mirakel im Prolog berichtetes Ereignis. Eine Greisin, deren Wunder der Hildesheimer Bischof Hezilo schon mit den Anwesenden feiern wollte, wurde von Bürgern, die sie kannten, als Betrügerin entlarvt. Der Autor zog daraus die Konsequenz, sich auf die Schilderung gut bezeugter Mirakel zu beschränken[96]. Friedrich PRINZ betont zurecht, daß Kultorte im eigenen Interesse vorgetäuschte Wunder ablehnen mußten, da sie die Reputation eines Heiligen untergruben[97].

Fehlte die nötige Öffentlichkeit am Kultort oder wurde sie als zu gering erachtet, so konnte die Geistlichkeit ein sehr effektives Mittel einsetzen, um diese herzustellen, wie einige wenige Mirakel vornehmlich des 12. Jahrhunderts belegen: Sie läutete die Glocken, rief damit das Kirchenvolk zusammen und eröffnete ihm dann das Wunder[98]. Im Kanonisationsverfahren des hl. Bruno von Würzburg, das in der ersten Hälfte des 13. Jahrhunderts stattfand, wurde auf diese Art erlangte Zeugenschaft durchaus anerkannt, gibt doch der Zeuge Golebald an, nicht bei der Heilung des gelähmten Reinhard zugegen gewesen, allerdings auf das Glockenläuten herzugelaufen zu sein. Ähnlich verhielt sich der Domkustos Arnold[99]. Beide wurden damit Zeugen des wunderbaren Ergebnisses, der Heilung. Die derart er-

---

[92] Inventio et miracula ss. Aurei et Justinae, AA SS Jun. IV, c. 29, S. 54; c. 45, S. 58; weitere Beispiele: Matthias: Trier, Seminarbibliothek, Hs. 98, c. 13, fol. 25v: ... *quid circa eos egerit, divina misericordia narrant ex ordine* ...; c. 14, fol. 26r: ... *cunctosque de reparatione salutis suę rem narrans ex ordine* ...; Quirinalien des Metellus von Tegernsee, ed. JACOBSEN, Ecl. 6, S. 323: ... *rem narrat ab ordine totam* ...; Wigbert: Wolfenbüttel, Herzog-August-Bibl., Cod. Guelf. 76.14 Aug. 2°, c. 2, fol. 38va: ... *rerum circa se gestarum ordinem pandit* ...; ähnlich Miracula sancti Bernwardi, ed. PERTZ, c. 14, S. 785: ... *nobisque, qualiter hoc gestum sit, ... enarravit.*

[93] Z.B. Anno, ed. MITTLER, III,78; Miracula sancti Bernwardi, ed. PERTZ, c. 7, S. 783; Miracula s. Heriberti, ed. HOLDER-EGGER, c. 10, S. 1251.

[94] Z.B. Miracula et elevatio sancti Ottonis, ed. KÖPKE, c. 28, S. 916; Anno, ed. MITTLER, III,76.

[95] Z.B. Anno, ed. MITTLER, III,78; IV,6.

[96] Vita Godehardi posterior, ed. PERTZ, c. 34, S. 216.

[97] PRINZ, Hagiographische Texte, S. 37 f.

[98] Miracula s. Celsi, AA SS Febr. III, c. 3, S. 407; Anno, ed. MITTLER, III,83; IV,2; N,17; De miraculis sancte Cunegundis, ed. WAITZ, c. 69, S. 827; Miracula s. Ottonis, ed. KÖPKE, c. 1, S. 917. Zwar wurden auch im 10. Jahrhundert anläßlich eines Wunders des hl. Ulrich in Augsburg die Glocken geläutet, doch geschah dies offenbar eher zur Bekräftigung des Lobs der versammelten Menschen: Vita sancti Uodalrici, ed. BERSCHIN/HÄSE, lib. II, c. IX, S. 352; mit ähnlicher Funktion: Miracula sancti Bernwardi, ed. Pertz, c. 13, S. 784 f.; Vita Gebehardi, ed. WATTENBACH, lib. II, c. 5, S. 592.

[99] Alterum instrumentum, PL 142, Sp. 38 f.

worbene Kenntnis über das Wunder wurde durchaus von der Untersuchungskommission als Zeugnis akzeptiert. Die Glocke stellte, als Versammlungsglocke eingesetzt, Öffentlichkeit her mit dem Ziel der Autorisierung eines bestimmten Vorgangs, wurde also in einem rechtlichen Kontext verwendet.

Diese Funktion übte sie durchaus auch in anderen, geistlichen wie weltlichen, Rechtsbereichen aus. Sie wurde zum Thing, zum Sendgericht, zu Rats- und Gerichtsversammlung, Königs-, Rats-, Schöffen- und Pfarrerwahl geläutet wie auch zur Verkündung von Gesetz und Weistum[100]. Wie LIPPERT betont, war der Einsatz der Glocke zumindest in Spätmittelalter und früher Neuzeit geradezu „ein notwendiger Teil des Rechtsvorgangs“. Sie fungierte als Zeichen der Rechtsöffentlichkeit[101]. Zur Illustration kann darauf verwiesen werden, daß 1331 Ritter, Dienstmannen, Schöffen und Gemeinden der mittelrheinischen Viertälersamtgemeinde kundtaten, mit ihrem jetzigen Pfandherrn, Erzbischof Balduin von Trier, einen Neutralitätsvertrag geschlossen zu haben. „Der Vertrag wurde an der alten Gerichtsstätte des Bezirks mit Glockenläuten allen Einwohnern verkündet“[102]. Zu der schriftlichen Vertragsform trat also die öffentliche Bekanntmachung als Voraussetzung für die Akzeptanz und Befolgung des Vertrags. Öffentlichkeit zu Rechtshandlung und Rechtsgeschäft konnte aufgrund der großen und rasch erzielten Reichweite durch Glockenläuten hergestellt werden.

Im Falle der Mirakel verfolgten solche Inszenierungen mit Geläut sicherlich einen doppelten Zweck. Neben der Beweissicherung waren sie ein besonders probates Mittel, um die Wunderkraft eines Heiligen zu propagieren und Pilger anzuziehen. In der Stadt anwesende Menschen aus dem Umland oder auch weiter gereiste, zum Beispiel Kaufleute, nahmen auf diese Weise die Kunde der Wunder auf und trugen sie weiter. Ob also bei der jeweiligen Handlung die Beweis- oder die Propagandafunktion im Vordergrund stand, läßt sich heute nicht mehr entscheiden – wahrscheinlich fand ein Zusammenspiel statt.

Das Phänomen des Glockenläutens ist nicht einzigartig für den Untersuchungsraum. Der Brauch wurde sowohl in Frankreich[103] als auch in England[104] geübt. Anhand der Cantilupe-Mirakel (13./14. Jahrhundert) macht Finucane sogar wahrscheinlich, daß für die Verkündung von Mirakeln jeweils bestimmte Glocken eingesetzt wurden[105].

---

[100] ERLER, Art. Glocke, Sp. 1707; zahlreiche Belege, v.a. aus spätmittelalterlichen und frühneuzeitlichen Weistümern, bei LIPPERT, Glockenläuten, S. 18 ff.

[101] Ebd., S. 18 f., 26.

[102] SPIESS, Rheingauer Weistum, S. 39.

[103] SIGAL, L'homme, S. 186; DERS., Reliques, S. 208 f.

[104] FINUCANE, Pilgrimage, S. 170 passim, bes. S. 177 f.

[105] Ebd., S. 177 f. – Für die Zeit des Hochmittelalters ist dies zu bezweifeln, da erst die Vermehrung und Verdichtung der Siedlungen sowie die Komplexität der sozialen und wirtschaftlichen Verhältnisse des Spätmittelalters eine Differenzierung der Glocken bewirkt zu haben scheinen: HAVERKAMP, ... an die große Glocke hängen, S. 103.

3. Die Zeugen der Wundergeschehen

Qualität und Glaubwürdigkeit von Zeugen kam in den Mirakelberichten eine besondere Bedeutung zu. Äußerte der Autor der Heribert-Mirakel, die Geheilten selbst seien ausreichende Gewährsleute und bedürften nicht der Bestätigung durch weitere[106], so wurde einem durch die Hilfe des hl. Matthias geheilten Mann im Kloster St. Eucharius aufgrund seiner Armut nicht geglaubt. Erst durch die Bezeugung ehrenwerter Männer aus seinem Heimatort konnte das Wunder autorisiert werden[107]. Eine ebenfalls arme Frau verschwieg dort zunächst das Wunder an ihrem Sohn, da sie fürchtete, man werde ihr keinen Glauben schenken[108]. Gemäß der Auffassung Williams, eines der Autoren der Becket-Mirakel, sei dem Zeugnis der Nobilität gegenüber dem von Armen der Vorzug zu geben[109]. Hierfür bezeichnend ist ein Trudo-Mirakel, in dem eine *matrona* eine *muliercula* herbeiführt und das Wunder, das an dieser geschah, berichtet[110]. Im Bamberger Dom schließlich wurde ein Geheilter unter Schlägen davongejagt, weil er dort unbekannt war, keine Zeugen seiner Heilung mitbrachte und man das Wunder damit nicht anerkannte[111].

Zur weiteren Steigerung der Zuverlässigkeit des Berichteten werden Zeugen gelegentlich qualifiziert[112], zum Beispiel als *vir utique optimi testimonii*[113], oder es heißt, ein Wunder stehe *sub testimonio probabilium virorum*[114] und ein Autor habe das Mirakel *ex veracium testimonio ... virorum*[115] gehört. Gelegentlich ist von besonders glaubwürdigen – *idoneis* – Zeugen die Rede[116]. Wie gesagt, kam es immer wieder vor, daß Menschen Wunder fingierten, zum Teil um Almosen zu erhaschen[117], vielleicht auch, so kann man spekulieren, um einmal alle Blicke auf sich zu ziehen. Zum Ausschluß solcher Vorkommnisse wurde auf Gewährsleute besonderer Wert gelegt.

---

106 Miracula s. Heriberti, ed. HOLDER-EGGER, c. 35, S. 1295: *Supervacaneumque est hoc roborari testium astipulatione, quod ipsi sua roboraverunt ostensione.*

107 Matthias: Trier, Seminarbibliothek, Hs. 98, c. 3, fol. 16r.

108 Ebd., c. 20, fol. 29v.

109 WARD, Miracles, S. 96; FINUCANE, Miracles, S. 102 f.

110 Miraculorum S. Trudonis ... libri duo, AA SS ord. s. Ben. saec. VI,2, Buch 2, c. 63, S. 98.

111 De miraculis sancte Cunegundis, ed. WAITZ, c. 27, S. 826.

112 Zu diesem Phänomen in französischen Mirakelsammlungen SIGAL, Histoire, S. 243.

113 Anno, ed. MITTLER, III,70.

114 Kunigunde: Miracula varia, AA SS Mart. I, c. 7, S. 278.

115 De sancto Virgilio, ed. WATTENBACH, c. 5, S. 90.

116 Z.B. Anno, ed. MITTLER, I,66; Inventio et miracula ss. Aurei et Justinae, AA SS Jun. IV, c. 10, S. 51; Miracula sancti Bernwardi, ed. PERTZ, c. 13, S. 784 f.; Miracula s. Heriberti, ed. HOLDER-EGGER, c. 27, S. 1257; c. 37, S. 1259; Uodalscalcus, De Eginone et Herimanno, ed. JAFFÉ, c. 6, S. 435. – Nach den gängigen mittellateinischen Wörterbüchern ist der Bedeutungsgehalt im Kontext von Zeugen „glaubwürdig", „ehrenhaft", siehe NIERMEYER; Lexicon Latinitatis Nederlandicae Medii Aevi, Bd. 4; DU CANGE, Bd. III.

117 Z.B. Miraculorum s. Heinrici pars altera, PL 140, c. 19, Sp. 137.

Wer fungierte nun als Zeuge? Wie oben bereits erwähnt, bezeichnete sich der Autor selbst als solcher, sofern er dem Wundergeschehen beigewohnt hatte, und auch die Geheilten selbst konnten in dieser Weise angesprochen werden[118]. An dieser Stelle ist RENDTEL zu widersprechen, die die Beteuerungen der Autoren in den Prologen über ihre Augenzeugenschaft für Topoi hält[119], denn die Angaben in den individuellen Mirakelberichten belegen, daß dies durchaus vorkam. Oftmals brachten die Erretteten aber weitere Zeugen ihres Wunders mit: Verwandte – vor allem bei Kindern die Eltern[120] –, Bekannte[121], den örtlichen Pfarrer[122], am häufigsten als Landsleute (*comprovinciales*) oder Mitbürger (*cives*) und Mitbewohner (*incolae*) bezeichnete Personen[123], Menschen also, die aus ihrem unmittelbaren Lebensraum stammten. Gelegentlich führen die Autoren Gewährsleute auf, die nicht eigens von den aus Not Befreiten aufgeboten wurden, sondern eher zufällig ebenfalls oder später am Kultort weilten und die Tatsächlichkeit des Wunders bekräftigen konnten, weil es öffentlich geworden war[124]. In einer ganzen Reihe von Mirakelberichten werden nicht näher spezifizierte Zeugen genannt[125]. Frauen waren – anders als im Spätmittelalter – von der Bestätigung von Mirakeln nicht ausgeschlossen[126]. Das im vorliegenden Material anzutreffende Zeugenspektrum korrespondiert in auffallender Weise mit dem englischer und französischer Mirakelsammlungen[127].

---

[118] Autor als Zeuge: z. B. De miraculis sancte Cunegundis, ed. WAITZ, c. 45, S. 826; Kunigunde: Bamberg, Bayer. Staatsbibl., R.B. Msc. 120, c. 76, fol. 44v; Miracula sanctae Verenae, ed. REINLE, c. 8, S. 54; Geretteter als Zeuge: z. B. Anno, ed. MITTLER, II,11; III,64; IV,13; Miracula s. Heriberti, ed. HOLDER-EGGER, c. 28, S. 1257; Libellus Monasteriensis de miraculis sancti Liudgeri, ed. DIEKAMP, c. 9, S. 244. Hierzu auch SIGAL, Histoire, S. 243; DERS., Travail, S. 153.

[119] RENDTEL, Mirakelberichte, S. 26.

[120] Z.B. Anno, ed. MITTLER, I,19; I,57; I,81 passim; Miracula s. Ottonis, ed. KÖPKE, c. 4, S. 918; Vita Godehardi posterior, ed. PERTZ, c. 38, S. 217.

[121] Z.B. Anno, ed. MITTLER, I,4; Miracula sancti Trudonis, ed. BRASSINNE, c. 32, S. 49.

[122] Z.B. Anno, ed. MITTLER, I,57; Kunigunde: Leipzig, UB, Rep. II 64, c. 96, fol. 52v; Miracula sancti Vitalis, ed. BASNAGE, c. 17, S. 359.

[123] Z.B. Libellus de quibusdam miraculis beati Adalberonis, ed. SCHMALE-OTT, c. 1, S. 40; Anno, ed. MITTLER, III,25; Miracula sancti Bernwardi, ed. PERTZ, c. 7, S. 783; Translatio Godehardi, ed. PERTZ, S. 644; Miracula et elevatio sancti Ottonis, ed. KÖPKE, c. 19, S. 915; Miraculorum S. Trudonis ... libri duo, AA SS ord. s. Ben. saec. VI,2, Buch 2, c. 100, S. 104; Vita sancti Uodalrici, ed. BERSCHIN/HÄSE, lib. II, c. XV, S. 364.

[124] Anno, ed. MITTLER, I,83; III,25; Libellus Monasteriensis de miraculis sancti Liudgeri, ed. DIEKAMP, c. 6, S. 242; Matthias: Trier, Seminarbibliothek, Hs. 98, c. 3, fol. 16r.

[125] Z.B. Libellus de quibusdam miraculis beati Adalberonis, ed. SCHMALE-OTT, c. 16, S. 76; c. 18, S. 78; De B. Altmanno ... Vita altera, AA SS Aug. II, c. 59, S. 388; Anno, ed. MITTLER, I,66; II,8; Lebensgeschichte der hl. Ida, ed. WILMANS, lib. I,16, S. 480; Kunigunde: Miracula varia, AA SS Mart. I, c. 7, S. 278; Kunigunde: Leipzig, UB, Rep. II 64, c. 97, fol. 53r; Miracula s. Ottonis, ed. KÖPKE, c. 6, S. 918; Uodalscalcus, De Eginone et Herimanno, ed. JAFFÉ, c. 6, S. 435; De sancto Virgilio, ed. WATTENBACH, c. 5, S. 90.

[126] Hierzu SIGNORI, Ländliche Zwänge, S. 36 f.

[127] FINUCANE, Miracles, S. 101; SIGAL, Travail, S. 151 ff.; DERS., Histoire, S. 243.

In der Regel werden die Zeugen ohne nähere Erläuterung, in welcher Weise sie die Wunder bekräftigten, erwähnt. Vereinzelt sind in Mirakelsammlungen des ausgehenden 12. Jahrhunderts – mit Ausnahme eines ins 11. Jahrhundert fallenden Godehard-Mirakels – beeidete Zeugnisse belegt. In der Mehrzahl handelt es sich dabei um eidlich erbrachte Zeugenbeweise für die Auferweckung totgeglaubter Kinder. Gewähr bieten ein oder beide Elternteile sowie andere Verwandte, aber auch Kleriker, Ritter und Vornehme[128]. Nur in einem Fall handelt es sich um einen sogenannten Parteieid der geheilten Person selbst[129]. Der Eid spielte im mittelalterlichen weltlichen wie kirchlichen Verfahren eine hervorragende Rolle[130]. Daß Hinweise auf beeidete Bezeugungen von Wundern gerade am Ende des 12. Jahrhunderts in Mirakelsammlungen auftauchen, steht womöglich im Zusammenhang mit der zunehmenden Verlagerung der Kanonisationen an die römische Kurie.

Im vorliegenden Material begegnen ausschließlich mündlich abgelegte Zeugnisse. In die Sammlung der Becket-Mirakel und anderer englischer Heiliger hingegen wurden schon im 12. Jahrhundert Briefe von Geistlichen aufgenommen, die Mirakel berichteten und bestätigten[131]. Dieses Prinzip der Schriftlichkeit, sogar unter urkundlicher Beglaubigung, breitete sich aber vor allem im Spätmittelalter aus. In den Cantilupe-Mirakeln etwa wird auf eine Pilgergruppe verwiesen, die im Oktober 1303 einen Brief mit anhängenden Siegeln nach Hereford mitbrachte, in dem ein Wunder bestätigt wurde[132].

4. Überprüfungen der Zeugenaussagen

Manchmal begnügte man sich nicht mit den Zeugenaussagen, sondern versuchte darüber hinaus, das Behauptete zu kontrollieren. In einem Heribert-Mirakel suchte man eigens den Wirt eines Geheilten auf und ließ sich von ihm dessen frühere Krankheit bestätigen[133]. Ein von Bernward Geheilter wurde nach sieben Tagen in das Michaelskloster nach Hildesheim zurückgerufen, um das Andauern der Genesung zu überprüfen[134]. Aus französischen Mirakelsammlungen ist bekannt, daß Geheilte mitunter ein paar Tage am Kultort zurückbehalten wurden mit der Ab-

---

[128] Anno, ed. Mittler, I,88: Vater; I,92: Ritter und Vornehme aus demselben Ort; II,68: Eltern; III,76: Vater; IV,20: Eltern; Kunigunde: Leipzig, UB, Rep. II 64, c. 96, fol. 52v: acht Ritter; Vita Godehardi posterior, ed. Pertz, c. 38, S. 217: Tante (Pflegemutter); Miracula et elevatio sancti Ottonis, ed. Köpke, c. 19, S. 915: Kleriker und Männer aus derselben Pfarrei.

[129] De B. Altmanno ... Vita altera, AA SS Aug. II, c. 59, S. 388.

[130] Kornblum, Art. Eid, 2. Gerichtlicher Eid; Zapp, Art. Eid A.II. Kanonische Eideslehre; Drüppel, Art. Eid A.IV. Germanisches und deutsches Recht; Hattenhauer, Recht, S. 73 ff.

[131] Z.B. Materials, ed. Robertson, Bd. 1, II,35, S. 192 f.; Bd. 2, IV,LXXXV, S. 250 f.; siehe hierzu auch Finucane, Miracles, S. 101.

[132] Hierzu Finucane, Pilgrimage, S. 190; siehe auch Signori, Aggression, S. 121.

[133] Miracula s. Heriberti, ed. Holder-Egger, c. 21, S. 1255 f. Hinweise auf ausgesandte Boten in französischen Mirakelsammlungen bei Sigal, L'homme, S. 154.

[134] Miracula sancti Bernwardi, ed. Pertz, c. 15, S. 785.

sicht, den anhaltenden Effekt des Wunders zu kontrollieren[135]. Um diesen zu dokumentieren, wird im übrigen mehrmals auf das Weiterleben von Geheilten verwiesen[136]. Bei einem zum Leben erweckten Mädchen erkundigt sich der Autor der Anno-Mirakel nach dem Bericht der Eltern gesondert nach seinem eigenen Erlebnis[137]. Solche genaueren Befragungen der Geheilten sowie der Zeugen scheinen auch an französischen Kultorten üblich gewesen zu sein[138].

Ebenso wurden Zeichen, die auf die Erkrankung oder eine andersgeartete Notlage hinwiesen, inspiziert und vermerkt, zum Beispiel das noch immer fahle Aussehen eines Genesenen[139], Narben[140], die Furchen, die die wegen einer Lähmung gekrümmten Finger in einer Hand verursacht hatten[141], ein ausgeschiedener Stein von einem Steinleiden[142], die Ketten und Fußeisen der aus Gefangenschaft Entflohenen[143].

Votivgaben, von den Erretteten mitgebrachte und gespendete Relikte der Notlage (vor allem Schemelchen, Krücken und Karren) wie auch eigens angefertigte Nachbildungen aus Wachs und anderen Materialien, wurden zum Zeichen des jeweiligen Wunders in der Kirche gut sichtbar aufgehängt[144]. Sie dienten aber mehr den ankommenden Gläubigen als dingliche Beweise für die Wunderkraft eines Heiligen als des individuellen Wundergeschehens und übten eine propagandistische sowie das Vertrauen in den Heiligen stärkende Funktion aus[145]. Der Autor der Godehard-Mirakel formuliert dies etwa folgendermaßen: *... nam quot naves in magna tempestate deprehensas Dominus per eum liberarit, testantur adhuc cereae naves in ecclesia nostra pendentes*[146].

---

135 SIGAL, L'homme, S. 153.

136 Z.B. Libellus de quibusdam miraculis beati Adalberonis, ed. SCHMALE-OTT, c. 2, S. 42; Miracula s. Celsi, AA SS Febr. III, c. 7, S. 408; c. 9, S. 408; c. 14, S. 409; Maximin: Historia miraculorum, AA SS Mai. VII, c. 23, S. 30.

137 Anno, ed. MITTLER, I,88.

138 SIGAL, L'homme, S. 151.

139 Miracula sancti Bernwardi, ed. PERTZ, c. 6, S. 783.

140 Z.B. Anno, ed. MITTLER, II,36; III,59; Miracula s. Ottonis, ed. KÖPKE, c. 5, S. 918. Solche Kontrollen begegnen auch in französischen Mirakelsammlungen, hierzu SIGAL, L'homme, S. 152.

141 Ůdalscalci vitae s. Kŏnradi liber tertius, ed. BERSCHIN, c. IV, S. 102; Translatio sancti Counradi, ed. PERTZ, c. 4, S. 444*.

142 Translatio Godehardi, ed. PERTZ, S. 644.

143 Z.B. Matthias: Trier, Seminarbibliothek, Hs. 98, c. 18, fol. 28v; c. 48 u. 49, fol. 46r.

144 Translatio Godehardi, ed. PERTZ, S. 646; Matthias: Trier, Seminarbibliothek, Hs. 98, c. 45, fol. 44r; c. 47, fol. 45r; Liber de vita et miraculis s. Simperti, AA SS Oct. VI, c. 21 u. 24, S. 249.

145 Einen Gelähmten zogen am Grab des hl. Simpert versammelte Leute und die dort aufgehängten Votivgaben an: ebd., c. 25, S. 249. Die Propagandafunktion betonen auch RENDTEL, Mirakelberichte, S. 52; SIGAL, L'homme, S. 90 f.

146 Translatio Godehardi, ed. PERTZ, S. 648; Hervorhebung der Verf.in.

5. Zusammenfassung

Mirakelautoren, so kann man festhalten, legten großen Wert auf die Nennung von Garanten und die Abgabe von Garantien für die von ihnen berichteten Wunder – dem Autor der Anno-Mirakel bescheinigt KUCHENBUCH zurecht „Bezeugungseifer“[147]. Manchmal geschah dies mit einzelnen, bisweilen durch eine Kombination der aufgelisteten Beweismittel. Dabei bewegten sie sich hauptsächlich im Rahmen des im mittelalterlichen Rechtsleben – im Verfahrens- wie im Urkundenwesen – gängigen Zeugenbeweises. Hinzu traten allerdings auch auf Indizien gestützte Beweisverfahren, deren Einsatz sicherlich mit der Besonderheit des zu beweisenden Vorgangs, des Wunders, zusammenhängt. Die Autoren bedienten sich indessen nicht konsequent der aufgezeigten Beweisführungen; zahlreiche Mirakel werden ohne nähere Zeugnisse erzählt.

Letzte und eigentliche Instanz für die Approbation eines Wunders war der geistliche Autor selbst, der beschloß, einen Bericht darüber zu verfassen und ihn in die autorisierte Schrift aufzunehmen. Aufgrund seiner Stellung durfte er sich zu dem Idoneität beanspruchenden Personenkreis zählen. Diese Haltung ist ablesbar in einigen Mirakelberichten der hl. Kunigunde, in denen der Autor Wunder einfach mit *testor*, *testamur* oder *asserimus* absichert[148].

III. Sprache und Syntax

1. Das Vokabular der Mirakelberichte

a) Der Wortschatz zur Darstellung von Krankheiten

Die sprachliche Variationsbreite der Mirakelautoren läßt sich am besten an einigen Nöten zeigen, die in den Mirakelsammlungen gehäuft auftreten. Dazu gehören Krankheiten der Wahrnehmungsorgane, der Gliedmaßen und unspezifizierte Leiden.

Der komplette Ausfall von Sinnesorganen, also Blindheit und Taubheit sowie Stummheit beziehungsweise Taubstummheit wird mit überwältigender Mehrheit einfach mit dem Adjektiv bezeichnet. Eine Person ist also entweder *caecus (a)* oder *surdus (a)* oder *mutus (a)* oder *surdus (a) et mutus (a)*. In einer zweiten Variante,

---

[147] KUCHENBUCH, Elevatis, S. 29.

[148] De miraculis sancte Cunegundis, ed. WAITZ, c. 45, S. 826; c. 94, S. 827; Kunigunde: Bamberg, Bayer. Staatsbibl., R.B. Msc. 120, c. 76, fol. 44v; Kunigunde: Leipzig, UB, Rep. II 64, c. 95, fol. 52r. Dagegen ging seit dem Ende des 13. Jhs. im Bereich städtischer Marienwallfahrten „das ursprünglich geistliche Privileg der Wahrheitskontrolle ... in städtische Hände“ über, SIGNORI, Maria, S. 34, 252 f., und DIES., Hagiographie, S. 264 f., wo sie die Entwicklung von der klerikalen zur bürgerlichen Echtheitsgarantie der Mirakel jedoch überpointiert, denn wie gezeigt, waren auch in den hochmittelalterlichen Mirakelsammlungen vielfältige Arten des Beweises vorhanden.

die sehr häufig begegnet, wird der Mangel der Funktion des jeweiligen Organs beschrieben. Bei den Augen werden häufig *visus* oder *(oculorum) lumen*, für die Sprachfähigkeit *lingua* oder *loquela*, für die Ohren *auditus* verwendet. Der Verlust wird mit den Verben *privare, perdere, carere, destituere*, im Bereich des Augenlichts noch mit *amittere* und *orbare* beschrieben, die häufig partizipial gebraucht werden. Damit läßt sich für die Sinnesorgane ein gleichförmiges Vokabular feststellen, der Form nach entweder aus einem Adjektiv oder einer Kombination von Substantiv und Prädikat bestehend.

Die Gliedmaßen der zu Heiligenkultstätten pilgernden Menschen sind in der Regel von Lähmungserscheinungen betroffen. Auch zur Beschreibung dieser Defekte werden zumeist Adjektive verwendet: *claudus (a), contractus (a), paralyticus (a)* als die häufigsten. Hinzu kommen *curvus (a), aridus (a), debilis*. Substantive wie *paralysis* und *contractio* finden gelegentlich Verwendung.

Diese Adjektive werden häufig unspezifisch gebraucht, so daß nicht klar ist, welches Gliedmaß befallen ist – sieht man einmal von *claudus (a)* – lahm, hinkend – ab, das sich nur auf die unteren Körperteile beziehen kann. Den Adjektiven können aber auch die kranken Extremitäten hinzugesetzt werden: *pes, crus, manus, brachium*. Das Prinzip der Beschreibung ist also auch hier sehr einfach und dem der Sinnesorgane ähnlich.

Für unbestimmte Krankheiten werden in überwältigender Mehrheit drei Begriffe verwendet, an erster Stelle *infirmitas*, dann folgen in gehörigem Abstand jeweils fast gleich häufig *languor* und *egritudo*. *Morbus* und *invaletudo* sind fast zu vernachlässigen. Die Leiden werden sehr häufig mit dem Partizip Perfekt von *corripere, detinere* sowie *(op)-, (de)-* und *primere* verbunden; daneben existiert eine ganze Bandbreite weiterer Zustandsbeschreibungen mit Hilfe von *gravare, laborare, incidere, tangere, (per)pati* und anderen. Mit Hilfe von Adjektiven wird die Qualität des Gebrechens charakterisiert, am häufigsten mit *gravis* und *praevalidus*, um Schwere zu signalisieren. *Diutinus* und *diuturnus* beschreiben die lange Dauer von Leiden.

Die vorgeführten Beispiele zeigen, daß die Mirakelautoren bei der Bezeichnung von Krankheiten ein sehr einfaches Prinzip anwenden: Sie versehen die Person mit einem den Krankheitszustand charakterisierenden Adjektiv oder verwenden ein Substantiv mit Prädikat zur Beschreibung des Defekts. Die Bandbreite des Vokabulars, zumindest für die Sinnesorgane und Gliedmaßen, ist zwar nicht allzu schmal, der Eindruck muß jedoch relativiert werden, da die Betrachtung einzelner Mirakelsammlungen ergibt, daß ihre Autoren bestimmten Vorlieben in der Beschreibung frönten. Die Kombination der Begriffe ist sehr formelhaft.

Das Vokabular beschreibt keine Krankheiten, sondern die wahrgenommenen Symptome; daher fehlt auch eigentliches Fachvokabular[149]. Die gewählten Begrifflichkeiten sind konkret und der Alltagssprache entnommen.

b) Der Wortschatz zur Beschreibung von Genesungen

Untersucht man die Darstellung der Heilung, so ist diese unterschiedlich variantenreich. Das Faktum der Genesung wird am häufigsten mit den Verben *convalescere, sanare* und *curare* umschrieben, sodann mit einer Kombination von Substantiv und Prädikat, und zwar am häufigsten mit den Substantiven *sanitas, sospitas* und *incolumitas*, gelegentlich auch mit *salus*, verbunden mit *recipere, reddere, restituere* und *obtinere*. Oftmals begegnen auch die Adjektive *incolumis* und *sanus* sowie in der Kombination *sanus et incolumis*. Das Adjektiv *sanus* wird auch gern mit dem Verb *surgere* verbunden. Außerdem werden die genannten Substantive mit den Adjektiven *pristina, integer* (oft im Superlativ) und *optata* kombiniert. Es existiert also nur ein begrenztes Stammvokabular, das in verschiedenen Wortarten verwendet und kombiniert wird.

Die Heilung der Sinnesorgane wird ebenfalls stereotyp dargestellt mit *illuminatus (a), lumen/visum/auditum/loquelam recipere, linguam solvere.*

Den Heilungsprozeß der Gliedmaßen beschreiben die Hagiographen immer wieder als ein Lösen (*solvere, resolvere*) oder Ausstrecken (*extendere, distendere*) der kontrakten (*contractus, contractio*) Sehnen (*nervi*) oder – seltener – der Adern (*venae*), das sich unter Krachen (*fragor*) oder Knistern (*crepitus*) vollzieht und auch Schmerzen (*dolor*) bereiten sowie von Schweißausbrüchen (*sudor*) begleitet sein kann[150].

Neben diesen Darstellungen eines regelrechten Heilungsprozesses treten häufiger sehr viel einfachere Ausführungen auf: Finger werden ausgestreckt (*digiti directi*), Menschen werden aufgerichtet (*erectus, a*), Gliedmaßen springen in die alte Position zurück (*resilere*), jemand gewinnt die Gehfähigkeit zurück (*gressum recipere, gressui reddi*). Im ganzen gesehen verwenden die Autoren auch zur Beschreibung der Heilung von Gliedmaßen ein recht eingeschränktes Vokabular. Die Variationen sind, da hier Prozesse dargelegt werden können, jedoch etwas größer als in den beiden anderen Beispielen.

Insgesamt gesehen läßt sich das Vokabular zur Beschreibung der Genesung ebenfalls als einfach und konkret charakterisieren; besonders im Falle der Gliedmaßen vermittelt es bisweilen eine lebhafte Vorstellung von dem Heilungsvorgang[151].

---

[149] FEHLMANN, Kasuistik, S. 46*, weist auf das „Fehlen[s] einer wohlgesetzten Fachsprache" in den Anno-Mirakeln hin.

[150] Zu den dahinter verborgenen Vorstellungen über Lähmungserscheinungen im Mittelalter siehe SIGAL, Paralysie.

[151] Einen guten Überblick über den Sprachschatz einer ganzen Mirakelsammlung vermittelt das Wortregister zum Siegburger Mirakelbuch, Siegburger Studien, Bd. V, S. 309 ff.

2. Syntax und rhetorische Figuren

a) Die Mirakelsammlung des hl. Konrad von Trier

Von einer besonderen syntaktischen Einfachheit sind die Mirakelberichte des hl. Konrad von Trier. Gleich mehrere gleichartige Wunder hält der Autor in einem Satz fest, wie etwa das folgende Beispiel zeigt:

> *Duo denique claudi in anniversario sepulturae suae ad sepulchrum eius sunt erecti*[152].

Aufzählend bringt er auch mehrere unterschiedliche Wunder in einem Hauptsatz mit Relativsatz unter, welches das nächste Beispiel zu illustrieren vermag:

> *Filia cuiusdam noti Reginfridi utroque orbata lumine, sed et ancilla cuiusdam similiter noti militis languore detenta, mulier nichilominus alia, cuius fuerat remota a suo loco maxilla, pariter consecutae sunt ad eius sepulchrum sanitatis optata gaudia, illa lumen oculorum, istae incolomitatem membrorum*[153].

In ihrer syntaktisch einfachen, gedrängten Struktur stellen die Mirakelberichte nurmehr Regesten komplexer Vorgänge dar, die lediglich durchscheinen, aber nicht mehr nachzuvollziehen sind.

b) Die Mirakelsammlung des hl. Godehard von Hildesheim

Auch der Autor der Godehard-Mirakel erzählt in den einfachsten syntaktischen Strukturen. Die einzelnen Berichte beginnt er stereotyp mit einem einen Hauptsatz einleitenden Verb oder einer vor dieses Verb geschalteten Zeitangabe, also etwa mit *Fuit* oder *Habebat* oder *Circa idem tempus fuit*. Als Muster sei folgender erste Satz eines Mirakelberichts zitiert:

> *Fuit vero circa idem tempus in cella beatae Paulinae multo tempore quidam claudus*[154].

Eine zweite häufige Variante ist der Satzanfang mit *Contigit*, auf das ein *quod*-Satz oder auch ein Accusativus cum Infinitivo folgt.

Die Sätze bestehen meistens aus einem Hauptsatz und nur einem bis zwei Nebensätzen. Als Satzergänzungen begegnen Ablativus absolutus und Accusativus cum Infinitivo sowie attributive Partizipien. Als Nebensatzkonstruktionen verwendet der Hagiograph fast ausschließlich Relativsätze, Temporal- und Konsekutivsätze. Der häufige Einsatz von Partizipialkonstruktionen und dieser Art von

---

[152] Vita et passio Conradi, ed. PERTZ, c. 7, S. 218, 2. Sp., Z. 27-29.
[153] Ebd., S. 219, 1. Sp., Z. 14-20.
[154] Translatio Godehardi, ed. PERTZ, S. 644, Z. 11.

Nebensätzen zeigt, daß es dem Autor darauf ankam, Geschehensabläufe möglichst gerafft und zeitlich strukturiert darzubieten. Als Beispiel sei abschließend folgender Satz zitiert und analysiert:

> *Postera vero die, cum dies anniversarius patroni nostri illuxisset, finita missa et horis constitutis, mulier quaedam muta habens filium privatum lumine, subito quasi in extasim rapitur, ac per horam parvam in terra volutatur*[155].

Der Hauptsatz beginnt mit einer Zeitangabe (*Postera vero die*), nach der ein temporaler Nebensatz eingeschoben wird (*cum dies ...*), gefolgt von zwei mit *et* verbundenen Ablativi absoluti, die eine noch genauere zeitliche Fixierung vornehmen (*finita missa ...*). Nun erst folgt das Subjekt des Satzes (*mulier quaedam muta*), dem ein attributives Partizip (*habens filium privatum lumine*) beigefügt ist. Der Hauptsatz besteht im übrigen in einer mit *ac* verbundenen Aufzählung zweier Vorgänge (*in extasim rapitur, ac ... in terra volutatur*).

Dieser gedrängten, dem Ereignisablauf folgenden Darstellung kommt Protokollcharakter zu.

c) Die Mirakelsammlung des hl. Adalbero von Würzburg

Der syntaktische Aufbau der Adalbero-Mirakel ist gegenüber denen des hl. Godehard variantenreicher, wenngleich ebenfalls nicht besonders kompliziert. Im Unterschied zu den vorher besprochenen Beispielen bedient sich der Autor vor allem einer Reihe rhetorischer Figuren. Der beispielhaften Analyse diene folgender Satz:

> *Ventum est ergo ad Lambacensem locum, ibi metam icionis sue fixerat, ibi omnium ascendencium, omnium sacra loca invisere cupientium portus et asilum erat, ut confessionis medela mundati, penitentia et satisfactione purificati tutius et liberius sancta sanctorum peterent*[156].

Dem Autor kommt es hier vor allem darauf an, eine Dramatik zu erzeugen und zu steigern. Die dafür eingesetzten Mittel sind Anaphern (Wiederholungen von *ibi* und *omnium*), Homoeoteleuta (*ascendencium ... cupientium*), Hendiadyoine (*portus et asilum* sowie *tutius et liberius*). Die asyndetische Reihung von *medela ... penitentia* dient diesem Ziel ebenfalls.

Daneben liebt der Autor synonymische Wiederholungen, verbunden mit Anaphern, die das Gesagte vereindringlichen:

> *... civibus suis et comitibus idipsum contestantibus, in idipsum consentientibus, se omni tempore debilem fuisse, omni destitutum officio membrorum ...*[157].

---

[155] Translatio Godehardi, ed. PERTZ, S. 643, Z. 27-30.
[156] Libellus de quibusdam miraculis beati Adalberonis, ed. SCHMALE-OTT, c. 1, S. 40.
[157] Ebd.

Das Mittel der Gradation wird ebenfalls von ihm eingesetzt, zum Beispiel ... *ne penitus rueret, arripuit, arreptum tam stricte tenuit ...*[158], hier zusammen mit einem Homoeoteleuton, so daß eine Reimprosa entsteht.

Gelegentlich wirkt der Stil geschraubt, etwa wenn die Besteigung des Hügels, auf dem das Kloster Lambach steht, unter Einfügung eines Gerundiums beschrieben wird: *monticulique verticem ... fortiter nitendo scandentes*[159].

Die rhetorischen Figuren sind in der Regel nicht Selbstzweck, sondern werden vom Autor eingesetzt, um die Spannung und Dramatik der Vorgänge zu erhöhen.

Im übrigen schiebt er immer wieder exkursartige Betrachtungen ein, etwa in c. 4 fast eine Seite über die Fastenzeit oder in c. 11 anläßlich einer spinnenden Frau über diese seit der Vertreibung aus dem Paradies den Frauen auferlegte Arbeit zur Bedeckung der menschlichen Blöße[160], die ihn vom eigentlichen Gegenstand, dem Bericht eines bestimmten Mirakelgeschehens, wegführen. Außerdem ist seine Darstellung gespickt mit biblischen Anklängen und Zitaten, die teilweise den Notleidenden in den Mund gelegt werden, wodurch der Realitätsbezug verlorengeht. Zum Beispiel schildert eine vom Rand des Todes zum Leben zurückgekehrte Frau diesen Prozeß mit Versatzstücken aus Psalmen:

> *'Ego', inquiens, 'cum in meditatione mea exardesceret ignis (Ps. 38,4), meditata sum cum corde meo, si miseratione superni inspectoris vita mihi redderetur, Lambach me ituram, ad sepulchrum beati Adalberonis vota reddituram. Mox mirum in modum, quod dictu incredibile sit, ut cogitatum meum iactavi in Domino (cf. Ps. 54,23), affuit velox miserentis Dei miseratio, affuit solitę pietatis eius propiciatio, mox mihi sum reddita, sensus cum vita rediit, quę usque ad portas mortis appropinquaveram. Videsne bene congruere his, quę dicta sunt, illud Daviticum (Ps. 50,19): Cor contritum et humiliatum non spernit Deus et item (Ps. 144,18): Prope est Dominus omnibus se invocantibus?'*[161].

Der Lambacher Mönch kann jedoch auch ähnlich kurz und einfach wie der Autor der Godehard-Mirakel berichten, eine Methode, der er sich in den letzten Kapiteln bedient[162].

Im Gegensatz zu den vorherigen Beispielen liegen hier rhetorisch ausgestaltete, weitschweifige und teilweise assoziativ sich vom Gegenstand entfernende Mirakelerzählungen vor. Fritz Peter KNAPP urteilt, daß sie „durchaus kleinepische Dimensionen" erreichen[163].

---

[158] Ebd., c. 4, S. 46.
[159] Ebd., c. 1, S. 40.
[160] Ebd., c. 4, S. 44/46; c. 11, S. 64.
[161] Ebd., c. 7, S. 52.
[162] Ebd., c. 16 ff. SCHMALE-OTT sieht hierin Notizen, die sie auch für die ausführlicheren Wunderberichte als Grundlage annimmt, S. 4.
[163] KNAPP, Literatur, S. 175.

d) Die Heribert-Mirakel Lamberts von Deutz

Eine Beschreibung des Lambertschen Stils gibt bereits Heribert MÜLLER[164]. Ihr ist nichts hinzuzufügen; daher sollen hier lediglich einige Beispiele dieses Ergebnis erläutern. Der Deutzer Mönch bedient sich in den Heribert-Mirakeln fast durchgehend der Reimprosa, die einen einfachen Parataxenbau fordert. Syntaktisch gesehen ist das Werk daher eher monoton und einfach. Ausgestaltet wird es mit einer ganzen Reihe rhetorischer Figuren – nach MÜLLER werden die Mirakelberichte zum „Exerzierplatz rhetorischen und poetologischen Wissens"[165]. Überwiegend verwendet er Figuren der variierenden Wiederholung, vor allem Anapher, Epipher und Gradation sowie Polyptoton. Das Prinzip der Gradation setzt er in ermüdend langen Folgen ein, wie zum Beispiel im folgenden Satz:

> *Expulsa quiete ammonitionis reminiscitur, reminiscens visa filio prosequitur, prosequens eidem filio imponitur, imposita quo iussa erat pervenit, perveniens integerrimam salutem invenit, inveniens inspectantem clerum et populum in laudes Dei impellit ...*[166].

Gerne nimmt er auch asyndetische Reihungen vor, die einerseits der Reimprosa dienlich sind, mit denen andererseits das Geschehen in schnellem Rhythmus und steigernd dargeboten werden kann, wie in folgenden beiden Beispielen:

> *... gestatorium exstruitur; impensarum copia, ... congeritur; viae comites ... eliguntur; tempus et hora ... condicuntur*[167]. – *Venit, flevit, munus optulit ...*[168].

Der Autor schließt im übrigen jedes Mirakel mit einer kurzen biblischen, patristischen oder hagiographischen Parallelsetzung ab.

Ähnlich wie der Verfasser der Adalbero-Mirakel hält Lambert diesen Stil allerdings nicht bis zum Ende durch, sieht man einmal von der Reimprosa ab. Die Mirakelberichte werden ab c. 22 merklich kürzer, und ab c. 32 reduzieren sie sich auf knapp gefaßte Notizen[169].

e) Die Quirinus-Mirakel des Metellus von Tegernsee

Ein – wohl auch im europäischen Rahmen – einzigartiges Zeugnis einer Mirakelsammlung bilden die im Zusammenhang mit Passio und Translatio aufgezeichneten Quirinsmirakel des Metellus von Tegernsee. Er gestaltet sein Werk nach den

---

[164] H. MÜLLER, Heribert, S. 8 f., 16.
[165] Ebd., S. 16.
[166] Miracula s. Heriberti, ed. HOLDER-EGGER, c. 6, S. 1249.
[167] Ebd., c. 19, S. 1254.
[168] Ebd., c. 21, S. 1255.
[169] Hierzu auch H. MÜLLER, Heribert, S. 17.

Oden des Horaz, den Eklogen Vergils und unter Verwendung der Metren von Prudentius und Boethius. Sie stehen auf hohem dichterischem Niveau und erlangen einen besonderen Grad der Stilisierung[170].

Hier scheint der Stil auch in besonderem Maße den Inhalt zu beeinflussen, denn im Gegensatz zu anderen Mirakelsammlungen des 12. Jahrhunderts fällt die hohe Zahl von Strafwundern auf, die die der Hilfswunder übersteigt[171]. Sie betreffen im wesentlichen für das Kloster bedrohliche Situationen, in denen sich der hl. Quirinus als schützend erwies, wobei insbesondere ein längerer Abschnitt über die Vögte hervortritt[172].

Die Mirakelgedichte sind jedoch nicht – wie man vermuten könnte – völlig fiktiv, sondern verarbeiten Klostertraditionen des 9. bis 12. Jahrhunderts, für die es auch schriftliche Unterlagen gab[173]. Nur sind die als Strafwunder interpretierten Vorgänge entweder weit hergeholt oder sie werden so phantastisch ausgestaltet, daß man den realen Kern kaum noch erahnen kann. Diese Beobachtungen seien an zwei Beispielen erläutert. Gemäß der Ode 36 soll Bischof Otto von Freising dem Kloster einst eine Glocke geraubt haben. Infolge dieses Diebstahls soll der Bischof wahnsinnig geworden und verstorben sein. Wie die Arbeit von Cornelia Kirchner-Feyerabend zeigt, focht das Reichskloster tatsächlich Streitigkeiten mit seinem Diözesanbischof Otto von Freising aus, zunächst über eine Klosterreform und später wegen der Besetzung der Propststelle des Tegernsee unterstellten Augustinerchorherrenstiftes Dietramszell, doch ist weder etwas von einem Glockendiebstahl bekannt noch von einer geistigen Umnachtung. Er starb nach einer schweren Krankheit rasch und frühzeitig im Kloster Morimond[174]. Sein Tod erfuhr also in dieser Dichtung eine ganz spezifische Deutung.

Als Schädiger des Klosters sind auch diejenigen einzustufen, die ihm Rinder gelobten und diese Versprechungen nicht erfüllten. Neun von zehn Eklogen sind diesem Problemkreis gewidmet[175]. Hier begegnen äußerst unwirkliche Begebenheiten, etwa, daß sich die Tiere selbst auf den Weg zum Kloster Tegernsee machten und dabei von ihren Besitzern nicht eingeholt werden konnten[176]. Metellus wählt als Gestaltungsvorbild für diese Thematik die bukolische Dichtung Vergils und behält selbst die von diesem gewählten Namen der auftretenden Personen bei, wodurch die literarische Stilisierung besonders hervortritt.

---

170 Siehe hierzu die literarische Würdigung von Jacobsen, Quirinalien, S. 53 ff.

171 33 Strafwunder stehen 26 Hilfswundern und 3 sonstigen Wundern gegenüber. Dazu kommen Gedichte über die Vögte, gegen die der Heilige ebenfalls strafend vorging.

172 Ode 57 u. Tl. 6, S. 337 ff.

173 Siehe zu den Quellen Jacobsen, Quirinalien, S. 26 ff.

174 Kirchner-Feyerabend, Otto von Freising, S. 128 ff., 294 ff.

175 Ecl. 1-9.

176 Ecl. 4 u. 5.

Gegenüber den Strafwundern sind die Hilfswunder wesentlich realistischer dargestellt. Details lassen die Individualität der Begebenheiten durchaus hervortreten, wenn die Personen selbst auch selten genauer mit Namen und Herkunft vorgestellt werden.

Mit seiner metrischen Bearbeitung liegt Metellus also weit von der Schlichtheit und unprätentiösen Darstellung eines Autors der Godehard-Mirakel entfernt. Rein fiktionale Elemente greifen hier teilweise Raum.

f) Zusammenfassung

Die voranstehenden Ausführungen beabsichtigten, an ausgewählten Beispielen die Bandbreite der im Untersuchungsmaterial anzutreffenden syntaktischen und rhetorischen Darstellungskunst der Mirakelautoren aufzuzeigen. Sie reichte von regestenartiger Zusammenfassung in den Konradsmirakeln, protokollarischer Verzeichnung in den Godehard-Mirakeln, narrativer Breite mit rhetorischer Ausgestaltung in den Adalbero- und den Heribert-Mirakeln bis zu anspruchsvollster dichterischer Gestaltung unter Verlassen der Realitätsebene in den Quirinsmirakeln des Metellus. Das Gros der Mirakelsammlungen besaß hingegen in etwa das darstellerische Niveau der Godehard-Mirakel. Wenn auch vielleicht nicht ganz so schematisch und nüchtern, sondern etwas abwechslungsreicher, stellenweise emphatischer – in den Godehard-Mirakeln fehlt zum Beispiel jegliche direkte Rede –, sind sie doch im allgemeinen kurz, schlicht und unprätentiös ausgeführt. Wie die Beispiele der Adalbero- und Heribert-Mirakel zeigen, können selbst innerhalb einer einzelnen Sammlung die Darstellungsniveaus variieren.

3. Plazierung und Funktion der direkten Rede

In etwa der Hälfte aller untersuchten Mirakelsammlungen ist zu beobachten, daß die Autoren das Stilmittel der direkten Rede einsetzen. Aufgrund dieser auffälligen Häufung soll ihrer Funktion nachgegangen werden.

In den meisten Fällen wird nur eine sehr kurze Passage in wörtlicher Rede formuliert; es existieren aber auch kurze Dialoge, und in den Anno-, den Matthias- sowie den Wiborada-Mirakeln Ekkehards werden ganze Wunderberichte den Erretteten oder deren Begleitern in den Mund gelegt[177].

Eine Untersuchung der Positionierungen der direkten Rede in den Mirakelerzählungen führt zu folgendem Ergebnis: In den meisten Fällen wird die Bitte um Hilfe wörtlich wiedergegeben. Diese markiert eine besonders dramatische Situation, an der die Hoffnungslosigkeit und Verzweiflung ihren Höhepunkt erreicht und allein die Hinwendung zum Heiligen Erlösung verspricht. So sind diese

---

[177] Auch in den Trudo-Mirakeln Stepelins konnte dieses Phänomen beobachtet werden: z. B. Miraculorum S. Trudonis ... libri duo, AA SS ord. s. Ben. saec. VI,2, Buch 2, c. 50, S. 96; c. 66, S. 98, c. 71, S. 99.

Adressate häufig nur kurze, verzweifelte Hilferufe, manchmal auch etwas längere Anrufungen, die die Form von Gebeten annehmen können. Als Beispiel kann zum einen der Hilfeschrei von Schiffsinsassen, nachdem einer der ihren auf dem Rhein über Bord gegangen ist, dienen: *Sancte Anno miserere*[178]. Zum anderen vermag das Beispiel einer Herrin, die für das Kind der Hörigen betet und dabei ein Gelübde ablegt, das Gesagte zu illustrieren:

> *Si tua apud Deum interventio, o beata Ida, huius pusioli reformationem obtinere dignatur, tuo illum famulatui mancipandum protinus perpetuo iure condono*[179].

Eine ebenfalls häufig anzutreffende Situation zur Plazierung einer direkten Rede ist der Rat, einen Heiligen anzurufen. Auch hierbei handelt es sich um den Zustand der Ausweglosigkeit, in dem noch jemand um Abhilfe weiß, die zum Erfolg führt[180]. Diese Impulse gehen neben lebenden Personen des öfteren von Träumen und Visionen der Heiligen aus, in denen sie sich direkt an die Notleidenden wenden und ihnen Anweisungen geben, teilweise im Dialog mit ihnen[181].

Gelegentlich begegnen daneben aus den Besessenen sprechende Dämonen, die ebenfalls in einer besonders kritischen Situation das Wort ergreifen, nämlich während des Kampfes mit dem Heiligen, in dem sie kapitulieren und ausfahren müssen[182].

Eine weitere, aber eher selten anzutreffende Situation sind Lästerungen eines Heiligen, die mit einem Strafwunder geahndet werden. Der Leser beziehungsweise Hörer kann sich so selbst davon überzeugen, welcher Blasphemie sich der Gestrafte schuldig gemacht hat[183].

---

178 Anno, ed. MITTLER, I,35.

179 Lebensgeschichte der hl. Ida, ed. WILMANS, lib. II,3, S. 484.

180 In den Liudger-Mirakeln z. B. wird ein solcher Rat folgendermaßen formuliert: *Quare non invocas sanctum Ludgerum, cuius gratia modo monasterii est magna, ut videas?*, Libellus Monasteriensis de miraculis sancti Liudgeri, ed. DIEKAMP, c. 7, S. 242.

181 In den Simpert-Mirakeln wird ein Kranker im Traum vom hl. Ulrich besucht, der ihn auffordert, sich an den hl. Simpert zu wenden: *Vade ad sepulchrum beati Simperti, et illic tuas defer oblationes, ac pro sanitate corporis tui Deo et ipsi gratias age*, Liber de vita et miraculis s. Simperti, AA SS Oct. VI, c. 18, S. 248; zur psychologischen Deutung solcher Gesichte siehe WITTMER-BUTSCH, Bedeutung, S. 247 ff.; in den Mirakelberichten werden in der Mehrzahl Träume geschildert; zum Unterschied von Traum und Vision siehe DINZELBACHER, Vision, S. 29 ff.

182 In einem Otto-Mirakel rufen die Dämonen, als sich die Besessene dem Michelsberg nähert, aus: *A monte sancti Michahelis, a sepulcro Ottonis adductus ventus urens nos urit, numquam talem aurem sensimus; ideoque in diu possesso vase subsistere non possumus*, Miracula et elevatio sancti Ottonis, ed. KÖPKE, c. 18, S. 915.

183 In einem Modoald-Mirakel lästert z. B. ein Mann, daß der Abt nur unbekannte Knochen nach Helmarshausen überführt habe: *Miror, tot catervas frustra velle tanti itineris fatigationem consumere pro mortuorum ossibus ignotis, quae collegit loci huius abbas de partibus peregrinis, cum tot, aut plura, seu fortassis meliora reperiri possint in confiniis nostris*, Miracula s. Modoaldi, ed. JAFFÉ, c. 9, S. 313.

Über die Funktion der direkten Rede läßt sich folgendes sagen: Wird ein Mirakel komplett in wörtlicher Rede gestaltet, so soll dadurch eine besondere Unmittelbarkeit zu dem Gesamtgeschehen hergestellt werden. Der Autor als Vermittler tritt gegenüber dem Bericht des Betroffenen oder eines anderen Beteiligten zurück. Einzelne Einsprengsel direkter Rede werden vornehmlich an Wendepunkten der Mirakelerzählung plaziert – meistens an Wendungen zum Guten, gelegentlich auch an solchen zum Bösen. Die Autoren erhöhen damit die Dramatik des Berichteten und stellen eine empathische Beziehung des Publikums zum Notleidenden her beziehungsweise im Fall der Lästerung eine Identifikation mit dem Strafmaß. Solche Mirakel eigneten sich besonders gut zum mündlichen Vortrag, da sie die Spannung der Zuhörerschaft steigerten.

4. Elemente des Rechts- und Verwaltungsschrifttums in Mirakelsammlungen

Die Untersuchung des Incipits in den einzelnen Mirakelberichten führt zu der Erkenntnis, daß es Mirakelsammlungen gibt, in denen die Autoren in besonderem Maße versuchen, durch verknüpfende Formulierungen eine Verbindung zwischen den einzelnen Berichten herzustellen. In den Anno- und den Godehard-Mirakeln sowie den beiden belgischen Sammlungen des hl. Trudo weist sogar weit über die Hälfte der Berichte solche Verknüpfungen auf[184]. In einer ganzen Reihe von Mirakelsammlungen wird etwa die Hälfte der Berichte untereinander verbunden. Die Mirakel Eberhards, Hartwigs und Vitalis' von Salzburg, die Bamberger Heinrichsmirakel, die Simperts von Augsburg[185] und andere sind Beispiele dafür. Im Gegensatz dazu meiden manche Mirakelautoren dieses Mittel fast ganz und unterstreichen auf diese Weise die Individualität jedes Mirakelberichts. Beispielhaft zu nennen sind hier die beiden Sammlungen der Otto-Mirakel, die Verena-Mirakel und die des hl. Matthias[186].

Die Verknüpfungen können eine rein reihende Funktion haben, chronologischer oder vergleichender, gelegentlich auch geographischer Natur sein: Formulierungen wie *Item, Alia, Alter, etiam, quoque* (letztere beiden meist nachgestellt), *Eodem tempore, Circa idem tempus, Post haec, Simili modo, Similiter, Ex eodem oppido, De eadem regione* sind ganz typische Wendungen. Damit wird ein innerer Zusammenhang zwischen den einzelnen Mirakelberichten hergestellt und der serielle Charakter der jeweiligen Sammlung betont.

---

[184] Anno, ed. Mittler; Translatio Godehardi, ed. PERTZ; Miracula sancti Trudonis, ed. BRASSINNE; Miraculorum S. Trudonis ... libri duo, AA SS ord. s. Ben. saec. VI,2, Buch 2.

[185] Vita et miracula beati Eberhardi, ed. WATTENBACH; Vita et miracula sancti Haertwici, ed. Wattenbach, c. 5, S. 97; Miracula sancti Vitalis, ed. Basnage; Adalberti vita Heinrici II. imperatoris, ed. WAITZ, lib. II; Liber de vita et miraculis s. Simperti, AA SS Oct. VI.

[186] Miracula et elevatio sancti Ottonis, ed. KÖPKE; Miracula s. Ottonis, ed. KÖPKE; Miracula sanctae Verenae, ed. REINLE; Matthias: Trier, Seminarbibliothek, Hs. 98.

Die Verwendung des *item*, das unter den reihenden Verbindungsworten relativ häufig begegnet, war seit dem 13. Jahrhundert besonders in der Güter- und Finanzverwaltung verbreitet. Der Funktion eines Spiegelstrichs gleichkommend, wurden seitdem in Rechnungen, Listen, Inventaren und ähnlichem Schriftgut die einzelnen Posten mit *item* eingeführt[187]. Hingegen begegnet dieses Prinzip in den frühmittelalterlichen Quellen der Güterverwaltung, den Polyptychen beziehungsweise Urbaren, noch nicht; deren Einträge wurden unverbunden aneinandergefügt[188]. Lediglich aus der Rechtskodifikation dieser Zeit stammen vereinzelte Beispiele; so wurden die Bestimmungen der Admonitio generalis von 789 und der Synode von Erfurt 932 fast durchgängig mit diesem Wort eingeführt[189]. Daher kann man schließen, daß die Mirakelautoren einem Prinzip vorgriffen, das sich erst ab dem 13. Jahrhundert in bestimmtem Schriftgut etablierte[190].

Gerade die mit *item* eingeleiteten Mirakelberichte vermitteln eher den Charakter einer aktenmäßigen Verzeichnung als einer erzählenden Darstellung. Besonders deutlich ist dies an den Anno-Mirakeln ablesbar, deren Autor mit sehr unterschiedlicher Ausführlichkeit berichtet. In breiten, das Ereignis heraushebenden Schilderungen wählt er andere Einstiegsformen, wenn er relativ kurze Mirakel hintereinander berichtet wie etwa in I,2-6 verknüpft er mit *item*.

Der anonyme Autor der Trudo-Mirakel leitet sein Werk mit dem lapidaren Satz ein:

---

187 Beispielhaft können aus dem deutschsprachigen Gebiet genannt werden: ein Rechnungsfragment der Herren von Bolanden von 1258/62 als älteste Rechnung im deutschen Raum, in der jeder Rechnungseintrag mit *item* eingeleitet wird (siehe STRUCK, Anfänge, S. 12-17); die ältesten Lehnsbücher der Herrschaft Bolanden, ed. SAUER, wobei die Einträge des ältesten Buchs aus dem Ende des 12. Jhs. auffallenderweise noch fast ausnahmslos mit dem Namen des jeweiligen Lehnsnehmers beginnen, während in dem aus der Mitte des 13. Jhs. durchgehend *item* vor dem Namen des Lehnsträgers steht; die Lehnsverzeichnisse Gerhards III. und Gottfrieds III. von Eppstein aus der Mitte und vom Ende des 13. Jhs., die fast ausschließlich mit *item* eingeleitet werden, und einige eppsteinische Zinsregister des 13./14. Jhs. (siehe Eppsteinische Lehensverzeichnisse, ed. WAGNER); die sog. Reichssteuerliste von 1241: Notitia de precariis civitatum et villarum, ed. SCHWALM; die Rechnungsablage Gerhards von Sinzig, die in eine bestätigende Urkunde Konrads IV. inseriert ist und in die sowohl die Einnahmen Gerhards für das Reich, als auch dessen vom Reich zu erwartende Einkünfte durchgehend mit *item* eingeleitet sind (Mrh. UB, Bd. 3, Nr. 746, S. 564 f.); die erzstiftisch kölnischen Einnahmen zu Rhens, die der Burggraf zu Rheineck von 1277 bis 1291 verbuchte, deren Einträge fast geschlossen mit *item* eingeführt werden (LAMPRECHT, Wirtschaftsleben, Bd. III, S. 329-335); die Zisterzienserstatuten (Statuta Capitulorum Generalium Ordinis Cisterciensis, ed. CANIVEZ), in denen dieses Prinzip erstmals gehäuft 1256 auftritt. In England, wo Verschriftlichungsprozesse dieser Art bereits viel früher einsetzten, begegnet in den Pipe Rolls Heinrichs II. ab 1155 ein *Et* zur Einführung jedes Eintrags (The Great Rolls of the Pipe for the Second, Third, and Fourth Years of the Reign of King Henry the Second, ed. HUNTER).

188 Hierzu wurden folgende Quellen überprüft: Polyptyque de l'abbaye de Saint-Bertin (844-859), ed. GANSHOF; Polyptychon von Saint-Germain-des-Prés, ed. HÄGERMANN; Urbare der Abtei Werden, ed. KÖTZSCHKE; Codex Eberhardi, ed. MEYER ZU ERMGASSEN.

189 Capitularia regum francorum I, ed. BORETIUS, S. 52-62; MGH Const., Bd. 1, ed. WEILAND, S. 5 f.

190 Eine Untersuchung über die wechselseitige Beeinflussung von erzählenden Quellen und Verwaltungsschrifttum steht leider noch aus.

Hec sunt opera Domini que apud nos dignatus est operari meritis sanctorum suorum Trudonis et Eucherii, temporibus paternitatis gloriosi abbatis Guntramni, in L anno a tempore incarnationis Domini[191].

Beim Vergleich mit anderem Schriftgut stellt sich heraus, daß Wendungen wie *Hec sunt* als Einleitungsformel in ähnlichen Quellentypen begegnen wie die *item*-Belege: Quellen der Wirtschaftsverwaltung wie Güter- und Lehnsverzeichnisse[192], Rechtsaufzeichnungen[193], Konzilsbeschlüsse[194] und Verträge[195]. Darüber hinaus werden solche Formulierungen immer wieder in einzelnen Bestandteilen von in Urkundenform überlieferten Verträgen verwendet, etwa zur Einführung einer Eidesformel oder von Zeugen[196]. Zu verweisen ist auch auf das Beispiel eines Mitgliederverzeichnisses einer Mauritiusbruderschaft in Tours aus der Mitte des 11. Jahrhunderts, das mit der Formel *Haec sunt nomina societatis sancti Mauricii* eingeleitet wurde[197].

---

[191] Miracula sancti Trudonis, ed. BRASSINNE, S. 39; gemeint ist das Jahr 1050.

[192] Das zwischen 1166 und 1173 entstandene Tafelgüterverzeichnis (zur Datierung EISENLOHR, Paläographische Untersuchungen) beginnt mit *Iste sunt curię quę pertinent ad mensam Regis Romanorum*, (Tafelgüterverzeichnis, ed. BRÜHL/KÖLZER, S. 53); das Lehnsverzeichnis Graf Heinrichs I. von Regenstein von 1212/1227 wird eröffnet mit *Hec sunt bona comitum de Regensten* (FENSKE/SCHWARZ, Lehnsverzeichnis Graf Heinrichs I. von Regenstein, S. 256); einige der eppsteinischen Zinsregister beginnen mit *Hic nota(n)tur ...*, Eppsteinische Lehnsverzeichnisse, ed. WAGNER, S. 118, 121.

[193] Hier ist das Regalienweistum von Roncaglia vom November 1158 zu nennen, in dem Friedrich I. den Begriff der Regalien durch eine Aufzählung, die in formloser Niederschrift festgehalten ist, definieren läßt: *Regalia sunt hec* (MGH Const., Bd. 1, ed. WEILAND, Nr. 175 = MGH D F. I., Bd. 2, ed. APPELT, Nr. 237). Eine ähnliche Formulierung begegnet in dem Weistum der Stadt Wetter (Hessen), das im Jahr 1239 aufgezeichnet wurde: *Hi sunt articuli, quos dictavit communitas et scabini in Wettera*; neueste Untersuchung und Edition ECKHARDT, Weistum, S. 19.

[194] Die Beschlüsse des Konzils von Pavia, 1159 Febr., ließ Friedrich I. mit folgender Einleitungsformel aufzeichnen: *Haec sunt capitula, quae in concilio Papiae super electionem domni papae Victoris canonice probata sunt*, MGH Const., Bd. 1, ed. WEILAND, Nr. 188.

[195] Als Beispiel kann einmal der Vertrag Barbarossas mit Piacenza (1162 Mai) dienen, eine nicht in Diplomform gehaltene Aufzeichnung, die der Kaiser besiegelte. Sie beginnt mit *In nomine Domini, amen. Hec est concordia per quam Placentini in gratiam domni imperatoris Friderici redierunt* (MGH Const., Bd. 1, ed. WEILAND, Nr. 206 = MGH D F. I., Bd. 2, ed. APPELT, Nr. 362.) Ein weiteres Beispiel bildet der Vertrag Friedrichs mit den Grafen Raimund von Barcelona und Raimund von der Provence (1162 vor Aug. 1): *Hec est concordia facta inter imperatorem Romanorum F. et comitem Barcilonensem R. et filium fratris eius comitem Provinciae R.* (MGH Const., Bd. 1, ed. WEILAND, Nr. 215 = MGH D F. I., Bd. 2, ed. APPELT, Nr. 378).

[196] Zum Beispiel in dem Vertrag zwischen Heinrich V. und Papst Paschalis II. am Ponte Mammolo 1111 April 11 (MGH Const., Bd. 1, ed. WEILAND, Nr. 93, Nr. 95, Nr. 98); in den Verträgen Friedrichs I. mit Genua, 1162 Juni 9 (MGH Const., Bd. 1, ed. WEILAND, Nr. 211 = MGH D F. I., Bd. 2, ed. APPELT, Nr. 367), Cremona, 1162 Juni 13 (MGH Const., Bd. 1, ed. WEILAND, Nr. 212 = MGH D F. I., Bd. 2, ed. APPELT, Nr. 369), Ravenna, 1162 Juni 26 (MGH Const., Bd. 1, ed. WEILAND, Nr. 213 = MGH D F. I., Bd. 2, ed. APPELT, Nr. 372).

[197] MEERSSEMAN, Anecdota, S. 285; siehe auch OEXLE, Liturgische Memoria, S. 325.

Im übrigen datiert der Autor bereits nach der minderen Zahl, was nach Grotefend und Ginzel allerdings kaum vor dem 15. Jahrhundert gebräuchlich ist. Eine Verschreibung ist somit nicht gänzlich auszuschließen[198].

Es liegt nahe, aus den Beobachtungen die Vermutung abzuleiten, der Autor der Trudo-Mirakel habe zumindest zunächst eher ein Amtsbuch anlegen wollen, als eine Mirakelerzählung zu schreiben. Sie stützen die oben vorgetragene These, daß seine Mirakelaufzeichnung „eine erste knappe Protokollierung"[199] darstellt.

Auch in Stepelins Überarbeitung der Wunder ist noch etwas davon zu spüren, beginnt er die Mirakelserie doch lediglich, dennoch bezeichnenderweise, mit einer feierlichen Datierung nach Inkarnationsjahr, Herrscher und Abt:

> *Anno humanati verbi millesimo quinquagesimo, nobile principe Heinrico juniore moderamina perstrenue disponente Imperii et glorioso viro Guntramno patre nostri monasterii, haec apud nos percrebuerunt magnalia Domini per pia sanctorum confessorum merita Trudonis et Eucherii*[200].

Darüber hinaus bedienen sich die Mirakelautoren vor allem im Bereich der Absicherung von Mirakelberichten rechtssprachlicher Termini. Die Wortfamilie *testis* ist mit den Begriffen *testimonium, attestatio, testari, testificari, attestari, contestari, testis* vertreten. Hinzu kommen weitere versichernde und bekräftigende Verben, Nomina und Adjektive: *probare, comprobare, approbatio, affirmare, asserere, assertio, astipulatio, certus, fidis, fidelis, auctorabilis, idoneus*.

Besonders häufige Verwendung finden in diesem Zusammenhang auch Begriffe aus der Wortfamilie *verus*: Neben *verus veridicus, verax, veraciter, veriloquus, veritas*, samt den Superlativen der Adjektive und Adverbien.

Schließlich werden diese Begriffe kombiniert und ergeben damit eine besonders starke Versicherung. Einige aussagekräftige Beispiele seien aneinandergefügt: *rei veritatem ... testificatur*[201]; *egritudinem ... veracem ... testabantur*[202]; *Cuius rei testes idonei plurimi tunc temporis astiterunt, qui illam prius se debilem veraciter agnovisse asseruerunt*[203]; *testimonio uerum comprobamus*[204]; *verissima testium approbatione*[205]. Soweit bereits behandelt, belegen die einschlägigen Artikel im Mittellateinischen Wörterbuch die starke rechtssprachliche Verwendung der hier aufgezählten Begriffe[206].

---

198 Grotefend, Zeitrechnung, Bd. 1, S. 123; Ginzel, Handbuch, Bd. 3, S. 182.
199 Siehe oben S. 84.
200 Miraculorum S. Trudonis ... libri duo, AA SS ord. s. Ben. saec. VI,2, Buch 2, S. 91.
201 Libellus de quibusdam miraculis beati Adalberonis, ed. Schmale-Ott, c. 18, S. 78.
202 Anno, ed. Mittler, I,6.
203 Miracula sancti Bernwardi, ed. Pertz, c. 13, S. 784 f.
204 Virgil: Wien, Österr. NB, Cod. 339, S. 312.
205 Kunigunde: Leipzig, UB, Rep. II 64, c. 97, fol. 53r.
206 Siehe Mlat. Wb. s.v. *attestari, contestari, comprobare, approbatio, affirmare, asserere, assertio, astipulatio, certus, auctorabilis*.

Eine Untersuchung der Einführungen der Zeugenreihen in ausgewählten Urkundenbüchern des Untersuchungsraumes[207] erbrachte vielfältige Ähnlichkeiten zu den Bezeugungen in den Mirakelsammlungen. Die Standardformel der Urkundenbücher zur Einführung einer Zeugenreihe, *Huius (Cuius) rei testes sunt (fuerunt)*, konnte allerdings nur einmal in dem eben erwähnten Bernward-Mirakel nachgewiesen werden. Die in den Urkunden verbreitete Qualifizierung der Zeugen als *idonei*, für die dutzendfach Belege angeführt werden könnten, wird, wie bereits gesagt, ebenfalls in den Mirakelsammlungen vorgenommen. Einzelne Gegenüberstellungen können an dieser Stelle unterbleiben, da sich in den im folgenden vorgestellten weiteren Bezügen zwischen Mirakelberichten und Urkunden hinreichende Belege finden[208]. Doch auch in anderen Qualifizierungen der Zeugen oder des Zeugnisses ähneln sich Mirakel- und Urkundenterminologie, wobei die Bandbreite in den Mirakeln etwas größer ist:

Adalberti vita Heinrici II. imperatoris, ed. WAITZ, lib. II,3, S. 812: *... referentibus fratribus boni testimonii ...*	Mainzer UB I, Nr. 589: 1133: *... boni testimonii viri ...*
Anno, ed. MITTLER, III,70: *... vir utique optimi testimonii ...*	Mainzer UB I, Nr. 406: 1102: *... complures ... probabilis testimonii.*
Kunigunde: Miracula varia, AA SS Mart. I, c. 7, S. 278: *... sub testimonio probabilium virorum ...*	Mainzer UB I, Nr. 326: 1070: *Interfuerunt ... testes viri probabiles ...*
	Mainzer UB II,1, Nr. 74: 1145 (vor März 3): *... probabilium adhibentes testimonia personarum ...*

[207] Ausgewertet wurden: UB Hochstift Hildesheim I; Rh. UB I; Siegburger UB I; Mainzer UB I u. II,1.

[208] Siehe oben S. 132 und im übrigen auch SPIESS, Königshof, S. 207, Anm. 28, der auf dieses Phänomen in den Mainzer Urkunden des 12. Jhs. aufmerksam macht; auch die Wortkonkordanz zum Decretum Gratiani, bearb. v. REUTER/SILAGI, Tl. 3, S. 2163, beweist die häufige Verbindung von *idoneus* mit *testis* oder *testimonium* und damit den rechtssprachlichen Zusammenhang des Gebrauchs.

Der Hinweis auf die Bezeugung der Wahrheit (*veritas*), die in den Mirakelsammlungen eine ganz wichtige Rolle spielt, ist auch in den Urkunden verbreitet. Die Zeugen bestätigen die Tatsächlichkeit des beurkundeten Rechtsvorganges. Hierzu einige einander gegenübergestellte Beispiele:

Miracula sanctae Verenae, ed. Reinle, c. 8, S. 54:	Mainzer UB I, Nr. 452: 1112:
... testes veritatis sumus.	*... veritatis testem ...*
Libellus de quibusdam miraculis beati Adalberonis, ed. Schmale-Ott, c. 18, S. 78:	Mainzer UB II,1, Nr. 62: 1144:
Huius rei veritatem ...	*Harum rerum veritatem ...*
Anno, ed. Mittler, III,76: *... veritas autem gestarum rerum ...*	Rh. UB I, Nr. 130: 1019 März 8: *... veritas geste rei ...*
Miracula sancti Bernwardi, ed. Pertz, c. 10, S. 784:	
... rei gestae veritatem ...	
Libellus de quibusdam miraculis beati Adalberonis, ed. Schmale-Ott, c. 21, S. 78:	Mainzer UB I, Nr. 545: 1127 Dez. 25:
... ad testimonium veritatis.	*... veritatis testimonio mulctetur ...*
Anno, ed. Mittler, I,85:	Hild. UB I, Nr. 263: 1150 Mai 8:
... ad testimonium veritatis.	*... in testimonium veritatis ...*
De B. Altmanno ... Vita altera, AA SS Aug. II, c. 59, S. 388:	Mainzer UB I, Nr. 489: 1120 Okt. 16:
... qui veritatis ... habet testimonium ...	*... ne deesset huic veritati testimonium ...*

Matthias: Trier, Seminarbibliothek, Hs. 98, c. 3, fol. 16r:	Siegb. UB I, Nr. 41: 1132:
... *ueritati testimonium dederunt* ...	... *testimonium veritati perhibentibus* ...

In beiden Quellengattungen häufig gleichlautend sind die für den Bezeugungsvorgang verwendeten Verben: *ad(per)hibere* oder auch *(cor)roborare*. Statt *testimonium* begegnet in diesen Zusammenhängen auch *astipulatio*:

Anno, ed. Mittler, I,57:	Mainzer UB I, Nr. 595: 1134:
Testimonium perhibebant parentes, testimonium perhibebat parrochianus ...	... *probabilium adhibuimus testimonia personarum* ...
Matthias: Trier, Seminarbibliothek, Hs. 98, c. 10, fol. 24r:	Mainzer UB II,1, Nr. 74: 1145 (vor März 3):
... *testimonium perhibentibus populis* ...	... *probabilium adhibentes testimonia personarum* ...
Anno, ed. Mittler, II,11:	Mainzer UB II,1, Nr. 349: 1173 Juli 2:
... *testimonio adhibito* ...	... *adhibitis idoneis testibus* ...
Miracula s. Heriberti, ed. Holder-Egger, c. 37, S. 1259:	Siegb. UB I, Nr. 49: 1140 (April/Mai):
... *adhibitis etiam idoneis testibus* ...	... *testes idoneos* ... *adhibemus* ...
	Mainzer UB I, Nr. 381: 1092:
	... *hos testes adhibuimus* ...
	Mainzer UB I, Nr. 393: 109[7]:
	... *adhibitos testes* ...

Anno, ed. MITTLER, III,77:	Mainzer UB II,1, Nr. 23: 1141 (vor Mai 29):
... ipsorum, quibus contigit, testimonio roboratur.	*... et subscriptorum testium asstipulatione roborari ...*
Miracula s. Heriberti, ed. HOLDER-EGGER, c. 35, S. 1259:	Mainzer UB II,1, Nr. 308: S. 1168:
Supervacaneumque est hoc roborari testium astipulatione ...	*... veracium etiam testium astipulatione confirmamus ...*
	Rh. UB I, Nr. 136: 1045:
	... sub assignatorum testium astipulatione.

Parallel zu der in den Urkunden gebräuchlichen Betonung der Anwesenheit der Zeugen beim Rechtsvorgang, wird in den Mirakeln hervorgehoben, daß sie die Errettung beobachteten:

Miracula s. Heriberti, ed. HOLDER-EGGER, c. 20, S. 1254:	RH. UB I, Nr. 8: 1064 nach Juni 1:
Venerabilium virorum didici relatione ... qui viderunt et interfuerunt ...	*Huic traditioni interfuerunt idonei et legitimi testes ...*
Adalberti vita Heinrici II. imperatoris, ed. WAITZ, lib. II,3, S. 812:	Rh. Ub I, Nr. 97: 1057 Juni 25 und nach Juni 25:
... qui praesentes huic miraculo se interfuisse et vidisse testati sunt.	*Cuius rei testes hii sunt astantes quidem et videntes traditionem ...*

Schließlich kann der Bezeugungsvorgang auch verbal – mit *attestare* – ausgedrückt werden:

Miraculorum S. Trudonis ... libri duo, AA SS ord. s. Ben. saec. VI,2, Buch 2, c. 63, S. 98:	Hild. UB I, Nr. 275: 1151 Aug. 23:
Concivibus autem suis adtestantibus ...	*... personis idoneis attestantibus didicimus.*
Uodalscalcus, De Eginone et Herimanno, ed. JAFFÉ, c. 6, S. 435:	
... idoneis attestantibus personis cognovissemus ...	

Endlich kann auch der Eid, mit dem manche Mirakel bekräftigt werden, in urkundlichem Zusammenhang nachgewiesen werden:

Miracula et elevatio sancti Ottonis, ed. KÖPKE, c. 19, S. 915:	Siegb. UB I, Nr. 77: 1189:
... cum iuramento affirmantibus ...	*... confirmatum est iuramento abbatis Gerlaci ... iuramento decani Godefridi, Gisilberti ...*

In den Mirakelberichten werden des öfteren die ganzen Einwohner eines Ortes zu Zeugen ausgerufen; auch für dieses Phänomen fand sich ein urkundlicher Beleg:

Miracula sancti Bernwardi, ed. PERTZ, c. 2, S. 783:	Rh. UB I, Nr. 103: 1094 Dez. 31 u. 1095 Jan. 9:
Testis est tota civitas nostra ...	*... sub totius pene urbane plebis testimonio.*
Miracula sancti Bernwardi, ed. PERTZ, c. 7, S. 783:	
Testis est tota Goslaria ...	

Matthias: Trier, Seminarbibliothek, Hs. 98, c. 22, fol. 31r:

Tot enim testes ... quot uiros ac feminas Treuerica continet ciuitas ...

Walter BERSCHIN und Gereon BECHT zeigen, daß es in der Wiborada-Vita Ekkeharts und möglicherweise auch in deren Mirakeln Anklänge an die Urkundensprache gibt. Im Zusammenhang mit den Mirakeln verweisen sie auf die Wendung *veritatis assertione* in c. XL, S. 94, die sich in der Form zwar offenbar nicht in St. Galler Urkunden belegen läßt, deren starkes rechts- und urkundensprachliches Vorkommen im Mittellateinischen Wörterbuch aber nachgewiesen werde[209].

Auch Schenkungen und Selbsttraditionen können in Mirakelberichten ähnlich wie in Urkunden formuliert sein. Im 22. Kapitel der Heribert-Wunder wird eine Hörige von ihrer Herrin für zwei Denare als Wachszinsige an Deutz geschenkt, falls sie gesundet. Der Bericht entspricht im Stil den Traditionsurkunden der Zeit:

Miracula s. Heriberti, ed. HOLDER-EGGER, c. 22, S. 1256:	Rh. UB I, Nr. 83: (1014 Febr. 14-1021 März 16):
... domina eam sancto Heriberto possidendam tradidit per conditionem, si per eum amissorum sensuum recuperaret restaurationem, et quotannis duas cerae deneratas ipsi offerret sorte censoria et huic pacto semper manciparetur obnoxia.	*Quod ea scilicet petivi fieri ratione, ut singulis annis ipsa cum posteris duas deneratas ad supra memoratam aecclesiam persolvat ...*
	Rh. UB I, Nr. 95: 1054 Sept. 7:
	Ea autem ratione dedi eos, ut ipsi et omnis successio eorum solvant singulis annis duas denariatas cerae ad ęcclesiam ipsam ...

[209] BERSCHIN/BECHT, Sprachliches, S. 20 f.

Wie die beiden Urkunden zeigen, scheint der Betrag von zwei Denaren durchaus üblich gewesen zu sein. In c. 17 der Heribert-Mirakel tradiert sich auch ein Schuhmacher für die gleiche Summe[210].

In einem Trudo-Mirakel überträgt sich eine Frau samt ihrer Nachkommenschaft aus Dank für das ihr widerfahrene Heilungswunder. Dessen Formulierung weist Anklänge an andere Traditionsurkunden des Klosters Saint-Trond auf.

Miraculorum S. Trudonis ... libri duo, AA SS ord. s. Ben. saec. VI,2, Buch 1, c. 19, S. 91:	Cartulaire de l'abbaye de Saint-Trond, ed. Piot, I, Nr. V: 956 Jan. 8:
Mox itaque ingenuitate deposita, cum omni posteritate sua se sub annuali censu in perpetuo illic tradidit servituram in omnibus sicut solent tabulae continere, ex ingenuis ad loca sancta se donantibus.	... *ibi sue ingenuitatis libertatem amittens et se sub jugo servitutis Deo et sancto Trudoni tradidit famulandum, ea videlicet ratione, ut annis singulis, ad festivitatem sancti Trudonis, census solvere studeat denarium 1, pro censu sui capitis* ...

Freie Geburt wird regelmäßig mit *ingenuitas* beschrieben, der Akt der Übertragung mit dem Verb *tradere*. In den Trudo-Mirakeln wird mit den Worten *sub annuali censu* ein Vorgang komprimiert dargestellt, der in den Traditionsurkunden aufgeschlüsselt wird: Jedes Jahr am Festtag des Heiligen wird ein Kopfzins von einem Denar auf den Altar des hl. Trudo, meist in einen bestimmten Kelch, gezahlt[211].

Die Schenkung einer sächsischen Adligen an das Kloster Hersfeld in c. 14 der Wigbert-Mirakel weist ebenfalls urkundensprachliche Anklänge auf[212]:

> *Cuiusdam uiri nobilis uidua, oriundo Saxonica, possessionem quandam dotali dono iuri suo collatam, conuocato fidelium uirorum conuentu, sancto Dei famulo legali contulit traditione, sibi tamen in fructuarium, sustentationis usum quousque uiueret concedendam.*

---

210 Miracula s. Heriberti, ed. Holder-Egger, S. 1253. Zum Phänomen der Wachszinsigkeit künftig: Matheus, Adelige als Zinser von Heiligen. – Ich danke Herrn Prof. Matheus für die Einsicht in seine unveröffentlichte Habilitationsschrift.

211 Vgl. auch Cartulaire de l'abbaye de Saint-Trond, ed. Piot, I, Nr. X.: 1055; XI.: 1055-1082 Mai 1; XIV.: 1060; XXVI.: 1108-1138; XXXII.: 1129.

212 Wigbert: Wolfenbüttel, Herzog-August-Bibl., Cod. Guelf. 76.14 Aug. 2°, fol. 39vb.

Direkte Parallelen aus dem Hersfelder Urkundenbuch lassen sich aufgrund der wenigen Schenkungen Adliger aus dieser frühen Zeit nicht zeigen. In Prekarieverträgen des 10. Jahrhunderts aus dem Trierer Bereich begegnen allerdings die Wendungen *legali traditione* und *usufructuario*[213]:

> *Dedit siquidem legali traditione ad altare ...*
>
> *Dedit igitur prefatus Gozbertus legali traditione ... ea nimirum ratione atque conditione ut per precariam ... usufructuario teneant ...*
>
> *... eo nimirum tenore ut utrumque abbatiam scilicet et eandem uillam usufructuario teneam omnibus diebus vitę meę.*

Die Verwendung von Elementen der Rechts- und Verwaltungssprache in Mirakelsammlungen zeigt, daß dieses Genre nicht allein literarischem Stil verpflichtet war, sondern auch dem sprachlichen Habitus dieses „Gebrauchsschrifttums“. Durch die Bedeutung der Zeugen und der Bezeugung überhaupt, wie sie oben herausgearbeitet wurde, einerseits und die Verwendung urkundensprachlicher Termini zur Beschreibung des Vorgangs der Bezeugung andererseits hat es den Anschein, als sei die Mirakelaufzeichnung einer auf „Amtlichkeit“ und „Wahrheitsgehalt“ bedachten Tätigkeit entsprungen[214].

Die Beobachtungen lassen den weitergehenden Schluß zu, daß Mirakelautoren und in der klösterlichen Registratur tätige Schreiber häufig identisch gewesen sein dürften.

Exkurs: Sprachliche Beziehungen der Mirakelsammlung Annos von Köln zu denen der hl. Maria von Rocamadour und des hl. Aegidius in Saint-Gilles

Abt Gerhard von Siegburg unternahm zusammen mit einem Mönch seines Klosters und dem Magister Goderan des St. Cassius-Stiftes in Bonn zu Jahresbeginn 1181 eine Pilgerreise nach Saint-Gilles und Rocamadour sowie nach Grammont im Süden Frankreichs[215]. Die zeitliche Übereinstimmung der Pilgerfahrt mit der Einleitung des Heiligsprechungsverfahrens für den Klostergründer Anno sticht dabei besonders ins Auge. Zudem wandte sich der Abt nicht irgendwelchen Kultzentren zu, sondern mit Saint-Gilles und Rocamadour zwei bedeutenden, jeweils an einem der Pilgerwege nach Santiago de Compostela gelegenen, die außerdem

---

[213] Siehe z. B. Mrh. UB, Bd. 1, Nr. 158: 915-923; Nr. 163: 923 Juni; Nr. 169: 928.

[214] Vercauteren, Note, vermag in einem Translationsbericht der hl. Hunegundis Elemente der Urkundensprache nachzuweisen, bes. S. 658.

[215] Siehe hierzu: Itinerarium fratrum Grandimontensium; Übersetzung und Kommentar des Reiseberichts: Corsten, Reise.

beide zu dieser Zeit bereits Mirakelaufzeichnungen besaßen[216]. Im übrigen zogen diese Kultorte deutsche Pilger in besonderem Maße an[217]. MITTLER und BERNARDS haben daher die Vermutung geäußert, daß diese Reise den Zweck verfolgte, sich an diesen Orten über die Organisation eines Heiligenkultes und die Anlage eines Mirakelbuches zu informieren[218]. Diese These ist sicherlich berechtigt, läßt jedoch sofort die Frage aufkommen, in welcher Weise sich dies auf die Mirakelaufzeichnung auswirkte. MITTLER hat in seinem Kommentar zur Edition des Siegburger Mirakelbuchs eine Reihe von Belegstellen aus den beiden französischen Mirakelbüchern solchen aus dem Siegburger gegenübergesetzt und teils wörtliche Parallelen, teils Anklänge nachgewiesen[219]. Die endgültige Entscheidung weist er einem Fachphilologen zu[220]. BERNARDS kommt zu dem Schluß, „daß das Siegburger Mirakelbuch ... durch französische Vorbilder angeregt und bestimmt wurde"[221], ohne jedoch einen exakten Nachweis darüber zu führen.

Bei dem folgenden erneuten Vergleich sollen nicht nur sprachliche Übereinstimmungen untersucht, sondern die gesamte Anlage des jeweiligen Mirakelbuchs berücksichtigt werden, um den Grad der Abhängigkeit vollständig ermessen zu können.

Die Mirakelsammlung der Jungfrau von Rocamadour, die wahrscheinlich 1172 aufgezeichnet wurde[222], besteht aus drei Büchern. Auch der Chronist der Anno-Mirakel setzt sich ausdrücklich zum Ziel, seine Sammlung auf drei Bücher zu verteilen[223]; freilich fügt er aufgrund des Drängens der Mitbrüder noch ein viertes Buch an und läßt schließlich einen Nachtrag folgen[224]. Während der Autor der Anno-Mirakel jedoch den zeitlichen Rahmen, in dem sich die Sammlung bewegt, eindeutig absteckt auf das erste und zweite Jahr seit Annos Heiligsprechung, läßt dies der der Marienmirakel von Rocamadour offen. Lediglich zwei Mirakel datiert er genau (II,15; 20). Daneben erlauben allein die vielfachen Erwähnungen bekann-

---

[216] BOTTINEAU, Chemins; dt. Ausg. ed. HERBERS, S. 61 ff., 67.

[217] In Saint-Gilles betrifft die Hälfte aller Berichte deutsche Pilger (hierzu AMMANN, Deutsche in Saint-Gilles, bes. S. 211 ff.), in Rocamadour sind es sechs, darunter Kölner Kaufleute und der berühmte Sänger Peter von Sieglar aus der Nähe Siegburgs (hierzu CORSTEN, Rheinische Pilger in Rocamadour, der überdies aus anderen Quellen weitere Berichte über deutsche Wallfahrer in Rocamadour zusammenträgt). Daneben wurden vom Rhein-Moselraum aus wirtschaftliche Beziehungen nach Saint-Gilles gepflegt (AMMANN, Deutsche in Saint-Gilles, S. 217).

[218] MITTLER, Einleitung (Siegburger Studien, Bd. V), S. 34*; DERS., Abt Gerhard, S. 28; DERS., Annos Heiligsprechung, S. 46; BERNARDS, Rheinische Mirakelliteratur, S. 51 f.

[219] MITTLER, Einleitung (Siegburger Studien, Bd. V.), S. 34*-37*.

[220] Ebd., S. 34*. In dem Aufsatz Annos Heiligsprechung, S. 46 f., stellt er jedoch einen eindeutigen Einfluß der französischen Mirakelbücher auf das Siegburger fest, ohne neue Belege anzuführen.

[221] BERNARDS, Rheinische Mirakelliteratur, S. 51 f.

[222] Les miracles de Notre-Dame de Roc-Amadour, ed. ALBE, S. 12; PERNOUD, Livre, S. 11; SIGNORI, Maria, S. 202, 207.

[223] Anno, ed. MITTLER, II,89; IV,1.

[224] Ob der Nachtrag von demselben Autor stammt, steht nicht zweifelsfrei fest: Es läßt sich jedoch kein stilistischer Bruch zu den übrigen Mirakelberichten feststellen; MITTLER, Einleitung (Siegburger Studien, Bd. V), S. 29*.

ter Persönlichkeiten oder auch von politischen Ereignissen eine chronologische Einordnung. In der französischen Sammlung fehlt dadurch auch die Hervorhebung bestimmter Ereignisse durch bewußte, die Chronologie unterbrechende Anordnung, wie sie die Sammlung der Anno-Mirakel bietet.

Ein Element, das hingegen übernommen sein könnte, sind die häufig erfolgten genauen geographischen Einordnungen, die sich hier wie dort finden. Nennungen von Namen, auf die der Schriftsteller von Rocamadour ebenfalls Wert legt, sind in den Anno-Mirakeln dagegen seltener. Beiden Autoren ist außerdem daran gelegen, Gelübde[225] und figürliche Votivgaben zu erwähnen. In den Anno-Mirakeln bestehen diese meistens aus Wachs, in denen der Muttergottes häufig auch aus Silber[226], was sicherlich mit der jeweiligen sozialen Zusammensetzung der Pilgerschaft zusammenhängt: In Rocamadour sind vornehmlich Adlige von Wundern betroffen[227].

Aufgrund dessen sind auch die Typen der Wunder unterschiedlich. In den Marienmirakeln begegnen gehäuft Nöte wie Gefangenschaft, Galgen, Verletzungen, Wassernot, Feuersbrünste[228]. Der hl. Anno hat, wenngleich Angaben zur sozialen Stellung selten sind, wohl eine einfachere Klientel gehabt, die ihn besonders ihrer körperlichen Gebrechen wegen aufgesucht hat. In den Anno-Mirakeln finden sich 96% medizinische Notlagen, in denen von Rocamadour nur 50%[229]. In dem französischen Kultort streut die Pilgerschar geographisch sehr, während die Siegburger Pilger nur vereinzelt mehr als 100 km zurücklegen und ganz selten aus dem Ausland kommen[230]. Wunder an Kindern, die eine große Rolle im Siegburger Mirakelbuch spielen, fehlen in dem französischen fast völlig[231].

In der Sammlung von Rocamadour wird sehr häufig vermerkt, daß Notleidende oder andere Personen das Wunder berichteten – *miraculum retulit*[232] – oder ähnlich. In den Anno-Mirakeln verweist der Autor ebenfalls oft auf den Bericht der Wunder, bedient sich dabei aber einer anderen Terminologie. Meistens werden die *res* oder die *res gestae* dargelegt, vielfach aber regelrecht bezeugt.

---

225 Gelübde spielen in den anderen untersuchten Mirakelsammlungen nicht eine solch dominierende Rolle; siehe zu den Gelübden das Register der Anno-Mirakel (Siegburger Studien, Bd. V), S. 382 f.

226 Les miracles de Notre-Dame de Roc-Amadour, ed. ALBE, I,17 (vier Silberzähne); I,27 (silberne Nase).

227 SIGNORI, Maria, S. 223, zählt 69 Adlige und 16 Geistliche gegenüber 72 Personen anderer sozialer Herkunft.

228 Siehe hierzu SIGNORI, Maria, Schaubild 12, S. 223, die 10 Gefangenenbefreiungen, 6 Galgenwunder, 8 Seenöte und 6 Feuersbrünste zählt.

229 Ebd., Schaubild 12, S. 223.

230 Die Pilger zur Muttergottes kommen fast aus ganz Frankreich und aus weiteren europäischen Ländern; siehe die Karte VIII, ebd.; Les miracles de Notre-Dame de Roc-Amadour, ed. ALBE, S. 14. Zur Herkunft der Pilger in den Anno-Mirakeln siehe die Karten in MITTLER, Einleitung (Siegburger Studien, Bd. V), nach S. 59*.

231 37% der Wunder wirkte der hl. Anno an Kindern.

232 Les miracles de Notre-Dame de Roc-Amadour, ed. ALBE, I,13, passim.

Jedem Mirakelbericht wird von dem französischen Autor eine Eigenexistenz zugebilligt, während in dem Mirakelbuch von Siegburg zahlreiche Wunder durch anknüpfende Wendungen verbunden sind und daher Seriencharakter gewinnen. Das Gotteslob, mit dem der Hagiograph aus Rocamadour Mirakelberichte gerne beschließt, fehlt in den Anno-Mirakeln ebenfalls[233].

Faßt man nun die wörtlichen Übernahmen und Anklänge ins Auge, so stellt man bei Kenntnis einer größeren Anzahl von Mirakelsammlungen fest, daß viele der von MITTLER angeführten Belege zum Allgemeingut dieser mit einem eingeschränkten Vokabular arbeitenden Quellengattung gehören: *languore correptus, gravi detentus infirmitate*[234], *officium lingue restaurans, lumine diu orbata, oculorum luce privata*[235], *nullum remedium inveniebat, pristine saluti reddita, pristina reddita est sanitati*[236] zählen hierzu. Auch einige weitere, von MITTLER nicht angeführte Übereinstimmungen, die auf den ersten Blick nicht sehr gebräuchlich anmuten, konnten – wenn auch nicht gerade gehäuft – in anderen hier untersuchten Mirakelsammlungen nachgewiesen werden:

Anno, ed. MITTLER, II,82; 85:	Les miracles, ed. ALBE, I,3:	Libellus de quibusdam miraculis beati Adalberonis, ed. SCHMALE-OTT, c. 7, S. 52:
... votum(que) reddidit.	*... votum reddere distulit.*	*... vota reddituram.*
Anno, ed. MITTLER, II,4:	Les miracles, ed. ALBE, II, 14:	Auctor: Translatio sancti Modoaldi, ed. JAFFÉ, c. 9, S. 295:
... voto reddito ...	*... votum non distulit reddere ...*	*... grates cum voto reddidit.*
		Matthias: Trier, Seminarbibliothek, Hs. 98, c. 3, fol. 15v:
		... uota ... reddidit ...

[233] Z.B. ebd., I,31; I,35; I,41.
[234] Siehe zu diesen ersten beiden Ausdrücken oben S. 137.
[235] Siehe zu letzteren beiden Wendungen ebd.
[236] Siehe zu den letzten beiden Wendungen oben S. 138.

Anno, ed. Mittler, III,42:	Les miracles, ed. Albe, II,46:	Libellus de quibusdam miraculis beati Adalberonis, ed. Schmale-Ott, c. 17, S. 76:
Fuderunt preces ...	*... fundebant preces ...*	*... preces ... fudit ...*
Anno, ed. Mittler, III,27:		Libellus de quibusdam miraculis beati Adalberonis, ed. Schmale-Ott, c. 19, S. 78:
... fundere preces ...		*... preces fundunt ...*
		Liutwin: Miracula, AA SS Sept. VIII, c. 8, S. 178:
		... prece ... fusa ...
Anno, ed. Mittler, I,64 (passim):	Les miracles, ed. Albe, II,38:	Miracula s. Modoaldi, ed. Jaffé, c. 5, S. 312:
... ad extrema perductus est.	*... ad extrema perductus ...*	*... ad extrema perducta ...*
		Libellus de quibusdam miraculis beati Adalberonis, ed.

		SCHMALE-OTT, c. 8, S. 54:
		... *ad extrema est deducta.*
Anno, ed. MITTLER, I,44:	Les miracles, ed. ALBE, II,46:	Miraculorum S. Trudonis ... libri duo, AA SS ord. s. Ben. saec. VI, 2, Buch 2, c. 92, S. 102:
... *suffragium petere.*	... *expetebant suffragia* ...	... *suffragia* ... *expetere* ...
Anno, ed. MITTLER, II,42:	Les miracles, ed. ALBE, III,21:	Matthias: Trier, Seminarbibliothek Hs. 98, c. 10, fol. 23v:
Fama volans ...	... *volante fama* ...	... *fama uolante* ...
Anno, ed. MITTLER, IV,9:		Miraculorum S. Trudonis ... libri duo, AA SS ord. s. Ben. saec. VI,2, Buch 2, c. 55, S. 97:
... *fama volante* ...		... *fama* ... *volante* ...
		Miracula s. Ottonis, ed. KÖPKE, c. 10, S. 919:
		... *fama* ... *pervolante* ...

Eine Wendung im Zusammenhang mit einem Schiffsunglück konnte im vorliegenden Material in keinem diese Thematik behandelnden Mirakelbericht außer in einem des hl. Anno aufgespürt werden, und das sicher nicht zufällig. Die Havarie wurde durch ungünstigen Wind verursacht und ereignete sich bezeichnenderweise in der Siegburger wie in der Mirakelsammlung von Rocamadour auf der Rhône: *ventus contrarius* (Les miracles, ed. ALBE, II,28) – *vento contrario* (Anno, ed. MITTLER, IV,12)[237].

In einem Bereich kann man allerdings feststellen, daß sich der Siegburger Autor eines ganz anderen Vokabulars bedient als sein französischer Kollege. Dieser bezeichnet die Ärzte als *medici*, jener als *phisici*.

Zwischen dem Siegburger Mirakelbuch und dem von Rocamadour können also Parallelen und Unterschiede gleichermaßen festgestellt werden. Die Einteilung in drei Bücher, die Bedeutung, die der Nennung von Herkunftsangaben, Gelübden und Votivgaben beigemessen wird, decken sich. Das Schiffsunglück wird mit übereinstimmenden Formulierungen dargestellt. Im großen und ganzen förderten die sprachlichen Untersuchungen jedoch keine Übereinstimmungen zutage, die es nicht auch in anderen Mirakelsammlungen gäbe.

Die Ägidius-Mirakel liegen in einer vom Anfang bis in die sechziger Jahre des 12. Jahrhunderts geführten Mirakelsammlung vor[238].

Als allgemeine Charakteristika fallen auch bei diesen Wunderberichten die genauen Herkunfts- und Namensangaben, selbst der die Hälfte ausmachenden Pilger aus dem deutschen Reich auf. Insgesamt zeigt sich der Autor bis in Einzelheiten hinein außerordentlich gut informiert. Die Darstellung ist im ganzen weitaus breiter als die des Siegburger Autors und enthält längere Passagen in wörtlicher Rede, insbesondere bei Visionen und Gebeten, bisweilen sogar regelrechte Dialoge. Auch Visionen, in denen der Heilige Bedrängten erscheint, sind sehr zahlreich.

Im Gegensatz zu den Anno-Mirakeln folgt die Aufzeichnung nicht der Chronologie, noch läßt die Mirakelsammlung eine andere planvolle Anlage erkennen. Ebensowenig werden die Einzelberichte verknüpft. Die thematischen Vorlieben des Mönchs von Saint-Gilles für Gefangenenbefreiungen und Errettungen vom Galgen[239] finden in den Anno-Mirakeln ebenfalls keine Entsprechung; letzterer Wundertyp fehlt in ihnen sogar ganz.

---

237 Eine ähnliche Formulierung findet sich lediglich in den Trudo-Mirakeln: Miraculorum S. Trudonis ... libri duo, AA SS ord. s. Ben. saec. VI,2, Buch 2, c. 74, S. 99: ... *surgente contrario ventorum flamine.*

238 Miracula beati Egidii, ed. JAFFÉ (für die Mirakel aus der Zeit vor 1124); Liber miraculorum sancti Aegidii (für die späteren Mirakel). BERNARDS, Rheinische Mirakelliteratur, und MITTLER, Einleitung (Siegburger Studien, Bd. V.), beschränken sich auf einen Vergleich der älteren Mirakel mit denen Annos, doch dürfte Abt Gerhard beide Sammlungen eingesehen haben.

239 11 Gefangenenbefreiungen, 6 Galgenwunder, siehe Signori, Maria, Schaubild 12, S. 223.

Besonderes Gewicht legt der französische Mirakelerzähler auf die Feststellung, daß die Erretteten mit Begleitern zum Kultort kommen, um Dank abzustatten; sie berichten oder bezeugen die Geschehnisse vor dem meistens anwesenden Autor und viel Volk (das teilweise erst zusammengerufen wird). Als Zeugnis des Geschehens wird häufig eine Votivgabe aufgehängt. Der Siegburger Autor dürfte vor allem in der Darstellung dieser Absicherungen Anleihen bei dem Kollegen aus Saint-Gilles gemacht haben. Wie dieser legt er besonderes Augenmerk darauf, die Pilger und ihre Begleiter einschließlich der anwesenden Gläubigen zu erwähnen sowie deren Bericht beziehungsweise Bezeugung der Wunder. Die meisten Begriffe – *res gesta, res, ordo, testimonium, attestare, affirmare, manifestare, juramentum, veritas, verus* – sowie Satzteile begegnen zwar auch in anderen Mirakelsammlungen[240], die übereinstimmend hohe Wertschätzung solcher Mitteilungen – im Gegensatz etwa zu dem Mirakelautor von Rocamadour – fällt dennoch auf. Einige Beispiele sollen dies verdeutlichen:

Anno, ed. Mittler, I,92:	Aegidius, ed. Jaffé, S. 318, 2. Sp., Z. 59:
... *quę gesta erant*	... *quae de se gesta fuerant, narravit* ...
Anno, ed. Mittler II,2:	Aegidius, AB 9, c. 23, S. 414:
... *rei gestę ordinem pandunt.*	... *nos hujus rei ordinem* ... *audientes* ...
Anno, ed. Mittler, III,53:	Aegidius, AB 9, c. 24, S. 417:
... *rem gestam ex ordine aperuit.*	... *rem gestam per ordinem declaravit.*
Anno, ed. Mittler, I,48:	Aegidius, AB 9, c. 29, S. 421:
... *rem gestam ordine pandunt.*	... *talia* ... *nobis ex ordine declaravit.*
Anno, ed. Mittler, II,61:	Aegidius, ed. Jaffé, S. 322, 1. Sp., Z. 20:
... *rem, ut erat, manifestant.*	... *haec omnia nobis manifestavit.*

[240] Siehe oben S. 150 ff. im Vergleich mit den Urkunden.

Anno, ed. MITTLER, I,88; III,76:	Aegidius, AB 9, c. 15, S. 403:
... *cum iuramento* ...	... *hoc idem sociis astipulantibus suo juramento fidei, vera esse narravit.*
	Aegidius, AB 9, c. 22, S. 411:
	... *sub fide sua et juramento rettulit* ...
Anno, ed. MITTLER, I,4:	Aegidius, ed. JAFFÉ, S. 318, 1. Sp., Z. 2-4:
... *attestantibus* ... *qui eam noverant* ...	... *praesentibus sociis suis,* ... *et attestantibus* ...
	Aegidius, AB 9, c. 23, S. 414:
	... *multis etiam aliis rem se ita habere attestantibus* ...
Anno, ed. MITTLER, I,19:	Aegidius, ed. JAFFÉ, S. 319, 1. Sp., Z. 9:
... *parentum testimonio* ...	... *eiusdem testimonio* ...
Anno, ed. MITTLER, II,8:	Aegidius, AB 9, c. 23, S. 412:
... *ipsius et multorum testimonio* ...	... *multorum testimonio approbatum cognovimus* ...
Anno, ed. MITTLER, III,78:	
... *cum multorum testimonio* ...	

Dieser Zusammenhang ist MITTLER nicht aufgefallen; die meisten anderen von ihm aufgeführten Wendungen sind wiederum eher Allgemeingut der Mirakelliteratur: *baculos utrosque; solutis compedibus; manibus contractis; nervi eius diu contracti; sanitati restituit*[241].

---

[241] Siehe zu den letzten drei Termini oben S. 136 ff.

Resümierend kann man festhalten, daß der Siegburger Autor die französischen Mirakelsammlungen gekannt haben dürfte. Es existieren wörtliche Bezüge zu ihnen, die meisten sind allerdings im Mirakelschrifttum dieser Zeit allgemein verbreitet. Der Verfasser der Anno-Mirakel scheint vor allem von der Bedeutung, die der Übermittlung bestimmter Informationen beigemessen wurde, beeinflußt worden zu sein, nämlich Herkunftsangaben, Erwähnung von Gelübden und Votivgaben sowie Gewährsleuten der Mirakel[242]. Daneben wird deutlich, daß er der Chronist eines eigenen Heiligenkultes mit einer von den französischen Kultorten verschiedenen Klientel ist. Gabriela SIGNORI kommt zu der gleichen Feststellung beim Vergleich der signifikante Unterschiede aufweisenden nord- und südfranzösischen Marienmirakel: „Der Kulturraum herrscht entschieden über das Kultische. Im Unterschied zur narrativen und diskursiven Ausgestaltung der einzelnen Wundergeschichte konnten die Wunderbuchautoren nur beschränkt Einfluß auf diese gesellschaftlichen Tiefenschichten des Wunders nehmen"[243].

Mit seinem ausgeprägten Bezug zur Chronologie und seinen Verknüpfungen kürzerer Mirakelberichte wählt er bewußt eigene Darstellungsformen, die seiner Sammlung stärkeren Protokollcharakter verleihen.

In jedem Fall muß den Siegburger Hagiographen das Florieren der französischen Heiligenkulte nachhaltig beeindruckt haben. Anläßlich eines Wunders, das Anno an einem Franzosen wirkte, betont er nämlich, dieses erfülle die Funktion, Frankreich zu zeigen, daß Deutschland nicht von Gott verlassen sei[244].

IV. Schlußfolgerungen für die Gattungszugehörigkeit der Mirakelsammlungen

Abschließend sollen die gewonnenen Ergebnisse zusammengefaßt und weitergehend Schlußfolgerungen für die gattungsmäßige Verortung der Mirakelsammlungen gezogen werden.

Die Untersuchung der Chronologie führte erstens zu dem Ergebnis, daß die meisten Mirakelsammlungen relativ zeitnah zum Geschehen aufgezeichnet wurden. Zweitens stellte sich heraus, daß die Chronologie als Ordnungsprinzip einen hohen Stellenwert genoß, wenngleich sie gegenüber inhaltlich-kompositorischen Momenten in den Hintergrund treten konnte. Die einzelnen Berichte wurden weder durchgehend noch immer exakt zeitlich verortet. Die Mirakelautoren wollten

---

242 Analog zu diesem Befund stellt RÖCKELEIN, Miracle Collections, S. 275, für die sächsische Hagiographie der Karolingerzeit fest, daß zwar Teile von Heiligenleben kopiert wurden, nicht aber Mirakelberichte.

243 SIGNORI, Maria, S. 40; DIES., Miracle Kitchen, S. 287; zu der unterschiedlichen Klientel der Heiligen auch FINUCANE, Miracles, S. 130 ff.

244 Anno, ed. MITTLER, I,55: *Dilata vero erat a sanctis eius sanitas, ut etiam Francia disceret Germaniam a Deo non esse derelictam, que Annonem meruit habere patronum et presulem.*

der Nachwelt kein überzeitliches Geschehen, sondern zeitlich eingemessene, individuelle Ereignisse überliefern. Zu diesem Eindruck trägt insbesondere der Befund von 17 Mirakelsammlungen bei, in denen der Kultbeginn genau datiert ist.

Der Aufwand, mit dem Mirakelberichte abgesichert wurden, und die Vielzahl der Möglichkeiten, Sicherheit zu gewährleisten, zeigen ebenfalls das Bestreben, Authentizität herzustellen.

Sprache und Stil der meisten Mirakelsammlungen können als anspruchslos und unprätentiös beschrieben werden, der Informationsgehalt ist daher hoch zu veranschlagen. Diese sachlich anmutende Darstellungsweise geht aber – zumindest im Bereich von Krankheit und Genesung – mit einer Formelhaftigkeit im Vokabular einher, die die Individualität des Berichteten beschneidet. Die Autoren sind sich dessen sogar selbst bewußt: Die Verfasser der Anno- und der Heribert-Mirakel suchen die Schuld für ihre Eintönigkeit freilich nicht bei sich selbst, sondern in den immer gleichen Leiden und Wundern[245]. Daneben existieren Mirakelsammlungen mit rhetorischer Stilisierung, die zum Einfließen fiktiver, unrealistischer Elemente führt. Als fingiert sind auch Einsprengsel direkter Rede zu betrachten, die hauptsächlich dazu dienen, die Spannung zu erhöhen. Hingegen lassen Übernahmen aus dem Urkundenformular im Bereich der Bezeugungen darauf schließen, daß in der Beglaubigung von Mirakeln und Urkunden parallele Vorgänge gesehen wurden, für die dasselbe Vokabular angemessen schien. Weitere Sprachelemente aus dem Bereich der Verwaltung lassen es gerechtfertigt erscheinen, den Mirakelautoren zu unterstellen, sie wollten eher bestimmte Vorgänge aktenkundig machen als erzählerisch ausgestalten.

Die gattungsmäßige Verortung der Mirakelsammlungen führt zu folgendem Ergebnis:

Mirakelsammlungen weisen in mehrfacher Hinsicht einen Bezug zu historiographischen Quellen auf. Sie ähneln in ihrer Struktur solchen Geschichtsquellen, die über den Ablauf bestimmter Vorgänge, seien es Kriegszüge, Wahlen oder andere Begebenheiten, berichten. Für die Autoren beider Erzählgattungen ist die Verpflichtung zur Wahrheit kennzeichnend, die mit Augenzeugen und anderen Gewährsleuten abgesichert wird. Dabei wird in den Mirakelsammlungen wie in der Historiographie der Qualität der Zeugen mehr Bedeutung als der des Zeugnisses zugemessen[246].

---

245 Miracula s. Heriberti, ed. HOLDER-EGGER, c. 28, S. 1257 f.: *Est mihi in his arduum et difficillimum totiens ex una materia variare grafium, utpote in caeco uno, secundo, et tertio et pluribus, et idem probatur in similibus. Quod dictum sit, ut mihi sit a prudentibus veniale, quod plus iusto in talibus planius incedentem non contingat me a sensu aberrare.* Der Verfasser der Anno-Mirakel faßt sechs Wunder in einem Kapitel kurz zusammen, um „dem Leser durch die Ähnlichkeit der Gelübde und Gleichheit der Krankheiten keinen Widerwillen zu erregen", Anno, ed. MITTLER, III,52.

246 GUENÉE, Authentique, S. 218, 220; SIMON, Topik, S. 82, 89 ff. zur Hierarchie mündlicher Zeugnisse (1. Augenzeugenschaft, 2. glaubwürdige Personen, 3. andere mündliche Nachrichten, 4. *fama*, die v.a. von Hagiographen akzeptiert werde, was für den Bereich der Mirakel schlichtweg nicht zutrifft).

Weiterhin spielte die „Zeit als Ordnungsfaktor" in der Historiographie eine bedeutende Rolle[247], wobei die chronologische Reihenfolge geradezu als *ordo naturalis* verstanden wurde[248]. Als *ordo artificialis* bezeichnet es Herbord von Michelsberg in seinem Dialog über den hl. Otto, *dum ea, quae primo facta sunt, postremo dicuntur*[249]. Trotz dieses grundsätzlichen Bekenntnisses zur Chronologie wurde der Umgang mit der Zeit in der Geschichtsschreibung unterschiedlich gehandhabt. In der Chronographie, einer „Geschichtsaufzeichnung, die das historische Geschehen schlechthin grundsätzlich in einer linearen Zeitlichkeit fixieren wollte"[250], wurde die Handlung in die Zeitlinearität eingepaßt. In historiographischen Werken, die mehr dem Ereignis verpflichtet waren, bestand die Möglichkeit zur Auswahl; daneben kamen Mischformen aus beidem vor[251]. In den Mirakelsammlungen sind diese unterschiedlichen Möglichkeiten gleichfalls zu beobachten, wobei auch das Verhältnis von Geschehen und Aufzeichnung die Vorgehensweise beeinflußt.

Ebensowenig wie in der Historiographie trifft man in den Mirakelsammlungen Datierungen durchgängig an. Hier begegnen sie an zentralen Stellen[252], dort scheint mir das Vorgehen eher willkürlich zu sein. Im Unterschied zur Historiographie, deren Zeitsysteme im wesentlichen um das Inkarnationsjahr und Regierungszeiten kreisen[253], ist das zeitliche Netz in Mirakelsammlungen wesentlich enger gezogen insofern, als die Betonung auf den Tag gelegt wird. SCHMALE weist darauf hin, daß die Datierung häufig bei einem Ereignis erfolgt, das den Anfang eines Zeitraumes bildet und die Zeit in Gang setzt, nach der alles weitere datiert werden kann[254]. Ähnliches konnte in Mirakelsammlungen beobachtet werden, die auf einen bestimmten kultinitiierenden Akt, zum Beispiel eine Translation, hin angelegt wurden und dann dem Kultverlauf folgten. Schließlich existieren auch in der Historiographie Beispiele für die bewußte Unterbrechung und Wiederherstellung der Zeitenfolge[255], wie sie in Mirakelsammlungen beobachtet wurde.

Hans-Werner GOETZ hat kürzlich die konkreten Zeitangaben in der karolingischen Historiographie untersucht[256]. Zwar deckt sich deren Spektrum mit dem der Mirakelsammlungen, doch findet sich die Tagesdatierung – einschließlich einer relativ zu einem bestimmten Tag vorgenommenen chronologischen Einordnung – in

---

[247] GOETZ, Zeit als Ordnungsfaktor; DERS., Zeitbewußtsein, S. 166 ff.; DERS., Zeit/Geschichte, S. 646; GUENÉE, Histoire, S. 147; SCHMALE, Funktion, S. 28; SCHULZ, Lehre, S. 98 ff.
[248] MELVILLE, System, S. 44.
[249] Herbordi Dialogus, ed. KÖPKE, Prooemium, S. 706.
[250] MELVILLE, System, S. 311.
[251] Ebd., S. 312.
[252] GOETZ, Zeit als Ordnungsfaktor, S. 70.
[253] Ebd., S. 74; DERS., Zeitbewußtsein, S. 166.
[254] SCHMALE, Funktion S. 30.
[255] SCHULZ, Lehre, S. 101 f.
[256] GOETZ, Zeitbewußtsein, S. 170 ff.

Mirakelsammlungen häufiger. Der Grund scheint mir in dem von vornherein enger angelegten Berichtszeitraum der Wunderserien zu liegen, der oft nur einige Jahre umfaßt, während Werke der Geschichtsschreibung ganze Weltzeitalter abdecken können. Interessant ist, daß Ereignisse, die Verwunderung und Entsetzen hervorriefen, wie Katastrophen und Erscheinungen genauer fixiert wurden[257]. Aufgrund einer besonderen mentalen Ausrichtung auf das Spektakuläre blieb es im Gedächtnis haften und ermöglichte eine genauere zeitliche Verortung. Insgesamt überwiegen jedoch innerhalb der Mirakelsammlungen ebenfalls eher ungenaue Angaben, die Ereignisse in eine ungefähre Abfolge setzen.

Drittens lassen sich auch in der Sprache Übereinstimmungen zwischen Historiographie und Mirakelsammlungen feststellen. Viele Geschichtsschreiber fordern eine Vermeidung von Schmuck in der Darstellung, da diese die Wahrheit verstelle. Die Erzählung solle *brevis (succincta), aperta (dilucida), probabilis (verisimilis)* sein, und von den rhetorischen Genera solle das *genus subtile* gewählt werden[258]. Dieses Postulat wird vor allem von Chronographen und Annalisten erfüllt, die sich darauf beschränken, daß etwas geschehen ist und was sich ereignet hat, darzustellen[259]. In ihrer Syntax herrschen Hauptsatz und Asyndeton vor. Wiederkehrende Sachverhalte werden in stereotypen Wendungen beschrieben, und auch die Inhalte sind gleichförmig[260]. Das Gros der Mirakelsammlungen – aber bei weitem nicht alle – ähnelt also in der Sprache chronographischen und annalistischen Quellen. Für die historiographischen Zeugnisse gilt gleichermaßen, daß der annalistische Stil den Eindruck einer großen Distanz und eines hohen Maßes an Objektivität vermittelt. Die Vereinfachung kann jedoch genauso zur Verfälschung komplexerer Vorgänge führen[261].

Mirakelautoren bedienten sich freilich ebenso Elementen von Rechts- und Verwaltungsschrifttum, wie an sprachlichen Bezügen nachgewiesen werden konnte. Sie lehnten sich in der Bezeugung an das Urkundenformular an und machten Anleihen beim Verwaltungsschrifttum, vor allem solchem serieller Art. In der Verwendung des *item* scheinen sie sogar beispielgebend vorangegangen zu sein.

Einige weitere Elemente lassen erkennen, daß sich die hier untersuchten Mirakelsammlungen in der Entwicklung zu Prozeßakten befinden. Wie André VAUCHEZ zurecht feststellt, entwickelten sie sich im Zuge der Formalisierung des Kanonisationsverfahrens durch die römische Kurie[262] im Laufe des 13. Jahrhunderts von literarischen zu juristischen Quellen[263]. Vor dieser Zeit wurden die von Geret-

[257] Ebd., S. 171, und Tabelle 1, S. 172 ff.
[258] MELVILLE, System, S. 43 f.; GUENÉE, Histoire, S. 214 f.; SIMON, Topik, S. 75 ff., verweist darauf, daß es hier durchaus unterschiedliche Auffassungen gab.
[259] GUENÉE, Histoire, S. 216; SCHMALE, Funktion, S. 99.
[260] Ebd., S. 100; MCCORMICK, Les annales, S. 44 f.
[261] SCHMALE, Funktion, S. 100.
[262] Zur Entwicklung des Kanonisationsverfahrens siehe die Literaturangaben in Anm. 6 des Einleitungskapitels.
[263] Besser würde man neutral von erzählenden Quellen sprechen.

teten und Zeugen stammenden Erzählungen über wunderbare Vorgänge von einem Kleriker in einen Bericht gefaßt, später dagegen beeidigte Zeugenaussagen direkt protokolliert und damit zu Prozeßakten[264]. Beschworene Aussagen von Erretteten und deren Zeugen wurden erstmals im Kanonisationsverfahren Gilberts von Sempringham unter Innozenz III. verlangt[265]. Die Heiligsprechung war etwas später anhängig als die der hl. Kunigunde, wo dies noch nicht erforderlich war[266]. Die Berichte beginnen mit der Aussage des oder der Erretteten, zum Beispiel: *Alienor, mulier de Amewic, iurata dixit quod ...*[267]. Auch die Aussage jedes einzelnen Zeugen mußte beeidet und protokolliert werden, etwa: *Alexander maritus eiusdem Christiane, homo domus de Sempingham, iuratus dixit ...*[268].

Eine abschließende Formung erhielt der Kanonisationsprozeß dann von Papst Gregor IX., der unter anderem einen Fragenkatalog einführte, nach dem die jeweilige Untersuchungskommission die Zeugenbefragungen durchführte[269]. Diese Vorgehensweise wurde erstmals im Kanonisationsverfahren Elisabeths von Thüringen zu Beginn der 1230er Jahre praktiziert[270]. Im Prinzip beginnen die Mirakelprotokolle wie die Gilberts von Sempringham: *Isendrudis de Slizzenrod, Moguntine dyocesis, iurata dixit ...*[271]. Zusätzlich enthält das Protokoll aber Zwischenfragen, die die Anwendung des Fragerasters belegen: *Requisita, quando cepisset videre, vel quomodo, respondit: ... Requisita de loco, dixit: ... Requisita qualiter, respondit ...*[272] und so weiter.

Zwar sind die hier untersuchten Mirakelsammlungen von diesen amtlichen Dokumenten noch weit entfernt, dennoch weisen sie bereits Elemente dieser späteren Akten auf: Einige Zeugen sagen unter Eid aus. Vereinzelt werden Wunderberichte in direkter Rede, also quasi als Zeugenaussage, wiedergegeben. Schließlich werden, wenn auch kaum spezifizierte, Zeugen aufgeboten. Wie an einigen Beispielen ersichtlich wurde, kam es auch bereits auf eine geordnete, vollständige Darlegung der Wunderhergänge an.

Im vorliegenden Material befinden sich überproportional viele Mirakelsammlungen aus dem 12. Jahrhundert. Zu dieser Zeit gab es kaum ein Kanonisationsverfahren mehr, das nicht an der Kurie durchgeführt wurde. Zudem hatte die Kurie

---

[264] VAUCHEZ, Sainteté, S. 41.
[265] Siehe hierzu The Book of St Gilbert, ed. FOREVILLE/KEIR; VAUCHEZ, Sainteté, S. 45 ff.
[266] VAUCHEZ, Sainteté, S. 46, verweist in diesem Zusammenhang auf die besonders guten Organisationsstrukturen des englischen Klerus, die eine solche aufwendige Untersuchung begünstigten.
[267] The Book of St Gilbert, ed. FOREVILLE/KEIR, c. 4, S. 270.
[268] Ebd., c. 9, S. 274.
[269] VAUCHEZ, Sainteté, S. 58 f.
[270] Siehe zu ihrer Heiligsprechung LEINWEBER, Heiligsprechungsverfahren, S. 131 ff.
[271] Miracula sancte Elyzabet, ed. HUYSKENS, Quellenstudien, c. 1, S. 161.
[272] Ebd. – SIGNORI, Maria, S. 34, verweist darauf, daß sich in den spätmittelalterlichen Marienmirakeln Zeugenlisten befinden, die in Anlehnung an weltliche Gerichtsprotokolle gestaltet sind; also ist auch hier der Einfluß des Prozeßwesens spürbar.

schon am Ende des 11. Jahrhunderts die Forderung nach gut bezeugten Wunderberichten aufgestellt[273]. Wahrscheinlich vollzog sich diese Entwicklung unter dem Einfluß des kurialen Heiligsprechungsverfahrens.

Historiographie, Rechts- und Verwaltungsschrifttum sowie Prozeßakten sind also die Quellengruppen, deren formaler Elemente sich die Mirakelautoren bedienten. Viele Mirakelsammlungen oszillieren damit zwischen Geschichtserzählung und Registratur. Man wird daher nicht fehlgehen, wenn man ihren Autoren eine Dokumentationsabsicht, eine Art „Buchführung für den Himmel"[274] unterstellt. Zusammenfassend kann man sagen, daß Mirakelsammlungen – zumindest auf der formalen Ebene – die stärksten Bezüge zu anderen erzählenden Quellen aus dem Bereich der Historiographie aufweisen. Hier stellt sich zwangsläufig die bereits von Sigal und Heinzelmann aufgeworfene Frage[275], ob es noch sinnvoll ist, zwischen historiographischen und hagiographischen Quellen zu unterscheiden.

Bis in jüngere Zeit ist die Sichtweise von einer bereits von Delehaye zu Beginn dieses Jahrhunderts getroffenen Feststellung über die Funktion hagiographischer Quellen geprägt, nach der sie dazu dienten, den Kult eines Heiligen zu befördern[276]. Gaiffier formulierte 1970 noch pointierter: Sie „proviennent principalement d'une seule et même exigence: susciter, maintenir et entretenir le culte des saints"[277]. Für die beiden Bollandisten standen damit alle hagiographischen Zeugnisse primär im Dienste des Kultes eines Heiligen, den sie hervorbringen und erhalten sollten, auf einen Begriff gebracht, dienten sie der Kultpropaganda. Lediglich Heinzelmann hat diese Prämisse jüngst ganz explizit für die Vitae Patrum Gregors von Tours in Frage gestellt[278] und bereits 1973 gezeigt, daß die Kultpflege nicht der vorherrschende Gesichtspunkt bei der Abfassung vieler spätantiker Viten war[279].

Mit dieser Prämisse verbunden wird aber häufig eine Dichotomie von Historiographie und Hagiographie, wie sie Lotter etwa formuliert: „Im Gegensatz zur Historiographie verfolgt die Hagiographie nicht die Absicht, der Nachwelt eine Darstellung geschichtlicher Vorgänge zu vermitteln, sondern will lediglich Heilige und ihre Kulte propagieren, etablieren und stabilisieren"[280]. Er stellt das zitierte Dictum Gaiffiers einer Beschreibung der Absicht von Historiographie direkt ge-

---

273 In der Kanonisationsurkunde des hl. Gurloesius wird darauf hingewiesen: Klauser, Heiligsprechungsverfahren, S. 93; Vauchez, Sainteté, S. 39.

274 H. Keller, Vom 'heiligen Buch', S. 2, im Blick auf die Nekrologien.

275 Siehe im Forschungsüberblick S. 34.

276 Delehaye, Légendes, S. 2: „Il faudra donc réserver ce nom à tout monument écrit inspiré par le culte des saints, et destiné à le promouvoir."

277 Gaiffier, Hagiographie, S. 140.

278 Heinzelmann, Gregor von Tours, S. 152.

279 Ders., Neue Aspekte.

280 Lotter, Methodisches, S. 307; Delehaye, Légendes, S. 2, formulierte seinerzeit vorsichtiger: Das hagiographische Werk könne historiographisch sein, müsse es aber nicht notwendigerweise.

genüber. Selbst SIGAL macht eine verräterische Aussage, wenn er konstatiert: „Ces quelques exemples confirment bien que toutes les étapes intermédiaires existent entre l'œuvre entièrement hagiographique et le récit purement historique“[281]. Er unterstellt damit, daß es im Mittelalter Hagiographie und Historiographie jeweils in Reinform gegeben habe, was, wie gezeigt wurde, nicht zutreffend ist. Sogar LOTTER relativiert seine oben zitierte apriorische Aussage mehrmals, bis er sie schließlich ganz aufhebt: „Daher haben wir vielfach eher mit hagiographischen Elementen oder mit Schrifttum, das teilweise hagiographischen Intentionen folgt, zu rechnen als mit hagiographischen Werken schlechthin“[282].

Felice LIFSHITZ ist jüngst in einer vergleichenden Untersuchung vermeintlich historiographischer und vermeintlich hagiographischer Quellen aus dem hochmittelalterlichen Frankreich zu dem Ergebnis gelangt, „that historiography at least in the ninth, tenth, and eleventh centuries, was as 'literary', as 'moralizing', and as much a rhetorical art form, as what they have labeled hagiography“[283]. Man könne für diese Zeit nicht zwei verschiedene Erzählformen unterscheiden[284]. Zum gleichen Ergebnis gelangen jüngere Untersuchungen der Schriften Gregors von Tours[285] und auch eine Studie über drei Viten des 8. Jahrhunderts[286]. Die typologische Trennung in zwei Gattungen gelingt also nicht und führt erkenntnistheoretisch keinesfalls weiter. Ferner betont LIFSHITZ zurecht, daß das heute gängige Konzept von Hagiographie nicht auf das Mittelalter angewandt werden könne, da es anachronistisch sei[287]. In der Tat kannte man bis weit ins Spätmittelalter den Begriff Hagiographie (*hagiographia*) nur in der Bedeutung „heilige Schriften“ und wendete ihn ausschließlich auf bestimmte Bücher des Alten Testaments an[288].

Moderne Forschungsbegriffe können aber trotzdem einen Sinn haben. Daher plädiere ich dafür, vorläufig einen pragmatischen, seiner negativen Konnotationen entkleideten Hagiographiebegriff im Sinne der Konzeption der von Guy PHILIPPART herausgegebenen Sammelbände „Hagiographies“ beizubehalten. Unter hagiographischen Quellen werden dort solche Texte verstanden, die einem (real existierenden) Heiligen gewidmet sind, sich also durch ihren Gegenstand definieren. Sie werden, da sie dessen historische Erinnerung pflegen, zu den historiographischen Quellen gezählt[289]. Diese Einteilung wird auch den mittelalterlichen Konzeptionen gerecht. Als Kronzeuge sei Gervasius von Canterbury zitiert, der die

---

281 SIGAL, Histoire, S. 248 (Hervorhebung der Verf.in).
282 LOTTER, Methodisches, S. 314.
283 LIFSHITZ, Beyond Positivism, S. 100.
284 Ebd., S. 102.
285 Hierzu HEINZELMANN, Diskurs, S. 237 f.
286 FOURACRE, Merovingian Hagiography.
287 LIFSHITZ, Beyond Positivism, S. 113.
288 Grundlegend hierzu PHILIPPART, Edition médiévale; DERS., Hagiographes ; LECLERCQ, L'écriture sainte, S. 105 f.; UYTFANGHE, Art. Heiligenverehrung II, Sp. 151; LIFSHITZ, Beyond Positivism, S. 109.
289 PHILIPPART, Introduction, S. 13.

Aufgabe des Chronographen folgendermaßen definiert: *Cronicus autem annos Incarnationis Domini annorumque menses computat et kalendas, actus etiam regum et principum quae in ipsis eveniunt breviter edocet, eventus etiam portenta vel miracula commemorat.*[290]

---

[290] Gervasius von Canterbury, Chronica, ed. Stubbs, Prol., S. 87.

H. Mirakelaufzeichnungen im kultgeschichtlichen Zusammenhang

Mirakelsammlungen wie auch andere hagiographische Quellen entstanden in der Regel im Zusammenhang mit Maßnahmen, die der Förderung oder der Initiierung eines Heiligenkultes dienten. In diesem Kapitel ist daher beabsichtigt, die Wundersammlungen in den Rahmen des jeweiligen Kultgeschehens und der mit ihm verbundenen Interessen zu stellen. Dabei soll beleuchtet werden, ob und wenn ja, welche Anlässe und Intentionen mit der Mirakelaufzeichnung verbunden waren. Der gestellten Frage wird an ausgewählten Beispielen nachgegangen, da einerseits mehrmals ähnliche Zusammenhänge von Kultentstehung und Mirakelaufzeichnung begegnen, andererseits das Quellenmaterial mitunter nicht genügend Aufschlüsse bietet und die jeweilige Kloster- oder Stiftsgeschichte bislang nur unzureichend erforscht ist. Ziel ist es, die wesentlichen phänomenologischen Beobachtungen zusammenzustellen. Kultförderung und hagiographische Produktion lassen sich in vielen Fällen nicht monokausal erklären, sondern häufig brachte ein ganzes Ursachenbündel einen Heiligenkult und entsprechende Verschriftlichungsprozesse hervor. Aus diesem Grund erfolgt zunächst die Analyse der einzelnen beispielhaft ausgewählten Heiligenkulte und erst in der Zusammenfassung eine Systematisierung nach den sich dabei herauskristallisierenden Gesichtspunkten.

I. Die Invention des hl. Celsus beim Kloster St. Eucharius in Trier im Jahr 980

Seit dem Normannensturm von 882 lag die Trierer Kleriker- oder Klostergemeinschaft St. Eucharius sowohl baulich als auch institutionell darnieder[1]. Erst der 977 zum Erzbischof von Trier eingesetzte Egbert ging nach ersten Ansätzen der Reform unter seinem Vorgänger Theoderich die geistliche und auch bauliche Erneue-

---

[1] Siehe zur Frühgeschichte zusammenfassend BECKER, Benediktinerabtei, S. 241 ff.

rung tatkräftig an[2]. Zunächst berief er den aus St. Peter in Gent stammenden Mönch Gother zum Abt und führte damit wohl auch eine lothringische Formung ein[3]. Anschließend begann er einen Kirchenneubau, dessen Finanzierung ihm durch die Hilfszusage Kaiser Ottos II. erleichtert wurde[4]. Im Zuge der Ausschachtungsarbeiten nun stießen die *fossores* auf einen Kalksteinsarg mit einer Marmortafel, der ein Grabgedicht eingemeißelt war. Aus diesem Gedicht ging der Name des Toten – Celsus – hervor[5]. Das Epitaph wies ihn zwar lediglich als einen aufgrund seiner Herkunft und seiner Verdienste bedeutenden Mann aus, doch war man in Trier sogleich sicher, einen Heiligen entdeckt zu haben. Spätere Tradition machte ihn sogar zu einem Trierer Bischof[6]. Der Fund muß an einem 23. Februar gemacht worden sein, da dieser als Inventionstag im Trierer Festkalender verzeichnet ist[7]. Der wegen dieser Entdeckung herbeigerufene Bischof versiegelte den Sarg und trug Mönchen auf, dort unablässig Lob zu singen, bis er nach einer Beratung mit anderen Bischöfen geklärt habe, was mit dem Leichnam weiter geschehen solle.

Seit der Karolingerzeit war es vorgeschrieben, die Verehrung neu aufgefundener Gebeine durch eine Synode legitimieren zu lassen[8]. Für Erzbischof Egbert ergab sich eine Möglichkeit hierzu auf einer solchen in Ingelheim, wie im Translationsbericht erzählt wird[9]. Wahrscheinlich meint der Autor die Synode, die Otto II. zu Ostern des Jahres 980 in diese Pfalz einberufen hatte[10]. Egbert berichtete dort über die Vorgänge bei den Bauarbeiten und erhielt die Erlaubnis, den nunmehr als Heiligen anerkannten Celsus aus seinem Sarg in einen Schrein (*arcella*) zu transferieren und auf einen Altar zu erheben[11].

Nach seiner Rückkehr versammelte er alle Geistlichen seiner Diözese, um ihnen den Beschluß der Synode mitzuteilen. Wie der Translationsbericht mitteilt, zog man mit Kreuzen, Kerzen und Weihrauchgefäßen, mit prunkvollen Evangeliaren (*textibus Evangelii gemmatis*) zu Fuß unter Freudentränen und Gesang nach St. Eucharius[12]. Egbert öffnete dort den Sarg, wickelte die Gebeine in reine Leinentücher und legte sie in den Tragschrein (*arca gestatoria*). Anschließend wurden

---

[2] Becker, Abtsreihe, S. 24; ders., Monastische Observanz, S. 24; ders., Benediktinerabtei, S. 246 ff.; zum Wirken und zur Persönlichkeit Egberts siehe den Aufsatzband Egbert. Erzbischof von Trier 977–993.

[3] Historia invent. s. Celsi, AA SS Febr. III, c. 8, S. 403; Becker, Abtsreihe, S. 24 f.; ders., Monastische Observanz, S. 24 f.; ders., Benediktinerabtei, S. 247; Margue/Schroeder, Ausstrahlung, S. 114.

[4] Historia invent. s. Celsi, AA SS Febr. III, c. 11, S. 404.

[5] Ebd., c. 13, S. 404; zum folgenden zusammenfassend Becker, Benediktinerabtei, S. 396 f.

[6] Siehe Doren, Art. Celse; Heintz, Art. Celsus.

[7] Thomas, Theoderich, S. 42, Anm. 5; Becker, Abtsreihe, S. 27, Anm. 21.

[8] Klauser, Heiligsprechungsverfahren, S. 89.

[9] Historia invent. s. Celsi, AA SS Febr. III, c. 16, S. 405.

[10] Reg. Imp. II,2, S. 356; K. Uhlirz, Jahrbücher Ottos II., S. 62; Wolter, Synoden, S. 117 f.; für Egberts Teilnahme an dieser Synode gibt es jedoch keinen eindeutigen Beleg.

[11] Historia invent. s. Celsi, AA SS Febr. III, c. 17, S. 405.

[12] Ebd., c. 18, S. 405.

sie in die Kirche auf den Euchariusaltar übertragen[13]. Der Erzbischof forderte in dem anschließenden Gottesdienst das Volk auf, den hl. Celsus durch häufigen Besuch zu verehren, insbesondere an seinem Todestag, dem 4. Januar[14]. Während der Feier soll Celsus sein erstes Wunder gewirkt haben: Ein von dem Erzbischof in ein Weihrauchgefäß gelegtes Fingerglied des Heiligen verbrannte nicht – ein besonderer Beweis für die Heiligkeit der Gebeine[15].

Vom Volk, an das der Erzbischof bei der Erhebungsfeier so eindringlich appelliert hatte, wurde der neue Heilige offenbar nicht sogleich angenommen, denn Celsus ruhte angeblich einen Monat auf dem Euchariusaltar, ohne ein einziges Wunder zu wirken. Abt Gunderad beschloß daraufhin, ihn auf den Kreuzaltar im Kirchenschiff umzubetten. Man erklärte sich die fehlenden Wunder nämlich damit, daß er, solange er nahe dem Klosterpatron ruhe, als der geringere und jüngere es nicht wage, Wunder zu wirken, denn gemäß dem Evangelium solle der Jünger nicht über dem Meister sein[16]. Tatsächlich ereignete sich dann wenige Tage später an einem im Kloster lebenden Krüppel, einem Laien, den die Brüder ermahnten, sich an den hl. Celsus zu wenden (*Hunc etenim fratres admonere curabant, quatenus concessis nisibus altare sanctae Crucis visitaret frequentius* ...), das erste Wunder[17]. Die Tatsache, daß es an einem in enger Beziehung zum Kloster stehenden Mann, der sich außerdem von den Mönchen zur Anrufung des Heiligen drängen lassen mußte, geschah, ist bezeichnend für die noch immer geringe Akzeptanz des Heiligen. Dieses Wunder bot aber die Möglichkeit, ihn wirksamer zu propagieren. Noch in der Nacht läutete man die Glocken, rief die Trierer Kleriker und Mönche herbei, und der Erzbischof zelebrierte eine Messe, in der der Geheilte dem Volk vorgestellt wurde. Er mußte im Kirchenschiff auf und ab gehen und sich allen zum Beweis des Wunders präsentieren[18].

Erzbischof Egbert band den Zufall der Auffindung des Celsus in seine grundlegende institutionelle und bauliche Erneuerung des Euchariusklosters ein. Hierbei mag ihm das Kloster St. Maximin, zu dem enge Beziehungen bestanden, als Vorbild gedient haben, denn der 962/63 aufgezeichneten Mirakelsammlung des Mönchs Sigehard zufolge soll der wohl 898 aufgefundene Trierer Bischof Maximin das Kloster in den Zeiten der Laienäbte bis zur Einführung der lothringischen Reform 934 beschützt haben und sich auch im Anschluß daran als wunderwirkender

---

[13] Ebd., c. 19-21, S. 405 f.
[14] Ebd., c. 21, S. 406. Wie man auf diesen Tag kam, bleibt unklar.
[15] Ebd., c. 22, S. 406.
[16] Miracula s. Celsi, AA SS Febr. III, c. 1, S. 406; Matth. 10,24.
[17] Miracula s. Celsi, AA SS Febr. III, c. 2-3, S. 406 f.
[18] Ebd., c. 3-4, S. 407.

Wohltäter an Mitgliedern seiner Klostergemeinschaft erwiesen haben[19]. Obwohl eindeutig hinter dem Klosterpatron rangierend – wie die Begründung für die erwähnte Umbettung zeigt –, sollte dieser neue Heilige dem Kloster einen kultischen Mittelpunkt verleihen, der als Anziehungspunkt für die Gläubigen gedacht war und ihm nach außen zum Ruhm verhelfen sollte. Wahrscheinlich erhoffte man sich auch finanzielle Zuwendungen für den Neuanfang. Dies geschah vielleicht deshalb zunächst nicht in dem gewünschten Maße, weil der Heilige den Gläubigen als Person unbekannt blieb; denn keine Quelle gab Auskunft über sein Leben, und in Trier bemühte man sich auch nicht, eine Vita zu verfassen[20].

Anders als bei den unten zu besprechenden Aureus- und Justina-Mirakeln und denen des hl. Matthias wurde die Quelle, die über die geschilderten Vorgänge informiert, nicht sogleich verfaßt, sondern erst rund dreißig Jahre nach den Ereignissen[21]. Ihr Autor war ein erst kürzlich in das Kloster eingetretener Mönch Theoderich, ein Mann von hoher Bildung, wie etwa die vielen Gräzismen in seinem Werk zeigen[22]. Der Celsus-Kult war zu dieser Zeit noch lebendig, denn der Autor schildert außer dem ersten zündenden Wunder ausschließlich aktuelle bis zu wenigen Jahren zurückliegende Mirakel. Über die Gründe für die Aufzeichnung lassen sich nur Vermutungen anstellen. Theoderich bietet im ersten Teil eine um die Auffindung des hl. Celsus zentrierte Erneuerungsgeschichte von St. Eucharius; da seitdem bereits etwa ein Menschenalter vergangen war, dürfte es an der Zeit gewesen sein, die Ereignisse für die Nachwelt zu fixieren – zugleich die erste „'Hausgeschichte'“[23] des neuen Klosters. Die Mönchsgemeinschaft scheint inzwischen zu einem bedeutenden Konvent herangewachsen zu sein[24], in dem auch *pueri oblati* lebten[25], die die Existenz einer Schule ebenso vermuten lassen wie die wahrscheinlich aus dem 11. Jahrhundert stammende Grabschrift für einen als gelehrt gepriesenen Mönch Theodor, die sich auf den Autor dieser Schrift beziehen könnte[26]. Das Kloster hatte sich also konsolidiert, und in Theoderich war ihm ein geeigneter Schriftsteller beigetreten.

---

[19] BECKER, Abtsreihe, S. 28, 31 f.; DERS., Benediktinerabtei, S. 246 f., vermutet, daß der in verschiedenen Memorialquellen (außer St. Eucharius!) als Abt von St. Eucharius genannte Sigehard identisch ist mit dem Autor der genannten Mirakelsammlung und vor Gother etwa zwischen 975 und 977 den Abbatiat innehatte; Ex miraculis s. Maximini, ed. WAITZ; Maximin: Historia miraculorum, AA SS Mai. VII.

[20] Siehe BHL 1720 und 1721, wo nur die Inventio und Mirakel nachgewiesen sind. Theoderich verfaßte allerdings noch einen Sermo für das Heiligenfest: AA SS Febr. III, S. 410 f. Von einem Mönch Remigius wurde ein weiterer, bislang unedierter Sermo über den hl. Celsus geschrieben; HOFFMANN, Buchkunst, S. 506; MARGUE/SCHROEDER, Ausstrahlung, S. 117.

[21] Siehe zur Zeitstellung oben S. 118, Anm. 16.

[22] THOMAS, Theoderich, S. 44 f.; DERS., Art. Theodericus, Sp. 753.

[23] BECKER, Benediktinerabtei, S. 246.

[24] Historia invent. s. Celsi, AA SS Febr. III, c. 2, S. 402; BECKER, Abtsreihe, S. 30.

[25] Miracula s. Celsi, AA SS Febr. III, c. 5 f., S. 407; c. 9, S. 408.

[26] THOMAS, Theoderich, S. 59 ff.; DERS., Art. Theodericus, Sp. 753; BECKER, Abtsreihe, S. 30.

Was die Mirakelaufzeichnung betrifft, erhielt er von Abt Richard den Auftrag, die neuerlich geschehenen Wunder (*noviter exhibitis*) darzustellen[27]. Sieht man einmal von dem ersten, oben referierten Wunder ab, hält sich Theoderich auch an diese Aufforderung, so daß mit Inventionsbericht und Mirakelsammlung eine Verbindung von Vergangenheits- und Zeitgeschichte entsteht.

Das zufällige Geschehen der Invention führte also zunächst nicht zu hagiographischer Produktion; erst das drohende Vergessen ließ den vierten oder fünften Abt Richard[28] eine Fixierung in Auftrag geben. Dieser zeigt sich damit in besonderer Weise an der Kultgeschichte seines Klosters interessiert, wobei die ins einzelne gehende Darstellung Theoderichs dieses Interesse unterstreicht. Ebenso ist ihm an der Niederschrift der aktuellen Mirakel gelegen, die dadurch in den Rahmen einer kontinuierlichen Entwicklung gestellt werden.

II. Die kultische Verehrung Erzbischof Annos II. von Köln am Ende des 11. Jahrhunderts und im ausgehenden 12. Jahrhundert

1. Annos Verehrung nach seinem Tod im Jahr 1075

Erzbischof Anno II. von Köln, vor allem bekannt durch seinen „Staatsstreich" von Kaiserswerth, starb am 4. Dezember 1075 und wurde nach eigenem Wunsch in seiner etwa zehn Jahre zuvor errichteten Klostergründung Siegburg beigesetzt[29].

Im Jahr 1104/05 verfaßte ein unbekannter Siegburger Mönch im Auftrag seines Abtes Reginhard die sogenannte ältere Anno-Vita[30]. Diese schließt mit zehn Wunderberichten, die jedoch keinen separaten Anhang bilden. Verknüpft sind die Mirakelberichte mit einer Darlegung über die Lösung von Schwierigkeiten der Abtei, die direkt auf die einsetzende Wundertätigkeit Annos zurückgeführt wird. Die Vita berichtet nämlich, nach dem Tod des Erzbischofs sei nicht nur die Trauer über den Verlust des geliebten Gönners in Siegburg sehr groß gewesen, sondern gleichzeitig seien drastische Sparmaßnahmen ergriffen worden. Dem für das Gemüse zuständigen Koch wurden Gartenfrüchte in geringerer Menge und von schlechterer Qualität zugewiesen[31], und der Küster gab solch kurze Kerzen für die Messe aus, daß sie bereits vor Austeilung der Kommunion erloschen waren[32]. Dies ge-

[27] Miracula s. Celsi, AA SS Febr. III, c. 15, S. 410.
[28] Zur Abtsreihe in St. Eucharius Becker, Abtsreihe, S. 24 ff., zu Richard, S. 29 f.
[29] Zur Geschichte des Klosters und seiner Reform Semmler, Klosterreform; Haass, Geschichte; Wisplinghoff, Benediktinerabtei; ders., Siegburg.
[30] Vita Annonis, ed. Köpke. Der Autor nennt seinen Auftraggeber in der Praef., S. 465 f.
[31] Vita Annonis, ed. Köpke, III,17, S. 508.
[32] Ebd., III,18, S. 508.

schah, wie der Autor erklärt, aufgrund der Sorge des Abtes vor künftigem Mangel[33]. Die Ausführungen deuten auf eine echte Krisenstimmung aus Angst vor dem Niedergang der jungen Abtei.

Die Vita berichtet weiter, in welcher Weise der verstorbene Erzbischof Anno in dieser Situation in das Geschehen eingriff: Dem Koch und dem Küster erschien er im Traum und verhieß ihnen die Lösung der Probleme[34]. Die durch Anno selbst beruhigten Brüder setzten nun ihre Hoffnung auf die Dinge, die da kommen sollten, und tatsächlich, knapp vier Monate nach Annos Tod, am 25. März 1076, ereignete sich an einer Frau mit einer verkrüppelten Hand das erste Wunder[35]. Im Anschluß an dieses strömte eine Menge Volkes in Siegburg zusammen und bewirkte, daß *olim a beato viro promissa se loco coepit abundantia infundere*[36]. Der Reichtum, den diese Pilgerströme Siegburg gebracht haben sollen, versetzte Abt Reginhard angeblich in die Lage, Grundstücke erwerben und die Kirche verschönern zu können[37]. Selbst die Zahl der Mönche soll daraufhin von ca. 40 auf 70 oder 80 gestiegen sein[38]. Der Autor der Vita stellt somit zwischen den Wunderheilungen und der Verbesserung der materiellen Situation der Abtei einen unmittelbaren Kausalbezug her: Das Kloster wurde durch seinen wundertätigen Gründer Anno vor Not bewahrt, der sich damit als sein Patron erwies.

Die Schritte, die der Konvent unternahm, um eine Verehrung herbeizuführen, werden von dem Vitenautor allerdings nicht aufgedeckt. Er suggeriert eher eine Passivität der Mönche und ein Ausharren, bis die Traumgesichte der beiden Brüder sich scheinbar von selbst erfüllten. Von kultpropagandistischen Aktivitäten ist aber wohl auszugehen.

Dieser Darstellung stehen die Forschungsergebnisse Erich WISPLINGHOFFs entgegen, nach denen Anno seine Gründung reich dotiert hatte und somit kein Anlaß zur Sorge bestand[39]. Er räumt allerdings ein, daß der Kölner Oberhirte wohl nicht mehr dazu kam, alle geschenkten Güter auch rechtmäßig zu übertragen, was Be-

---

[33] Ebd., III,17, S. 508.

[34] Ebd., III,17 u. 18, S. 508.

[35] Ebd., III,19, S. 508 f.

[36] Ebd., III,19, S. 509.

[37] An Käufen Abt Reginhards begegnen im Siegburger Urkundenbuch die verfälschte? Urkunde Nr. 17 und Nr. 19. Über bauliche Aktivitäten sind keine weiteren Nachrichten überliefert.

[38] Vita Annonis, ed. KÖPKE, III,19, S. 509.

[39] WISPLINGHOFF, Benediktinerabtei, S. 113; er weist in diesem Zusammenhang darauf hin, daß die meisten der in einer Urkunde Abt Kunos I. 1121 (Siegburger UB I,34) genannten Einkünfte von bereits 1075 erwähnten Besitzungen herrühren. DERS., Untersuchungen zu den ältesten Urkunden, S. 96 f.

sitzbestätigungen seiner Nachfolger von unter Anno gemachten Schenkungen, die in der Gründungsurkunde fehlen, belegen[40]. Insofern könnten die dargestellten Befürchtungen von Abt und Brüdern nicht ganz unbegründet gewesen sein.

Problematisch erscheint ferner die zeitliche Perspektive von 30 Jahren auf die Ereignisse von 1075/76. Es stellt sich daher die Frage, ob das Bild von der materiellen Not auf die berichtete Zeit zutrifft oder vielmehr einen aktuellen Bezug gehabt haben könnte. Bekanntermaßen haben die Kölner Erzbischöfe bis zu Friedrich I., in dessen Amtszeit die Vita entstand, die Gastungspflicht des Klosters häufig in Anspruch genommen[41], und namentlich letzterer ist dort oft mit großem Gefolge nachzuweisen[42]. Diese Passagen der Vita könnten daher aufgrund der arg strapazierten klösterlichen Vorratskammern, so Stephanie HAARLÄNDER, direkt an den Kölner Oberhirten gerichtet gewesen sein[43]. Andererseits war Friedrich I. einer der Kölner Erzbischöfe, dem das Kloster zahlreiche Schenkungen sowie die Gründung und Unterstellung einer Reihe von Propsteien zu verdanken hatte[44]. Leider thematisieren die noch erhaltenen Teile einer von Abt Reginhard zwischen 1076 und 1088 verfaßten Vita Annos[45] die Situation nach dessen Tod nicht. Stephanie COUÉs Forschungen zufolge läßt er sich aber als ein stets um das materielle Wohl der ihm anvertrauten Institution besorgter Abt charakterisieren, der dieses nötigenfalls auch mit Fälschungen abzusichern suchte[46]. Somit muß die Krisenstimmung in der Abtei zwar mit einem Fragezeichen versehen werden, gleichwohl liefert die Quellenstelle einen Beleg dafür, daß Heiligenkulte und die Bewältigung von materiellen Schwierigkeiten in einem unmittelbaren Zusammenhang gesehen

---

[40] WISPLINGHOFF, Untersuchungen zu den ältesten Urkunden, S. 79 f.; DERS., Beiträge zur Wirtschafts- und Besitzgeschichte, S. 79; DERS., Benediktinerabtei, S. 113. Besitzbestätigungen seiner Nachfolger von unter Anno geschenkten Gütern, die in der Gründungsurkunde fehlen, belegen dies.

[41] WISPLINGHOFF, Benediktinerabtei, S. 26.

[42] DERS., Untersuchungen zu den ältesten Urkunden, S. 81 mit Anm. 70.

[43] HAARLÄNDER, Vitae episcoporum, B) II. 2. Exkurs.

[44] Siehe hierzu im einzelnen WISPLINGHOFF, Friedrich I., S. 57 ff.

[45] In seinen Forschungen zur deutschen Briefliteratur im 11. Jh. konnte Carl ERDMANN den Brief H 105 der Hannoverschen Briefsammlung dem Bamberger Domscholaster Meinhard zuweisen. Dieser ist an Abt Reginhard von Siegburg gerichtet und zollt diesem größtes Lob für seine an Meinhard zur Begutachtung übersandte Vita Annos. Wie allgemein angenommen wird, handelt es sich bei dieser Vita um die in der Vita Annonis erwähnte *forma scribendorum*. Da Meinhard 1088 starb, liegt der Zeitraum der Entstehung der Vita zwischen 1076 und 1088: ERDMANN, Studien zur Briefliteratur, S. 21. Zu den Fragementen EICKERMANN, Soester Fragmente; R. SCHIEFFER, Quellenfund; dagegen neuerdings HAARLÄNDER, Vitae episcoporum, A) II.

[46] COUÉ, Hagiographie, S. 169 ff. Im Zusammenhang der zur Zeit der Vitenentstehung erstellten Fälschungen unterliegt sie jedoch einigen Irrtümern: Nr. 13 des Siegburger UB wurde erst um 1200 gefälscht, Nr. 12 erhob gar keine neuen, ungerechtfertigten Ansprüche; lediglich die auf Heinrich IV. gefälschte Nr. 7 zielte darauf, „dem Abt einen besonders einträglichen Teil der hohen Gerichtsbarkeit ohne Abzüge zu sichern"; siehe die jeweiligen Kommentare im Siegburger UB sowie WISPLINGHOFF, Untersuchungen zu den ältesten Urkunden, S. 82 ff., Zitat S. 87.

wurden. Im Falle einer Behandlung dieser Probleme in der Reginhard-Vita wären Krisenbewältigung und Verschriftlichungsprozesse unmittelbar aufeinander bezogen gewesen.

2. Annos Heiligsprechung und Translation im Jahr 1183

Die oben beschriebene, sehr bald nach Annos Tod entstandene erste Verehrungswelle muß, als man sich 1181 um seine Heiligsprechung bemühte, seit vielen Jahren abgerissen gewesen sein, denn bezeichnenderweise wußte man nicht einmal mehr, an welcher Stelle in der Abteikirche er begraben lag. Die Tumba in der Mitte des Kirchenschiffs, der Platz, den Anno selbst als Begräbnisort bestimmt hatte[47], hielt man für ein bloßes Memorial und öffnete bei der Translation stattdessen den Boden vor dem Hochaltar[48].

Um 1180 setzten unvermittelt zielstrebige Maßnahmen ein, um eine erneute kultische Verehrung Annos einzuleiten. Dazu gehörte zunächst die Abfassung einer neuen Lebensbeschreibung[49]. Als zweiter Schritt wurde die Kanonisation Annos betrieben, die zuverlässig erforscht ist und daher hier nicht ausführlich behandelt werden muß[50]. Anno wurde am 29. April 1183 von den beiden päpstlichen Legaten Johannes von Anagni und Petrus von Luni in den Kanon der Heiligen aufgenommen und erhoben. Diese ohne päpstliches Mandat ausgeführte Kanonisation wurde in der Kölner Diözese angefochten, so daß auf der Generalsynode zu Köln 1186 eine erneute Heiligsprechung von Erzbischof Philipp von Heinsberg vorgenommen wurde[51]. Die zunächst bestehende rechtliche Unsicherheit behinderte die Verehrung Annos keineswegs, wie das im Anschluß an die erste Kanonisation angelegte Mirakelbuch beweist.

Als dritten Schritt, der im Prozeß der Kultinitiierung ganz offenbar eine Rolle spielte, unternahm Abt Gerhard von Siegburg, wie oben bereits dargestellt[52], eine Pilgerreise zu den beiden bedeutenden französischen Wallfahrtsorten Saint-Gilles und Rocamadour, die für den Beginn des Jahres 1181 überliefert ist[53].

Nach erfolgreichem Abschluß der Kanonisation verfaßte man einen Translationsbericht und legte das umfangreiche Mirakelbuch an, ein eindrucksvolles Dokument dieser ausgesprochen gut gelungenen Kultinitiierung.

---

[47] Vita Annonis, ed. Köpke, III,4, S. 499.

[48] Anno: Libellus de translatione, ed. Mittler, c. 6, S. 14.

[49] Vita Annonis minor, ed. Mittler.

[50] Grundlegend dazu Brackmann, Zur Kanonisation. Zusammenfassend Neumüllers-Klauser, Die Kanonisation des heiligen Anno; Mittler, Annos Heiligsprechung; Petersohn, Kanonisationsdelegation, zum Typ dieser Kanonisation als *in forma commissoria,* S. 180 f.; Weiss, Urkunden der päpstlichen Legaten, S. 282.

[51] Anno: Libellus de translatione, ed. Mittler, c. 9, S. 16/18.

[52] Siehe oben S. 157 f.

[53] Itinerarium fratrum Grandimontensium, Sp. 1223. Der Besuch des Abtes in Frankreich muß spätestens in der zweiten Märzhälfte 1181 abgeschlossen gewesen sein, da der Gegenbesuch der französischen Mönche aus Grammont bereits am 28. März erfolgte.

An diesem Punkt erhebt sich die Frage, was Abt und Konvent von Siegburg gerade zu dieser Zeit veranlaßt haben könnte, ihren Gründer Anno heiligsprechen zu lassen und die Abtei zu einem Pilgerzentrum auszugestalten.

Anders als im 11. Jahrhundert sind aus den Kultzeugnissen – Translationsbericht und Mirakelbuch – keine direkten Aufschlüsse zu gewinnen. Darum muß man sich anderen Quellen zuwenden, die freilich nur indirekte Hinweise darauf geben können, welche Gründe den Konvent zu jenem Vorgehen bewogen haben könnten. Es ist also danach zu fragen, in welcher wirtschaftlichen und geistlichen Situation sich die Abtei in jenen achtziger Jahren des 12. Jahrhunderts befand, als sie sich anschickte, ein Kultort zu werden.

Wie gesagt, hatte Erzbischof Anno seine Lieblingsgründung Siegburg reich dotiert. Hohe Vertreter wie Heinrich IV.[54] erwiesen der Abtei ebenso ihre Gunst wie Laien aus adligem und ministerialischem Stand[55]. WISPLINGHOFF folgert, „daß die wirtschaftliche Lage des Klosters von Anfang an gesund war“[56]. Auch Annos Nachfolger auf dem Kölner Erzbischofsstuhl förderten seine Gründung zunächst nach Kräften, wie die von ihnen gemachten Schenkungen und Besitzbestätigungen zeigen[57]. Durch eigene Käufe und Zuwendungen seitens der Äbte vermehrte das Kloster seinen Besitzstand im Laufe des 12. Jahrhunderts in beträchtlichem Maße[58].

Auch auf geistlichem Gebiet vollbrachte Siegburg große Leistungen, nachdem Anno es im zweiten Anlauf mit cluniazensischen Reformmönchen aus dem lombardischen Fruttuaria besetzt hatte. Wie die detailreiche Arbeit von Josef SEMMLER über die Siegburger Klosterreform gezeigt hat[59], erreichte diese eine weite Ausstrahlung, die eindrucksvoll den religiösen Impetus, der von diesem Kloster ausging, belegt.

Die wirtschaftliche wie die geistliche Aufwärtsentwicklung des Klosters hielten jedoch nur bis etwa zur Mitte des 12. Jahrhunderts an, ab dann trat in beider Hinsicht eine spürbare Rückwärtsentwicklung ein. Die urkundlichen Quellen belegen

---

54 Siegburger UB I,2; 4; 5; 21.

55 Ebd. I,19; 26; 27; 29; 42; 43; 44; passim.

56 WISPLINGHOFF, Benediktinerabtei, S. 113. Zur wirtschaftlichen Entwicklung siehe auch DERS., Beiträge zur Wirtschafts- und Besitzgeschichte, für das 11. und 12. Jh. S. 78-87; knapp DERS., Siegburg, S. 544.

57 Siegburger UB I,16; 25; 27; 28 passim.

58 Ebd. I,17; 19; 60; 62; 63; 64; passim.

59 SEMMLER, Klosterreform; kurz zusammenfassend DERS., Siegburger Klosterreform, S. 45 f.; WISPLINGHOFF, Benediktinerabtei, S. 23 f.

wirtschaftliche Schwierigkeiten[60] und nachlassende Zuwendungen seitens der Kölner Erzbischöfe[61].

Daß die Abtei in dieser Zeit weiteren Anfechtungen ausgesetzt war, enthüllt eine Stelle des Translationsberichtes, in der es heißt, nicht nur wegen der gewünschten Heiligsprechung Annos sei Abt Gerhard nach Rom gereist, sondern *etiam ob plurimas guerras, quas ecclesia Sygebergensis tunc temporis sustinuit*[62]. Einer dieser Streitfälle, auf die der Autor des Translationsberichtes hier anspielt, läßt sich recht genau fassen, in ihn hat der Papst tatsächlich eingegriffen. Es handelt sich um die Auseinandersetzung zwischen der Abtei Siegburg und den Grafen Heinrich und Eberhard von Sayn, die auf abteilichem Grund die Burg Blankenberg errichtet hatten[63]. Dieses Beispiel verdeutlicht, daß die Abtei dem willkürlichen Vorgehen erstarkender Adelsgeschlechter ausgesetzt und in ihrem Besitzstand durch Usurpationen bedroht war. In den Mirakeln wird ein weiterer Konflikt mit einem Adligen berichtet. Der Sohn des Herzogs von Limburg hatte einen wohlhabenden Hintersassen des Klosters Siegburg gefangengenommen, um mehr von ihm einzutreiben als ihm zustand. Diesen Fall benutzt der Autor zu einer scharfen Verurteilung der Habgier der Mächtigen[64].

Schließlich trat auch auf geistlichem Gebiet nach der Jahrhundertmitte eine Stagnation ein. Zwar rühmen die Grammontenser Mönche bei ihrem Besuch 1181 die klösterliche Zucht, die sich insbesondere an den abgehärmten Gestalten der Mönche zeige[65], doch fand die Siegburger Reform nun keine weitere Verbreitung mehr. Modernere Orden wie die Zisterzienser und Prämonstratenser bestimmten die religiöse Erneuerung.

---

[60] Insbesondere während des Abbatiats Nikolaus I. (etwa 1147-1173) wurden z.T. bedeutende Lehen zurückerworben. Der Vorgang zeigt, daß es offenbar zur Haltung einer größeren Dienstmannschaft gekommen war, an die Klostergut als Lehen ausgegeben worden war, das nun im Begriff stand, entfremdet zu werden. Siehe hierzu WISPLINGHOFF, Benediktinerabtei, S. 114; DERS., Beiträge zur Wirtschafts- und Besitzgeschichte, S. 87.

[61] Die seit der Mitte des 12. Jahrhunderts regierenden Erzbischöfe machten dem Kloster keine Schenkungen mehr, begünstigten vielmehr die neuen Orden der Zisterzienser und Prämonstratenser. Siehe hierzu HAASS, Geschichte, S. 15.

[62] Anno: Libellus de translatione, ed. MITTLER, c. 2, S. 8.

[63] Siegburger UB I,69 u. 70 (sog. Neußer Vertrag); zu diesen Auseinandersetzungen MITTLER, Abt Gerhard, S. 24 f.; SUKOPP, Beiträge zur Gründungsgeschichte des ehemaligen Augustinerinnenklosters Metten, S. 42 ff.; jüngst HALBEKANN, Grafen von Sayn, S. 248 ff., 281 ff.

[64] Anno, ed. MITTLER, II,43: *Avaricia et rapina potentum pauperes et ruricolę opprimuntur et ad iudicia iniusta trahuntur. Hec lues peccati multos vendere patrimonia et ad peregrinas migrare terras compulit, clericis ac monachis reditus abstulit, dum censuales eorum a mundi divitibus capiuntur ac depredantur.*

[65] Itineratrium fratrum Grandimontensium, Sp. 1225.

Damit lassen sich vier Momente herauskristallisieren, die in den Jahren um die Heiligsprechung Annos die Situation der Abtei prägten: Zum einen wirtschaftliche Probleme, zweitens die Lockerung des Rückhalts an den Kölner Erzbischöfen[66], drittens Auseinandersetzungen mit umliegenden Adelsgeschlechtern sowie viertens das Erliegen der Ausbreitung der Siegburger Reform.

In der Heiligsprechung Annos und der Ausgestaltung des Klosters zu einem Wallfahrtsort eine Gegenmaßnahme zu diesen Entwicklungen zu sehen, ist sicherlich eine naheliegende These. Siegburg schuf sich in einer Zeit, in der die Kurie mehr und mehr das alleinige Recht zur Heiligsprechung beanspruchte, zunächst einen offiziell kanonisierten Heiligen und sicherte sich damit in rechtlicher Hinsicht in seinem Vorhaben ab. Die Scharen von Pilger, die das Mirakelbuch belegt, brachten dem Kloster mit ihren Oblationen und Votivgaben erwünschte Einnahmen. Wenngleich in dem Zusammenhang der Wundertätigkeit Annos nicht von größeren Schenkungen berichtet wird, noch solche urkundlich belegt sind, dürften auch diese kontinuierlichen Zuwendungen an die Abtei nicht zu unterschätzen sein. Noch ein weiteres Moment nicht finanzieller Art kommt hinzu: Die Wundertätigkeit Annos steigerte die Bekanntheit und Berühmtheit des Klosters auf dem Michaelsberg im lokalen Umfeld[67], was möglicherweise dazu diente, das Kloster und seinen Besitzstand vor unerwünschten Angriffen zu sichern.

Eine ausschlaggebende Rolle bei der Kultförderung dürften auch die persönlichen Motive des Abtes Gerhard gespielt haben. Er war von anderem Zuschnitt als seine Vorgänger[68], die häufig in Diensten der Kölner Erzbischöfe begegnen und stärker nach außen gerichtet zu sein scheinen. Gerhard trat kaum im Gefolge der Kölner Erzbischöfe auf[69], übernahm hingegen für sein Kloster und den Kult des hl. Anno die mühevolle Reise nach Frankreich. Sein ganzer Stolz war dessen Heiligsprechung, denn in seiner letzten Urkunde, der Stiftung eines Jahrgedächtnisses, schreibt er sich in der Actum-Zeile das Verdienst der Translation des hl. Anno ganz alleine zu: *studio et labore nostro* sei sie verwirklicht worden[70].

Das Mirakelbuch selbst dokumentiert ein ausgeprägtes, quantitativ ausgerichtetes Prestigedenken: Kein anderer Heiliger in Deutschland, so behauptet der Autor, habe sich in einem Jahr durch so viele Wunder ausgezeichnet[71]. Modern gesprochen: In der Hitliste der Mirakel stand Siegburg mit Anno an der Spitze. Die fleißige Registrierung von Wundern erfolgte aber möglicherweise auch deshalb, weil sich Annos Kanonisation von 1183 keiner allgemeinen Akzeptanz erfreute. Auf

---

[66] Es ist nicht bekannt, daß Erzbischof Philipp von Heinsberg Abt Gerhard von Siegburg in seinen Kanonisationsbemühungen unterstützt hätte; immerhin hat er Anno 1186 auf der Generalsynode in Köln kanonisiert.

[67] Vgl. die Karte der Herkunftsorte der Pilger in MITTLER, Einleitung (Siegburger Studien, Bd. V) – leider ohne Maßstabsangabe – nach S. 59*.

[68] Zur Beurteilung Abt Gerhards MITTLER, Abt Gerhard.

[69] Ebd., S. 22.

[70] Siegburger UB I,74: 1183; hierzu MITTLER, Abt Gerhard, S. 29.

[71] Anno, ed. MITTLER, III,84.

der Kölner Synode von 1186 vermochte ihre Vielzahl den Anspruch Annos auf Heiligkeit eindrucksvoll zu untermauern. Auch die immer wieder hervorstechenden Lobpreisungen des Heiligen könnten hierauf gemünzt sein.

III. Die Translation des Bischofs Modoald von Trier nach Helmarshausen im Jahr 1107

Im Jahre 1107 wurden dem durch seine künstlerische Werkstatt berühmten, in Nordhessen an der Diemel gelegenen Kloster Helmarshausen unter Abt Thietmar II.[72] (1080/81-vor 1115/22)[73] in Trier die Gebeine des hl. Bischofs Modoald geschenkt.

Mit der Translatio sancti Modoaldi[74] liegt ein Bericht über diese Reliquientranslation vor, der eine aufschlußreiche Quelle für die Motive des Abtes, einen Trierer Heiligen zu erwerben, darstellt wie auch eine geradezu minutiöse Schilderung der Durchführung bietet. Der zwischen 1107 und 1112 aufgezeichnete Bericht[75] stammt von einem anonymen Autor, einem Mönch aus Helmarshausen, der als Augenzeuge schreibt[76].

Das Kloster Helmarshausen war seit seinen Anfängen nicht vom Glück begünstigt. Zunächst von dem frommen, kinderlosen Grafenpaar Eckhard und Mathilde gegründet, dann Otto III. übertragen, gelangte es im 11. Jahrhundert durch Schenkung Heinrichs II. an das Bistum Paderborn. Nach Ausweis der Quellen, vor al-

---

[72] Zur Korrektur der Helmarshausener Abtsliste FREISE, Roger, S. 257 f.

[73] Zur Amtszeit jetzt schlüssig NASS, Auctorkult, S. 161, Anm. 38.

[74] Translatio sancti Modoaldi, ed. JAFFÉ.

[75] Die Abfassung muß nach der Translation und vor dem Tod Stephans II. von St. Jakob in Lüttich (1112) erfolgt sein, da diesem das Werk zur Durchsicht zugesandt wurde, Translatio sancti Modoaldi, ed. JAFFÉ, S. 287. JAFFÉ schließt nicht aus, daß der erste Teil bis zur Übertragung des hl. Auctor am 14. Mai 1105 und dessen Mirakel bereits 1105/06 verfaßt wurde, ebd.; ähnlich W. HEINEMEYER, Ältere Urkunden, S. 360; NASS, Auctorkult, S. 165.

[76] JAFFÉ, äußert sogar die Vermutung, daß Thietmar selbst der Autor gewesen sein könnte aufgrund einer Formulierung in dem Begleitbrief an Abt Stephan II. von St. Jakob in Lüttich, hält es aber auf jeden Fall für sicher, daß ein Helmarshausener Mönch der Autor war, Translatio sancti Modoaldi, ed. JAFFÉ, S. 286 f., ebenso FREISE, Roger, S. 270 mit Anm. 466. FREISE erwägt, daß Dudi, wahrscheinlich Dekan des Konvents, der Autor war; er ist auch außerhalb des Klosters bezeugt, könnte also an der Reise nach Trier teilgenommen haben, und im Nekrolog von St. Maximin aufgeführt, ebd., S. 271, Anm. 472. S. 211, Anm. 156 schließt er sich jedoch bereits den Überlegungen PFAFFS, Abtei Helmarshausen I., S. 195, Anm. 2, und W. HEINEMEYERS, Ältere Urkunden, S. 362 mit Anm. 268 an, aufgrund stilistischer Übereinstimmungen zwischen der Fundatio des Klosters Reinhausen und der Translatio s. Modoaldi den Abt Reinhard von Reinhausen als Autor in Betracht zu ziehen. Dagegen NASS, Auctorkult, S. 161, Anm. 37, der dies aus chronologischen Gründen für unmöglich hält.

lem des Translationsberichtes, lag es im 11. Jahrhundert ziemlich darnieder, bis ihm mit Abt Thietmar II. ein tatkräftiger Leiter erwuchs, der auch die Heiligenverehrung in sein Erneuerungsprogramm einbezog[77].

Die Translatio stellt neben der erfolgreichen Bemühung um einen Heiligenleib aus Trier Thietmars Instandsetzung der durch Alter und Sorglosigkeit halb zerfallenen Klostergebäude heraus[78]. Ein umfangreiches Schenkungsregister[79], das Zuwendungen aus dem letzten Viertel des 11. und dem ersten Viertel des 12. Jahrhunderts, also wesentlich aus der Amtszeit Thietmars enthält[80], belegt, daß das Kloster in dieser Zeit wirtschaftlich besonders florierte. Die Wiederherstellung der Klostergebäude wird auf dem Hintergrund dieser Schenkungen erfolgt sein[81]. Auch die geistlich-künstlerische Kultur des Klosters erlebte unter Thietmar eine erste Blüte. So ist uns der Goldschmied Roger bekannt[82], der zum Beispiel zur Aufnahme der Reliquien der heiligen Dompatrone Liborius und Kilian für Bischof Heinrich II. von Paderborn einen Tragaltar herstellte, sowie ein Schreiber, der Bruder Friedrich[83].

Die Translation des hl. Modoald ist im Zusammenhang dieser Krisenbewältigung und dem Aufblühen des Klosters zu sehen. Nach der Instandsetzung der Klostergebäude, so die Translatio, sei Abt Thietmar bald in dem Wunsch nach den Gebeinen eines Märtyrers oder Bekenners entbrannt, dessen besonderem Schutz er sich und all das Seine anvertrauen könne[84]. Dem Abt ging es also um die Erlangung eines mit seinem vollständigen Leib anwesenden Patrons – er spricht vom

---

[77] Grundlegend zur Geschichte Helmarshausens PFAFF, Abtei Helmarshausen; W. HEINEMEYER, Ältere Urkunden; siehe auch jüngst: FAHLBUSCH, Art. Helmarshausen.

[78] Translatio sancti Modoaldi, ed. JAFFÉ, c. 4, S. 291. Ein Hinweis auf eine Brandkatastrophe, die 1964 bei Grabungen archäologisch nachgewiesen und in das frühe 12. Jh. datiert wurde, findet sich in dem Bericht allerdings nicht. Sie scheint das Kloster nach der Translation heimgesucht zu haben, vgl. BINDING, Benediktiner-Klosterkirche Helmarshausen.

[79] Schenkungsregister, in: WENCK, Hessische Landesgeschichte, Bd. 2 (UB), Nr. 51, S. 60-71 (S. 72–76 Heberegister); Neuausg.: Traditionscodex, ed. HOFFMANN, S. 91-130.

[80] W. HEINEMEYER, Ältere Urkunden, S. 343; HONSELMANN, Von der Carta zur Siegelurkunde, S. 88. Die Datierung der Zusammenstellung ergibt sich aus Trad. Nr. 33, in der eine Schenkung an den hl. Modoald erfolgt, die nicht vor 1107 gemacht sein kann, und aus Trad. Nr. 31, in der Herzog Lothar von Sachsen mit Frau und Tochter eine Schenkung an das Kloster vornimmt. Er wird 1125 als Lothar III. König. Da er in der Schenkung noch als *dux* bezeichnet wird, ist dies der Zeitpunkt ante quem. Das Vorkommen identifizierbarer Personen läßt vermuten, daß es um 1120 zusammengestellt wurde, HONSELMANN, ebd. Es handelt sich bei dem Schenkungsregister jedoch um eine Abschrift (ein Blatt der Vorlage ist in dem Codex noch erhalten geblieben), deren Schrift HEINEMEYER kurz nach der Mitte des 12. Jahrhunderts datiert: Ältere Urkunden, S. 343. HONSELMANN, ebd., S. 89, hält auch eine Entstehung um 1170 noch für möglich.

[81] W. HEINEMEYER, Ältere Urkunden, S. 360.

[82] Den Werken Rogers wurde auf der Salierausstellung, die 1992 in Speyer stattfand, eine eigene Abteilung gewidmet („Denkmäler der Kirche VII"), siehe Das Reich der Salier, S. 384 ff.

[83] Für einen von ihm geschriebenen Codex schenkte Bf. Liemar von Bremen der Abtei ein Haus in Bremen, W. HEINEMEYER, Ältere Urkunden, S. 361.

[84] Translatio sancti Modoaldi, ed. JAFFÉ, c. 5, S. 292.

corpus alicuius martyris vel confessoris – zur besonderen Verehrung[85]. Nicht zufällig faßte man den Beschluß, sich in diesem Anliegen an die Trierer Kirche zu wenden: Der Autor betont die Stellung Triers als Vorsteherin aller Kirchen Galliens, kennt also bestens seine Primatansprüche, seine alte Tradition und Würde als durch den Apostel Petrus selbst gegründete Kirche sowie die Berühmtheit seiner Heiligen[86]. Mit Trier begab man sich also sozusagen an die erste Adresse[87].

Es würde hier zu weit führen, die Schwierigkeiten des Unterfangens, die Moselmetrople um einen Heiligen ärmer zu machen, in allen Einzelheiten nachzuzeichnen. Bis das Unternehmen erfolgreich abgeschlossen werden konnte, vergingen immerhin zwei Jahre.

Dem zunächst mit Briefen des Bischofs von Paderborn nach Trier entsandten Helmarshausener Mönch war nur ein Teilerfolg beschieden: Mit Heiligenpartikeln, darunter der Arm des hl. Auctor[88], wurde er wieder nach Hause geschickt. Eine Armreliquie stellte jedoch bereits eine bedeutende Partikel dar, und so wurde sie mit geziemender Feierlichkeit in das Diemelkloster übertragen[89]. Wie die berichteten zwölf Mirakel zeigen, stellte dieses Unterpfand der Heiligkeit sogleich seine Wunderkraft unter Beweis[90].

Seine eigentliche Absicht, einen Patron zu gewinnen, verfolgte Abt Thietmar jedoch mit Zähigkeit weiter. Zunächst bot ihm die Teilnahme an der Synode von Guastalla im Herbst 1106 die Möglichkeit, einflußreiche Personen als Fürsprecher bei dem ebenfalls anwesenden Erzbischof Bruno von Trier zu gewinnen[91].

Seit dem Frühjahr 1107 betrieb der Klostervorsteher die Sache sogar selbst vor Ort. Als man unter dramatischen Umständen und vergeblich nach dem eigentlich gewünschten Bischof Legontius gegraben und als Ersatz den hl. Modoald schließlich zugestanden bekommen hatte, wurden die Reliquien unter der Beteiligung der gesamten Trierer Geistlichkeit und unter Teilnahme von Vertretern des Adels und

---

85 ... *coepit maiore flagrare desiderio, ut corpus alicuius martyris vel confessoris sibi largiri dignaretur divina miseratio, cuius se suaque omnia committeret speciali patrocinio,* Translatio sancti Modoaldi, ed. JAFFÉ, c. 5, S. 292.

86 *Summa consilii a Deo directi hoc sumpsit initium, ut super hoc negotio interpellarent aures et cor Brunonis, archiepiscopi sanctae ecclesiae Treverorum, quae privilegio sui principabatur omnibus ecclesiis Galliarum, eo quod fundata a beato Petro apostolo sit ordine prima et dignitate praecipua multorumque sanctorum corporibus gloriosa,* Translatio sancti Modoaldi, ed. JAFFÉ, c. 5, S. 292.

87 FREISE, Roger, S. 270 f., macht jedoch auch eine seit alters bestehende Gebetsverbrüderung mit St. Maximin wahrscheinlich, die gelegentlich der zweiten Reise nach Trier erneuert wurde. Ein Gebetsgedenken wurde auf dieser Reise auch mit dem Erzstift und den von ihm abhängigen Konventen vereinbart.

88 Translatio sancti Modoaldi, ed. JAFFÉ, c. 7, S. 293.

89 Ebd., c. 8, S. 293; Armreliquiare, mit denen die Gläubigen gesegnet wurden, durch deren Berührung Wunder hervorgerufen wurden, begegnen immer wieder, vgl. z. B. die Armreliquie Annos von Köln, die nach seiner Translation vom Körper abgetrennt wurde und in den Mirakeln bisweilen eine Rolle spielt, z. B. Anno, ed. MITTLER, I,26; 31; II,27.

90 Translatio sancti Modoaldi, ed. JAFFÉ, c. 9, S. 293 ff.

91 Ebd., c. 10-13, S. 295 ff.

des Volkes mit großer Feierlichkeit aus der Stadt geleitet[92]. An allen Zwischenstationen der Reise wurden sie ehrenvoll aufgenommen[93], bis die Reisegesellschaft schließlich am 26. April 1107 ihren Bestimmungsort Helmarshausen erreichte. Der Einzug der Reliquien war begleitet von Geistlichen, Adligen und Volk, unter dem Klerus der Propst von Corvey und der Küster des hl. Vitus sowie weitere Äbte[94]. Die Reliquien wurden zur Verehrung ausgestellt, und die Anwesenden bekamen Gelegenheit, dem Heiligen eine ihrem Vermögen gemäße Schenkung zu machen. Der Autor spricht von vielen Donationen, die an diesem Tag getätigt wurden, und führt als Beleg zwei Beispiele auf[95]. Es handelt sich dabei um Traditionen, die sich auch in dem erwähnten Schenkungsregister verzeichnet finden[96].

Dieser Übertragungsakt beflügelte auch die literarische Produktion. Bei Abt Stephan II. von St. Jakob in Lüttich gab man eine Vita des Heiligen in Auftrag[97], die dieser nach dem Vorbild und durch Übernahmen aus der Vita tripartita der hl. Gertrud von Nivelles gestaltete[98]. Das Kloster besorgte sich also zunächst von außerhalb eine Biographie und Kultzeugnisse, um den Heiligen erst einmal bei sich einzuführen[99]. Es handelt sich um eine Auftragsarbeit, die das Leben und das Wirken des Heiligen an seiner alten Kultstätte beschreibt. Sehr bald hielt man aber in Helmarshausen selbst den Verlauf der Translation fest und sandte diesen Bericht zur Durchsicht an Abt Stephan. Außerdem legte man eine Sammlung der von Modoald gewirkten Wunder an, die wenige Tage nach seiner Ankunft in Helmarshausen einsetzten[100].

Abt Thietmar betrachtete das Fehlen eines Klosterpatrons offenbar als Teil der Krise, zumindest erachtete er zur Abrundung seiner Konsolidierungspolitik die Erwerbung eines „eigenen", vollständigen Heiligen für maßgeblich[101]. Für den Stellenwert, den man der Reliquienerwerbung beimaß, sprechen die Hartnäckigkeit, mit der man sie betrieb, wie auch die aufwendigen und feierlichen Zeremonien bei der Übertragung selbst. An der Ausstellung der Reliquien zur Entgegennahme von Schenkungen kann man ablesen, daß auch die Hebung der materiellen

---

92 Ebd., c. 29 ff., S. 302 ff.

93 Freise, Roger, S. 271 f., weist hier ebenfalls auf einigen Stationen bestehende Gebetsverbrüderungen nach, in Prüm wurde eine solche neu begründet.

94 Translatio sancti Modoaldi, ed. Jaffé, c. 44, S. 309.

95 Ebd., c. 45, S. 309 f.

96 Schenkungsregister, in: Wenck, Hessische Landesgeschichte, Bd. 2 (UB), Nr. 51, Trad. 33, S. 64, und Trad. 67, S. 67; Traditionscodex, ed. Hoffmann (er behält Wencks Numerierung bei).

97 Modoald: Vita auctore Stephano, AA SS Mai. III. Zum Quellenwert der Vita Werner, Verwandtschaft.

98 Es handelt sich dabei insbesondere um Passagen aus der jüngeren Fassung der Gertrud-Vita, die, wie Werner, Verwandtschaft, S. 5 ff., bes. S. 15, zeigen kann, anläßlich der Abfassung der Modoald-Vita in die ältere Vita Gertruds interpoliert wurden.

99 Ähnlich handelte man im Fall von Remaclus, dessen Reliquien man unter Abt Rudolf (1080-1087) von Stablo erwarb, Freise, Roger, S. 251 f.

100 Miracula s. Modoaldi, ed. Jaffé.

101 W. Heinemeyer, Ältere Urkunden, spricht S. 363 von einer Krönung seines Lebenswerkes.

Basis des Klosters sicherlich eine Rolle spielte. Schließlich trug die Translation allgemein zur Steigerung des Ansehens Helmarshausens als geistlicher Mittelpunkt bei, und wie die Mirakelaufzeichnung belegt, wurde der neue Klosterpatron sofort angenommen.

Die Mirakeldokumentation verschleppte man zunächst, denn aufgrund der Nennung des Paderborner Bischofs Heinrich in c. 11 als Verstorbenen, kann sie erst nach 1127 aufgezeichnet worden sein[102]. Insofern lag ihre Funktion nicht mehr im Bereich der Krisenbewältigung, sondern in der Verhinderung des Vergessens. Sie setzt jedoch mit dem ersten Wunder des neuen Patrons, das dieser neun Tage nach seiner Ankunft am 5. Mai 1107 wirkte[103], ein und vermag so den Erfolg des ganzen Unternehmens zu verdeutlichen. Wahrscheinlich ordnete Abt Thietmar, der besorgt um Kultzeugnisse des Modoald war, die Sammlung der Mirakel an, die erst später endgültig festgehalten wurden.

IV. Die Heiligsprechung und Translation Bischof Konrads von Konstanz im Jahr 1123

Um das Jahr 1120 betraute der Konstanzer Bischof Ulrich I. den Mönch und späteren Abt des Klosters St. Ulrich und Afra in Augsburg, Udalschalk (gest. 10. 03. 1151), mit der Abfassung von Vita und Mirakeln seines Vorgängers Konrad (934-975) zum Zwecke seiner Heiligsprechung[104]. Udalschalk hielt sich seit 1118 mit dem Abt von St. Ulrich und Afra, Egino, wegen Auseinandersetzungen mit Bischof Hermann von Augsburg im Konstanzer Exil auf[105].

Bischof Ulrich von Konstanz ernannte Udalschalk zum Kaplan und machte ihn zum hauptsächlichen Träger der Kanonisationsbemühungen[106]. Nach der Fertigstellung von Vita und Mirakeln reiste er zusammen mit dem *vicedominus* Heinrich nach Rom, wo er das Werk auf dem 1. Laterankonzil wahrscheinlich persönlich vorlas. Die Kanonisation erfolgte dort am 28. März 1123[107]. Udalschalk und Heinrich kehrten daraufhin mit der Kanonisationsurkunde nach Konstanz zurück. Die

---

[102] Miracula s. Modoaldi, ed. JAFFÉ, c. 11, S. 314.

[103] Ebd., c. 4, S. 312.

[104] Oudalscalchi vita Chounradi, ed. PERTZ; Ŏdalscalci vitae s. Kŏnradi liber tertius, ed. BERSCHIN.

[105] Biographisches zu Udalschalk: ZOEPFL, Art. Udalschalk; zu seiner literarischen Tätigkeit: BERSCHIN, Ŏdalscalcs Vita S. Kŏnradi, S. 82-106; DERS., Historia S. Kŏnradi, ebd., S. 107-128; DERS., Uodalscalc-Studien III; BÜHLER, Schriftsteller und Schreiber des Benediktinerklosters St. Ulrich und Afra, S. 16-26; zu den Auseinandersetzungen mit Hermann und der Flucht: ZOEPFL, Bistum Augsburg, Bd. 1, S. 120 f.

[106] Über den Ablauf der Kanonisation informiert ein anonymer Bearbeiter von Udalschalks dreiteiligem Werk, Translatio sancti Counradi, ed. PERTZ, c. 2, S. 444; zur Kanonisation NEUMÜLLERS-KLAUSER, Zur Kanonisation Bischof Konrads von Konstanz.

[107] Udalschalk stellt den Text der Kanonisationsurkunde an den Anfang seines Translationsberichtes, Ŏdalscalci vitae s. Kŏnradi liber tertius, ed. BERSCHIN, S. 98 f., im übrigen JL Nr. 7028.

Übertragung des Heiligen setzte der Bischof auf den 26. November 1123, Konrads Todestag, fest[108]. Anlaß für die Anlage von Vita und Mirakelsammlung war in diesem Fall das kuriale Heiligsprechungsverfahren.

Über die Translation informieren der Augenzeugenbericht Udalschalks und die spätere Darstellung eines Anonymus sehr gut. Ähnlich wie die Translation Modoalds wurde auch die Konrads zu einem besonders glanzvollen Fest, dessen Verlauf hier nachgezeichnet werden soll, da er für die Motive des Konstanzer Bischofs, die kultische Verehrung seines Vorgängers zu initiieren, aufschlußreiche Hinweise liefert.

Bischof Ulrich machte den Translationstermin nicht nur per Edikt im ganzen Bistum bekannt, sondern befahl auch die Teilnahme an der Feierlichkeit[109]. Die Übertragung seines früheren Bischofs Konrad wurde daraufhin für die gesamte Diözese ein Ereignis ersten Ranges. Geradezu Massen von Menschen fanden sich bereits an ihrem Vorabend in Konstanz ein. Sie sollen Häuser, Kirchen, Plätze und gar die Felder gefüllt haben[110]. Das Münster war so vollgestopft, daß sich der Bischof nur mühsam den Weg zum Grab des Heiligen bahnen konnte, um ihn überhaupt erheben zu können[111]. Selbst wenn Udalschalks und des Anonymus Berichte ein gerütteltes Maß an Übertreibung enthalten sollten, muß die Zahl der Teilnehmer doch enorm hoch gewesen sein. Aus geistlichem Stand sollen sich darunter 24 Äbte, eine „schwarze Menge" Mönche und Kleriker befunden haben, an weltlichen Vertretern drei Herzöge, Burggrafen, Ritter und Räte, dazu viel gemeines Volk[112].

Ein an diesem 26. November 1123 in Konstanz geschlossener Tauschvertrag[113] erlaubt die Schlußfolgerung, daß die hieran beteiligten Personen auch der Translation beiwohnten beziehungsweise diese für ihre Geschäfte nutzten. Somit erhält man Aufschlüsse über die illustre Schar weltlicher und geistlicher Besucher dieses

---

108 Translatio sancti Counradi, ed. PERTZ, c. 3, S. 444.

109 Ebd.; Ǒdalscalci vitae s. Kǒnradi liber tertius, ed. BERSCHIN, c. I, S. 99 (Zitat siehe unten S. 234, Anm. 44).

110 Translatio sancti Counradi, ed. PERTZ, c. 3, S. 444; Ǒdalscalci vitae s. Kǒnradi liber tertius, ed. BERSCHIN, c. III, S. 100 f.

111 Translatio sancti Counradi, ed. PERTZ, c. 6, S. 444*; Ǒdalscalci vitae s. Kǒnradi liber tertius, ed. BERSCHIN, c. VI, S. 103 f.

112 Translatio sancti Counradi, ed. PERTZ, c. 3, S. 444; Ǒdalscalci vitae s. Kǒnradi liber tertius, ed. BERSCHIN, c. III, S. 100 f.

113 Fürstenbergisches UB, V. Bd., Nr. 85, S. 51 f.; dazu auch MAURER, Konstanz im Mittelalter I., S. 93 f.

Festes, die sich aus den bedeutendsten Adelsgeschlechtern Süddeutschlands zusammensetzten, darunter die Herzöge Friedrich II. von Schwaben, Heinrich der Schwarze von Bayern und Konrad von Zähringen[114].

Die Spendenfreudigkeit an diesem Tag muß groß gewesen sein, denn der Anonymus spricht von viel Geld, das gesammelt wurde[115], und Udalschalk berichtet von Silber und Gold von nicht geringem Gewicht[116]. Mit Hilfe dieser Gaben – so die beiden Berichterstatter – wurde der Sarkophag geschmückt[117]. Die drei Herzöge – der Staufer, der Welfe und der Zähringer – aber fanden sich nach der Erhebung jeweils zu einer größeren Schenkung bereit, die unter Absprache mit dem Bischof, wahrscheinlich sogar auf dessen Vorschlag, zur Wiedererrichtung des einst von Konrad selbst gestifteten Hospitals verwendet werden sollte[118]. Die förmliche Gründung des Hospitals erfolgte am 7. Januar 1125[119]. Ähnlich wie das Beispiel des hl. Modoald in Helmarshausen zeigt auch der Translationsakt in Konstanz, daß wirtschaftliche Momente damit verknüpft sein konnten.

Die Übertragung beinhaltet aber noch einen weiteren Aspekt: die Integrationsfunktion eines solchen Heiligenfestes. Sie führte die maßgeblichen weltlichen Herrschaftsträger Süddeutschlands und geistliche Große des Reiches zusammen. Udalschalk und der Anonymus berichten in Anspielungen auf die vorausgegangenen Auseinandersetzungen des Investiturstreits übereinstimmend, daß Streit und Zwietracht sowie die Waffen hier ruhten[120]. Insbesondere für die einfachen Menschen wurde in diesem kultkonstituierenden Akt aber eine Figur geschaffen, an die sie sich in ihren konkreten Nöten wenden konnten. In Konrad gewann Konstanz einen eigenen Bistums- und Stadtpatron, zu dem es als früherem Bischof eine besondere Beziehung hatte. Nach den überwundenen Wirren des Investiturstreits kann man mit NEUMÜLLERS-KLAUSER und MAURER auf das besondere Bedürfnis von Bischof, Geistlichkeit und Bürgerschaft, sich in Gestalt ihres Patrons mitein-

---

[114] Gennant werden außerdem die Äbte Ulrich von Reichenau und Werner von St. Georgen, Adalbert, Pfalzgraf von Lauterburg, sowie die Grafen Ludwig von Württemberg, Rudolf von Bregenz, Eberhard von Nellenberg, Ulrich von Gammertingen und Werner von Baden. Heinrichs des Schwarzen Beteiligung wird überdies vom Annalista Saxo – fälschlicherweise zum Jahr 1126 – überliefert: Annalista Saxo, ed. WAITZ, S. 765.

[115] Translatio sancti Counradi, ed. PERTZ, c. 3, S. 444.

[116] Ǒdalscalci vitae s. Kǒnradi liber tertius, ed. BERSCHIN, c. III, S. 101.

[117] Translatio sancti Counradi, ed. PERTZ, c. 3, S. 444; Ǒdalscalci vitae s. Kǒnradi liber tertius, ed. BERSCHIN, c. III, S. 101.

[118] Translatio sancti Counradi, ed. PERTZ, c. 7, S. 444*; Ǒdalscalci vitae s. Kǒnradi liber tertius, ed. BERSCHIN, c. VII, S. 104. Zur Hospitalgründung HOPP, Hospiz des heiligen Konrad; BORST, Mönche am Bodensee, S. 154 ff.

[119] Thurgauisches UB, Bd. 2, Nr. 19, S. 43-49, die Schenkungen der Herzöge S. 46. Unter den Zeugen dieser Urkunde befinden sich ebenfalls u. a. Herzog Friedrich II. von Schwaben und Herzog Konrad von Zähringen. Siehe zu der Hospitalgründung außerdem MAURER, Konstanz im Mittelalter I., S. 92 ff.; auch die Sächsische Welfenquelle erwähnt die Schenkung, OEXLE, Bischof Konrad von Konstanz, S. 19.

[120] Translatio sancti Counradi, ed. PERTZ, c. 3, S. 444; Ǒdalscalci vitae s. Kǒnradi liber tertius, ed. BERSCHIN, c. III, S. 100 f.

ander verbunden zu wissen, hinweisen[121]. Dieses Bedürfnis fand seinen augenfälligen Ausdruck in einer feierlichen Prozession um die Stadt und bis zu der außerhalb von Konstanz gelegenen Basilika des hl. Ulrich, nachdem die Fremden Konstanz verlassen hatten. Ausdrücklich wird in beiden Translationsberichten auf die Schutz-, ja Befestigungsfunktion dieses Umgangs hingewiesen[122].

Für Bischof Ulrich hatte dieses Fest sicherlich ganz besondere Bedeutung. Von Kaiser Heinrich V. im Feldlager in Italien mit Ring und Stab investiert, war er von Papst Paschalis II. nicht anerkannt worden, und alle Interventionen anderer sowie alle Bemühungen seinerseits vermochten ihm nicht die Weihe zu erlangen, zumal er sich stets als treuer Anhänger Heinrichs V. erwies. Infolgedessen nahm er bis 1116 praktisch keine geistlichen Handlungen (Weihen) in seiner Diözese vor. Erst nach dem Tod des Papstes wurde er 1118 vom Mailänder Erzbischof geweiht. Bezeichnenderweise setzten die Bemühungen um die Heiligsprechung seines Amtsvorgängers Konrad sofort danach ein. Dieser Akt, verbunden mit einem glanzvollen Fest, bildete den Höhepunkt seines Episkopats und trug sicherlich dazu bei, seine Stellung in Konstanz zu festigen und den Makel, unter dem dieser bisher gestanden hatte, zu beseitigen[123].

Drei Gründe können also für die Initiierung der Konrad-Verehrung namhaft gemacht werden: persönliche Motive Bischof Ulrichs, die auf Festigung seiner Position in Konstanz zielten, die Schaffung einer Integrations- und Schutzfigur für Stadt und Bistum Konstanz sowie wirtschaftliche Interessen.

V. Die Elevation Bischof Gebhards II. von Konstanz im Kloster Petershausen 1134

Die Erhebung des hl. Gebhard, der kultbegründende Akt, der einer Kanonisation dieses Konstanzer Bischofs der Ottonenzeit (979-995) gleichkam und im Jahr

---

[121] Neumüllers-Klauser, Zur Kanonisation Bischof Konrads von Konstanz, S. 80; Maurer, Konstanz im Mittelalter I., S. 94.

[122] Translatio sancti Counradi, ed. Pertz, c. 9, S. 445: *Recedente igitur Christi advenarum turba, cives Constantienses, facultate progrediendi reperta, una cum pontifice suo dilectas patroni sui Counradi reliquias tulerunt, atque civitatem suam his praemuniendam lustraverunt, ut videlicet eo melius eius patrociniis tuerentur, quo frequentius eius exuviarum praesentia visitarentur. Ad basilicam quoque sanctissimi praesulis Oudalrici, quondam amici sui, illum attulere; ut sicut viventes quondam in carne, ita etiam post mortem se invicem viderentur visitare.* Ǒdalscalci vitae s. Kǒnradi liber tertius, ed. Berschin, c. X, S. 106: *Annuit presul fidelibus uotis sollempnique ordinata cleri et populi processione nouis immo semper innouandis urbem circuit reliquiis. Quibus ad beati Ǒdalrici basilicam foris murum positam deportatis et tamquam amicis eisdem uidelicet sanctis mutuo resalutatis ẹtissimus in sua regreditur populus binis tantorum patrum muniendus suffragiis.*

[123] Zum Bistum Konstanz im Investiturstreit: Hoffmann, Stellung der Konstanzer Bischöfe zu Papst und Kaiser während des Investiturstreits, S. 239 ff.; Neumüllers-Klauser, Zur Kanonisation Bischof Konrads von Konstanz, S. 80.

1134 von seinem Amtsnachfolger Ulrich II. (1127-1138) vorgenommen wurde, hatte verschiedene Anlässe, und mit ihm wurden verschiedene Intentionen verbunden. Diese erschließen sich aus der aufgrund der Translation auf vor 1134 zu datierenden Vita mit Mirakeln[124] und dem entsprechend nach 1134 abgefaßten Translationsbericht, der in die Petershausener Klosterchronik, die Casus monasterii Petrishusensis, eingefügt wurde, sowie aus den weiteren Nachrichten der Casus, der für die Klostergeschichte bis etwa 1164, dem Tod des Abtes Konrad, aussagereichsten Quelle[125]. Beide Texte stammen vom selben Autor[126], dem in Petershausen lebenden Neffen des Abtes Gebino von Wagenhausen und Fischingen[127]. Mit der Translation Gebhards erhob das Kloster Petershausen seinen Gründer zur Ehre der Altäre, der dieses im Jahr 983 ins Leben gerufen, aus seinem Erbteil reich ausgestattet und zeitlebens gefördert hatte[128].

Zunächst sticht der Zeitpunkt ins Auge, zu dem Gebhard transferiert wurde. Gerade elf Jahre nach der glanzvollen Translationsfeier des hl. Konrad in Konstanz, am 27. August 1134[129], versuchte Petershausen ein ähnliches Fest zu initiieren. Bereits Helmut G. WALTHER hat die geradezu hervorspringenden Parallelen zur Heiligsprechung und Übertragung Konrads – sowohl im Kultakt als auch in den Schriften – herausgearbeitet[130]. Ebenso wie für diesen wurde für Gebhard eine zweiteilige Lebensbeschreibung – Vita und posthume Mirakel – verfaßt. Diese diente auch hier der Kanonisation, wenngleich keine päpstliche, sondern eine in dieser Zeit noch durchaus mögliche bischöfliche Heiligsprechung erfolgte. Die von Bischof Ulrich II. vorgenommene Translation beinhaltete den Kanonisationsakt. So wie später der Konradsvita ein dritter Teil über die Translation angefügt wurde, findet sich eine Darstellung der Gebhard-Translation in den Casus.

---

[124] Vita Gebehardi, ed. WATTENBACH.

[125] Casus, ed. FEGER; Translation: Casus, ed. FEGER, V,1 ff. Die Entstehung der Casus ist noch nicht abschließend geklärt. Nach den Forschungen von WALTHER, Gründungsgeschichte, S. 40, wurden sie zwischen 1134 (Translation Gebhards) und 1139 (Erwähnung des 2. Laterankonzils) begonnen und sukzessive geführt. Zu den Casus auch SCHMALE-OTT, in: WATTENBACH-SCHMALE, S. 280 ff.

[126] Casus, ed. FEGER, I,6, wo der Autor vermerkt, zuvor die Vita Gebhards verfaßt zu haben.

[127] Darüber besteht seit langem Konsens in der Forschung. Siehe zuletzt WALTHER, Gründungsgeschichte, S. 42; SCHMALE-OTT, in: WATTENBACH-SCHMALE, S. 283.

[128] Über die Gründung Petershausens siehe die Vita Gebehardi, ed. WATTENBACH, I,9 ff.; Casus, ed. FEGER, I,6 ff. Einen guten Überblick über die Geschichte Petershausens bietet WALTHER, Kloster St. Gregor; knapp: SPAHR, Petershausen; zur Gründung ausführlich MISCOLL-RECKERT, Kloster Petershausen, S. 15 ff.

[129] Das genaue Datum ergibt sich aus Casus, ed. FEGER, V,5.

[130] WALTHER, Gründungsgeschichte, S. 45 ff.

Neben Bischof Ulrich II. waren die Mönche von sieben anderen Klöstern, dazu Kleriker und Laien anwesend. Nach der Erhebung des Sarkophags umrundete man in einer feierlichen Prozession den Klosterkomplex und setzte den hl. Gebhard dann in einer neuen Grabstätte bei[131]. Mit dem Umgang wurde das Kloster in den besonderen Schutz des Heiligen aufgenommen.

Ebensowenig sind die Parallelen im Kultakt zu übersehen: Zahlreiche Geistliche und Laien nehmen an dem Fest teil, und es wird eine Prozession veranstaltet. Der wesentlich bescheidenere Maßstab ist allerdings nicht zu verhehlen[132], kann doch von den Menschenmassen, die das Konradifest besuchten, hier nicht die Rede sein. Konrad wird als ein Stadtpatron durch die Stadt geführt[133], Gebhards Prozession dagegen bleibt auf den engen Bereich des Klosters Petershausen beschränkt. Der kultische Rahmen ist also von vorneherein wesentlich enger gesteckt. Unverkennbar ist jedoch die Absicht, dem Stadt- und Diözesanpatron einen eigenen, den Gründerheiligen, entgegenzusetzen.

Das Beispiel der beiden Konstanzer Heiligen zeigt, wie Heiligenverehrung und hagiographische Produktion aus Rivalität entstehen kann, allerdings auch mit mehrmaligen Richtungswechseln. Denn es wurde noch eine zweite Konradsvita mit Mirakeln und Translationsbericht verfaßt, eine Überarbeitung der ersten, deren Parallelen mit der Gebhardsvita auffallend sind[134]. Weitaus deutlicher wird dies noch an den Bamberger Verhältnissen zu zeigen sein, wo gleich drei Heiligenkulte über fünfzig Jahre hinweg konkurrierend aufeinander einwirkten.

Neben dem Konkurrenzverhältnis zu dem Domheiligen sind wirtschaftliche Interessen des Klosters in Betracht zu ziehen. Die Geschichte dieser geistlichen Einrichtung verlief unter dem die Translation initiierenden Abt Konrad (1127-

---

[131] Casus, ed. FEGER, V,4.

[132] Von Conrad wird beispielsweise berichtet, daß 24 Äbte an der Erhebung teilgenommen hätten: Ódalscalci vitae s. Kônradi liber tertius, ed. BERSCHIN, c. III, S. 101. Translatio sancti Counradi, ed. PERTZ, c. 3, S. 444.

[133] Siehe oben S. 193.

[134] Vita s. Counradi altera, ed. WAITZ. Parallelen zur Gebhardsvita sind nicht nur im Aufbau zu beobachten (Vita mit Mirakeln), sondern auch in textlichen Gemeinsamkeiten, auf die bereits mehrfach hingewiesen wurde (SCHMALE-OTT, in: WATTENBACH-SCHMALE, S. 285; WALTHER, Gründungsgeschichte, S. 47; HILLENBRAND, Literarisches Bild, S. 88 ff.). Die Schrift ist auf jeden Fall nach der Gebhardsvita entstanden, da sie auf ihre Existenz verweist (Vita s. Counradi altera, ed. WAITZ, c. 21, S. 440); somit ist der Ansicht HILLENBRANDS, Literarisches Bild, S. 92, daß sie vor der Gebhardsvita im Kl. Petershausen entstand, unbedingt zu widersprechen. Vielmehr können wir der Meinung WALTHERS, Gründungsgeschichte, S. 47 zustimmen, der sie einem Konkurrenzverhältnis zwischen dem Domstift und Petershausen zuschreibt. BERSCHIN, Ódalscalcs Vita s. Kônradi, S. 95, Anm. 46, setzt sie um 1150 an.

1164) recht wechselhaft[135]. Einerseits sind eine rege Bautätigkeit und die Anschaffung von Kleinodien festzustellen[136], andererseits wird häufig von Verkäufen solcher Schätze und ganzer Güter berichtet, die zum Teil mit Hungersnöten begründet werden, zugleich aber deutliche Züge einer Mißwirtschaft tragen[137]. Ferner scheint man gewissem Luxus nicht immer widerstanden zu haben[138]. Kurzum, die materielle Situation des Klosters dürfte eher prekär als rosig gewesen sein.

Dagegen folgt in den ersten Büchern der Chronik geradezu ein Bericht einer Schenkung samt Urkundenabschrift auf den anderen. Die Mitglieder der verzweigten Udalrichingersippe, der auch der hl. Gebhard entstammte, pflegten im 11. Jahrhundert enge Beziehungen zu Petershausen. Sie machten ihm Schenkungen, und mehrere von ihnen wählten es auch als Grabstätte aus[139], so daß es weniger den Charakter eines auf den Bischof bezogenen Eigen- als eines Adelsklosters[140], mit Abstrichen sogar Hausklosters der Udalrichinger hatte. Ende des 11. Jahrhunderts hatte sich der bedeutende Bregenzer Zweig dieser Familie mit Mehrerau ein eigenes Hauskloster geschaffen, in dem er seine Grablege errichtete, dessen Vogtei er innehatte und auf das seine Gunstbeweise in der Folgezeit gerichtet waren[141]. Diese Familie gedachte Petershausen mit deren heiligem Ahnen sicherlich besonders anzusprechen. Darüber hinaus erhoffte man sich auch von anderen

---

[135] Diese Einschätzung vertritt auch Walther, Kloster St. Gregor, S. 20, der die Notstände vor allem auf die verschlechterten Beziehungen zu den Konstanzer Bischöfen seit Ulrich I. zurückführt.

[136] Genannt seien nur einige Beispiele: Abt Konrad ließ eine Doppelkapelle zu Ehren des hl. Martin und der hl. Fides errichten, die 1129 bzw. 1134 geweiht wurden (Casus, ed. Feger, IV,30 f.). Auch die einsturzgefährdete Klosterkirche ließ der Abt erneuern (V,1). Allg. wird von der Herstellung vieler bedeutender Kunstwerke gesprochen (VI,13). Der Mönch Gebino ließ die Johanneskapelle und den Kreuzgang wieder herrichten und einen Kelch sowie eine Patene anfertigen (IV,32 ff.).

[137] In Geldnöten wurden Kelch und Patene des Gebino und ein Weihrauchgefäß verkauft IV,34), daneben zwei Landgüter in Boos und Ailingen (IV,35). Besonders aussagekräftig, auch für den moralischen Zustand, ist folgende Begebenheit: Ein Priester Witigo aus Allensbach, der als Kaplan im Rheinland tätig war, sandte Kloster Petershausen 40 Mark Silber, damit davon Äcker gekauft würden, die er nach seinem Tod dem Kl. vermachen wollte. Das Geld wurde jedoch anderweitig ausgegeben. Als Witigo kam, um sich das gekaufte Gut anzusehen, zeigten sie ihm einen Besitz des Kl. bei Frickingen und gaben ihm diesen für sein Geld. Die darüber ausgestellte Urkunde datiert vom 12. März 1135 (IV,36 f.). Abt Konrad wird besonders gerügt. Der Chronist sagt ihm z.B. nach, er habe, kaum daß er Abt geworden sei, von dem ihm anvertrauten Geld eines Laien ein eigenes Wohngebäude errichtet und den Laien, als er sein Geld zurückforderte, eingeschüchtert (VI,8; negative Gesamtwürdigung Konrads VI,12).

[138] Mönche sollen seidene Meßgewänder gestohlen haben, um sich kostbare Kleider anfertigen zu lassen (I,46), allerdings bleibt unklar, unter wessen Abbatiat.

[139] Nach Casus, ed. Feger, II,23, waren dies Graf Eberhard von Bodman, der dem Kl. das Gut Herdwangen schenkte, Graf Ulrich d.Ä. von Bregenz, der ihm Bienhausen übertrug, und Graf Gero von Pfullendorf, der ein Landgut bei Alberweiler einbrachte. Daß alle drei Bestatteten zur Familie der Udalrichinger gehörten, zeigt Miscoll-Reckert, Kloster Petershausen, S. 102 ff.

[140] Ebd., S. 129.

[141] Zum Verhältnis der Bregenzer zu Mehrerau ebd., S. 189 f.

adligen Gönnern Zuwendungen, denn das Kloster wies in seiner Frühzeit Beziehungen zu vielen Adelsgeschlechtern des Bodenseeraumes auf[142]. Der publikumswirksame Translationsakt wendete sich aber auch an die Laienschaft insgesamt.

Konkurrenz in der Bedeutung als Kultort und wirtschaftliche Nöte sind die Ausgangspunkte, die den Kult des heiligen Gebhard begründeten und zu hagiographischer Produktion führten.

VI. Die Invention des Apostels Matthias im Kloster St. Eucharius in Trier am 1. September 1127

Die Quelle, die uns Auskunft über die Auffindung des hl. Matthias gibt, ist ein nach 1131 aufgezeichneter dreiteiliger Bericht[143]. Im ersten Teil dieser Schrift schildert der anonyme Autor eine Auffindung dieses Heiligen, die um 1050 stattgefunden haben soll, im zweiten die des Jahres 1127 und im dritten einen Klosterbrand im Jahr 1131, in dem Agritiusreliquien eine wichtige Rolle spielen und aus dem sich auch die Datierung des Berichts ergibt.

Für den kultischen Zusammenhang der Mirakelaufzeichnung ist der zweite Teil des Inventionsberichts von Bedeutung. In diesem wird zunächst von dem Kirchenneubau, den Abt Eberhard (ca. 1111-1136) wahrscheinlich wenige Jahre zuvor begonnen hatte, berichtet. Als mit Fortschreiten des Bauwerks am 1. September 1127 der Muttergottesaltar abgerissen werden mußte, will man dort einen Bleisarg mit Gebeinen und eine Marmortafel gefunden haben, die die Inschrift S. MATHIAS APOSTOLVS trug[144]. Es brachen großer Jubel und Lob ob der unerwarteten Entdeckung aus, die Gebeine wurden in eine mit Eisenbeschlägen versehene Holzlade gelegt und streng bewacht. Wenige Tage später begannen viele Kranke, zu den Reliquien zu strömen[145]. Eine bislang unedierte Mirakelsammlung mit fast

---

142 Ebd., S. 120 ff.

143 Matthias: Alia acta inventionis, AA SS Febr. III, S. 454-458 (fälschlicherweise dem Mönch Lambert zugeschrieben).

144 Matthias: Alia acta inventionis, AA SS Febr. III, c. 6, S. 455 f.

145 *Contigit itaque aestate peracta, autumno inchoante, ut altari majorum arcuum, qui sunt in conspectu sanctuarii, machinas praestruentes, altare sanctae Dei Genitricis, quod supra diximus, opportunum judicarent esse amovendum. Quod dum fieret, res gaudio digna, omni lapide pretioso gratior effulsit: fidelis sermo. Ibi invenerunt locellum in modum arcae plumbeae majora corporis ossa Mathiae Apostoli continentem, sed et marmor latum ad modum palmi, in quo caraxatum fuit,* S. MATHIAS APOSTOLVS, *simul cum reliquiis intrinsecus positum. Quid plura? Nimirum aedes illa una omnium exultatione et laudantium Dominum voce personuit. Arca autem sacras habens reliquias, in medio delata: theca lignea pro tempore apparata, ferro firmissime compacta, aliaque: propter quod supra paucis intimavimus cautissima custodia obseratum esse, donec perfecto, quod prae manibus erat, opere novo, communi deliberaretur consilio, ubi condecenti mitteretur in loco. Paucis deinde transactis diebus, coeperunt multi infirmi confluere, et precibus Apostoli subsecuta est gratia Domini,* Matthias: Alia acta inventionis, AA SS Febr. III, c. 6, S. 455.

sechzig Berichten dokumentiert den sich im Anschluß daran rasch entwickelnden Kult des hl. Matthias[146].

Der Fall scheint ähnlich gelagert zu sein wie der oben besprochene Zufallsfund des hl. Celsus im selben Kloster etwa 150 Jahre zuvor: Durch Bauarbeiten wird eine bisher unbekannte Grabstätte entdeckt, deren Leichnam sich als wundertätig erweist. Diesmal ist es der Apostel Matthias[147], ein überaus bedeutender Heiliger, mit dem St. Eucharius das einzige Apostelgrab nördlich der Alpen beansprucht. Der vorgeschaltete erste Teil zeigt jedoch, daß man sich im Unterschied zur Celsus-Inventio außerdem bemühte, eine ältere, verschüttete Tradition der Matthiasverehrung im Kloster St. Eucharius glaubhaft zu präsentieren. Dieser zufolge soll der Heilige 1050 bereits einmal aufgefunden worden sein, als Kaiser Heinrich III. Reliquien für sein Stift St. Simon und Juda in Goslar erbat. Durch die Süße des dem Grab entströmenden Duftes von Bewunderung und Furcht gepackt, verschlossen es die anwesenden Geistlichen jedoch sofort wieder[148]. Die Verschließung der Stätte trotz der Erkenntnis, eine solch bedeutungsvolle Entdeckung gemacht zu haben, geschieht völlig unmotiviert und ist daher höchst dubios, wie von der Forschung bereits festgestellt worden ist. Während Rudolf KLOOS einen historischen Kern zu retten versuchte[149], wird die Historizität der Geschichte von Petrus BECKER neuerdings völlig bestritten. Sie sei „nach der 'zweiten Auffindung'

[146] Trier, Seminarbibliothek, Hs. 98, fol. 13r-50v.
[147] Apg. 1,15-26.
[148] Matthias: Alia acta inventionis, AA SS Febr. III, c. 4, S. 455.
[149] KLOOS, Lambertus, S. 19 ff.

zur Stützung der Echtheit der Reliquien erfunden“ worden[150]. In der Tat mutet der Inventionsbericht in der vorliegenden Form stark auf die von 1127 hin geschrieben an[151].

Welche Gründe und Absichten bewogen nun das Euchariuskloster, den Apostelkult (neu) zu installieren? Hierzu muß man sich seine damalige Situation vergegenwärtigen. Wie die Gesta Treverorum berichten, befand sich das Kloster zu Beginn des 12. Jahrhunderts in einer desolaten geistlichen und materiellen Situation: *Hisdem quoque temporibus sancti Eucharii cenobium religione rebusque iam pene conlapsum ...*[152].

Diesen allerdings kaum konkret faßbaren Zerfall[153] stoppte Erzbischof Bruno (1102-1124), indem er den Mönch Eberhard aus dem hirsauischen Kloster Komburg zum Abt berief und die Hirsauer Reform einführte – „der eigentliche Anlaß und auch der geistliche Anstoß zum hochmittelalterlichen Aufstieg von St. Eucharius“[154]. Die wirtschaftliche Situation des Klosters besserte sich in diesem Zuge ebenfalls, wie vermehrte Schenkungen, zum Teil auf Intervention Erzbischof Bru-

---

[150] Becker, Benediktinerabtei, S. 398.

[151] Das letzte Wort ist in dieser Sache m.E. jedoch noch nicht gesprochen, denn es existieren einige Hinweise auf eine Matthiasverehrung in Trier seit dem 11. Jh.: Die Tradition, daß der hl. Matthias von der hl. Helena zusammen mit anderen Reliquien durch Agritius, den Patriarchen von Antiochien, nach Trier geschickt worden sei, wurde erstmals in der zweiten Hälfte des 11. Jhs. in den Gesta Treverorum, der Doppelvita Agritius-Helena und seit der zweiten Fassung des gefälschten Silvester-Diploms aufgebaut (Kloos, Lambertus, S. 23 f.). Die Behauptung, er ruhe in St. Eucharius, wurde allerdings zuerst in unserem Translationsbericht aufgestellt. Immerhin existiert ein dem Mönch Theoderich von St. Eucharius zugeschriebener Sermo für den hl. Matthias bereits aus dem beginnenden 11. Jh. neben Sermones für die übrigen hervorragenden Patrone Eucharius, Valerius und Celsus (Sauerland, Trierer Geschichtsquellen, S. 111 f.; Thomas, Theoderich, S. 46, Anm. 28; ders., Art. Theodericus, Sp. 754.). Eine Stola mit Namen und Gestalt des hl. Matthias von der Jahrtausendwende wird nur vermutungsweise St. Eucharius zugewiesen (Becker, Benediktinerabtei, S. 397 mit Anm. 3). Die Weihe einer Matthiaskapelle in der Dompropstei 1061 belegt ebenfalls seine kultische Verehrung (Kloos, Lambertus, S. 24). Schließlich gelangten 1107 Matthiasreliquien aus dem Kloster St. Marien in Trier nach Helmarshausen (Translatio sancti Modoaldi, ed. Jaffé, c. 34, S. 304; hierzu Hirschmann, Translatio, S. 31). Ob weitere Matthiasreliquien des 11. Jhs. außerhalb Triers auf Beziehungen zu der Moselmetropole zurückgehen, bedarf noch näherer Prüfung: Dem Inventionsbericht selbst zufolge erbat Kaiser Heinrich III. solche für St. Simon und Juda in Goslar, womit er die Auffindung eigentlich ausgelöst haben soll; eine Reliquienschenkung aus St. Eucharius ist zwar urkundlich belegt, doch findet darin lediglich der hl. Valerius namentliche Erwähnung (MGH D H. III, Nr. 309: 1053 Aug. 5; Kloos, Lambertus, S. 22 ff.); 1072 tauchen Apostelreliquien in Bamberg auf, die auf Beziehungen zu Goslar zurückgehen könnten (Kloos, Lambertus, S. 24 mit Anm. 36); Erzbischof Anno von Köln weihte gemäß der Translatio sancti Modoaldi, ed Jaffé, c. 37, S. 306, eine Matthiaskapelle in Soest (hierzu Oediger, Regesten, Bd. 1, Nr. 1083: 1056-1075).

[152] Gesta Treverorum, ed. Waitz, addit. I, Zusatz der Redaktion C, S. 198.

[153] Becker, Benediktinerabtei, S. 250.

[154] Ebd.; siehe im übrigen seine älteren Arbeiten zu der Reform in St. Eucharius: Hirsauische Erneuerung; Monastische Observanz, S. 25 ff.; Abtsreihe, S. 35; sowie Kloos, Lambertus, S. 33 f.

nos, zeigen[155]. Abt Eberhard begann wohl noch zu Lebzeiten Brunos mit einem Kirchenneubau, der diese Prosperität eindrucksvoll nach außen demonstrieren sollte. Wegen der laufenden Baumaßnahmen konnte man den Apostelfund gut inszenieren. Das Mirakelbuch belegt den Erfolg der Strategie, denn rasch stellten sich viele Pilger ein. Anscheinend ähnlich wie Thietmar von Helmarshausen betrachtete Eberhard den Heiligenkult und die damit verbundene Bedeutungssteigerung des Klosters als Teil seiner Erneuerungspolitik.

St. Eucharius scheint sich dennoch mit dem Kirchenbau etwas viel zugemutet zu haben, denn im Auffindungsbericht verweist der Autor darauf, welch ein kostspieliges Unternehmen die Errichtung der Kirche, die ohne Not geschah, darstellte. Somit dürften auch pekuniäre Interessen in die Auslösung des Matthiaskultes hineingespielt haben[156].

Das bischöfliche Kloster St. Eucharius mußte seinen Rang innerhalb einer ganzen Reihe geistlicher Institutionen in Trier behaupten. Konkurriert hat es wohl vor allem mit der bedeutenden Reichsabtei St. Maximin, dessen herausragendem Johannes Evangelista-Patrozinium es nun das eines Apostels entgegensetzen konnte[157]. Darüber hinaus versuchte es, den Apostelkult mit dem jenes Mannes zu verbinden, der nach der Tradition des 11. Jahrhunderts die Gebeine des Heiligen nach Trier übertragen hatte – mit dem des hl. Agritius. Den Patriarchen von Antiochia soll die hl. Helena, Mutter Konstantins des Großen, mit dem Leichnam des hl. Matthias ausgesandt haben, um ihre ins Heidentum zurückgefallene Geburtsstadt wieder zum Christentum zurückzuführen[158]. Seit dem 9. Jahrhundert beanspruchte indessen das Kloster St. Maximin die Grablege des hl. Agritius[159].

Für diese Ambitionen ist der dritte Teil des Inventionsberichtes, die Darstellung über den Brand der im Bau befindlichen Klosterkirche am 15. Mai 1131, aussagekräftig. Er beschreibt einen im Turm der alten Klosterkirche errichteten Altar, der *ex ossibus et cineribus S. Agricii Antiochensis Patriarchae et Trevirorum Archiepis-*

---

[155] 1106: Ebf. Bruno bestimmt die Jagd- und Fischereirechte sowie Frohnden der Abtei und ihrer Dörfer Hemptern und Lampaden (Mrh. UB, Bd. 1, Nr. 410); 1114: Friderun, die Witwe eines erzbischöflichen Ministerialen schenkt dem Kl. Güter zu Wittlich (Nr. 428); ca. 1120: der Trierer Bürger Ludwig schenkt sein Backhaus zu einer Seelgerätstiftung (Nr. 443); 1130: Pfalzgraf Wilhelm und seine Gemahlin übertragen den Schiffszoll zu Cochem (Nr. 469); um diese Zeit unterstellen ihm die Bürger von Boppard das von ihnen gegründete Kl. Marienberg (Nr. 444: o. Dat.), hierzu Heyen, Reichsgut, S. 120 ff.; ders., Kloster Marienberg, S. 14 ff.

[156] *Quacumque occasione opus istud inceptum sit, factum non est absque divina dispensatione, maxime cum nulla veterum aedificiorum urgente ruina tale sit opus exorsum, quod tam sumptuosum, tamque inaestimabile postularit impendium*, Matthias: Alia acta inventionis, AA SS Febr. III, c. 5, S. 455.

[157] Becker, Benediktinerabtei, S. 252.

[158] Zur Ausbildung dieser Tradition zuletzt Kloos, Lambertus, S. 19 ff., sowie die älteren Arbeiten von Sauerland, Trierer Geschichtsquellen, S. 57 ff., und Winheller, Lebensbeschreibungen, S. 121 ff.

[159] Erster Nachweis ist eine Schenkungsurkunde für St. Maximin aus dem Jahr 853; hierzu Gierlich, Grabstätten, S. 21 ff.; Sauerland, Trierer Geschichtsquellen, S. 153.

copi copiosissime fuerat insignitum[160], ein Altar also, der reichlich Agritiusreliquien enthielt. Der Besitz derselben fiel angeblich der Vergessenheit anheim, und sie wurden erst durch einen „reliquiensüchtigen" Mönch wiederentdeckt, der im Kloster solche Heiligenpartikel an sich brachte[161]. Dieser Mönch brach den Altar gewaltsam auf und fand darin einen Schrein, dessen Inhalt durch eine Marmortafel ausgewiesen wurde – ähnlich also wie im Falle der Auffindung des hl. Matthias[162]. Nachdem er die Reliquien im Dachgeschoß der Sakristei versteckt hatte, zündete er dort aus Verehrung Kerzen an, die wahrscheinlich den erwähnten Brand verursachten. Im Anschluß an sein Geständnis des Diebstahls suchte man zwischen den verkohlten Balken die Gebeine des hl. Agritius Stück für Stück zusammen. Daraufhin war man überzeugt, einen größeren Teil des Leibes dieses Heiligen zu besitzen – *ut majorem ipsius corporis partem nos non dubitemus habere*[163]. Anschließend schlugen sogar einige vor, einen Altar zu Ehren des Agritius zu errichten und ihm die Kirche zu weihen[164]. Schließlich wird als Lehre aus der Geschichte des Brandes gezogen, die Heiligen Agritius und Matthias wollten nicht voneinander getrennt sein[165]. Das Heiligenpaar Agritius – Matthias hätte dem Kloster St. Eucharius eine noch größere Bedeutung zu verleihen vermocht, und der Bericht über den Brand zeigt, daß es seine Hände zwar danach ausstreckte, aber die kühne Behauptung, Agritius ganz zu besitzen, an dieser Stelle gegenüber St. Maximin nicht aufzustellen wagte[166]. Es versuchte offensichtlich ebensowenig, einen Agritiuskult um die Heiligenpartikel herum zu etablieren. Die Stoßrichtung der Bestrebungen wird dennoch deutlich.

Das Erzstift selbst dürfte gleichfalls ein Interesse an der Belebung des Matthiaskultes gehabt haben. In der Mitte der fünfziger Jahre des 11. Jahrhunderts hatte Papst Viktor II. den Primat über Gallien, den Trier bislang innegehabt hatte, Reims verliehen, womit es eine empfindliche Einbuße in seiner geistlichen Machtstellung erlitt. Ihm verblieb nur noch der Anspruch, die *secunda Roma* zu sein, ein Ehrentitel, der bezeichnenderweise erstmals im 10. Jahrhundert unter Erzbischof Egbert, dem Erneuerer des Klosters, in einer Vita belegt ist[167] und gerade im 11. Jahrhundert besonders intensiv, unter anderem auf erzbischöflichen Münzen, propagiert wurde[168]. Durch eine lebendige Verehrung und Wundertätigkeit des hl.

---

160 Matthias: Alia acta inventionis, AA SS Febr. III, c. 9, S. 456 f.
161 Ebd., S. 456.
162 Ebd., S. 457.
163 Ebd., c. 10, S. 457.
164 Ebd.
165 Ebd., u. c. 11, S. 458.
166 Sauerland, Trierer Geschichtsquellen, S. 154, Anm. 3, überinterpretiert diese Stelle; ähnlich Kloos, Lambertus, S. 15 u. 31 f., der jedoch in Anm. 9 (S. 31) von tatsächlich vorhandenen Agritiusreliquien ausgeht, die den Wunsch nach dem Besitz des ganzen Leichnams aufkommen ließen.
167 Es handelt sich um die Vita Deicoli des Autors der Celsus-Mirakel; hierzu Thomas, Studien, S. 162; ders., Theoderich, S. 56; Margue/Schroeder, Ausstrahlung, S. 115, Anm. 48.
168 Siehe hierzu Thomas, Studien, S. 162 ff.; Kloos, Lambertus, S. 27.

Matthias konnte diese Tradition gestützt und viel eher auch in breiteren Schichten verankert werden als durch gelehrtes Schrifttum. Die Wundersammlung selbst trug diesem Anspruch Rechnung, indem sie den hl. Matthias mit den Aposteln Peter und Paul in Rom verglich[169]. Petrus BECKER vermutet sogar, daß die Auffindung „höchstwahrscheinlich von erzbischöflicher Seite geplant und vorbereitet [wurde] ... und im Dienste erzbischöflicher Autoritätsdarstellung und -erhöhung" stand[170]. Er nimmt weiter an, der Metropolit habe auch aus diesem Grund gezielt den prunkvollen Neubau der Klosterkirche unterstützt[171]. Die gesamten Maßnahmen möchte er schließlich auf dem Hintergrund der erzbischöflichen Bestrebungen, die Reichsabtei St. Maximin zurückzugewinnen, sehen[172].

Ein weiteres Moment kommt hinzu, das schon bei der oben beleuchteten Anregung des Annokultes in Siegburg beobachtet werden konnte. Das Erzstift lag gerade in den zwanziger Jahren dieses Jahrhunderts im territorialpolitischen Streit mit dem Grafen Wilhelm von Luxemburg, dem Vogt des Klosters St. Maximin. Kronzeuge für diese Auseinandersetzungen ist nicht nur die zeitgenössische Historiographie, sondern auch der Autor der Matthias-Mirakel schreibt dagegen an. Beide Quellen korrespondieren in auffallender Weise in ihren Aussagen, wobei die hagiographische, wie könnte es anders sein, das parteiische Eingreifen des himmlischen Patrons in dieser Situation zum Gegenstand hat.

Die Gesta Treverorum berichten, als Erzbischof Bruno von Altersbeschwerden heimgesucht wurde, hätten sich unter der Führung des genannten Grafen Wilhelm überall Männer erhoben, die doch eigentlich mit dem Schutz der Kirche betraut waren, und Kirchengüter geraubt. Der Metropolit exkommunizierte sie schließlich im Dezember 1122[173]. Bereits 1123 herrschten indessen wieder normale Beziehungen zu Wilhelm, da Erzbischof Bruno die Übertragung des Luxemburger Hausklosters in päpstlichen Schutz bestätigte[174].

Über neuerliche Übergriffe auf kirchliches Gut unter Erzbischof Gottfried (1124-1127) informieren uns die Gesta Godefridi[175]. Gottfried hatte sein Amt offenbar nicht durch geregelte kanonische Wahl erlangt[176], sondern für seine Gunst soll Heinrich V. über 1100 Mark Silber von ihm erhalten haben, und *ex equestri or-*

---

169 Matthias: Trier, Seminarbibliothek, Hs. 98, c. 19, fol. 29r: *Ecce, urbem nostram Treuericam per merita dilecti sui apostoli beati Mathię omnibus, quę circa sunt regionibus, multis miraculis longe lateque claram fecit atque spectabilem et sicut Roma gloriosissimorum apostolorum Petri et Pauli ita iam Treueris ciuitas nostra meritis beati Mathię apostoli ab omnibus ex quacumque tribulatione ad ipsam confugientibus tanquam singulare excolitur asylum.*

170 BECKER, Benediktinerabtei, S. 252 f.

171 Ebd., S. 252.

172 Ebd., S. 251 f.

173 Gesta Treverorum, ed. WAITZ, addit. I, c. 24, S. 197: 1122 Dez. 6; LuxUB, Bd. 1, Nr. 355: 1122 Dez. 10; GOERZ, Mrh. Regesten, Bd. 1, Nr. 1736; briefliche Bitte des Grafen um Absolution ebd., Nr. 1737. Zu den Auseinandersetzungen mit Graf Wilhelm auch FONTAINE, Conflits, S. 227 f.

174 LuxUB, Nr. 359: 1123 Okt. 7.

175 Gesta Godefridi, ed. WAITZ, c. 4, S. 202.

176 Siehe zu Gottfrieds Wahl und Amtszeit MARTINI, Trierer Bischofswahlen, S. 43 ff.

dine viri iniqui[177] bekamen von ihm *plurima episcopalium redituum*[178] versprochen, damit sie sich wohlwollend verhielten. Einige von ihnen scheinen mit den Leistungen nicht zufrieden gewesen zu sein, darunter Graf Wilhelm, den die Gesta Godefridi als *auctor et predux*[179], also als Anführer der Aufrührer, bezeichnen. Der Autor der Gesta Godefridi beschreibt ihr Vorgehen folgendermaßen: Einige bauten unberechtigterweise Burgen, andere plünderten oder brandschatzten. Trierer Kleriker und Bürger, die die Mauern ihrer Stadt verlassen mußten, um ihrer Arbeit nachzugehen, wurden gefangengenommen, zu unrecht angeklagt und ausgeraubt[180].

Die hier dargestellten Gewaltakte finden sich in einem einzelnen Mirakelbericht (c. 5, fol. 17r-18r) über einen Pündericher Bauern verdichtet, der mit Frau und Sohn am Johannistag zum Trierer Apostelgrab unterwegs war, gefangengenommen und beraubt sowie schließlich auf der von Graf Wilhelm unrechtmäßiger Weise auf erzbischöflichem Grund erbauten Burg Bombogen eingekerkert wurde, um weitere Zahlungen zu erpressen.

Die in dem Mirakel genannte Burg Bombogen muß während dieser Auseinandersetzungen neu erbaut worden sein, denn bereits kurz nach seinem Amtsantritt im Juni 1127 ließ Erzbischof Meginher, der Nachfolger Gottfrieds, das *castellum novum quod dicitur Bumaggen*[181] einnehmen[182]. Befehlshaber (*municeps*) dieser in der Nähe von Wittlich gelegenen Burg soll ein Brunicho gewesen sein, den der Mirakelbericht als *tyrannus* bezeichnet. Die Gesta Godefridi heben unter den Gefolgsleuten Wilhelms besonders einen Brunicho hervor, der auf dem Gipfel eines Berges nicht weit von Trier einen zweimal durch Blitzschlag zerstörten Turm erbaut habe. Von diesem Brunicho werde gar erzählt, er habe diese Burg dem Schutz des Teufels anvertraut[183]. Die genannte Befestigung wird kaum mit der etwas entfernter von Trier gelegenen zu Bombogen identisch gewesen sein, doch sicherlich handelt es sich bei Brunicho um ein und dieselbe Person. In Bombogen, das 940

---

[177] Gesta Godefridi, ed. WAITZ, c. 4, S. 202.

[178] Ebd.

[179] Ebd.

[180] *Quibus cum ille* (sc. Erzbischof Gottfried) *plurima episcopalium redituum concederet, nec tamen satis eis ad placitum impertiret, calumpniato ea abscedebant, et aliqui ex eis in eius iniuriam castra instituebant, alii predaciones, alii concremaciones exercebant ... Denique si qui de clero, aut etiam de reliquo populo, ad opus suum de civitate exeuntes, hac sive illuc habuissent divertere, capiebantur, calumpniabantur, et omnia sua eis tollebantur*, Gesta Godefridi, ed. WAITZ, c. 4, S. 202; siehe auch LuxUB, Bd. 1, Nr. 369: WAMPACH interpretiert das Vorgehen als einen kriegerischen Überfall, den er um das Jahr 1126 datiert.

[181] Gesta Treverorum, ed. WAITZ, addit. I, c. 27, S. 199.

[182] Siehe zu den Übergriffen des Grafen auch RENN, Luxemburger Grafenhaus, S. 171 ff., bes. S. 174 zu Bombogen; GLADEL, Die trierischen Erzbischöfe im Investiturstreit, S. 100 f.; LuxUB, Bd. 1, Nr. 370: WAMPACH vermutet einen erneuten Streifzug Wilhelms am Beginn des Pontifikats.

[183] Gesta Godefridi, ed. WAITZ, c. 4, S. 202.

erstmals erwähnt wird[184], hatten sowohl das Kloster St. Maximin als auch das Erzstift Besitzungen[185]. Der Graf wird vielleicht wegen der Maximiner Güter den Bau der Burg gewagt haben.

Zusammenfassend läßt sich feststellen, daß die Entfachung des Matthiaskultes und die Anlage der Mirakelsammlung verschiedenen Interessen dienten. Sie sollten dem Kloster St. Eucharius Ruhm und Ansehen im Kreis der Trierer Klöster, vor allem gegenüber dem Reichskloster St. Maximin, sowie materiellen Gewinn bringen. Darüber hinaus zielten sie darauf ab, die Stellung der Bischofsstadt als *secunda Roma* zu festigen und die Bestrebungen des Erzbischofs gegen St. Maximin zu unterstützen. Matthias wird in unruhigen Zeiten als Schützer der Bewohner des Trierer Landes präsentiert, besonders solcher, die ihn wie der Pündericher Bauer Immo in Verehrung aufsuchten, und sollte Gefahren, die von machthungrigen Adelsgeschlechtern ausgingen, abwehren. Den Erfolg für die Stadt Trier verbucht die Redaktion C der Gesta Treverorum, denn sie betont, Gott habe sie durch die vielen Wunder emporgehoben und es gehe ihr durch die Verdienste des hl. Matthias besser[186], womit er sich geradezu als Stadtpatron erwies.

Die Mirakelsammlung wurde, da die einzige Abschrift noch vor die Mitte des 12. Jahrhunderts datiert[187], wahrscheinlich weitgehend parallel zu den Wundergeschehnissen angelegt[188]. Sie diente damit direkt den aktuellen Interessen wie auch der Kultpropaganda. Auf letzteres deutet auch ein bereits im zweiten Kapitel erzähltes Strafwunder an einem Mann, der in harschen Worten die Heiligenverehrung als der unersättlichen Gier der Geistlichen entsprungen brandmarkt[189]. Zur Strafe von Besessenheit gepackt, stob er auf seinem Pferd davon und ward nie mehr gesehen. Solchen „geschäftsschädigenden“ Einflüssen mußte man natürlich gleich zu Beginn der Mirakelsammlung entgegenwirken[190].

Seine endgültige Autorisierung erhielt der Matthiaskult durch die Teilnahme Papst Eugens III. an der feierlichen Weihe der neuen Klosterkirche im Jahr 1148. Der Papst selbst nahm nämlich nicht nur die Konsekration des Hauptaltars, sondern auch des mit dem Matthiasgrab verbundenen Kreuzaltars zusammen mit

---

184 Mrh. UB, Nr. 175: 940 Juni 4.

185 Ebd. (St. Maximin); Nr. 393: 1097 (Erzstift).

186 *Quantum autem ipsum locum Deus per multorum miraculorum signa provexerit, testis est omnis Trebirorum urbs, quae etiam per meritum beati Mathiae meliorationis suae plurima indicia monstrat*, S. 198.

187 Zur Datierung der Hs. Trier, Seminarbibliothek, Hs. 98, siehe KLOOS, Lambertus, S. 17.

188 Mirakelsammlung und Translationsbericht müssen nicht gleichzeitig entstanden sein. In der Handschrift folgen sie zwar aufeinander, tragen aber z.B. keinen gemeinsamen Titel.

189 Matthias: Trier, Seminarbibliothek, Hs. 98, c. 2, fol. 15r.

190 Siehe zu einem ähnlichen Wunder in den Virgil-Mirakeln, allerdings an einem Geistlichen, unten S. 208.

Erzbischof Albero vor[191]. Freilich waren die Auseinandersetzungen mit St. Maximin damals abgeschlossen: 1139 bereits war das Kloster dem Erzbischof zurückgegeben worden.

VII. Die Invention des Bischofs Aureus und seiner Schwester Justina im Kloster St. Alban in Mainz am 11. Mai 1137

Die Invention der im Mainzer Albanskloster verehrten Heiligen Aureus und Justina ist schnell nachgezeichnet, da die maßgebliche Quelle nur spärliche Hinweise liefert. Als man den schadhaft gewordenen Fußboden der Kirche erneuerte, stieß man am 11. Mai 1137 auf zwei Särge von ungleicher Größe und Beschaffenheit, in denen man angeblich teilweise zu Staub zerfallene, teilweise noch schneeweiße und vom feuchten Blut des Martyriums gerötete Gebeine fand[192]. In ihnen meinte man den hl. Aureus, den nach der ältesten Mainzer Bischofsliste ersten Diözesan dieser Stadt[193], und seine Schwester Justina zu sehen. Beide sollen während eines Hunneneinfalls ihr Leben gelassen haben[194].

Das Kloster muß den Fund sogleich publik gemacht haben, denn das erste Wunder der beiden Heiligen ereignete sich noch in der ersten Woche nach der Auffindung ihrer Gebeine an dem Sohn einer Frau, die durch den Bericht vieler von ihren Verdiensten gehört hatte[195]. Der Autor verzeichnet eine Serie von ca. 60 Wundern, die sich in einem Zeitraum von etwa zwei Jahren zutrugen und die belegen, wie rasch die Heiligen angenommen und wie intensiv sie verehrt wurden. Seine Darstellung verfaßte er sehr bald danach, denn Erzbischof Adalbert II., dem das Werk gewidmet wurde[196], starb bereits 1141.

Die Auffindung der Leiber geschah mit Werner I. unter einem Abt, der sich, wie Reinhard Schmid zeigt, statt auf die erzbischöfliche Politik auf die Belange seines eigenen Klosters konzentrierte. Hierzu gehörten unter anderem Baumaßnahmen – neben den erwähnten Fußbodenarbeiten die Errichtung einer Kapelle. Da knapp achtzig Jahre zuvor der Domscholaster Gozwin im Rahmen seiner Al-

---

[191] Notae dedicationum, ed. Holder-Egger, S. 1278; Becker, Benediktinerabtei, S. 253, 399.
[192] Inventio et miracula ss. Aurei et Justinae, AA SS Jun. IV, c. 1, S. 50; mit nahezu gleichem Wortlaut die Ep. ded. Abt Werners an Ebf. Adalbert II. von Mainz, S. 48.
[193] K. Heinemeyer, Erzbistum Mainz, S. 9.
[194] Ebd.; für das Martyrium kommen die Hunneneinfälle der Jahre 436 oder 451 in Frage: Ewig, Mainzer Bischofsgräber, S. 20. Bereits Hieronymus berichtet jedoch in einem um 409 verfaßten Brief von Martyrien in Mainz, die 406 stattfanden, hierzu Gierlich, Grabstätten, S. 153 mit Anm. 40.
[195] Inventio et miracula ss. Aurei et Justinae, AA SS Jun. IV, c. 3, S. 50; c. 5, S. 50, trägt sich an dem auf die Auffindung folgenden Sonntag zu (die Auffindung geschah an einem Dienstag).
[196] Inventio et miracula ss. Aurei et Justinae, AA SS Jun. IV, Ep. ded., S. 48.

banslegende die Erinnerung an das zuerst von Hrabanus Maurus in seinem Martyrolog erwähnte angebliche Geschwisterpaar Aureus und Justina aufgefrischt hatte, ist zu vermuten, daß der Klostervorsteher auf dem bereiteten Boden den Kult ganz gezielt anstoßen wollte, worin er großen Erfolg hatte[197]. Übereinstimmend mit den Vorgängen in St. Eucharius, ließ sich der Reliquienfund aufgrund der Baumaßnahmen nicht nur gut in Szene setzen, sondern war wegen der benötigten Geldmittel auch höchst willkommen. Zusätzlich brachte St. Alban, wie SCHMID zurecht betont, hiermit jedoch auch seine Bedeutung als Märtyrerkirche erneut zur Geltung, was seiner Rangstellung innerhalb der Mainzer Kirchen ebenso zugute kam wie St. Eucharius in Trier der Apostelfund[198]. Ein direkter Erfolg könnte die von Erzbischof Adalbert II. erlangte Erneuerung der klösterlichen Immunität gewesen sein[199]. Die zahlreich anreisenden Pilger verliehen ihm schließlich als Wallfahrtsort zusätzliche Bedeutung.

Inventionsbericht und Miracula scheinen in erster Linie zur Dokumentation der Kultentwicklung selbst verfaßt worden zu sein. Zumindest legt dies der Widmungsbrief Abt Werners an Erzbischof Adalbert nahe. Dieser schildert kurz die Auffindung und erwähnt die anschließend geschehenen und bis zum gegenwärtigen Zeitpunkt anhaltenden Wunder mit dem Hinweis: *Haec vestrae Paternitati nota fieri dignum duximus*[200].

VIII. Die Invention des hl. Virgil von Salzburg am 16. Februar 1181 und die gleichzeitige Verehrung der heiligen Eberhard und Hartwig von Salzburg

Infolge der Auseinandersetzungen im Erzbistum Salzburg während des alexandrinischen Schismas wurde der Dom bei einem verheerenden Brand am 4./5. April 1167 zusammen mit anderen Kirchen Salzburgs und einem Gutteil der Stadt offenbar bis auf die Grundmauern vernichtet. Im Frieden von Venedig 1177 zwischen Kaiser Friedrich I. und Papst Alexander III. wurde auch das Salzburger Schisma beigelegt und als Kompromißkandidat der 1165 von Friedrich abgesetzte Erzbischof von Mainz, Konrad, als Konrad III. Erzbischof von Salzburg[201]. Er konnte nun daran gehen, die verwahrlosten Zustände in seinem Erzbistum zu ordnen und den Dom wieder aufzubauen[202].

---

197 SCHMID, Abtei St. Alban, S. 58 ff. (Herrn Dr. Schmid gebührt Dank für die Einsicht in die Druckfahnen seiner Diss.); zur Legendenbildung STAAB, Mainzer Kirche, S. 64 ff.

198 SCHMID, Abtei St. Alban, S. 61.

199 Ebd.

200 Inventio et miracula ss. Aurei et Justinae, AA SS Jun. IV, Ep. ded., S. 48.

201 Siehe hierzu DOPSCH, Salzburg im Hochmittelalter 1., S. 1317-1324; HÖDL, Erzstift Salzburg.

202 Der Neubau erfolgte *a fundamento,* De sancto Virgilio, ed. WATTENBACH, Inventio, S. 88.

Am 16. Februar 1181 legten bei den Bauarbeiten aus einer Mauer herausfallende Steine eine Öffnung frei, in der Malereien sichtbar wurden. Neugierig, was sich dahinter verbergen mochte, erweiterte man diese und stieß auf eine Grabkammer, in der man den Sarg des hl. Virgil, sein Bildnis und eine Inschrift fand, die ihn als Erbauer des Domes auswies sowie seinen Todestag, den 27. November, enthielt[203]. Wie in dem Bericht über diese Vorgänge deutlich herausgestellt wird, geschah die Auffindung rein zufällig (*corpus beati Virgilii quod ob immensi temporis antiquitatem ab omnibus ignorabatur*), das heißt die Begrägnisstätte Virgils war nicht bekannt[204]. Tatsächlich gibt keine der über Virgils Leben existierenden frühen Quellen – die Conversio Bagoariorum et Carantanorum und die Salzburger Annalen – Aufschluß über diese ungewöhnliche Beisetzung in der Kirchenmauer[205]. Der Hinweis in der nach der Auffindung verfaßten Vita Virgils, die sich im wesentlichen an die aus den oben genannten älteren Quellen bekannten Tatsachen hält, daß er *in latere meridiano monasterii*[206], also in der Südmauer des Domes, bestattet worden sei, dürfte auf den aktuellen Befund zurückgehen[207]. Die Authentizität des Berichteten konnte im Verlauf der Salzburger Domgrabungen der fünfziger Jahre, bei denen die Grabkammer Virgils mit großer Wahrscheinlichkeit archäologisch nachgewiesen wurde, erhärtet werden[208]. Im Zuge der Ausgrabungen wurde auch deutlich, daß diese Ruhestätte mehrere hundert Jahre durch den wahrscheinlich 845 entstandenen Kapellenbau Erzbischof Liuprams verschlossen war und bereits damals die Erinnerung hieran nicht mehr gepflegt wurde[209]. Überhaupt riß das Andenken Virgils wahrscheinlich bereits unter Erzbischof Arn ab[210]. Karl AMONs Annahme, die in dem Inventionsbericht vorgenommene Unterscheidung zwischen dem Inhalt der in dem Mauergrab gefundenen Inschrift und den aus anderen Quellen ergänzten Informationen über Virgil, weise darauf hin, daß es sich um die authentische Inschrift des Todesjahres 784 handle, ist zuzustimmen [211].

---

203 Ebd.

204 Diesem Eindruck widersprechen auch die knapperen Darstellungen in den oben, S. 87 ff., diskutierten früheren Fassungen der Virgil-Mirakel nicht.

205 Die Angabe von PAGITZ, Virgil als Bauherr der Salzburger Dome, S. 26, daß man die Lage des Virgilgrabes aus der Conversio gekannt habe, ist unrichtig. VETTERS, Grab in der Mauer, verweist S. 73 auf die ungewöhnliche Bestattungsweise.

206 De sancto Virgilio, ed. WATTENBACH, Vita, S. 88.

207 Davon geht auch VETTERS, Grab in der Mauer, S. 74, aus.

208 VETTERS/TRATHNIGG, Vorbericht über die Ausgrabungen im Salzburger Dom, S. 274 f. mit Abb. II 2 (noch ohne Deutung des Befundes); VETTERS, Grab in der Mauer.

209 PAGITZ, Quellenkundliches, S. 46.

210 DOPSCH, Virgil, S. 44 f. mit Vermutungen über die Gründe. AMON, Heilige Bischöfe, S. 208, vermutet aufgrund der Tatsache, daß Virgil sofort nach der Auffindung verehrt wurde, der Virgilkult sei bereits älter gewesen. Dafür gibt es keinerlei Anhaltspunkte.

211 AMON, Virgils Nachleben, S. 384; dem widerspricht auch nicht die veränderte Wortstellung der Handschrift Linz, Bundesstaatliche Studienbibliothek, 359, fol. 190v: *Virgilius pulcro construxit scemate templum.*

Offenbar das bloße Bekanntwerden dieser Entdeckung zog sofort Scharen von Menschen an. Der Autor stellt dies als Selbstverständlichkeit dar: *ut fieri solet*, strömten zu diesem Anblick viele, die neugierig auf Neues waren, herbei – die Auffindung muß also Sensationscharakter in Salzburg gehabt haben. Sogleich befanden sich unter den Schaulustigen *non pauci*, die mit den verschiedensten Leiden behaftet waren und Erleichterung fanden[212], womit eine Serie von über 80 Mirakelberichten eingeleitet wird.

Aus diesen Ausführungen und der in kurzer Zeit zusammengestellten großen Menge annalistisch-knapp verzeichneter Mirakelberichte gewinnt man den Eindruck, daß das Erzstift den Kult nicht zu fördern brauchte, sondern dieser wie von selbst florierte. Die unmittelbar zum Geschehen erfolgende Mirakelverzeichnung, daneben die rasche Abfassung einer in Lektionen eingeteilten Vita, die folglich zur Lesung am Virgilfest gedacht war, stellen jedoch wichtige kultunterstützende Maßnahmen dar. Ob man die Mirakelsammlung mit Dopsch und anderen als eine „Propagandaschrift" bezeichnen sollte[213], erscheint fraglich, da die Darstellung bis auf Ausnahmen ausgesprochen knapp und spröde ist. Lediglich ein ganz zu Anfang unverhältnismäßig breit ausgestaltetes Strafmirakel, in dem ein Kleriker mit Besessenheit gemaßregelt wird, weil er den Heiligen lästert, in Devotion versunkene Pilger belästigt und deren Gaben stiehlt, deutet darauf hin, daß hier verpöntes Verhalten angeprangert werden soll[214]. Auffallenderweise verfährt der Autor hier ähnlich wie der der Matthias-Mirakel. Insgesamt betrachtet, könnten die Mirakelberichte im Hinblick auf eine päpstliche Kanonisation gesammelt worden sein. Immerhin sind solche Bestrebungen für das Jahr 1200 belegt, konnten freilich erst 1233 erfolgreich abgeschlossen werden[215].

In erster Linie wegen der benötigten Geldmittel für den Dombau dürfte der Kult willkommen gewesen sein. Wie die Quellen ausweisen, trat die gewünschte Wirkung auch tatsächlich ein. In den Mirakeln ist immer wieder von den Gaben der Pilger die Rede, zum Beispiel in dem genannten Wunder an einem Salzburger Kanoniker, der solche Oblationen stahl, und in einem Mirakelbericht, der von einem Dorf erzählt, in dem die Bewohner Tiere für den hl. Virgil sammelten[216]. Auch in den Melker Annalen wird auf diesen pekuniären Aspekt des Virgilkultes hingewiesen[217]. Schließlich sind aus dieser Zeit fünf Schenkungen an das Domstift urkundlich überliefert, die dem Grab des hl. Virgil dargebracht wurden. Darunter befinden sich zudem einige Zinser, die ihre jährliche Abgabe auf beziehungsweise

---

212 De sancto Virgilio, ed. Wattenbach, c. 1, S. 88.

213 So Dopsch, Salzburg im Hochmittelalter 1., S. 300; Amon, Virgils Nachleben, S. 384; Pagitz, Quellenkundliches, S. 109; Lhotsky, Quellenkunde, S. 219; ähnlich Dopsch, Virgil, S. 45.

214 De sancto Virgilio, ed. Wattenbach, c. 2 f., S. 89 f.

215 Amon, Virgils Nachleben, S. 386.

216 De sancto Virgilio, ed. Wattenbach, c. 1, S. 88.

217 Annales Mellicenses, ed. Wattenbach, S. 505: ... *et ex omnium terrarum populis votis et muneribus laudabiliter sublimatur, ...*

an dessen Grab opfern sollten[218]. Die Schenkungen sind als unmittelbare Reaktion auf die Auffindung und als Zeichen der Verehrung Virgils zu sehen, denn schon bald werden Zuwendungen wieder ausschließlich an den Altar des hl. Rupert, den eigentlichen Dompatron, gerichtet.

Ein weiterer Aspekt tritt jedoch neben die finanziellen Interessen: In der Zeit des Neubeginns nach den Wirren des alexandrinischen Schismas verkörperte der hl. Virgil wie kein zweiter die Größe Salzburgs, hatte er doch dessen Aufstieg zur baierischen Metropole vorbereitet[219], einen Dom erbaut[220] und dorthin die Gebeine des hl. Rupert übertragen. Dieser Heilige vermochte besonders gut die Rolle einer Identifikationsfigur für Klerus und Laien zu übernehmen, derer das Erzstift in dieser Zeit sicherlich bedurfte. Herwig WOLFRAM hat darauf hingewiesen, daß das ausgehende 12. Jahrhundert in Salzburg eine besondere Zeit der „Rückbesinnung" gewesen sei; signifikant hierfür sei unter anderem, daß damals fast alle neun Handschriften, in denen die auch für das Leben Virgils wichtigste Quelle, die Conversio Bagoariorum et Carantanorum, überliefert ist, entstanden oder überarbeitet wurden[221].

Auffallenderweise liegt nicht nur von dem hl. Virgil eine Mirakelsammlung vor, sondern auch von den Erzbischöfen Hartwig (991-1023) und Eberhard I. (1147-1164), obwohl hier keinerlei kultauslösender Vorgang nachgewiesen werden kann. Wahrscheinlich sind deren Viten und Mirakel sogar von demselben Autor etwa gleichzeitig mit den Texten über Virgil abgefaßt worden[222]. Während die Schrift über Hartwig keinerlei zeitlichen Anhaltspunkt bietet, findet sich in den Eberhard-Mirakeln eine ganze Reihe von Hinweisen, die auf zeitgleiche Wundertätig-

---

[218] Salzburger UB, Bd. 1, Nr. 230: nach 1181 Febr. 27, vor 1183 Jan. 19; Nr. 250: vor 1183 Jan. 19; Nr. 251: o. Dat.; Nr. 252: o. Dat.; Nr. 254: o. Dat.

[219] Siehe hierzu WOLFRAM, Zeit der Agilolfinger; DERS., Conversio, S. 19.

[220] Zur noch immer offenen Diskussion über den Virgilbau als ersten Dombau sei an dieser Stelle auf DOPSCH, Virgil, S. 31 ff., und auf die Beiträge von VETTERS, MOOSLEITNER und SENNHAUSER, in: Virgil von Salzburg, verwiesen.

[221] WOLFRAM, Conversio, S. 19.

[222] WATTENBACH ediert die drei Kultzeugnisse unter dem Titel „Vitae et miracula sanctorum Iuvavensium Virgilii, Hartwici, Eberhardi", und auch in den einschlägigen Quellenkunden (LHOTSKY, Quellenkunde, S. 219; WATTENBACH-SCHMALE, S. 165 f.) werden sie als eine Schrift behandelt. Im Magnum Legendarium Austriacum sind die Texte aller drei Heiliger unter dem Festtag Virgils, dem 27.11., eingetragen worden, [PONCELET], De Magno Legendario, S. 91. In der bereits genannten ältesten Handschrift aus Wien fehlt freilich eine Zusammenfassung unter einem einheitlichen Titel, doch folgen die Stücke unmittelbar aufeinander. Für die Eberhard- und Virgil-Mirakel konnten jedoch unterschiedliche Fassungen und Überlieferungsstränge nachgewiesen werden. Siehe dazu oben S. 85 ff.

keit mit dem hl. Virgil schließen lassen[223]. Solche Anspielungen sowie die Anlage, das heißt die Kombination von Vita und Mirakeln, vor allem aber die knappe Erzählweise der Wunder bei allen drei Heiligen machen es in der Tat wahrscheinlich, daß alle drei Werke von einem Autor zu einer Zeit aufgezeichnet wurden. In dem bereits behandelten „Hausbuch" des Domstiftes wurden sie dann bald zusammengefaßt.

Gründe für die Verehrung ausgerechnet dieser beiden Heiligen sind nicht ganz leicht auszumachen. Erzbischof Eberhard war bereits zu Lebzeiten eine hochangesehene, weithin geachtete Persönlichkeit[224]. Obwohl er während seiner ganzen Amtszeit unbeirrbar auf der Seite Papst Alexanders III. stand, kam es nie zu einem ernsthaften Zerwürfnis mit Friedrich Barbarossa, der ihn im Gegenteil immer wieder für sich zu gewinnen suchte. Dadurch gelang es Eberhard, seiner Diözese den Frieden zu wahren und eine segensreiche Tätigkeit zu entfalten. Vielleicht war es gerade diese vorbildliche Rolle im alexandrinischen Schisma, die ihn nach den überstandenen Auseinandersetzungen besonders verehrungswürdig erscheinen ließ. Wahrscheinlich war Eberhard sogar schon vor der Auffindung Virgils kultisch verehrt worden, denn um 1180 hatte bereits einer seiner Schüler eine Vita abgefaßt, in der er auch zwei posthume Wunder (eine Heilung und eine Vision) berichtete[225].

Die Motive für Erzbischof Hartwigs Verehrung sind schwerer zu fassen, da er für das Erzstift keine besonders herausragende Rolle spielte[226]. Die Vita hebt vor allem seine Wundertätigkeit bereits zu Lebzeiten hervor, die ihm den Ruf der Heiligkeit einbrachte. Mit nur zehn Mirakelberichten ist er gegenüber den beiden anderen Heiligen auch am wenigsten verehrt worden.

---

[223] In zwei Mirakeln ist Erzbischof Konrad III. als Zeuge genannt (Vita et miracula beati Eberhardi, ed. Wattenbach, c. 8 und 9, S. 102); daneben werden weitere Persönlichkeiten erwähnt, die sich in den achtziger Jahren des 12. Jhs. nachweisen lassen. Unter den Hilfesuchenden befindet sich die Frau des Ministerialen Ebf. Konrads III., Rüdiger Prantel von *Tebestorf*, der um 1178 in Salzburger Urkunden nachzuweisen ist: c. 8, S. 102, Salzburger UB, Bd. 2, Nr. 416a-c. Bei einem nicht näher bezeichneten Grafen von Neuenburg dürfte es sich um Sigiboto I. von Neuenburg aus dem Geschlecht der Grafen von Falkenstein-Hernstein handeln, der in zwei Salzburger Urkunden mit seinem Sohn Kuno als Zeuge auftritt: c. 9, S. 102, Salzburger UB, Bd. 2, Nr. 412 zu 1177 Sept. 20, und ebd. Nr. 416c zu (1178) Okt. 21; vgl. zu dem Geschlecht Genealogisches Handbuch zur bairisch-österreichischen Geschichte, S. 79. Markgraf Diepold von Vohburg ist in Salzburger Urkunden nicht nachweisbar. Es dürfte sich um Diepold V. von Vohburg gehandelt haben, der um das Jahr 1193 verstarb: c. 9, S. 102; hierzu Trotter, Die Grafen von Vohburg, S. 57. Mit Konrad III. als Zeugen wird in c. 8, S. 102, der von 1167-1185 amtierende Bf. Kuno von Regensburg und in c. 9, S. 102, der von 1178-1196 regierende Bf. Heinrich von Brixen genannt. Außerdem wird in c. 10, S. 103, auf die *fama miraculorum beati Eberhardi ceterorumque Iuvavensium sanctorum* verwiesen, womit das Dreigespann Virgil, Hartwig und Eberhard, evtl. auch noch der hl. Vitalis, gemeint sein dürften.

[224] Siehe hierzu Dopsch, Salzburg im Hochmittelalter 1., S. 274-284.

[225] Vita sancti Eberhardi archiepiscopi Salzburgensis auctore anonymo quodam eius discipulo, ed. Wattenbach; Wattenbach-Schmale, S. 165, zur Datierung.

[226] Siehe zu Hartwig Dopsch, Zeit der Karolinger und Ottonen, S. 211-213.

Für das Salzburger Domstift bedeutete es jedenfalls einen besonderen Glücksfall, in dieser Zeit, da es vermehrt Geldmittel benötigte, gleich drei wunderwirkende Heilige in seinen Mauern zu bergen und darüber berichten zu können.

IX. Die 1181 einsetzende Wundertätigkeit des hl. Vitalis im Kloster St. Peter in Salzburg

Nach einigen Sätzen zum Leben des hl. Vitalis, die ganz auf den wenigen bekannten Informationen aus der Conversio fußen[227], leitet der unbekannte Autor der Mirakel mit dem lapidaren Satz *Anno igitur incarnationis domini MCLXXXI subscripta signa tale habuerunt exordium*[228] zu einer Serie von fast 40 Mirakeln des hl. Vitalis über. Wir erhalten keinerlei Aufschlüsse über etwaige vorangegangene kultinitiierende Ereignisse oder gezielte kultfördernde Maßnahmen des Klosters St. Peter, wenngleich verschiedene Hinweise auf eine frühere Verehrung des hl. Vitalis vorhanden sind[229]. Ein volkstümlicher Vitaliskult und Mirakelaufzeichnungen können allerdings bis zu diesem Zeitpunkt nicht nachgewiesen werden.

Auffallend ist, daß der Autor Wert darauf legt, das Jahr, in dem die Wundertätigkeit des hl. Vitalis einsetzt, genau festzuhalten. Die Jahresangabe 1181 führt zwangsläufig zu einer Verbindung mit den Geschehnissen im benachbarten Domstift, die der Autor aber, anders etwa als der Verfasser der Mirakel des hl. Adalbero im Kloster Lambach, der das erste Mirakel nach der Invention des hl. Virgil datiert[230], mit keinem Wort erwähnt. Man gewinnt den Eindruck, er verschweige sie bewußt, um eine eigenständige Kulttradition aufbauen zu können[231]. Die österreichische Annalistik hat Virgil, Hartwig, Eberhard und Vitalis allerdings zu einer Vierergruppe gleichzeitig wirkender Salzburger Heiliger zusammengeschlossen[232].

[227] Conversio, ed. Lošek, c. 2, S. 98/100.

[228] Miracula sancti Vitalis, ed. Basnage, S. 358, korrigiert nach Wien, Österr. NB, Cod. 339, S. 1.

[229] Im Verbrüderungsbuch von St. Peter findet sich ein eingenähter und um 1000 geschriebener Zettel, der ein Reliquienverzeichnis enthält. Hier findet sich der Eintrag *R[eliquie] ... sancti Vitalis* (Salzburger UB, Bd. 1, S. 576; Datierung nach Hauthaler, ebd., S. 575). In dem berühmten, um 1160 angelegten Antiphonale von St. Peter fehlt sein Name zwar in den liturgischen Teilen, er wird jedoch im Kalender zum 14. Februar geführt (Unterkircher/Demus, Antiphonar, S. 70). Daneben gibt es auch Gradualien, in denen er Erwähnung findet (Hermann, 987: Trennung, S. 42 f.).

[230] Libellus de quibusdam miraculis beati Adalberonis, ed. Schmale-Ott, c. 1, S. 42: *Acta sunt hęc eodem anno, quo beati Virgilii ossa sunt revelata ...*

[231] In c. 21 (Miracula sancti Vitalis, ed. Basnage, S. 360) wird allerdings von drei auf der Donau in Seenot geratenen Männern berichtet, die die Heiligen Salzburgs aufsuchen wollten und sich in ihrer Not an den hl. Rupert, den hl. Vitalis und den hl. Virgil wandten.

[232] Continuatio Cremifanensis, ed. Wattenbach, S. 546; Chronicon Magni presbiteri, ed. Wattenbach, S. 507; Annales Mellicenses, ed. Wattenbach, S. 505; Continuatio Admuntensis, ed. Wattenbach, S. 585 (Red. B), S. 585 f. (Red. A); Annales Rudberti, ed. Wattenbach, S. 777.

In Kenntnis dieser Situation drängt sich die These auf, daß St. Peter in der Förderung von Heiligenkulten gegenüber dem Domstift nicht ins Hintertreffen geraten wollte und nun ihm gegenüber seinen eigenen Heiligen mit dem Mittel der Mirakelsammlung propagierte, der zudem der direkte Nachfolger des hl. Rupert gewesen sein soll[233] – und dies um so mehr, als das Kloster im Laufe seiner Geschichte seine bedeutende Stellung eingebüßt und an das Domstift abgetreten hatte[234].

X. Die Verehrung der Bamberger Heiligen Otto, Heinrich und Kunigunde im 12. Jahrhundert

1. Die Verbindung von Kultpolitik mit rechtlichen, wirtschaftlichen und Prestigeinteressen im Kloster Michelsberg

In dem oberhalb Bambergs gelegenen Kloster Michelsberg fand der Bamberger Bischof Otto I. 1139 seine letzte Ruhestätte. Seit seinem Tod wurde seiner dort in besonderer Weise gedacht, und schließlich erlangte man 1189 an der Kurie in Rom seine Kanonisation[235].

Die Heiligsprechung Ottos und der Bericht darüber samt Mirakeln fallen zeitlich mit Bestrebungen des Klosters Michelsberg zusammen, sich aus dem Rechtsstatus eines bischöflichen Eigenklosters zu befreien, gegenüber dem Bistum Würzburg seine wirtschaftlichen Interessen in Gestalt von Zehntrechten zu behaupten sowie das Ansehen durch das dem Abt gewährte Tragen bischöflicher Insignien zu steigern. Urheber all dieser Aktivitäten war Abt Wolfram II. (1172-1201), über den ansonsten bislang wenig bekannt ist.

Versuche, eine kaiserliche Gründungstradition aufzubauen und dem Kloster damit die Stellung eines Reichsklosters zu verschaffen, waren zwar bereits früher in erzählenden und Memorialquellen unternommen worden[236], zwischen 1172 und 1189 versuchte man sie jedoch durch eine Reihe von Urkundenfälschungen auf Heinrich II. und eine auf Papst Clemens II. auch juristisch zu untermauern sowie um das Recht der freien Abtswahl zu erweitern[237]. Daneben wurden in diesen Urkunden Zehntrechte beansprucht, die sich das Bistum Würzburg angeeignet

---

[233] Diese Vermutung äußern bereits JANOTTA, Vitalis, S. 90, und DOPSCH, Salzburg im Hochmittelalter 1., S. 300; anders AMON, Heilige Bischöfe, S. 208, der annimmt, daß ein bereits älterer Vitaliskult die neuen Kulte beflügelt habe.

[234] Zuletzt hatte es die Pfarrkirche St. Michael und die Ausübung der Pfarrechte an das Domkapitel verloren und führte darüber noch in der Zeit der Auffindung des hl. Virgil Auseinandersetzungen mit ihm; siehe hierzu vor allem MARTIN, Urkundenwesen.

[235] Hierzu PETERSOHN, Jubiläum.

[236] Hierzu GUTTENBERG, Regesten, Nr. 119; BRAUN, Benediktinerkloster Michelsberg, Bd. 1, S. 49; BLOCH, Urkunden, S. 628 ff.

[237] Hierzu BLOCH, Urkunden.

hatte[238]. In der auf Papst Clemens II. gefälschten Besitzbestätigung (1047) wurde dem Bischof wie auch allen weltlichen Herrschaftsträgern jeglicher Eingriff in den Güterbestand des Michelsbergs untersagt[239].

Die Richtung der Spurien ist klar: Gegenüber dem Bischof zielten sie auf den Schutz des klösterlichen Besitzstandes und der innerklösterlichen Angelegenheiten, vor allem der Abtswahl[240], vor seinen Eingriffen, gegenüber Würzburg auf die Behauptung und Erweiterung seiner Zehntrechte.

Neben diesen Rechtsdokumenten wurde die Gründung durch Heinrich II. beziehungsweise dessen Rolle bei der Ausstattung des Klosters wie auch der Besitz der Zehnten in dieser Zeit in weiteren Schriften behauptet, die die Tendenz stützten und verstärkten. Hierzu zählt ein Güterherkunftsverzeichnis, das aufgrund des inhaltlichen Zusammenhangs mit den Urkundenfälschungen und des paläographischen Befundes ebenfalls der Zeit Abt Wolframs II. zugeschrieben wird[241]. Es zeichnet sich dadurch aus, daß es die kaiserlichen Schenkungen hervorhebt (jedoch keine kaiserliche Gründung postuliert) und die in den Fälschungen gegenüber Würzburg reklamierten Zehnten erwähnt.

Auch im letzten Kapitel der Miracula et elevatio erwähnt der Autor „die kaiserliche Hand Heinrichs“, die dem Michelsberg „das Fundament legte“, und im Prolog der um 1201 verfaßten jüngeren Mirakelsammlung wird diese Gründungstradition, nun ausgedehnt auf Kunigunde, nochmals aufgegriffen[242].

In den achtziger Jahren erlangte Abt Wolfram zunächst für sich und kurze Zeit später auch für seine Nachfolger die päpstliche Erlaubnis, bei feierlichen Prozessionen die Mitra[243] und ausschließlich für sich selbst, bei solchen Anlässen auch den Ring tragen zu dürfen[244]. Die ersten beiden Privilegien erhielt er allerdings unter anderem auf Intervention Bischof Ottos. Insofern kann nicht von einer krassen Frontstellung der beiden Bamberger Kirchenmänner die Rede sein. Auch waren

---

238 Es handelt sich um die Urkunden MGH D H. II, Nr. 332b, 522 und 523.

239 Guttenberg, Regesten, Nr. 238; Braun, Benediktinerkloster Michelsberg, Bd. 1, S. 41 f.

240 Vielleicht Reflex auf die zuvor aufgezwungene Admonter Reform: vermutet bereits Bloch, Urkunden, S. 638. Braun, Irimbert, S. 295 ff., gesteht zwar Unstimmigkeiten im Michelsberger Konvent anläßlich der Wahl Irimberts zu, doch sieht er die Probleme nicht als allzu schwerwiegend an; dagegen Demm, Reformmönchtum, S. 27, der Turbulenzen und „heftigen Widerstand“ wittert (allg. zur Problematik von Demms Arbeit Petersohn, Probleme der Otto-Viten. Braun, Irimbert, schließt sich dem an). Tatsächlich geben die Quellenzeugnisse über den Grad der Uneinigkeit und vor allem die Rolle des Bischofs sowie die Tiefe des Konflikts mit ihm keinen Aufschluß. Die Brieftexte bei Braun, Irimbert.

241 Ed. Giesebrecht, Kaiserzeit, Bd. 2, S. 599 f., Anm. zu S. 63, Datierung noch Anfang 12. Jh.; ed. Guttenberg, Fränkische Urbare, S. 201-204, Datierung Ende 12. Jh.; bereits Bloch, Urkunden, S. 630, Anm. 4, datiert aufgrund der Schrift Ende 12. Jh.; Braun, Benediktinerkloster Michelsberg, Bd. 1, S. 49; Petersohn, Jubiläum, S. 45, Anm. 45.

242 Miracula et elevatio sancti Ottonis, ed. Köpke, c. 29, S. 916; Miracula s. Ottonis, ed. Köpke, S. 917.

243 GP, III,3, S. 285, Nr. 2: (1181) Aug. 16; Nr. 3: zur Korrektur der Datierung von 1185 Sept. 4 auf 1184 Petersohn, Jubiläum, S. 48, Anm. 55.

244 GP, III,3, S. 286, Nr. 4: 1189 April 27.

solche päpstlichen Privilegierungen keine Seltenheit; und dennoch: die Bekleidung mit bischöflichen Insignien hob das Kloster Michelsberg und seinen Abt – auch aus dem Kreis der anderen Bamberger Klöster und Stifte – heraus.

Eine ebensolche Wirkung – Erhöhung des Prestiges des Klosters Michelsberg – wurde von der Kanonisation Ottos erwartet. Bezeichnend ist, daß die Miracula et elevatio seine Heiligsprechung fast ganz als Sache Abt Wolframs darstellen. Bischof Otto II. wird zwar der Anstoß dazu eingeräumt, doch sofort ergreift der Klosterleiter die Initiative und stellt den Plan für das weitere Vorgehen auf. Selbstverständlich nimmt er die mühevolle Reise nach Pommern auf sich, *quia beatus Otto, ut verum fatear, noster est; nam corde et corpore semper totus nobiscum erat et est*[245]. Mit dieser dezidierten Stellungnahme beugt er einer Vereinnahmung Ottos als Heiliger durch den Bischof vor[246]. Auch dem weiteren Bericht über dieses schwierige Kanonisationsprojekt zufolge gehen die Aktivitäten fast ausschließlich von dem Michelsberger Abt aus, obgleich die Berücksichtigung aller verfügbarer Quellen zeigt, daß sie entscheidend von den diplomatischen Beziehungen des Bamberger Bischofs zu Papst und Kaiser abhing[247].

Kaiserliche Gründung, das Tragen bischöflicher Insignien, schließlich das Grab eines der bedeutendsten, zudem kanonisierten Bamberger Bischöfe, all das sollte dem Michelsberg Glanz verleihen.

Dem Kloster ging es offenbar sehr viel weniger um die Überwindung einer krisenhaften Situation, als gegenüber dem mächtigen Bischof eine unabhängige Stellung zu behaupten. Die Intensivierung des Ottokultes bildete dabei nicht die einzige Maßnahme, besaß jedoch sicher einen hohen Stellenwert, da die damit einhergehenden Festlichkeiten – vor allem die mehrtägige Elevationsfeier mit den zahlreichen Gästen[248] – eine große Außenwirkung besaßen und das Kloster mit seinem Patron weithin berühmt machten. Das Ziel, sich aus der bischöflichen Umklammerung zu befreien, wurde freilich nicht erreicht, wobei nicht klar ist, wie offensiv es gegenüber dem Diözesan tatsächlich vertreten wurde. Schließlich scheint die Hauptabsicht, zumindest der Urkundenfälschungen, darin bestanden zu haben, Zehntrechte gegenüber Würzburg einzufordern, womit es teilweise Erfolg hatte[249]. Die Miracula et elevatio enthalten neben der Äußerung, Heinrich II. habe das Kloster Michelsberg gegründet, und der einseitigen Hervorhebung der Rolle Abt Wolframs bei der Kanonisation auch eine Spitze gegen den Bischof in Gestalt eines Strafwunders: Otto II. soll in der Nacht, in der der Sarkophag Ottos geöffnet wurde, eine besessene Nonne aus dem Kloster hinausgeworfen und als Betrügerin be-

---

245 Miracula et elevatio sancti Ottonis, ed. Köpke, c. 8, S. 912.
246 Ähnlich diente die Verlegung der Erhebung Ottos in die Nähe des Patronatsfestes (29. Sept.) der Betonung seiner Zugehörigkeit zum Michelsberg, Petersohn, Jubiläum, S. 55.
247 Ebd., bes. S. 48 ff.
248 Die Kanonisation hatte bereits vorher im Rahmen des ersten Hoftags Heinrichs VI. in Würzburg stattgefunden.
249 Bloch, Urkunden, S. 638 ff.; Johanek, Frühzeit der Siegelurkunde, S. 193 ff.

schimpft haben. Die Nonne verfluchte ihn daraufhin. Am Morgen entstand beim Frühstück ein blutiger Streit zwischen Rittern, bei dem sein bischöfliches Gewand mit Blut verunreinigt wurde[250] – die Bestrafung für die Verletzung des Hausrechts in der vergangenen Nacht.

Die zeitliche Verbindung von Kultintensivierung, Bestrebungen nach Statusveränderung sowie Prestigegewinn auf dem Michelsberg findet eine Parallele im Kloster St. Emmeram in Regensburg, wenn auch über 100 Jahre früher[251]. Hier führte die Unzufriedenheit mit der Abhängigkeit vom Bischof und dem Verlust an politischer Bedeutung neben Kultintensivierungen zu Kultfälschungen, darüber hinaus zu Fälschungen von Urkunden, in denen man behauptete, den Status eines Reichsklosters zu besitzen. Gerade die Kultzeugnisse wurden jedoch in viel stärkerem Maße zur Agitation benutzt, als dies der Michelsberg tat. So wird der hl. Emmeram in dem Mirakelbuch Arnolds als Beschützer des Eigentums von St. Emmeram gefeiert, eine deutliche Warnung an den Bischof und den Adel, sich nicht am Klosterbesitz zu vergreifen[252]. Die Behauptung, den französischen „Nationalheiligen" Dionysius zu besitzen, sollte dem Kloster einen besonderen Bedeutungszuwachs einbringen[253]. Das bereits von den Zeitgenossen entlarvte Fälschungswerk lief jedoch ins Leere. Hierin hatte der Michelsberg eindeutig mehr Erfolg. Er knüpfte an die eigene Tradition sowie an einen bereits verehrten Heiligen an und konnte als Kultort einen wirklichen Bedeutungszuwachs erlangen, ähnlich wie dies auch dem Kloster Siegburg mit der Verehrung des hl. Anno gelang. Eine solche Position mochte zugleich vor willkürlichen Eingriffen seitens des Diözesans oder anderer Mächtiger schützen.

Die Heiligsprechung brachte dem Kloster aber auch wirtschaftlichen Nutzen: Herzog Bogislaw I. von Pommern übertrug dem Kloster Michelsberg 1182, nachdem durch eine Reise des Abtes Wolfram nach Pommern die Kanonisationsvorbe reitungen eingeleitet worden waren[254], jährlich eine stattliche Menge Wachses, die aus Abgaben der Tavernen gesammelt wurde[255]. Um ein solches Privileg hatte sich das Kloster bereits sehr lange bemüht[256], die Kanonisation Ottos schuf hier vielleicht einen „Sachzwang", sich dem Wunsch nicht länger zu entziehen. Darüber hinaus wurde 1187 die von dem Bamberger Kaufmann Beringer in Stettin gegründete Jakobikirche und deren Benediktinerkonvent dem Kloster Michelsberg als

---

[250] Miracula et elevatio sancti Ottonis, ed. Köpke, c. 14, S. 914 f.
[251] Siehe hierzu Rädlinger-Prömper, St. Emmeram, S. 176 ff.
[252] Ebd., S. 187 f.
[253] Ebd., S. 203. Siehe zu diesem Fälschungskomplex und weiteren Urkundenfälschungen im Zusammenhang der Entstehung von Bischofsviten sowie den dahinter stehenden Absichten auch Haarländer, Vitae episcoporum, B) II. 2. Exkurs.
[254] Miracula et elevatio sancti Ottonis, ed. Köpke, c. 9, S. 912 f.
[255] Ebd., S. 913; der Vorgang ist auch urkundlich festgehalten: Pomm. UB I, Nr. 91.
[256] Ebd., Nr. 109; dazu Petersohn, Südlicher Ostseeraum, S. 460.

Priorat unterstellt[257]. Wenn finanzielle Bedürfnisse dieser Art auf dem Michelsberg vielleicht nicht primär die Handlungen motivierten, so waren sie doch eine angenehme Begleiterscheinung dieses florierenden Kultes[258].

Ein weiterer Anlaß, die Verehrung Ottos zu fördern, war die bestehende, im folgenden zu behandelnde Rivalität zu den Domheiligen Heinrich und Kunigunde.

2. Drei Kulte und ihre wechselseitige Konkurrenz: Otto, Heinrich und Kunigunde

Neben Otto wurde im Bamberg des 12. Jahrhunderts das Kaiserpaar Heinrich II. und Kunigunde verehrt. Kaiser Heinrich II. überführte man 1024 nach seinem Tod in der Pfalz Grone in den Dom zu Bamberg, den Sitz des von ihm 1007 gegründeten Bistums, seine 1033 im Kloster Kaufungen verstorbene Gemahlin Kunigunde wurde neben ihm beigesetzt. Bischof Otto von Bamberg fand seine letzte Ruhestätte 1139, wie gesagt, in dem von ihm besonders geliebten Kloster Michelsberg.

Diese drei Heiligenkulte standen im 12. Jahrhundert über Jahrzehnte in gegenseitigem Wettbewerb[259]. Die Konkurrenz zeigte sich sowohl in bestimmten wechselseitig beeinflußten Kultakten – vor allem ihren Kanonisationen – schlug sich aber ebenso in der literarischen Produktion nieder.

Seinem Gründer mußte das Bistum Bamberg naturgemäß ein ehrendes Gedenken einräumen. So entstand bereits Mitte des 11. Jahrhunderts im Domstift ein eigenes Meßformular, das am Todestag Heinrichs Verwendung fand. Obwohl eindeutig eine Totenmesse, konnte von ihr bei regelmäßiger Feier doch eine kultische Verehrung ihren Anfang nehmen[260].

Um 1135 erließ Abt Hermann von Michelsberg eine Verfügung über die Feier des Gedächtnisses Kaiser Heinrichs und Bischof Ottos für die Zeit nach seinem Ableben[261]. Hierin ehrte man Heinrich als Gründer und Erbauer des Klosters[262]. Jeden Montag sollten des Kaisers mit einer Messe gedacht, den Armen Almosen ausgeteilt und ferner jährlich sein Todestag festlich begangen werden. Auch im Gedenken an Otto sollten wöchentlich eine Messe zelebriert, anschließend von

---

257 Pomm. UB I, Nr. 108; dazu PETERSOHN, Südlicher Ostseeraum, S. 456 ff.

258 Wie sehr die neue Pegauer Kirche, an die Otto-Reliquien geschenkt worden waren, wirtschaftlich von dem Kult profitierte, vermerkt das Chronicon Montis sereni: Bereits im ersten Jahr, so berichtet der Chronist, kamen 800 Mark Spenden ein: Chronicon Montis sereni, ed. EHRENFEUCHTER, S. 202.

259 O. MEYER, Translatio Sanctae Cunigundis, S. 446, spricht von einer „Heiligen-Konkurrenz in Bamberg"; Skizze der einzelnen Kultakte der drei Heiligen ebd., S. 445 ff.

260 KLAUSER, Heinrichs- und Kunigundenkult, S. 36 f., betrachtet die Messe als Zeichen eines bestehenden Heinrichskultes, dagegen entschieden HOFFMANN, Mönchskönig, S. 200 f.

261 Ed. GIESEBRECHT, Kaiserzeit, Bd. 3,2, Nr. 6, S. 1246-1248; ed. KLAUSER, Heinrichs- und Kunigundenkult, S. 181-183 (Datierung nach GIESEBRECHT und KLAUSER).

262 Zu den politischen Tendenzen siehe oben S. 212.

der Pfründe eines Bruders Almosen verteilt sowie sein Todestag gefeiert werden und von einer Almosenspende begleitet sein. Nach dem Psalmengebet jeder Hore aber sollte dafür gebetet werden, daß Ottos Seele den Heiligen beigesellt werde. Im Schlußsatz der Anordnung wird die Hoffnung formuliert, durch Heinrichs und Ottos Hilfe die ewigen Freuden zu erlangen[263]. Hier ist deutlich die Heiligen zukommende Fürsprache bei Gott angesprochen[264].

Ehrende Einträge erhielten der Kaiser und Otto auch im Michelsberger Nekrolog. Der Lobspruch über Heinrich – neuerdings zwischen 1120 und 1147 datiert – hob seine Frömmigkeit hervor, die Gründung des Bistums Bamberg und schrieb ihm auch die des Klosters Michelsberg zu[265]. Otto aber wurde in dem wahrscheinlich unter dem Eindruck des Todes erfolgten Eintrag[266] mit dem Epitheton *apostolus gentis pomeranorum* geehrt[267], welches eine vorzügliche Auszeichnung bedeutete[268]. Der Michelsberg ehrte zu dieser Zeit also beide Personen, stellte Ottos Verdienste aber sehr viel stärker heraus.

Mitte der vierziger Jahre entschloß sich das Domstift, den bereits durch ein Meßformular ausgezeichneten und offensichtlich auch in breiteren Kreisen kultisch verehrten Heinrich – der Michelsberger Nekrologeintrag spricht von Wundern – an der Kurie in Rom kanonisieren zu lassen. Zu diesem Zweck wurde eine Vita mit Mirakelanhang[269] verfaßt, die sein heiligmäßiges Leben und seine Wundermacht dokumentieren sollten.

Die Vita nun stellt eine erstaunliche Behauptung auf. Nachdem sie zutreffend berichtet, der Kaiser habe Böhmen unterworfen und Burgund erhalten[270], fügt sie an, daß er ganz Pannonien dem katholischen Glauben und dem römischen Imperium hinzugefügt habe. In einprägsamer Reimprosa folgt dann der Satz: *Victor au-*

---

263 Klauser, Heinrichs- und Kunigundenkult, S. 182.

264 Ebd., S. 37 f.

265 Vollständiger Auszug aus den vorzüglichsten Calendarien des ehemaligen Fürstenthums Bamberg, ed. Schweitzer, Eintrag zum 13. Juli (Text korrigiert wiedergegeben bei Wollasch, Mönchtum, S. 95 f.). Datierung des Eintrags: Johannes Nospickel, Münster, der eine Neuedition des Nekrologs vorbereitet hat, briefl. vom 08. 09. 1997.

266 Petersohn, Apostolus Pomeranorum, S. 260 f., Anm. 11, datiert den Eintrag auf das Todesjahr 1139; Wollasch, Mönchtum, S. 95, 113 mit Anm. 340, datiert ihn in die zweite Hälfte des 12. Jhs.; Suckale-Redlefsen, Überlegungen, S. 487, plädiert für eine Datierung von Bild und Text nach der Kanonisation Ottos. Als gewichtiges Argument für eine Frühdatierung des Eintrags ist Petersohns Beobachtung der wörtlichen Parallelen zwischen Nekrologeintrag und Ebo-Vita zu sehen. Da die Nekrolognotiz kaum die Vita zitiert haben wird, sondern umgekehrt, spricht dies sehr stark zugunsten einer Frühdatierung: Petersohn, Apostolus Pomeranorum, S. 268, Anm. 40. Nospickel plädiert für eine Datierung „kurz nach Ottos Tod 1139“ (briefl. vom 08. 09. 1997).

267 Vollständiger Auszug aus den vorzüglichsten Calendarien des ehemaligen Fürstenthums Bamberg, ed. Schweitzer, Eintrag zum 30. Juni (Text korrigiert wiedergegeben nach Wollasch, Mönchtum, S. 95).

268 Zur Bedeutung des Apostel-Epithetons Petersohn, Apostolus Pomeranorum, bes. S. 257 ff.

269 Adalberti vita Heinrici II. imperatoris, ed. Waitz.

270 Beumann, Ottonen, S. 164 f. (Verzicht des Polen Boleslaw Chrobry auf Böhmen), S. 174 f. (Burgund).

tem aliarum nationum, apostolus fit Ungarorum[271]. Wie Otto zum Apostel der Pommern wird Heinrich zum Apostel der Ungarn stilisiert. Erläuternd wird dann berichtet, auf welche Weise Heinrich deren Bekehrung bewirkte. Damit sie leichter zum Glauben hingezogen würden, habe er seine Schwester Gisela mit dem ungarischen König Stephan vermählt. *Stephano itaque rege baptizato, universa Pannonia verbum vitae suscepit et mira rerum novitate per reges apostolos sanctae catholicae aecclesiae incorporata est*[272]. Der Autor der Vita bedient sich hier einiger aufschlußreicher Formulierungen. Von der Sache her ist *rege* im ersten Teil des Satzes zum Ablativus absolutus *Stephano ... baptizato* zu ziehen, da Heinrich ihn nicht taufen konnte, sondern höchstens als sein Taufpate hätte fungieren können. Rein grammatikalisch betrachtet, könnte das Wort auch als Ablativus auctoris interpretiert und auf Heinrich bezogen werden. Hier liegt womöglich eine bewußte Zweideutigkeit vor. Im zweiten Teil des Satzes ist von den „Apostelkönigen" *(reges apostolos)* die Rede. Heinrich wird dem hl. Stephan, der damals bereits seit langem als Apostel der Ungarn verehrt wurde, an die Seite gestellt. Die ganze Darstellung klingt aus in dem Lobpreis: *O quam praeclara tanti apostolatus societas*[273]; *quam colenda et veneranda utriusque sanctitas, per quos tot salvati et sanctificati sunt!*[274] Auch in einem Prüfeninger Gedicht, das nach der Heiligsprechung Heinrichs abgefaßt worden sein muß, wird über ihn gesagt: *vir apostolicus sit Ungarice genti*[275]. Ebenso greift der Papst in seiner Kanonisationsurkunde das Wirken Heinrichs in der Ungarnmission auf, ohne ihm allerdings das Apostel-Epitheton zu verleihen[276].

---

[271] Adalberti vita Heinrici II. imperatoris, ed. Waitz, lib. I, c. 29, S. 810; Petersohn, Apostolus Pomeranorum, S. 298, geht fälschlicherweise davon aus, daß das Apostel-Epitheton erst in die um 1170 angelegte zweite Fassung der Heinrichsvita Eingang fand. Klauser, Heinrichs- und Kunigundenkult geht auf diese auffällige Stilisierung überhaupt nicht ein.

[272] Adalberti vita Heinrici II. imperatoris, ed. Waitz, lib. I, c. 30, S. 810.

[273] Hervorhebung der Verf.in.

[274] Adalberti vita Heinrici II. imperatoris, ed. Waitz, lib. I, c. 30, S. 810.

[275] Lhotsky, Gründungsgeschichte des Stiftes Göttweig, S. 253; hierzu Petersohn, Apostolus Pomeranorum, S. 289, Anm. 148.

[276] *... de conversione regis Stephani et totius Hungariae Domino cooperante per eum facta ... cognovimus,* Adalberti vita Heinrici II. imperatoris, ed. Waitz, Anm. 33, S. 813; weiterer Druck: Monumenta Bambergensia, ed. Jaffé, Epistolae Bambergenses, Nr. 35, S. 531 f.; Übersetzung der Kanonisationsurkunde bei Looshorn I, S. 315 f.; JL Nr. 8882; GP III,3, S. 272, Nr. 68. Otto von Freising fußt in seiner Chronik auf der Heinrichsvita, stellt er doch die Bekehrung der Ungarn ebenfalls in den Zusammenhang der Heirat von Heinrichs Schwester Gisela mit dem Ungarnkönig Stephan, allerdings ohne Heinrich das Apostel-Epitheton zu verleihen: *Sorore quoque sua Gisila Stephano Ungarorum regi in uxorem data tam ipsum quam totum eius regnum ad fidem vocavit:* Ottonis episcopi Frisingensis chronica, ed. Hofmeister, VI,27, S. 290. Stephan hat aufgrund dieser Beziehung auch Eingang in die Domkalendarien gefunden. Darüber hinaus wurden in der Bamberger Sage später seine Taufe und die Hochzeit mit Gisela in den Bamberger Dom verlegt. Im sog. Bamberger Reiter sah man im 18. und 19. Jh. eine Statue Stephans, Lagemann, Festkalender, S. 237.

An der Bekehrung der Ungarn hatte Heinrich keinerlei Anteil. Lediglich eine familiäre Beziehung zum ungarischen Königshaus wurde durch die Vermählung seiner Schwester Gisela mit Stephan hergestellt. Die Verleihung des Apostel-Epithetons kann daher nur als Produkt der Rivalität mit dem Michelsberg interpretiert werden[277]. Zwar fand sich der Apostel-Beiname Ottos bisher nur in dem liturgischen und damit innerklösterlichen Zwecken dienenden Nekrolog, doch wurde diese Sichtweise vom Michelsberg sicher intensiv gepflegt (etwa an der jährlichen Gedenkfeier), so daß Ottos Bild in Bamberg das des Pommernapostels schlechthin war. Dem galt es offenbar etwas Gleichwertiges entgegenzusetzen.

In der Folgezeit baute der Michelsberg in Gestalt der Vita Ebos (zwischen 1151 und 1159 aufgezeichnet) den Pommernapostolat Ottos aus[278], dies sicherlich weniger in Reaktion auf die Heinrichsvita als im Vollzug der bereits im Nekrolog angelegten Sichtweise. Als offiziell vom Papst kanonisierter Heiliger hatte Heinrich dem bereits ebenfalls kultisch verehrten Otto[279] allerdings etwas voraus. Auch für ihn war also eine päpstliche Kanonisation anzustreben[280]. Eine solche dürfte bald eingeleitet worden sein, doch ging ihre Verwirklichung zunächst im Strudel der politischen Ereignisse unter, bevor die achtziger Jahre des 12. Jahrhunderts wieder ruhigeres Fahrwasser boten, in dem solche Ambitionen von Erfolg gekrönt wurden[281]: Otto wurde am 10. August 1189 kanonisiert.

Im Bamberger Dom ruhte an der Seite Heinrichs dessen Gemahlin Kunigunde, deren Kanonisation besonders erwünscht sein mußte, da man auf diese Weise ein heiliges Kaiserpaar gewann. Der Anstoß dürfte allerdings von der Kanonisation Ottos ausgegangen sein. In den Quellen zur Heiligsprechung Kunigundes wird zwar an keiner Stelle hierauf Bezug genommen, doch legt die Unmittelbarkeit, mit der Kanonisationsbestrebungen einsetzten, die Annahme einer direkten Reaktion nahe. Den Beginn der Bemühungen kann man wohl schon in den Anfang der neunziger Jahre des 12. Jahrhunderts verlegen. Hierauf läßt die sogenannte „Visio cuiusdam presbyteri“[282] schließen, die von einem neugewählten Amtsträger die *re-*

---

[277] Petersohn, Apostolus Pomeranorum, S. 289, sieht darin ebenfalls „eine deutliche Reaktion des um die Wahrung der Prärogative seines Heiligen bemühten Domklerus auf die Kultpropaganda der Michelsberger Mönche.“

[278] Siehe hierzu Petersohn, Apostolus Pomeranorum, und ders., Otto von Bamberg und seine Biographen.

[279] Die erwähnte Bestimmung Abt Hermanns, Ottos Todestag jährlich zu feiern und an diesem Tag den Armen Almosen zu spenden, mußte naturgemäß viele Gläubige anziehen und eine kultische Verehrung begünstigen. Es gibt jedoch auch sichere Hinweise, daß eine solche tatsächlich stattfand. Ottos erstes Wunder fiel nach dem Bericht Ebos noch in die Zeit Bischof Egilberts († 1146; Ebbonis Vita Ottonis, ed. Köpke, III,27, S. 882). Auf eine quasi kultische Verehrung Ottos an seinem 20. Todestag 1159 läßt auch der Bericht des Scholasters Herbord schließen: Herbordi dialogus, ed. Köpke, S. 705. Siehe zur frühen kultischen Verehrung Ottos Petersohn, Jubiläum, S. 41 ff.; ders., Apostolus Pomeranorum, S. 281.

[280] Petersohn, Jubiläum, S. 44.

[281] Petersohn, Jubiläum.

[282] Ed. Klauser, Heinrichs- und Kunigundenkult, S. 183 f. (nach der ältesten Hs.).

velatio sanctorum – gemeint sind der hl. Heinrich und seine Frau Kunigunde – fordert, also indirekt die Heiligsprechung und Erhebung der Kaiserin[283]. In dem Amtsträger kann man mit KLAUSER den 1196 gewählten Bischof Thiemo von Bamberg sehen[284]. Der Auftrag wird ihm nicht unvermittelt erteilt, vielmehr soll er ein Werk wieder aufgreifen, das sein Vorgänger bereits begonnen habe[285]. Die Kanonisationsbestrebungen müssen also bereits unter Thiemos Vorgänger Otto II. eingesetzt haben, der ja auch erfolgreich an der Kanonisation Ottos mitgewirkt hatte und offenbar sofort im Anschluß daran pro domo in Aktion getreten war.

Wie der Kanonisationsurkunde[286] zu entnehmen ist, wurde Thiemo dann in dieser Angelegenheit in Rom vorstellig, es wird vermutet, bereits im Winter 1196/97 anläßlich des Empfangs seiner Bischofsweihe durch Papst Coelestin III.[287]. Der Papst setzte daraufhin eine örtliche Untersuchungskommission ein, bestehend aus den Bischöfen von Augsburg, Eichstätt und Würzburg sowie den Äbten von Ebrach, Langheim und Heilsbronn. Das Verfahren geriet aber offenbar ins Stocken[288], worüber Coelestin im Jahr 1198 verstarb.

In einer um 1230 in Ebernands von Erfurt Gedicht über den Kaiser und die Kaiserin überlieferten Vision eines Herrn Reinboto aus Bamberg fordert Kaiser Heinrich die Erhebung seiner Frau Kunigunde und sagt für den 1. September das Einsetzen von Wundern voraus[289]. In der Mirakelsammlung wird tatsächlich hervorgehoben, daß Kunigunde an diesem Datum im Jahr 1199 ihr erstes Wunder gewirkt habe[290]. In Bamberg entschloß man sich nun, eine neue große Abordnung nach Rom zu entsenden. Ihr stand der Abt von Michelfeld vor, sodann nahmen Dekan, Custos, Archidiakon und Subdiakon des Domkapitels wie auch Vertreter weiterer Bamberger Kirchen daran teil, eine Delegation von insgesamt neun Personen[291]. Sie müssen die zwischenzeitlich angelegte Mirakelsammlung mitgeführt haben, da der Papst in seiner Kanonisationsurkunde auf bestimmte Wunder der Kaiserin anspielt[292]. Die Kanonisation wurde am 29. März 1200 vollzogen, die

---

283 Zur Interpretation des Textes KLAUSER, Heinrichs- und Kunigundenkult, S. 61 ff.
284 Ebd., S. 62.
285 Visio cuiusdam presbyteri, ed. KLAUSER, S. 184.
286 Ed. PETERSOHN, Litterae, S. 20-25; POTTHAST, Nr. 1000.
287 PETERSOHN, Litterae, S. 22 (Datierung Anm. 17); GUTTENBERG, Bistum Bamberg I, S. 161; GP III,3, S. 281 f., Nr. 104.
288 KLAUSER, Heinrichs- und Kunigundenkult, S. 60, vermutet mit einiger Berechtigung, daß gut bezeugte Wunder fehlten.
289 Ebernand von Erfurt, Heinrich und Kunegunde, ed. BECHSTEIN, Vers 4115 ff., Voraussage der Wunder Vers 4180-4184.
290 De miraculis sancte Cunegundis, ed. WAITZ, c. 1, S. 825; dieser Tag wurde später in Bamberg immer besonders begangen, KLAUSER, Heinrichs- und Kunigundenkult, S. 66.
291 PETERSOHN, Litterae, S. 23 f.
292 Ebd., S. 25; es geht um Verwandlungen von Staub zu Getreide: Miracula varia, AA SS Mart. I, c. 7, S. 278.

Ausfertigungen der Urkunde datieren vom 3. April 1200. Durch kontinuierliche Bestrebungen seit Beginn der neunziger Jahre erreichte das Bamberger Domstift elf Jahre nach der Ottos die Kanonisation der Kaiserin Kunigunde.

In der Heiligsprechungsurkunde Innozenz' III. wird an verschiedenen Stellen auf ihre große Fähigkeit, Wunder zu wirken, hingewiesen. Wie der eindrucksvolle Umfang der Mirakelsammlung zeigt[293], strengten sich die Domherren an, eine große Zahl solcher Prodigien zu verzeichnen. Dies hat offenbar Neid auf dem Michelsberg hervorgerufen. Denn angesichts der Tatsache, daß die Mirakel des im Bamberger Dom verehrten Kaiserpaares in berühmten Schriften prächtig dargelegt seien, befürchtet der anonyme Autor einer zweiten Sammlung von Otto-Mirakeln, deren Verfasser könnten aufgrund ihrer Verdienste ewigen Lohn ernten, während er wegen seines Müßigganges und des Verschweigens der Zeichen Ottos der Verdammnis anheimfallen werde[294]. Mit anderen Worten: Das Kloster Michelsberg sah sich angesichts der Vielzahl der Kunigundenmirakel bemüßigt, die ebenfalls anhaltende Verehrung des eigenen Patrons in einer neuen Mirakelsammlung zu dokumentieren.

Kultakte und Kultzeugnisse – das dürfte deutlich geworden sein – beeinflußten sich im hochmittelalterlichen Bamberg in vielfältiger, rivalisierender Weise.

XI. Zusammenfassung

In den voranstehenden Ausführungen wurden beispielhaft Anlässe beleuchtet, die zu kultinitiierenden oder kultfördernden Maßnahmen sowie als deren Ausfluß zur Entstehung von Mirakelsammlungen führten, und die damit verbundenen Absichten hinterfragt. Die schriftlichen Kultzeugnisse – außer Mirakelsammlungen auch Viten und Translationsberichte – geben Aufschlüsse über die durchgeführten Schritte, die Hintergründe müssen aber zumeist aus anderen Quellen rekonstruiert werden. In den meisten der gewählten Beispiele waren mehrere Gründe für die intensivierte Pflege des Heiligenkultes verantwortlich. Insgesamt gesehen lassen sich die Interessen und Absichten aber auf wenige Faktoren reduzieren, die immer wieder eine Rolle spielten. Auch die spezifischen Funktionen, die die Mirakelaufzeichnungen bei diesen Kultbestrebungen übernahmen, sind begrenzt.

---

[293] Die Sammlung umfaßt über 100 Mirakel.

[294] Miracula s. Ottonis, ed. KÖPKE, Prol., S. 917: *Cum enim praecipuorum fundatorum nostrorum, beati videlicet Heinrici imperatoris ac sanctissimae Kunegundis virginis, eiusdem regni et meriti consortis, miracula clarissimis ecclesiae Dei scriptis pompose satis declarata videamus, veremur ne, ipsorum conscriptoribus pro geminato censu intromissis, nos quasi desides pro non reportato lucro a gaudiis Domini excludamur, si eius, quem familiae suae divina praedestinatione tam fidelem quam prudentem constituit dispensatorem, meritorum signa sub silentio transeamus.*

1. Finanzierung von Kirchenbauten

Mehrmals konnte gezeigt werden, daß der erhöhte Bedarf an Geldmitteln zur Finanzierung von Kirchenbauten die Klöster, Stifte und Domkapitel zur Kultförderung veranlaßten. Wie auch andere Untersuchungen zeigen, war dies im gesamten Mittelalter ein entscheidender Anlaß zur Kultinitiierung. So entstanden zum Beispiel alle zehn von Gabriela SIGNORI untersuchten Marienkulte des 12. bis 13. Jahrhunderts im Zusammenhang mit Baumaßnahmen an den jeweiligen Kirchen[295]. Auch die Arnheimer Eusebiusverehrung des 15. Jahrhunderts stand im Dienst der Finanzierung des Kirchenneubaus[296].

Zwei weitere Beispiele seien zum Beleg der Bedeutung dieses Faktors aufgeführt. Zum Jahr 1181 schildert der Priester Magnus in seiner Chronik einen verheerenden Brand in der Stadt Passau, dem auch der Stephansdom zum Opfer gefallen sei. Sofort hätten der hl. Pilgrim und die anderen Bischöfe dieses Ortes sich als wundertätig erwiesen[297]. Unzweifelhaft sollten die Heiligenkulte dem erforderlichen Wiederaufbau dienlich sein. Zur Unterstützung der Errichtung von Klostergebäuden und Kirche des von ihm 1136 gegründeten Kartäuserklosters Mont-Dieu in der Nähe von Sedan, führte Abt Odo von Saint-Remi in Reims 1145 die Translation der Reliquien des in seinem Kloster ruhenden hl. Gibrianus durch und wies alle Gaben, die diesem überbracht würden, der Baufabrik von Mont-Dieu zu[298].

Gleichwohl, so mag man einwenden, vermochten die bescheidenen Gaben einfacher Pilger doch wohl nicht entscheidend zur Finanzierung eines Kirchenbaus beizutragen. Aufgrund der Mirakelsammlungen, die ausschließlich die aus Not erretteten Pilger in Auswahl bieten und andere, aus Verehrung angereiste überhaupt nicht verzeichnen, kann man jedoch nur unzureichend abschätzen, wie bedeutend eine Wallfahrt tatsächlich war. Die Beispiele der Modoald-Verehrung in Helmarshausen und des hl. Virgil in Salzburg konnten zudem zeigen, daß durchaus größere Zuwendungen gemacht wurden.

Wundertätige Heilige waren zumindest phasenweise imstande, große Pilgerströme zu mobilisieren, wie schon das Beispiel des hl. Trudo aus dem 11. Jahrhundert zeigt. Abt Rudolf von Saint-Trond berichtet in seinen Gesta abbatum Trudonensium anschaulich über die Pilgermassen, die die Stadt geradezu einem Belage-

---

[295] SIGNORI, Maria; DIES., Marienbilder, S. 63 f.; auch HERBERS, Verehrung des hl. Jakobus, S. 102 f., betont die Mitfinanzierung der großen, reich geschmückten Bauwerke entlang der Jakobswege durch Pilger; DERS., Stadt und Pilger, S. 230.

[296] NISSEN, Niederländische Mirakelbücher, S. 298 ff.

[297] Chronicon Magni presbyteri, ed. WATTENBACH, S. 507.

[298] SIGAL, Maladie, S. 1524 f.

rungszustand unterwarfen[299] und den Kaufleuten eine solche Hochkonjunktur bescherten, daß sie auf Pferden und Wagen kaum soviel herbeischaffen konnten, wie die Menge der Pilger benötigte[300]. Gewaltige Einkünfte brachten die frommen Reisenden aber dem Kloster des hl. Trudo. Ihre Oblationen bestanden aus Tieren aller Art: Pferden, Ochsen und Kühen, Ebern, Schafsböcken und Schafen; aber auch Leinwand und Wachs, Brot und Käse wurden in solchen Mengen geschenkt, daß sich Gewicht, Zahl und Wert nicht ermessen ließen. Daneben kamen Wertgegenstände ein: Silberfäden und Haufen von Bargeld, die die Küster entgegennehmen und verwahren mußten[301]. Obwohl man an der Schilderung Rudolfs sicherlich Abstriche machen muß, bleibt die Wallfahrt außerordentlich bedeutsam. Dies läßt sich durch die umfangreiche Mirakelsammlung des Mönches Stepelinus von 1050/51 sowie die Erwerbspolitik und rege Bautätigkeit des Abtes Adelhard II. (1055-1082) abstützen[302].

2. Überwindung von Krisen

Wie vor allem die Beispiele der Heiligen Celsus, Anno, Modoald und Matthias zeigten, erlebten Klöster und Stifte immer wieder Phasen des geistlichen und des materiellen Niedergangs oder Zeiten, in denen sie in rechtlichen Auseinandersetzungen standen. Auch zur Überwindung solcher Krisen setzten sie den Heiligenkult ein. Zum einen strebte man nach einer neuen Bedeutung als Wallfahrtsort, besonders aber nach wirtschaftlicher Konsolidierung und nach Legitimierung sowie Durchsetzung der formulierten Ansprüche[303].

3. Konkurrenz zu anderen geistlichen Einrichtungen

Bestanden mehrere geistliche Institutionen auf engem Raum – dies zeigten die Beispiele Konstanz, Trier, Salzburg und Bamberg –, dann konnte das Prestigestreben mit dem Ziel verbunden sein, andere Einrichtungen zu überflügeln. Ein ausgeprägtes Rangdenken findet hier seinen Niederschlag, für das ergänzend die Arbeit

---

[299] *... necnon et per campos atque per prata tantus peregrinorum coetus ... confluebat, ut in papilionibus tabernaculisque frondeis cortinatisque habitantes, totum ipsum oppidum circumsedisse obsidionis specie viderentur, quos prae multitudine ipsae oppidanorum domus aliis refertae, capere non poterant*, Gesta abbatum Trudonensium, ed. Köpke, I,10, S. 234.

[300] Siehe zu diesem Aspekt Ennen, Stadt und Wallfahrt, S. 240 f.

[301] *De oblationibus altaris quid dicam? Taceam animalia, palefridos, boves et vaccas, verres, arietes, oves, quae incredibili multitudine offerebantur; sed et linum et caera, panes et casei nullo pondere, nullo numero, nullo existimabantur precio, fila argentea et vix iam clauso vespere Olympo exhaustus denariorum acervus quam plurimos in recipiendo et recondendo custodes fatigabant, et preter id nichil penitus cotidie agere sinebant,* Gesta abbatum Trudonensium, ed. Köpke, I,10, S. 234.

[302] Hierzu Matheus, Adelige als Zinser von Heiligen, Manuskriptfassung, S. 266 f.

[303] Kehl, Kult und Nachleben des heiligen Bonifatius, S. 112 ff., kann zeigen, daß das Kloster Fulda in Zeiten rechtlicher Auseinandersetzungen mit neuen Bonifatius-Viten seine Ansprüche zu vertreten und seinen Ruhm zu steigern trachtete.

von Matthias WERNER über die Gründungstradition des Erfurter Petersklosters angeführt werden kann. Im 12. Jahrhundert legte sich die 1060 von Erzbischof Siegfried I. von Mainz als Eigenkloster geschaffene Einrichtung eine neue Entstehungsgeschichte zu, die besagte, 706 von König Dagobert auf Intervention eines Inklusen Adeodat eingerichtet worden zu sein. Als bonifatianische Gründung hatte bisher aber St. Marien die Stellung als älteste Kirche Erfurts gehalten[304].

Wie Constanze HOFMANN-RENDTEL zeigt, konnten in den Mirakelberichten selbst Rivalitäten geäußert werden, teilweise gegenüber benachbarten Kultzentren, aber auch gegenüber den großen überregionalen Wallfahrtsorten, und zwar meistens, indem man das Versagen dieser Konkurrenzheiligen in bestimmten Situationen hervorhob, in denen dann der eigene erfolgreich eingriff[305].

4. Heilige als Integrations- und Identifikationsfiguren

An den Beispielen Konrads von Konstanz und Virgils von Salzburg konnte gezeigt werden, daß Heilige, denen die Funktion des Diözesanpatrons zukam, nach überstandenen schismatischen Wirren die Rolle von Identifikations- und Integrationsfiguren übernehmen sollten. Die Stellung des Oberhirten zu festigen und das geistliche Leben in Stadt und Diözese auf einen kultischen und damit stabilen, überzeitlichen Mittelpunkt zu lenken, war ihre Aufgabe. Auch für Herrscher und Reich konnten Heiligenkulte eine solche Integrationsfunktion ausüben, wie Jürgen PETERSOHN jüngst zu zeigen vermochte[306].

5. Persönliche Motive

Mehrere Heiligenkulte wurden besonders von einzelnen Persönlichkeiten initiiert und gefördert; so betrieb Abt Gerhard von Siegburg hauptsächlich die Kanonisation Annos, für die Verehrung Konrads von Konstanz setzte sich Bischof Ulrich ein, und Abt Thietmar von Helmarshausen trachtete mit Zähigkeit nach einem Trierer Heiligen.

Ergänzend kann die Kanonisation und Verehrung des Inklusen der Porta Nigra, Symeon, angeführt werden, die offenbar ganz entscheidend dem Einsatz und der persönlichen Verehrung Erzbischof Poppos von Trier zu verdanken sind. Der Grieche Symeon war nach Trier gelangt und hatte dem Metropoliten auf seiner Jerusalemreise als Pilgerführer gedient[307], ein Reiseerlebnis, das zu einer engen Beziehung beider Männer geführt haben dürfte. Gemeinsam zurückgekehrt, bot Poppo Symeon die Möglichkeit an, sich in Trier niederzulassen und schloß ihn auf

---

[304] WERNER, Gründungstradition, S. 113 ff.; gegenüber Mainz verbanden sich diese Behauptungen auch mit dem Bestreben, sich aus der eigenkirchlichen Stellung zu befreien.
[305] HOFMANN-RENDTEL, Wallfahrt und Konkurrenz.
[306] PETERSOHN, Kaisertum und Kultakt, S. 125 ff., bes. S. 128, 131 f., 132 f.
[307] Symeon: Vita auctore Eberwino, AA SS Jun. I, c. 15, S. 89.

eigenen Wunsch im Turm der Porta Nigra ein[308]. Ebenso respektierte er seinen Willen, dort beigesetzt zu werden. Unmittelbar nach Symeons Tod veranlaßte er den Abt Eberwin, der den Inklusen ebenfalls sehr gut kannte und zusammen mit zwei Brüdern in seiner Todesstunde anwesend gewesen war, eine Vita zu verfassen[309], und leitete mit ihr das Kanonisationsverfahren ein, das aller Wahrscheinlichkeit nach Weihnachten 1035 von Papst Benedikt IX. positiv beschieden wurde[310]. Bald nach Symeons Tod, auf jeden Fall vor 1041, muß er das Stift St. Symeon in der Porta gegründet haben[311], das sicherlich primär der Pflege des Kultes diente[312]. 1042 schenkte Poppo dem Stift den Überfahrtzoll auf der Mosel zu Koblenz[313]. In der Arenga dieser Urkunde betont er, daß er es zu seinem und aller Gläubigen Seelenheil gegründet habe. Besonderer Ausdruck seiner Verehrung für den Inklusen war jedoch seine Bestattung zu dessen Füßen, wie es in einem Mirakelbericht formuliert ist[314], womit er sich vorbehielt, im Schutz und in der Fürsprache dieses Heiligen zu ruhen.

6. Die Funktion des hagiographischen Schrifttums

Das hagiographische Schrifttum, vor allem Kanonisations-, Translations- und Elevationsberichte, informiert über die getroffenen kulteinleitenden Maßnahmen und erlaubt Rückschlüsse auf die Motive. Die Mirakelsammlungen selbst reflektieren die vorherrschenden Interessen nur in geringem Maße. Über Spitzen gegen Personen oder beiläufige Hinweise in einzelnen Mirakelberichten hinaus, die den unmittelbaren Zusammenhang des Kultes und der Kultlektüre beleuchten, lassen sich vier häufiger wiederkehrende Funktionen herauskristallisieren, von denen eine Mirakelsammlung durchaus mehrere erfüllen kann.

Erstens dienten sie dazu, zusammen mit der Vita für eine angestrebte Kanonisation die Heiligkeit unter Beweis zu stellen. Dies betrifft zum Beispiel die Mirakelsammlungen Konrads, Gebhards, Heinrichs und Kunigundes.

Zweitens sollten die Texte dort, wo Kultentwicklung und Mirakelaufzeichnung parallel verliefen, der Kultpropaganda dienen, wie dies die Mirakelsammlungen von Matthias, Virgil (mit Einschränkungen) und Anno nahelegen[315].

---

308 Ebd.
309 Ebd., Vorrede, S. 86.
310 Siehe oben S. 100 f. mit Anm. 82.
311 Zum Terminus ante quem für die Stiftsgründung siehe oben S. 102 mit Anm. 92.
312 Heyen, Simeon, S. 195.
313 Mrh. UB, Bd. 1, Nr. 318.
314 Symeon: Vita auctore Eberwino, AA SS Jun. I, c. 40, S. 98; diesen Begräbnisort geben auch die Gesta Treverorum, S. 181, an. Hierzu auch Gierlich, Grabstätten, S. 70 f.
315 Signori, Maria, S. 48, nimmt dies ebenfalls für Marienmirakelsammlungen an, die im Zusammenhang mit der Finanzierung von Kirchenbauten entstanden.

Drittens sollte mit ihrer Hilfe anderen geistlichen Institutionen die eigene Stellung und Bedeutung als Wallfahrtsort demonstriert werden, was besonders explizit in der zweiten Sammlung der Otto-Mirakel formuliert wird, aber auch in den Matthias- und den Vitalis-Mirakeln deutlich hervortritt.

Daneben stellten Mirakelserien viertens schlichtweg Erfolgsbilanzen dar. Sie dokumentierten den Kult, belegten also, daß und inwieweit der Heilige als Helfer in der Not tatsächlich angenommen wurde. Sie reflektierten damit ein eher nach innen gerichtetes historiographisches Interesse[316].

Als Fazit kann man festhalten, daß es vielfältige Motive gab, Heiligenkulte in Gang zu setzen, zu fördern und gegebenenfalls neu zu beleben. Häufig gehörten zur praktizierten Heiligenverehrung auch hagiographische Schriften und Mirakelsammlungen im besonderen. Der Untersuchungsschritt vermochte daher die jeweiligen institutionellen und kultgeschichtlichen Hintergründe zu beleuchten, auf denen die Mirakelaufzeichnung vorgenommen wurde. Die Wunderserien selbst sind im allgemeinen wenig aussagekräftig für die der jeweiligen Kultförderung zugrunde liegenden Motive, sondern ihre Funktion liegt vor allem in der Dokumentation der Kultentwicklung.

---

[316] Ebd., S. 272, formuliert sie für die Wunderbücher an Mariensanktuarien: „Jedes Wunderbuch versteht sich primär als Wunderchronik, als *res gestae* seiner Patronin.“

I. Das Publikum der Mirakelsammlungen

Zur Beurteilung des Aussagewertes einer Quellengattung ist es notwendig, das anvisierte Publikum zu bestimmen sowie die Absichten und Zielsetzungen, mit denen es angesprochen wurde, zu hinterfragen.

In den letzten Jahren sind einige Untersuchungen über das Publikum hagiographischer Texte angestellt worden, die von der Merowingerzeit bis in das Hochmittelalter reichen. Grundlage der Analysen sind zum Teil ausschließlich Viten, so daß die Ergebnisse nur mit Vorsicht auf Mirakelsammlungen zu übertragen sind.

Für die Merowingerzeit haben verschiedene jüngere Studien gezeigt, daß sich die Hagiographen an ein breites Publikum wandten und dabei unterschiedliche Zielsetzungen verfolgten. In der Tradition antiker Textgattungen wie Tituli, Leichenreden und Biographien berühmter Männer stehend, richtete sich die Hagiographie an die aristokratischen Familien Galliens, aus denen diese Heiligen stammten[1]. Andere Untersuchungen haben gezeigt, daß auch Laien aus niederem Stand in besonderem Maße von den Texten angesprochen und unterwiesen werden sollten[2]. Tatsächlich konnten sie deren Latein beim Stand der spätantiken Sprachentwicklung noch als Vorlesesprache verstehen[3]. Gleichzeitig wurden die Texte in der Liturgie der geistlichen Gemeinschaften eingesetzt[4] wie auch zur Lesung im Konvent[5]. Die Bischöfe entwickelten ein Interesse an Viten ihrer Vorgänger, um sich in deren Nachfolge zu stellen, einen Teil ihrer Legitimation daraus zu beziehen, aber auch ihre ganze Gemeinde zu liturgischer Feier zu versammeln[6]. Die merowingerzeitliche Hagiographie steht diesen Forschungen zufolge also im funktionalen Zusammenhang der Seelsorge, der Schaffung von Kultmittelpunkten für die jeweilige Gemeinde sowie der Benutzung im eigenen Konvent.

---

[1] HEINZELMANN, Neue Aspekte.
[2] UYTFANGHE, L'hagiographie, S. 56; COLLINS, Beobachtungen, S. 19.
[3] UYTFANGHE, L'hagiographie, S. 58.
[4] GAIFFIER, Lecture, S. 145; UYTFANGHE, L'hagiographie, S. 59.
[5] Ebd., S. 56.
[6] COLLINS, Beobachtungen, S. 21 f.

Heiligenviten der Karolingerzeit hingegen waren an eine geistliche Zuhörer- und Leserschaft gerichtet, wie Untersuchungen von Katrien HEENE zeigen[7]. Damit vollzog sich in der Karolingerzeit ein grundlegender Wandel: Das Publikum bestand vornehmlich aus Geistlichen, und die Viten dienten deren Erbauung. Dem entsprach die auf Konzilien des 9. Jahrhunderts erhobene Forderung, in der Volkssprache zu predigen.

Grundlegend für die hochmittelalterliche Entwicklung ist nach wie vor ein bereits 1947 publizierter Aufsatz von Baudouin de GAIFFIER[8]. Auf einer breiten Quellengrundlage untersucht er die Gelegenheiten, bei denen hagiographische Texte des 11. Jahrhunderts gelesen und gehört wurden, und stellt die Frage nach den Rezipientenkreisen und Absichten. Seinen Ergebnissen gemäß spielte der eigene Konvent als Zielgruppe eine große Rolle. In der Liturgie, zu Lesungen bei den Mahlzeiten, der Arbeit und im Kapitel sowie zu privater Lektüre seien hagiographische Quellen verwendet worden. Daneben seien sie auch zur Predigt am Heiligenfest und damit einhergehend zu propagandistischen Zwecken eingesetzt worden.

Thomas HEAD, Pierre-André SIGAL und Gabriela SIGNORI schließlich sind die ersten, die der Frage des Publikums und der Erzählintention speziell für hochmittelalterliche Mirakelsammlungen nachgegangen sind. In seiner Untersuchung über Hagiographie und Heiligenkult in der Diözese Orléans vom 9. bis 12. Jahrhundert kommt HEAD zu dem Schluß, daß Mirakelsammlungen des 11. Jahrhunderts vornehmlich für die eigene Kommunität bestimmt waren, um der Traditionsbildung zu dienen. Er stützt seine Auffassung mit den Aussagen der Mirakelautoren, sie schrieben zur Erinnerung der Nachwelt[9]. Diese Beobachtungen macht auch SIGAL in französischen Mirakelsammlungen des 11. und 12. Jahrhunderts[10]. Einen zusätzlichen Hinweis auf die primär innerklösterliche Verwendung sieht HEAD in der geringen Anzahl der Handschriften, in der die meisten Mirakelsammlungen in seinem Untersuchungsgebiet tradiert wurden[11].

SIGNORI hingegen entwickelt in ihrer Dissertation über Sammlungen von Marienmirakeln aus dem 12. und 13. Jahrhundert die These, sie hätten sich vornehmlich an ein Laienpublikum gewandt und Predigt- sowie kultpropagandistischen Zwecken gedient. Zur Stützung ihrer These verweist sie auf die in den Mirakelsammlungen berichteten Strafwunder, die den drei *ordines* der feudalen Gesellschaft, den *oratores, bellatores* und *laboratores*, spezifische kirchlich-religiöse Verfehlungen zuordnen, in deren Folge die Heilige strafend eingreift. Dadurch werde

[7] HEENE, Hagiography; DIES., Audire.
[8] GAIFFIER, L'hagiographe; der Aufsatz geht bereits zurück auf seine Thèse von 1926! Auf ihm fußen weitgehend AIGRAIN, L'hagiographie, S. 235 ff., und PHILIPPART, Légendiers, S. 112 ff.
[9] HEAD, Hagiography, S. 185.
[10] SIGAL, Histoire, S. 244 mit Anm. 37.
[11] HEAD, Hagiography, S. 183 f.

eine primär didaktische Absicht der Mirakelsammlungen evident. Der Kultwerbung wiederum hätten in den Mirakelsammlungen berichtete Ermunterungen, zu einer der Kirchen der Jungfrau zu pilgern, gedient[12].

Für die hier untersuchten Wundersammlungen ist zunächst ein Negativbefund zu konstatieren: Die Mirakelautoren sprechen ihr imaginiertes Publikum höchst selten direkt an. Sie bieten in der Regel Darstellungen über wunderbare Geschehensabläufe in der dritten Person, in denen kein spezieller Rezipient oder Rezipientenkreis benannt wird. Es ist ein Ausnahmefall, wenn innerhalb eines solchen Berichts eine Person oder Personengruppe angesprochen wird. Etwas häufiger dagegen finden sich Hinweise auf Adressaten in den Prologen. In Einzelfällen enthalten diese sogar Widmungsschreiben, die den jeweiligen Empfänger konkret benennen.

Der angesprochene Personenkreis bleibt bei den seltenen Erwähnungen insgesamt sehr unbestimmt. Den konkretesten Hinweis liefern, wie gesagt, die Widmungen. Die vorliegenden Mirakelsammlungen beziehungsweise Viten mit Mirakelsammlungen wurden Äbten des eigenen Klosters oder Bischöfen dediziert. So schrieben die Autoren der Mirakel der hl. Altmann, Celsus, Heimerad und Maximin für die Äbte ihres Klosters[13], die Verfasser der Aureus-, Symeons- und Konrad-Mirakel für ihre jeweiligen Diözesane[14]. Zum Teil hatten diese auch als Auftraggeber der Mirakelsammlungen fungiert[15].

Nur sehr selten werden in den Wunderserien die *fratres*, die Mitglieder der eigenen geistlichen Gemeinschaft, angesprochen[16], noch seltener das Volk beziehungsweise die Gläubigen schlechthin[17]. Häufiger wenden sich die Mirakelautoren dagegen an die Nachfahren, ohne allerdings zu spezifizieren, ob sie damit die eigene

---

[12] Signori, Maria, S. 45 ff.; siehe auch dies., Miracle Kitchen, S. 299 ff.

[13] Vita Altmanni, ed. Wattenbach, Prol., S. 228 f.: Abt Chadalhoh von Göttweig; Historia invent. s. Celsi, AA SS Febr. III, Ep. ded., S. 402: Abt Richard von St. Eucharius; Ekkeberti vita s. Haimeradi, ed. Köpke, Prol., S. 598: Abt Hartwig von Hasungen; Ex miraculis s. Maximini, ed. Waitz, Praef., S. 230: Abt Wiker von St. Maximin.

[14] Inventio et miracula ss. Aurei et Justinae, AA SS Jun. IV, Ep. ded., S. 48: Erzbischof Adalbert II. von Mainz; Symeon: Vita auctore Eberwino, AA SS Jun. I, Prol., S. 86: Erzbischof Poppo von Trier; Vita et passio Conradi, ed. Pertz, Ep. ded., S. 213: Bischof Theoderich von Verdun.

[15] Dies gilt für die Heiligen Altmann, Celsus, Heimerad, Maximin und Symeon.

[16] Inventio et miracula ss. Aurei et Justinae, AA SS Jun. IV, c. 61, S. 61; Translatio Godehardi, ed. Pertz, S. 643: hier wird die Wendung *caritati vestrae* gebraucht; *caritas* kann auf Personen bezogen werden, aus dem Zusammenhang wird jedoch nicht klar, wen der Autor damit anspricht, vgl. Mlat. Wb., s.v. *caritas*, Sp. 287; Matthias: Trier, Seminarbibliothek, Hs. 98, c. 43, fol. 42v; Miraculorum S. Trudonis ... libri duo, AA SS ord. s. Ben. saec. VI,2, Buch 1, c. 16, S. 89; Miracula sanctae Verenae, ed. Reinle, c. 15, S. 58; Ex miraculis s. Wigberhti, ed. Waitz, Epilog, S. 228.

[17] Vita et miracula beati Eberhardi, ed. Wattenbach, c. 7, S. 101; Translatio Godehardi, ed. Pertz, S. 640; Virgil: Wien, Österr. NB, Cod. 339, S. 312.

Klostergemeinschaft oder Laien oder beide Gruppen ansprechen möchten[18]. Am häufigsten werden Leser, Hörer sowie als Paarformel Leser und Hörer adressiert[19].

Das Publikum besteht also nicht aus einer homogenen Gruppe; selbst in der einzelnen Mirakelsammlung werden zumeist verschiedene Rezipienten benannt. Der Adressatenkreis der Mirakelsammlungen gewinnt somit keine scharfen Konturen, zumal quantitativ am häufigsten unspezifisch von Lesern und/oder Hörern die Rede ist. Die Frage, welche Zielgruppe die Mirakelautoren anvisieren wollten, läßt sich also nicht klar beantworten. Leser muß man in erster Linie im geistlichen Milieu suchen, während Hörer in der klerikalen und der Laienwelt gleichermaßen zu finden waren.

An dieser Stelle ist noch ein Wort zu der Anrede des Publikums vonnöten. Anders als etwa Gregor von Tours sprechen die Autoren der hochmittelalterlichen Mirakelsammlungen die Adressaten nur selten direkt, also in der zweiten Person, an, sondern sie bleiben unpersönlich und treten damit nicht in einen Dialog mit ihnen.

Auch über die Gelegenheiten, bei denen Mirakelberichte gelesen und gehört wurden, verraten die Quellen nur sehr wenig. Es konnten lediglich einzelne Informationssplitter aufgelesen werden, die aufgrund ihrer geringen Zahl kein gesichertes Bild ergeben. Um dieses abzurunden, müßten andere Quellengruppen wie klösterliche Consuetudines, Heiligenviten oder ähnliche herangezogen werden, die die konkrete Verwendung der Mirakelsammlungen belegen könnten. An dieser Stelle soll vorläufig auf die Forschungen von GAIFFIER rekurriert werden, die allerdings, wie gesagt, hauptsächlich für Viten aussagekräftig sind.

Doch vorerst zu den „Splittern" in den Mirakelsammlungen selbst: Der anonyme Autor der Verena-Mirakel aus dem beginnenden 11. Jahrhundert schreibt im 15. Kapitel, am vorläufigen Schluß seiner Mirakelsammlung: „Dieses aber, meine Brüder, haben wir beschrieben und einiges von vielem wiedergegeben, gleichsam einige Blumen vom Felde, damit ihr es am Feste der heiligen Jungfrau Verena während der Nokturnen in der Nacht und am Tage bei Tisch vernehmen könnt und damit immer das Lob Gottes in unseren Ohren erschalle, der in der Dreieinigkeit lebt und regiert als einziger Gott in alle Ewigkeit. Amen"[20]. Der Autor weist dem Text eine zweifache Bestimmung zu, zum einen für die klösterliche Liturgie am Verenafest, das heißt für das Verena-Offizium, und zum anderen für die Tischlesung.

---

[18] Z.B. Vita et passio Conradi, ed. PERTZ, Praef., S. 214; Vita Gebehardi, ed. WATTENBACH, lib. II, Prol., S. 591; Miraculorum s. Heinrici pars altera, PL 140, c. 11, Sp. 33; Miracula s. Ottonis, ed. KÖPKE, Prol., S. 917.

[19] Z.B. De B. Altmanno ... Vita altera, AA SS Aug. II, c. 60, S. 389 (Leser); Anno, ed. MITTLER, I,35 (Leser und Hörer); III,31 (Leser und Hörer); Miracula s. Heriberti, ed. HOLDER-EGGER, Proemium, S. 1246 (Hörer); Matthias: Trier, Seminarbibliothek, Hs. 98, c. 6, fol. 21r (Hörer); Miracula et elevatio sancti Ottonis, ed. KÖPKE, c. 22, S. 916 (Leser und Hörer).

[20] Miracula sanctae Verenae, ed. REINLE, c. 15, S. 58.

Während die Sammlung der Verena-Mirakel anscheinend als Gesamtheit dem Heiligenoffizium dienen sollte, wurden für ein Offizium des hl. Symeon nur drei Mirakelberichte aus einer größeren Sammlung stark gekürzt herausgelöst[21]. Die liturgische Verwendung war hier bei der Anlage der Mirakelsammlung also nicht primärer Zweck, sondern stellt eine sekundäre Indienstnahme dar. Deutlich wird aber auch hier, daß Mirakelsammlungen und Liturgie eine enge Verbindung eingehen konnten. Im Gegensatz dazu enthält ein kurz nach seiner Heiligsprechung verfaßtes Offizium des hl. Anno lediglich der Vita entnommene Mirakel zu Lebzeiten[22], obwohl auch hier posthume Mirakelberichte vorhanden gewesen wären: Das Offizium ist nämlich zusammen mit der ältesten Handschrift von Translationsbericht und Mirakelsammlung überliefert[23]. Um zu einer abschließenden Einschätzung des Verhältnisses von Mirakelaufzeichnung und Liturgie gelangen zu können, müßten systematisch alle liturgischen Quellen der untersuchten Heiligen gesichtet werden[24].

Sowohl in den Anno-Mirakeln als auch in denen der hl. Kunigunde wird der Leser jeweils an zwei Stellen aufgefordert, sich an zuvor berichtete ähnliche Vorgänge zu erinnern. „Es geschah ihm", so der Autor der Anno-Wunder beim Bericht der schweren Erkrankung eines Knaben, „was in diesem Jahre, wie sich der eifrige Leser erinnert, mehreren Leuten zustieß, und was wir oben erwähnten"[25]. Diese Bemerkungen setzen einen Leser voraus, der die Mirakelsammlung als ganze zur Hand nahm und las; sie spielen damit vermutlich auf eine stille Lektüre in der Zelle (Anno) beziehungsweise in der Domherrenkurie (Kunigunde) an.

Die drei Splitter, die zur Frage der Anlässe für die Rezeption von Mirakelserien aufgelesen werden konnten, zeigen drei Verwendungsbereiche im ausschließlich klerikalen Raum, auf die auch Gaiffier und Philippart hinweisen: Liturgie, Lesung im Refektorium und private Lektüre.

Bereits seit dem 7. Jahrhundert in Spanien und Gallien sowie seit dem 9. Jahrhundert auch in Rom wurde die Lesung hagiographischer Texte immer stärker in die Stundengebete der Mönche aufgenommen[26]. Bevorzugt während der Matutin, die mit ihren drei Nokturnen eine besonders ausgedehnte Hore darstellte, wurden die Heiligentexte gelesen[27], wie dies ja auch der Autor der Verena-Mirakel vorsah. Gaiffier verweist darauf, daß immer dann, wenn Klöster neue Kulte etablierten, zum Beispiel nach Reliquienübertragungen oder Heiligsprechungen eigener Heili-

---

21 Ed. Coens, Document, S. 189-196, Mirakel: Vita auctore Eberwino, AA SS Jun. I, c. 23, 28 u. 29.
22 Ed. Mittler, Offizium, S. 88-96.
23 Düsseldorf, Universitäts- und Landesbibl., Ms. G5.
24 Die Erschließung liturgischer Quellen ist noch völlig unzureichend; daher konnte diese Arbeit nicht systematisch durchgeführt werden.
25 Anno, ed. Mittler, II,55 (Hervorhebung der Verf.in); weiterer Beleg III,37; Kunigunde: Bamberg, Bayer. Staatsbibl., R.B. Msc. 120, c. 78 u. 81, fol. 45r.
26 Gaiffier, Lecture; ders., Lecture des passions; Palazzo, Livres liturgiques, S. 169; Martimort, Lectures, S. 97.
27 Gaiffier, L'hagiographe, S. 138; Philippart, Légendiers, S. 114.

ger, die Notwendigkeit bestand, Texte herzustellen, um das Heiligenfest angemessen feiern zu können. Er bringt mehrere Beispiele, in denen der Zweck, einen Text zur Lesung am Heiligenfest zu besitzen, den Anlaß zur Abfassung einer Vita darstellte[28]. Zwischen liturgischer und nicht-liturgischer Bestimmung eines Textes gab es indessen fließende Übergänge, wie die handschriftliche Überlieferung von Viten belegt. Manche Handschriften ein und derselben Lebensbeschreibung weisen Einteilungen in Lektionen auf, andere nicht[29].

Im vorliegenden Material konnte in den Editionen keine in Lektionen eingeteilte Mirakelsammlung ausgemacht werden. Die Verena-Mirakel sind in einer Basler Handschrift aus dem 15. Jahrhundert zusammen mit der Vita in solche eingeteilt[30]. In der mehrfach erwähnten Wiener Handschrift von Vita und Mirakeln des hl. Virgil weist lediglich die Lebensbeschreibung Lektionen auf[31]. HEAD kann in seinem Untersuchungsbereich nur eine in Lektionen gegliederte Mirakelsammlung nachweisen[32]. Das Symeon-Offizium legt nahe, daß die Mirakelserien als Steinbrüche benutzt wurden, aus denen man einzelne Berichte ausbrach und einer verkürzenden Bearbeitung unterwarf, um sie einer liturgischen Verwendung zuzuführen. Die Liturgie dürfte damit im allgemeinen nicht hauptsächlicher Zweck der Anlage einer Mirakelsammlung gewesen sein.

An aussagekräftigen Beispielen, besonders in den klösterlichen Consuetudines kann GAIFFIER zeigen, daß im Refektorium, abends vor der Komplet im Kapitel und bei der Arbeit den Mönchen aus hagiographischen Texten vorgelesen wurde. Die Benediktinerregel sah im Sommerhalbjahr eine private Lektüre vor und nach der Sext, im Winter vor der Terz und nach Tisch vor. In der Fastenzeit sollte jeder Mönch ein Buch aus der Bibliothek erhalten und von Anfang bis Ende lesen[33]. Für diese privaten Lesungen wurden hagiographische Texte ebenfalls besonders bevorzugt[34]. Hierfür sprechen laut PHILIPPART in den Legendaren anzutreffende Randbemerkungen, die an den Leser gerichtet waren und ihn auf etwas Besonderes aufmerksam machen wollten[35]. Die Fastenzeit war die Phase, in der dem Bibliothekar alte Bücher zurückgegeben sowie neue bei ihm ausgeliehen und dabei in eine Liste eingetragen wurden. Eine Ausleihliste aus Cluny aus der Mitte des 11. Jahrhunderts enthält auch hagiographische Texte[36].

---

[28] GAIFFIER, L'hagiographe, S. 139 f.
[29] Ebd., S. 141 f.
[30] PHILIPPART, Légendes, S. 274, Nr. 24.
[31] Virgil: Wien, Österr. NB, Cod. 339, S. 291-295; ed. WATTENBACH, S. 86-88. Ein solches Beispiel führt auch HEAD, Hagiography, S. 184, an.
[32] Ebd.
[33] Benedicti Regvla, ed. HANSLIK, XLVIII, 4 f.; 10; 13 ff.
[34] GAIFFIER, L'hagiographe, S. 142 ff.; siehe auch PHILIPPART, Légendiers, S. 115 ff.
[35] Ebd., S. 61.
[36] Liber tramitis, ed. DINTER, S. 261-264; GAIFFIER, L'hagiographe, S. 147 f.

Ferner konnte der Abt unvermittelt die Mönche zusammenrufen, befehlen, daß etwas vorgelesen wurde und daran eine Unterweisung anschließen – nach den Consuetudines von Cluny sollten dazu die Vitae Patrum verwendet werden[37].

In den Mirakelsammlungen lediglich angedeutet, waren also im Kloster verschiedene Tagesabschnitte und Gelegenheiten vorgesehen, in denen hagiographische Texte verlesen, still gelesen und auch ausgelegt werden sollten.

Bei welchen Gelegenheiten konnten nun Laien mit den Mirakelsammlungen konfrontiert werden?

GAIFFIER führt für das 11. Jahrhundert einen Einzelfall an: Florentius, der Abt von Saint-Josse-sur-Mer, widmete seine Heiligenvita ausdrücklich den Gläubigen, die den hl. Jodocus an seinem Festtag besuchten. In deren zweitem Teil demonstrierte er ihnen mit einer Mirakelsammlung die Wundermacht des Heiligen[38]. Viel zitiert ist das Beispiel der Willibrord-Vita Alkuins[39] aus dem 9. Jahrhundert. Der berühmte Gelehrte verfaßte eine Vita des Heiligen in Prosa, die den Brüdern in der Kirche verlesen werden sollte, womit auf eine liturgische Verwendung angespielt wird, eine weitere Bearbeitung legte er in Versen vor, die den Scholastern zur stillen Lektüre in der Zelle empfohlen wurde. Schließlich fügte er noch eine Predigt hinzu, die dem Volk verlesen werden könnte. Alkuins im Anhang der Prosa-Vita überlieferte Predigt ist kurz und wendet sich an die Brüder und das Volk. Sie lobt den Heiligen und sein Wirken als Missionar, ruft ihn an, den Menschen beizustehen, und betont, daß er ihre Gebete erhören werde[40]. Der Zuhörerschaft werden also rudimentäre Informationen über die Person des Heiligen vermittelt, vor allem aber wird auf seine Schutz- und Mittlerfunktion verwiesen. Übersehen wird aber meistens, daß Alkuin für die Laien eine eigene Textsorte – die Predigt – vorsah. Diese enthält auffallenderweise keine Mirakelberichte.

Die vorliegenden Mirakelsammlungen bieten keine Hinweise auf eine konkrete Verwendung im Kreis von Laien. Nicht einmal, wenn die Bewohner eines Ortes durch Glockenläuten anläßlich eines Wunders an den Kultort gerufen wurden, scheint man die Gelegenheit zur Lesung oder zum Bericht aus der Mirakelsammlung oder gar zur Predigt ergriffen zu haben[41], sondern man ließ sie kommen, um das Wunder öffentlich zu machen, es bestaunen sowie Freude und Dank zum Aus-

---

[37] Ebd., S. 149.

[38] Ebd., S. 152.

[39] Ebd., S. 136; AIGRAIN, L'hagiographie, S. 241; PHILIPPART, Légendiers, S. 112; RICHÉ, Pastorale, S. 210.

[40] Vita Willibrordi, ed. LEVISON, c. 32, S. 138-141.

[41] Ein einziges Beispiel einer Predigt findet sich in den Celsus-Mirakeln, Miracula s. Celsi, AA SS Febr. III, c. 4, S. 407 (der Text spricht von *evangelizare*): Als der Heilige Wochen nach seiner Erhebung das erste Wunder an einem Laienbruder des Klosters gewirkt hatte, riefen die Mönche von St. Eucharius die Mönche und Kleriker aus ganz Trier zusammen, um ihnen dieses zu eröffnen. Bezeichnenderweise feierte daraufhin der Bischof eine Messe, *ut tam evidens divini medicaminis miraculum longius latiusque innotesceret*. Dabei stellte er den geheilten Krüppel vor und ließ ihn vor versammelter Menge auf und ab gehen. Die Inszenierung scheint ganz gezielt als Anschub des sich nur schleppend entwickelnden Kultes eingesetzt worden zu sein.

druck bringen zu lassen. Gleichzeitig betrieb man hiermit Kultpropaganda. Vor allem Translationsfeiern, die ja manchen Kult in Gang bringen sollten, setzte man im Sinne dieses Ziels auf verschiedene Weise wirkungsvoll in Szene. Die Übertragung Godehards von Hildesheim legte man bewußt in eine günstige Jahreszeit und auf den Tag vor seinem Todestag[42]. Die Ottos von Bamberg verband man zeitlich mit dem Patronatsfest auf dem Michelsberg (29. Sept.). Sie fand am 30. September statt, die Wunder setzten aber nach Ausweis der Mirakelsammlung bereits einen Tag früher ein[43]. Im Fall Konrads von Konstanz berücksichtigte man zwar nicht die Jahreszeit – die Translation fand im Spätherbst statt – die Teilnahme an ihr wurde aber zuvor im ganzen Bistum anbefohlen[44]. Die Laien scheint man eher mit solchen Inszenierungen und den visuellen Wirkungen, die von sichtbar plazierten Votivgaben ausgingen, angesprochen zu haben[45].

Dieser Befund deckt sich mit der Tatsache, daß das benediktinische Mönchtum, das die Heiligenverehrung im Untersuchungszeitraum vor allem betrieb, nicht Hauptträger der Seelsorge war[46]. Die Klosterkirchen waren in der Regel keine Pfarrkirchen, in denen den Gläubigen regelmäßig Messen gelesen wurden und ihnen gepredigt wurde. Diese pastoralen Aufgaben fielen in erster Linie in die Zuständigkeit der Bischöfe und Priester an den Kathedral- und der Weltgeistlichen an den Pfarrkirchen. Lediglich an dem Festtag des eigenen Patrons wurden auch die Klosterkirchen von vielen Menschen besucht. Diese Heiligenfeste waren aber einmalige Ereignisse im Jahreskreislauf.

In die Überlegungen mit einbezogen werden müssen auch die Zustände in der Laienseelsorge überhaupt: Die lateinische Predigt nahm erst im 12. Jahrhundert ihren Aufschwung, als die neuen Orden, zum Beispiel die Zisterzienser (Bernhard von Clairvaux) und Prämonstratenser, ihre Klöster verließen, um den Massen zu

---

[42] Translatio Godehardi, ed. Pertz, S. 642: *Sed quia tunc hibernum tempus imminebat* [d. h. nach der Kanonisation am 29. Okt. 1131], *nec ad tantum negotium se expedire valebat, visum est congruum, quae per apostolicum concessa sunt catholicis et religiosis viris nunciari;* [sic!] *et ipsam translationem in quartam Nonas Maii differri.* Zum Todestag ebd., S. 643.

[43] Zum Elevationstag Petersohn, Jubiläum, S. 55 mit Anm. 92. Fünf besessene Frauen erlangten *diebus exaltacionis sancti Ottonis* am Grab Ottos ihre Gesundheit, zwei davon am Michaelstag, dem 29. Sept. 1189; Miracula et elevatio sancti Ottonis, ed. Köpke, c. 18 u. 19, S. 915.

[44] Ődalscalci vitae s. Kŏnradi liber tertius, ed. Berschin, c. I, S. 99: *His literis coram clero et populo recitatis pontifex uenerabilis Ődalricus communicato uniuersorum consilio diem in quo beatum Kŏnradum humili hucusque latentem sepultura celebriori reconderet depositione constituit et ut condigna id posset fieri reuerentia omnes per totam suam dyocesim cuiuscunque professionis religiosos uiros cum plebe fideli ieiuniis et elemosinis purificatos ipsa die hoc est vi kalendas decembris apud Constantiam conuenire precepit.* Siehe auch Translatio sancti Counradi, ed. Pertz, c. 3, S. 444.

[45] Zu diesem Ergebnis kommt auch Röckelein, Pragmatik, in ihrer Untersuchung über hagiographische Schriften der sächsischen Missionszeit, bes. S. 238.

[46] Le Goff/Schmitt, Parole, S. 259, heben hervor, daß sich das Wort der Mönche im allgemeinen in der Einsamkeit zu Gott erhob; Vauchez, Présentation, S. 9, betont, daß den Mönchen die *cura animarum* nicht gerade am Herzen gelegen habe.

predigen[47]. Erst mit dem 13. Jahrhundert aber begann die große, von den Bettelorden getragene volkssprachliche Predigtbewegung, die dann mit Exempla- und Predigtsammlungen auch ein spezifisches Schrifttum hervorbrachte[48].

Die letzten Ausführungen leiten bereits zu der Frage nach der Absicht über, mit der hagiographische Texte verfaßt wurden. Folgt man den Aussagen der hier zugrunde gelegten Mirakelsammlungen – hierin sind ihre Autoren ebenfalls eher wortkarg als beredsam – so liest man am häufigsten Zielsetzungen, die im weitesten Sinne der Erbauung zuzuordnen sind, also der Festigung des Glaubens. Dieses Anliegen wird aber nicht stereotyp mit *aedificatio*[49] beschrieben, sondern es treten verwandte Bezeichnungen hinzu: *... legentium utilitati consulentes ... benigni lectoris animum refovere curamus* schreibt der Autor der Mirakel der hll. Aureus und Justina[50], und der anonyme Autor der Mirakel Konrads von Konstanz möchte die himmlische Liebe wecken[51]. Der Verfasser der Godehard-Translatio und -Mirakel wiederum beabsichtigt, die Gläubigen zu entflammen und ihr Vertrauen in den Schutz dieses Heiligen hervorzurufen[52]. Schließlich zielt der Autor der Hartwigsmirakel darauf, die Nachkommen mit seiner Wundersammlung zum Lob Gottes anzuregen[53].

---

47 Le Goff/Schmitt, Parole, S. 259.

48 Siehe zu den Exemplasammlungen vornehmlich Bremond/Le Goff/Schmitt, L''exemplum'. Das Repertorium der lateinischen Sermones des Mittelalters von Schneyer setzt bezeichnenderweise erst mit dem Jahr 1150 ein. – Zufallsfunde von Sermones über die hier untersuchten Heiligen enthalten keine Mirakelberichte, sondern nur allgemeine Verweise auf ihre Wundertätigkeit: für Kunigunde existieren ein Sermo magistri Conradi, ed. Klauser, S. 186-191, und ein Sermo de sancta Chunigunda, ed. Klauser, S. 191-196, beide etwa zwischen 1200 und 1204 entstanden; siehe hierzu Klauser, Heinrichs- und Kunigundenkult, S. 100 ff.; gleiches gilt für den Sermo Theoderichs für das Celsus-Fest: Sermo Theoderici, AA SS Febr. III, S. 410 f., und einen weiteren Sermo des Remigius auf den hl. Celsus, Trier, Seminarbibliothek, Hs. 4, fol. 197r-200r; ein in Lektionen eingeteilter Sermo auf den hl. Otto, der insbes. die Elevation Ottos verarbeitet, und zwar im Hinblick auf das alttestamentliche Jubeljahr, enthält neben allg. Verweisen auf die Wundertätigkeit eine Anspielung auf die fünf von Otto befreiten besessenen Frauen, von denen im Elevationsbericht die Rede ist; siehe [Sermo in elevatione s. Ottonis episcopi], AA SS Jul. I, S. 401 f.; zur Interpretation des Sermo Petersohn, Jubiläumsfrömmigkeit, S. 38 ff.; ders., Jubiläum, S. 35 ff.

49 Ex miraculis s. Maximini, ed. Waitz, Praef., S. 230; Maximin: Historia miraculorum, AA SS Mai. VII, c. 6, S. 26; Vita sancti Uodalrici, ed. Berschin/Häse, Prol., S. 72.

50 Inventio et miracula ss. Aurei et Justinae, AA SS Jun. IV, Prol., S. 49; ähnlich Philipp: Mainz, Stadtbibl. I c: 4°/402: *De fame in regionibus his in Julio*: *... ad utilitatem eorum qui post nos futuri sunt narrandum esse credimus*, und Ex miraculis s. Wigberhti, ed. Waitz, Epilog, S. 228: *... plurimum utilitatis legentibus confere[ndo] ...*

51 De signis sancti Counradi, ed. Pertz, c. 2, S. 441.

52 Translatio Godehardi, ed. Pertz, S. 640: *... et per res virtuose in ecclesia gestas, cum leguntur, fideles accenduntur, et torpes mentium discutiuntur.* S. 643: *... ut in eis posteritas de patrocinio tanti patris possit confidere.*

53 Vita et miracula sancti Haertwici, ed. Wattenbach, c. 3, S. 97: *... sic scribamus posteris, ut ad laudem Dei excitentur operibus nostris.*

Neben der Intention der Erbauung heben die Mirakelautoren im Untersuchungsgebiet ebenso wie die der bereits von HEAD und SIGAL analysierten Wundersammlungen mehrmals hervor, daß die Verschriftlichung der Wunder der Erinnerung oder der bloßen Kenntnis (*memoria*; *notitia*) dienen beziehungsweise damit dem Vergessen[54] vorgebeugt werden sollte. *Ad notitiam posterorum* schreibt der anonyme Autor von Vita und Mirakeln des hl. Gebhard[55] und mit ähnlicher Formulierung auch der der Heinrichsmirakel[56]. Der Verfasser der Virgil-Mirakel möchte einen Wunderbericht der *memoria* der gegenwärtigen und zukünftigen Gläubigen anvertrauen[57]. Als Begründung für die Mirakelaufzeichnung verweist der Verfasser der Translatio Godehards auf die Flüchtigkeit der Erinnerung[58]. Einen interessanten Gedanken spricht Adilbert, der Autor der Simpert-Mirakel, aus. Die Wunder Simperts hätten unter anderem deshalb einst ausgesetzt, weil dem Heiligen weder der schuldige Dank erwiesen, noch die Zeichen der Erinnerung anvertraut worden seien[59]. Hier wird die Mirakelaufzeichnung als Teil der Kultpflege gesehen; die Memoria als aktives Gedenken hält auch den Kult am Leben. Die Kenntnis der Wunder, die der Heilige in einem bestimmten Zeitraum wirkte, sollte durch die schriftliche Fixierung der Nachwelt, auf die in den zitierten Beispielen auch verwiesen wird, erhalten werden. Dem entspricht das gelegentlich geäußerte Bedauern, die früheren Wunder eines Heiligen seien nicht in schriftliche Form gebracht und damit vergessen worden[60]. Die in zwei Mirakelsammlungen, der des hl. Goar und der älteren des hl. Otto, geäußerte Absicht, das jeweilige Werk einem Fortsetzer zu übergeben, wird von Bernhard BISCHOFF als ein Indiz für den wenig öffentlichen Charakter der mittelalterlichen Literatur gewertet[61].

---

[54] Der Autor der Eberhard-Mirakel schreibt: *Quae enim scripserunt scimus, et que pretermiserunt nescimus*, Vita et miracula beati Eberhardi, ed. WATTENBACH, c. 7, S. 101.

[55] Vita Gebehardi, ed. WATTENBACH, lib. II, Prol., S. 591.

[56] Adalberti vita Heinrici II. imperatoris, ed. WAITZ, lib. II, c. 2, S. 812: ... *ad posterorum noticiam transferentes* ...

[57] Virgil: Wien, Österr. NB, Cod. 339, S. 312: ... *quod iustum est ut fidelium praesentium et futurorum memorię scriptura simplici et ueraci commendetur.*

[58] Translatio Godehardi, ed. PERTZ, S. 640: *Per scripturas enim res praeteritae et brevi tempore in oblivionem tradendae ad memoriam revocantur* ...

[59] Liber de vita et miraculis s. Simperti, AA SS Oct. VI, Praef., S. 245: *Cessant et idcirco, quia, cum aliquando per intercessionem sanctorum eveniunt, non solum laudes vel grates Deo debitae ejusque sanctis minime referuntur, sed nec memoriae commendantur.*

[60] Z.B. Libellus de quibusdam miraculis beati Adalberonis, ed. SCHMALE-OTT, Micrologus, S. 38; Vita et miracula sancti Haertwici, ed. WATTENBACH, c. 3, S. 97; Lebensgeschichte der hl. Ida, ed. WILMANS, Prooemium, S. 471; siehe auch HEAD, Hagiography, S. 185 mit Anm. 212.

[61] Siehe oben S. 72, Anm. 129.

Die vorliegenden Mirakelsammlungen verfolgten also eine zweifache Absicht: die Stärkung des Glaubens, mithin ein erbauliches Ziel, und die Memoria, also eine historiographische Zwecksetzung[62]. Beide müssen aufgrund der oben ausgeführten Überlegungen als primär auf die eigene Kommunität ausgerichtet betrachtet werden.

Wie lassen sich nun aber die auch im vorliegenden Material anzutreffenden Strafwunder einordnen, die SIGNORI mit gewichtigen Argumenten der Laienseelsorge zuordnet? Obwohl die Analyse des Spektrums der Verfehlungen und der von ihnen betroffenen Gruppen zu ähnlichen Ergebnissen führt, soll hier im Hinblick auf das Publikum und die Erzählintention ein differenzierterer Erklärungsansatz vorgestellt werden.

Zunächst einmal sollte die Rolle der Strafmirakel nicht überschätzt werden, da in den Marienwundern wie auch den hier untersuchten Mirakelsammlungen im Durchschnitt lediglich 10% Strafwunder anzutreffen sind, ihr Anteil also gering ist[63].

Grob lassen sich die von Strafen heimgesuchten sozialen Gruppen in Adlige, Geistlichkeit, Handwerk und Hörige/Bauern einteilen, kurz, die drei auch von SIGNORI in den Marienmirakeln herausgearbeiteten Stände der Beter, Krieger und Arbeiter. Es fällt dabei auf, daß die führenden weltlichen Schichten und die Geistlichkeit bei weitem am häufigsten mit Strafwundern belegt wurden. Dieses Bild dürfte jedoch etwas verschoben sein, da die Mirakelautoren bei diesen Gruppen wohl die größte Sorgfalt in der sozialen Einordnung walten ließen.

Folgt man dieser Einteilung, so ist die Kritik ähnlich wie in den Marienmirakeln weitgehend schichtenspezifisch ausgerichtet, allerdings mit einigen Nuancen. So greifen die Mirakelautoren in einem Kritikpunkt über alle Schichten hinweg: Lästerungen von Heiligen, Zweifel an ihrer Wunderkraft und respektloser Umgang mit den Reliquien werden in allen sozialen Gruppen gebrandmarkt. Interessanterweise mußte die Geistlichkeit allerdings fast ausschließlich in ihrer Haltung zu den Heiligen korrigiert werden – ein Befund, der mit dem SIGNORIS wieder übereinstimmt.

Die Schichten, die von ihrer Hände Arbeit lebten, wurden neben fehlendem Wunderglauben nicht zufällig durch Strafwunder gemaßregelt, wenn sie die Gebote der Sonn- und Feiertagsheiligung übertraten[64]. Insbesondere auch Frauen machten sich durch häusliches Spinnen und Weben dieser Vergehen schuldig[65].

---

[62] Siehe zur außerliturgischen Dimension von Memoria OEXLE, Art. Memoria, Sp. 511 f.; DERS., Memoria, S. 79 f.

[63] SIGNORI, Maria, S. 46, Schaubild 4, unterscheidet bei ihren Berechnungen Wunderheilungen, Strafwunder und Gefangenenbefreiungen; addiert man ihre auf Mariengnadenstätten bezogenen absoluten Zahlen, ergeben sich 417 Mirakel, von denen 46, also ca. 11% Strafwunder sind.

[64] Z.B. Quirinalien des Metellus von Tegernsee, ed. JACOBSEN, Ode 33, S. 250 f.; Miracula sanctae Verenae, ed. REINLE, c. 17, S. 59; Miracula s. Heriberti, ed. HOLDER-EGGER, c. 17, S. 1253.

[65] Libellus de quibusdam miraculis beati Adalberonis, ed. SCHMALE-OTT, c. 4, S. 44 ff.; c. 15, S. 74/76.

Als Schädiger der Klöster an Rechten und Eigentum wurden fast ausschließlich Mächtige und Reiche bestraft[66]. Auffallenderweise stammen die berichteten Strafmirakel mit einer Ausnahme aus Mirakelsammlungen des 10. und 11. Jahrhunderts. Der Schwerpunkt der Kritik am Adel verlagerte sich damit im 12. Jahrhundert in den Bereich des Unglaubens und des Zweifels. Die führenden weltlichen und geistlichen Schichten wurden in dieser Zeit also vornehmlich in ihrer Haltung zum Heiligenkult angegriffen.

Bezieht man auch die Strafwunder in die quantitative Analyse der Verfehlungen ein, deren Gestrafte von den Mirakelautoren keiner sozialen Gruppe zugewiesen wurden, so wurde vor allem der despektierliche Umgang mit den Heiligen und ihren Reliquien kritisiert.

Zusammenfassend kann man festhalten, daß von Strafmirakeln alle gesellschaftlichen Gruppen heimgesucht wurden, in erster Linie aufgrund einer negativen oder nachlässigen Haltung gegenüber dem Heiligenkult.

Kleriker wurden, wie gesagt, nicht nur prozentual mit am häufigsten von Strafwundern betroffen[67], sondern auch wesentlich häufiger von Straf- als von Hilfswundern[68]. Im klösterlichen Lebensrhythmus spielten hagiographische Quellen aber, wie gezeigt, eine besondere Rolle. Die Didaxe konnte hier also tatsächlich greifen und wurde deshalb entsprechend häufig eingesetzt.

Zweifel an der Heiligkeit des Patrons und seiner Wunderkraft, uneingelöste Gelübde, Besitzschädigungen und ähnliche Verfehlungen richteten sich nicht nur gegen den Heiligen, sondern zugleich gegen den eigenen Konvent, der sich mit ihm einen Kultmittelpunkt geschaffen hatte und über diesen einen erheblichen Teil seiner Identität bezog. Daher vergewisserten gerade die Strafmirakel die Insassen der geistlichen Institutionen des Schutzes und der Hilfe des heiligen Patrons. In seiner Funktion als Rechtsperson ließ er es darüber hinaus keinesfalls zu, daß man ihn seiner Besitztümer beraubte[69]. Ebensowenig gestattete er eine Herabsetzung seiner selbst durch Zweifler. Diese Deutung der Funktion der Strafwunder sei mit einem Beispiel aus den Anno-Mirakeln illustriert. Der anonyme Siegburger Autor berichtet einige Fälle, in denen Menschen die Heiligkeit Annos oder die Echtheit seiner Reliquien in Frage stellten[70]. In einem solchen Mirakelbericht wird ein Köl-

---

[66] Z.B. Ex miraculis s. Maximini, ed. Waitz, c. 16, S. 233 f.; Ex miraculis s. Wigberhti, ed. Waitz, c. 16, S. 226 f.; Miraculorum S. Trudonis ... libri duo, AA SS ord. s. Ben. saec. VI,2, Buch 1, c. 18, S. 90.

[67] Sie wurden nur noch von den Adligen übertroffen. Von 77 Strafwundern, in denen eine soziale Einordnung vorgenommen wurde, geschahen 22, also ca. 28% an Geistlichen. Legt man die Gesamtmenge der Strafwunder zugrunde, haben sie immer noch einen Anteil von ca. 18%.

[68] An den Hilfswundern haben sie lediglich einen Anteil von 6,1%. Absolut gesehen stehen sich 77 Hilfswunder und 22 Strafwunder bei Geistlichen gegenüber.

[69] In diesem Zusammenhang ist darauf zu verweisen, daß man mit Reliquien tatsächlich Rechts- und Besitztitel einforderte. Vgl. nur das spektakuläre Beispiel der Mönche von Stablo, die mit ihrem Patron Remaclus vor Heinrich IV. erschienen und das unrechtmäßigerweise abgetrennte Kloster Malmedy zurückforderten; hierzu zuletzt Vogtherr, König.

[70] Anno, ed. Mittler, I,45; I,63; I,66; II,4; IV,6.

ner Bürger vorgeführt, der behauptet, Anno habe mit den Heiligen nichts gemein, da er ihren Kirchen mehr Einkünfte entzogen als gegeben und mehr Augen geblendet als geheilt habe[71]. Nicht zufällig machte ein Kölner Bürger diese blasphemischen Äußerungen, denn sie zeigen, daß Anno noch über hundert Jahre nach dem Bürgeraufstand von 1074, in dem er ein grausames Strafgericht über die Aufrührer verhängt hatte[72], bei den Bürgern in keiner guten Erinnerung stand. Mit einer Vielzahl von Hilfs-, aber auch mit einer Reihe von Strafwundern, so scheint es, wollte sich die Mönchsgemeinschaft an der Kultstätte dieses Bischofs selbst die Rechtmäßigkeit ihrer Verehrung für diesen Heiligen beweisen[73]. Andererseits weist gerade dieses Strafmirakel starke propagandistische Züge auf und gewinnt vor dem Hintergrund, daß Anno von wesentlich mehr Kölner Frauen als Männern aufgesucht wurde, Bedeutung. Eine auf Laien ausgerichtete didaktische Zielsetzung dominiert die Mirakelsammlungen jedoch nicht.

Die aus den Strafmirakeln gezogenen Schlußfolgerungen stehen nicht unbedingt im Widerspruch zu SIGNORIs Ergebnissen, handelt es sich bei ihrem Untersuchungsmaterial doch um einen anderen Mirakeltypus, der, das dürfte hier entscheidend sein, andere Entstehungsbedingungen hatte. Die Marienmirakel wurden fast ausschließlich an Kathedralkirchen aufgezeichnet, an denen die Laienseelsorge tatsächlich ihren Ort hatte. Außerdem weist die Überlieferung einiger ihrer Mirakelsammlungen im Rahmen eines Predigttraktates auf diesen Verwendungszweck hin[74].

Solche Überlieferungsstränge lassen sich für die hier behandelten Mirakelserien nicht nachweisen. Der Befund von HEAD für die Diözese Orléans scheint sich dagegen zu wiederholen. Die Matthias-, Wigbert- und Vitalis-Mirakel sind jeweils in nur einer Handschrift überliefert[75]. Auffallenderweise sind dies Mirakelserien, die nicht mit einer Vita gekoppelt wurden. Andere, bei denen dies der Fall ist, wie die Heinrichs-, Kunigunden- und Symeonsmirakel, konnten dagegen durchaus eine weite handschriftliche Verbreitung erlangen[76]. Wieder andere Viten, wie die der Heiligen Heribert und Verena, wurden teils mit, teils ohne Mirakelsammlung tra-

---

[71] Ebd., I,66 mit Anm. 94. Die Anspielung ist der älteren Anno-Vita wörtlich entnommen, hatte also offenbar nichts von ihrer Aktualität eingebüßt.

[72] Siehe hierzu zuletzt K. SCHULZ, Freiheit, S. 81 ff.

[73] Es wurde oben S. 185 f. schon darauf hingewiesen, daß der Umfang der Mirakelsammlung wahrscheinlich auch auf der Kölner Provinzialsynode von 1186 beeindrucken sollte, wo Annos Heiligkeit endgültig bestätigt wurde.

[74] SIGNORI, Maria, S. 27, 47 mit Anm. 133.

[75] Matthias: Trier, Seminarbibliothek, Hs. 98, fol. 13r-50v; Wigbert: Wolfenbüttel, Herzog-August-Bibl., Cod. Guelf. 76.14 Aug. 2°, fol. 38r-40v; Vitalis: Wien, Österr. NB, Cod. 339, S. 1-6.

[76] Siehe zu Heinrich und Kunigunde PRIEST, Handschriften; KLAUSER, Heinrichs- und Kunigundenkult, S. 199 ff.; zu Symeon oben S. 102 f.

diert[77]. Man verzichtete also mitunter auf den Mirakelanhang. Gerade dies läßt den Schluß zu, daß Heiligenleben, die scheinbar zeitlose Werte vermittelten, von allgemeinerem Interesse waren als die auf eine bestimmte Kultstätte und eine bestimmte Zeit fixierten – eben gerade nicht zeitlosen – Wunder. Dieser Befund stützt die Argumentation, das Publikum vornehmlich in dem den Heiligen verehrenden Konvent zu suchen.

Der Hauptadressat einer Mirakelsammlung war folglich die eigene Klostergemeinschaft. Der primäre Zweck ihrer Anlage dürfte darin zu suchen sein, für die geistliche Institution denkwürdige Ereignisse der Erinnerung der Nachwelt zu überliefern – Geschehnisse, die den Ruhm und Glanz des Klosters begründeten oder hoben und mit denen es sich darum in besonderem Maße identifizierte. Die berichteten, mit Strafen des Heiligen geahndeten Verfehlungen wie auch seine vielfältigen positiven Eingriffe dienten vor allem der Selbstvergewisserung und Traditionsbildung. Daneben sollten Formen des Unglaubens, des Zweifels und der Kritik im Klerus korrigiert werden.

Auch aus der Perspektive des Publikums betrachtet, ergibt sich damit eine Parallele zur Historiographie. Wie einschlägige Untersuchungen gezeigt haben, war bereits für Isidor von Sevilla Zweck und Ergebnis der *historia* die Erinnerung an Geschehnisse[78], sollte Geschichtsschreibung dem Vergessen entgegenwirken und die Vergangenheit greifbar machen[79]. SCHMALE verweist besonders darauf, daß „erinnerte Vergangenheit auch Bedeutung für eine Gruppe" haben sollte, „für die der Historiograph die Rolle des überindividuellen Subjekts übernimmt"[80]. Durch die erinnerte Vergangenheit werde ein identitätsstiftender und -bewahrender Zusammenhang zwischen Lebenden, Toten und Zukünftigen geschaffen[81]. Diese Intention läßt sich besonders in der Klosterchronistik nachweisen, wie Hans-Werner GOETZ am alemannisch-schweizerischen Raum beispielhaft zeigt. Die Chroniken befriedigten hauptsächlich die Bedürfnisse der jeweiligen Kommunität nach Erinnerung, Gedenken sowie Feststellung der eigenen Anfänge und wahrten dabei ei-

---

[77] Die Heribert-Mirakel sind nur in drei Handschriften enger Provenienz, nämlich aus Deutz, Saint-Laurent in Lüttich, der Heimat Lamberts, und aus Namur überliefert, die Vita aber in acht, von denen eine allerdings nur die ersten acht Kapitel ohne Prolog enthält und im Rahmen einer regionalen Bearbeitung der Legenda aurea des Jacobus von Voragine tradiert ist, H. MÜLLER, Heribert, S. 10 ff. Die Viten der hl. Verena wurden im Rahmen einer Vielzahl von Legendaren überliefert, wobei die Mirakel anscheinend ausschließlich mit der ausführlicheren Vita posterior tradiert, ihr aber nicht immer angehängt wurden: die Mirakel finden sich in neun Hss. (davon eine verloren), die Vita posterior allein aber nochmals in acht Hss. (davon wiederum eine verloren), siehe hierzu PHILIPPART, Légendes.

[78] MELVILLE, Wozu Geschichte schreiben, S. 95.

[79] DERS., System, S. 56 f.; GOETZ, Gegenwart, S. 67; SIGAL, Histoire, S. 247.

[80] SCHMALE, Funktion, S. 21. In diesem Zusammenhang ist auch FREISES Untersuchung über kalendarische und annalistische Grundformen der Memoria von Interesse, die zeigt, daß annalistische und kalendarische Eintragungen in Handschriften mit Memorialüberlieferung im Hinblick auf die liturgischen Memorialfeiern ausgewählt wurden, also für den Konvent Bedeutung hatten.

[81] SCHMALE, Funktion, S. 114.

nen starken Gegenwartsbezug. Dabei blendeten sie auffallenderweise Zeiten des Niedergangs und Verfalls nicht aus, sondern schienen bewußt das Wechselvolle vor Augen führen zu wollen. GOETZ zieht daraus den Schluß, daß die Klosterchroniken stärker handlungsanleitend nach innen als propagandistisch nach außen wirken wollten[82]. Dafür spricht seiner Meinung nach auch die geringe, zudem oft originale handschriftliche Überlieferung, wie dies ja auch für Mirakelsammlungen festgestellt wurde[83]. SCHMALE betont, vor allem seit dem Hochmittelalter hätten Klöster Wert darauf gelegt, ein „geschlossenes Bild von der Geschichte der eigenen Institution" zu schaffen, das dann meistens additiv aus mehreren Werken zusammengesetzt worden sei. Einen integralen Bestandteil habe auch die Vita des Patrons gebildet[84]. Man kann ergänzen, daß hierzu ebenso dessen sich bis in die Gegenwart manifestierendes Wirken in Form von Wundern gehörte. Mirakelsammlungen waren damit eine Komponente eines auf Traditionsbildung ausgerichteten monastisch-klerikalen Schrifttums – wenn sie nicht ohnehin das Anhängsel einer Vita bildeten –, das sein Publikum vornehmlich in der eigenen Kommunität erblickte. Im übrigen verfolgte auch die Geschichtsschreibung häufig moralisch-erbauliche Ziele, wie Hans-Werner GOETZ hervorhebt[85].

Die Einbeziehung der Forschungsergebnisse zu früheren Epochen hat den Wandel der Zielgruppen hagiographischer Quellen offenbart. Während zu Beginn der Christianisierung im gallischen Raum die ungebildeten Laien wichtige Adressaten darstellten, die man seelsorgerlich unterweisen wollte, scheint diese Gruppe vom 9. bis zum 12. Jahrhundert weitgehend aus dem Blick geraten zu sein, um dann ab dem 12./13. Jahrhundert erneut in besonderem Maße über hagiographische Texte angesprochen zu werden. Die Geistlichkeit als Zielgruppe der Hagiographie stellte hingegen eine Jahrhunderte überdauernde Konstante dar. Die Entwicklung von der Merowinger- zur Karolingerzeit war offenbar in starkem Maße abhängig von der Sprachentwicklung; die ungebildeten Laien konnten mit den lateinischen Texten nicht mehr erreicht werden, deren es aber zur Befriedigung der Bedürfnisse der Geistlichkeit weiterhin bedurfte. Möglicherweise spielte ein weiterer Faktor für diese Verschiebung eine wesentliche Rolle – der Übergang der Pflege von Heiligenkulten vom Kathedralklerus auf mönchische Gemeinschaften, die nur einen geringen pastoralen Bezug zu den Laien hatten, während die Kulte in der Merowingerzeit von den Bischöfen getragen wurden, denen eine besondere Rolle in der Laienseelsorge zukam. Im 12./13. Jahrhundert dann entdeckte der Kathedralklerus den Heiligenkult für sich neu – für seine materiellen Interessen (Kirchenbau) wie für seine pastoralen Aufgaben. Dem Heiligenideal der Zeit entsprach

[82] GOETZ, Geschichtsbewußtsein, bes. S. 461 ff., 479.
[83] Ebd., S. 486, Anm. 170.
[84] SCHMALE, Mentalität, S. 11.
[85] GOETZ, Gegenwart, S. 74 ff.; DERS., in: SCHMALE, Funktion, S. 193.

es, den Marienkult besonders zu fördern. Hieraus folgt, daß die „Träger“ und „Felder“ dieses eine lange Tradition besitzenden Schriftguts mehrfachen Wandlungen unterlagen[86].

[86] „Träger, Felder, Formen pragmatischer Schriftlichkeit im Mittelalter“ lautet der Name des Sonderforschungsbereichs 231 der Deutschen Forschungsgemeinschaft an der Westfälischen Wilhelms-Universität Münster; zu diesem Projekt: H. KELLER/WORSTBROCK, Träger.

Schluß: Quellenwert und Quellenauswertung

Die vorliegende Untersuchung beabsichtigte, den Quellenwert hochmittelalterlicher postmortaler Mirakelsammlungen zu bestimmen. Hierzu wurden Mirakelserien des ostfränkisch-deutschen Reiches und ergänzend auch solche aus anderen Landschaften des gewählten Zeitraumes herangezogen. Um sie in die Evolutionsgeschichte der posthumen Mirakelserien einordnen zu können, wurden außerdem ältere, entwicklungsgeschichtlich bedeutsame Mirakelsammlungen untersucht: spätantike nordafrikanische Stephansmirakel, die Julians- und Martinsmirakel Gregors von Tours, Einhards Mirakel der hll. Marcellinus und Petrus, die Goarsmirakel Wandalberts von Prüm und die Walpurgis-Mirakel Wolfhards von Herrieden.

Die zunächst erarbeitete Definition (Kap. B.) ergab, daß postmortale Mirakelsammlungen aus einer Anzahl in sich geschlossener Mirakelberichte bestehen, die sich durch einen konsequent eingehaltenen Aufbau, bestehend aus dem Dreischritt Not, Anrufung, Errettung, auszeichnen, innerhalb dessen sie einen spezifischen Gegenstand behandeln, nämlich von einem an einem bestimmtem Kultort verehrten Heiligen gewirkte Wunder.

Im Untersuchungsraum (Kap. C.) konzentrierte sich die Mirakelaufzeichnung im rheinisch-moselländischen Raum, im alemannischen und im baierisch-österreichischen Gebiet – Räume mit antik-frühchristlicher Tradition und kulturell fortgeschrittener Entwicklung. Dementsprechend wurde sie vor allem in den Erzbistümern Trier, Köln, Mainz und Salzburg gepflegt. Die Hervorbringung von Mirakelsammlungen war im 10. und 11. Jahrhundert noch schwach ausgeprägt im Vergleich zum westeuropäischen Bereich und breitete sich im 12. Jahrhundert sprunghaft aus. Träger des Heiligenkults und der Mirakelaufzeichnung waren vor allem die Klöster.

Der entwicklungsgeschichtliche Blick auf die seit der Spätantike entstandenen Mirakelsammlungen (Kap. D.) ergab eine auffallende Kontinuität bestimmter Prinzipien der Mirakelaufzeichnung. Von Beginn an wurde besonderer Wert auf den Bericht authentischer Erlebnisse gelegt. Augustin etwa ließ die Geheilten selbst Berichte verfassen oder zu Protokoll geben, und auch Gregor sowie die Autoren des 9. Jahrhunderts waren darauf bedacht, Gewährsleute für ihre Berichte über Wunder nennen zu können. Auch die Einhaltung der Chronologie und eine überwiegend aktuelle Berichterstattung zeichnen bereits spätantike und frühmittelalterliche Mirakelsammlungen aus.

In dem Kapitel, das die idealtypische Genese von Mirakelsammlungen in der eigentlichen Untersuchungsphase des 10. bis 12. Jahrhunderts beleuchtete (E.), wurde nachgewiesen, daß die Mirakelaufzeichnung an den Kultorten regelrecht organisiert sein konnte, um individuelle Wundererfahrungen zu erfassen. Dafür wurden mitunter Konventsmitglieder an den Heiligengräbern beziehungsweise den Reliquien abgestellt. Sie fungierten teilweise als Autoren der Mirakelsammlungen, teilweise als Registratoren. Ausgehend von Notizen erlangten Mirakelsammlungen dann über mehrere Redaktionsstufen ihre endgültige Form. Diese Redaktionsstufen folgten dicht aufeinander, wodurch weniger legendärer Ballast als substantielle Informationen angefügt wurden. Prinzipiell waren Mirakelsammlungen indessen nie abgeschlossen, wie mehrmals nachgewiesene Fortführungen beweisen.

Die in diesem Kapitel durchgeführten Handschriftenstudien offenbarten eine große Forschungslücke, denn in den vorliegenden Editionen sind die diversen Redaktionsstufen gar nicht oder nur unzureichend berücksichtigt. Hier öffnet sich somit ein weites Feld neuer Editionsmöglichkeiten und -erfordernisse. Dabei ist es unerläßlich, die Handschriften vollständig zu erfassen und Redaktionsstufen sowie Abhängigkeiten sorgfältig herauszuarbeiten. Die verschiedenen Bearbeitungsschichten müßten separat ediert werden, um die Textentwicklung lückenlos dokumentieren zu können. Diese Vorgehensweise ist auch deshalb erforderlich, weil nur so das gesamte Mirakelgut erfaßt werden kann, denn, wie sich zeigte, sortierten die Mirakelautoren auf späteren Stufen ursprünglich aufgenommene Mirakel zum Teil wieder aus. Durch solche Neueditionen und die in diesem Zusammenhang angestellten Forschungen könnten die in dieser Arbeit gewonnenen Erkenntnisse über die Dynamik von Mirakelaufzeichnungen weiter vertieft werden.

Trotz möglicher kollektiver Mirakelaufnahme fungierte letztlich eine Person als Autor der jeweiligen Mirakelsammlung (Kap. F.), die bisweilen auch namentlich sowie in ihrer Stellung und Funktion im Konvent faßbar wird. Verfasser von Mirakelserien waren zu einem hohen Prozentsatz Geistliche der den jeweiligen Heiligenkult pflegenden Kommunität und standen damit in einem potentiell engen Verhältnis zu den berichteten Wunderereignissen.

Das folgende Kapitel (G.) war den Darstellungsprinzipien der Mirakelautoren gewidmet. Es beleuchtete ihr Verhältnis zur Chronologie (G.I.) und zur „Wahrheit“ (G.II.) sowie die sprachlichen und syntaktischen Mittel der Darstellung (G.III.). Die Verfasser, so stellte sich heraus, schätzten chronologisch angelegte Wundersammlungen hoch und beabsichtigten somit keine überzeitlichen, sondern zeitlich eingemessene Vorgänge zu berichten. Besonderen Wert legten sie auf die Absicherung von Geschehnissen, für die sie vielfältige Mittel einsetzten und für die sie sich auch der bekannten Formeln der Urkundensprache bedienten. Neben diesen der Diplomatik entlehnten Sprachformeln setzten sie Elemente des Rechts- und Verwaltungsschrifttums ein, was auf ihre Intention eines „Aktenkundigmachens“ rückschließen läßt. Die größte Übereinstimmung zeigen ihre Darstellungsformen aber mit denen der Historiographie.

Im übrigen waren die Ausführung wie auch das sprachliche Niveau der Wunderberichte von den individuellen Fähigkeiten und Vorlieben der Mirakelautoren abhängig. Anders als in den für kuriale Heiligsprechungsverfahren seit dem 13. Jahrhundert vorgelegten Mirakelaufzeichnungen, in denen sie ein bestimmtes Frageraster abzuarbeiten hatten, lebten die Autoren in denen des Untersuchungszeitraums ihre individuelle Gestaltungsfreude aus und brachten eigene Wertungen mit ein. Daher bestehen von Mirakelserie zu Mirakelserie und selbst innerhalb der einzelnen Wundersammlung große Unterschiede in der Ausführlichkeit und der dabei gelieferten Informationsdichte.

Dementsprechend konnte auch eine relativ große stilistische Bandbreite festgestellt werden; verbreitet war indessen ein einfacher, schmuckloser Stil ohne große rhetorische Finessen. Dabei neigten die Mirakelautoren zu Formelhaftigkeit in der Beschreibung, was vor allem anhand des Vokabulars ausgewählter Nöte und der Genesungen gezeigt werden konnte. Der sprachliche Vergleich der Anno-Mirakel mit denen französischer Kultorte erbrachte zusätzlich Hinweise darauf, daß der Wortschatz auch in anderen Erzählabschnitten der Mirakelberichte formelhaft war und somit ein bestimmtes Vokabular zum Allgemeingut der Wunderdarstellung gehörte. Dieser Befund mindert ihren Quellenwert, da die individuellen Erlebnisse, um die es den Mirakelautoren nachweislich ging, zumindest partiell sprachlich in ein vorgefertigtes Raster eingepaßt wurden.

Der Vergleich der Anno-Mirakel mit denen der Jungfrau von Rocamadour und des hl. Aegidius zeigte, daß Mirakelautoren zwar gegenseitige sprachliche und konzeptionelle Anleihen machten, sich in der Mirakelaufzeichnung aber nicht einfach kopierten. Jede Mirakelserie besaß ein eigenes Profil, das abhängig war von der Kultentwicklung und der Klientel, die sich von dem Heiligen angezogen und beschützt fühlte. In dieser Hinsicht traten also wieder individuelle Momente zum Vorschein.

Der Versuch der Verortung der Mirakelsammlungen im kultgeschichtlichen Zusammenhang (Kap. H.) ergab, daß meistens mehrere Motive für die Kultförderung und damit einhergehend für die Anlage dieser Art von Kultlektüre ausschlaggebend waren. Die Mirakelsammlungen lassen aber mehr den Erfolg der Bemühungen ermessen, als die Absichten, die mit den Maßnahmen zur Kultbeflügelung verbunden waren, aufzudecken.

Die Frage nach den Rezipienten und den Intentionen, mit denen man diesen die Texte anbot (Kap. I.), war wegen der wenigen Aussagen der Mirakelautoren nur schwer zu beantworten. Es deutete sich jedoch an, daß sie im engeren Untersuchungszeitraum vornehmlich der innerklösterlichen Verwendung und im besonderen Maße der Erbauung sowie der Memoria denkwürdiger Ereignisse dienten, somit also identitätsstiftend und traditionsbildend wirken sollten. Auch hier liegt eine Parallele zur Historiographie vor.

Welchen Quellenwert zeichnen Mirakelsammlungen nun also aus? Sie besitzen einen hohen Quellenwert insofern, als ihre Autoren bestrebt waren, von den Betroffenen subjektiv als real empfundene Wundererfahrungen, die sie selbst aufgrund verschiedener Beweismittel als authentisch akzeptierten, zu registrieren und sie dies mit dem Anspruch auf wahrheitsgemäße Berichterstattung verbanden. Andererseits mindern ihn stereotyp angewandte Beschreibungsmuster, hinter denen die individuellen Erfahrungen verborgen werden. Vor allem ihre Beschreibung der medizinischen Nöte erlaubt es kaum, zum Kern der Krankheiten vorzustoßen.

Eine weitere Barriere im Vordringen zu den individuellen Wundererfahrungen mittelalterlicher Menschen stellt die Tatsache dar, daß diese den Forscher nur vermittelt durch den geistlichen Schreiber erreichen, der mitunter aus einer Vielzahl von Wundergeschehnissen auswählt, diese ordnet und akzentuiert[1]. Indessen gilt diese Beobachtung nicht ausschließlich für Mirakelsammlungen, sondern für fast alle erzählenden Quellen, da autobiographische Zeugnisse im Hochmittelalter noch außerordentlich selten sind. Wunderbare Vorgänge finden sich in der Regel allerdings nur einmal überliefert[2], während zum Beispiel für politische Ereignisse in der Historiographie oftmals parallele und unabhängige Traditionsstränge existieren, aus denen die historische Forschung verschiedene Informationen und mehrere Sichtweisen von Zeitgenossen auf ein bestimmtes Ereignis gewinnen kann. Mirakelforscher sind indessen der einen Darbietung ausgeliefert[3]. Es überrascht allerdings, daß Laien in einigen ersten, aus dem Spätmittelalter stammenden autographen Wunderberichten mit „Uniformität" und „Konformität" über ihre Erlebnisse berichten. „Der Eindruck entsteht", so SIGNORI, „sie hätten die kirchlichen Darstellungsmuster übernommen und sich die Normen dessen, was in Sachen Wunder erzählt und was verschwiegen werden mußte, zu eigen gemacht"[4]. Wie diese Beobachtung zeigt, sind eine klerikale und eine Laiensicht auf Wunderereignisse nicht ohne weiteres zu trennen. Zumindest bestand ein Konsens darüber, in welcher Weise eine Mirakeldarstellung zu erfolgen hatte, der möglicherweise auch für das Hochmittelalter vorausgesetzt werden kann. Weiter kann die Kluft zwischen erlebter und dargestellter Realität nicht geschlossen werden.

In welchen Bereichen sind nun die Aussagemöglichkeiten der Quellengattung angesiedelt?

---

[1] Zur Rolle des Autors SIGNORI, Maria, bes. S. 32.

[2] Mit Ausnahme späterer Bearbeitungen, die aber auf der ursprünglichen Mirakelerzählung fußen.

[3] SCHMALE, Funktion, weist S. 95 auf die erheblichen Unterschiede in Details, Ereignisabfolge und Kausalität verschiedener Berichte desselben Geschehens hin.

[4] SIGNORI, Maria, S. 35.

In der vorliegenden Arbeit wurden Berichte über Wunder untersucht, die Heilige an oder fern ihrer Kultstätten auf die Bitten von Gläubigen wirkten. Insofern sind diese Texte primär Quellen des Heiligenkults. Dennoch liefern sie keine Aussagen über Heiligenverehrung schlechthin, sondern sind beschränkt auf die in Situationen der Not von Individuen und Gruppen geübten Formen dieses Kults, verarbeiten also einen ganz spezifischen und für die mittelalterliche Gesellschaft äußerst zentralen Aspekt der Heiligenverehrung.

Wie aufgezeigt, bedienen sich die Mirakelautoren einer sehr einfachen und stereotyp verfolgten Erzählstruktur, indem sie in der Abfolge Not, Anrufung, Errettung das wunderbare Geschehen darbieten. Vornehmlich innerhalb dieses Rahmens liegen die spezifischen Aussagemöglichkeiten der Quellen, die nachfolgend diskutiert werden sollen.

Der Beschreibung der Notsituation schicken die Mirakelautoren zumindest rudimentäre Angaben über die betroffene Person oder Personengruppe voraus. Fast immer wird dabei das Geschlecht des Notleidenden erwähnt und eine altersmäßige Einordnung vorgenommen, die zumindest die Trennung in Erwachsene und Kinder erlaubt, bei letzteren finden sich gelegentlich sogar ungefähre Altersangaben. Auch Informationen zu ihrer Herkunft (Wohnort oder Gegend) werden relativ häufig gegeben[5], eine soziale Einordnung wird jedoch eher selten vorgenommen[6]. Die Informationen zeigen, an den Wundern partizipierte – in unterschiedlicher Intensität – das gesamte soziale Spektrum: Männer und Frauen, Kinder und Erwachsene, Adlige, Geistliche, Handwerker und Kaufleute sowie Bauern und Randgruppen. Bei der Zugrundelegung einer großen Quellenbasis ließen sich daher signifikante Aussagen über geschlechts-, alters- und schichtenspezifische Besonderheiten von Notlagen und ihrer Bewältigung treffen. Hervorzuheben ist, daß in den Mirakelsammlungen auch im allgemeinen stumme Gruppen wie „Unterschichten", Frauen und Kinder in das Blickfeld rücken.

Was die Notsituationen betrifft, so fällt die außerordentliche Dominanz bestimmter Gebrechen auf. Sensomotorische Störungen (Lähmungen, Blindheit, Taubheit, Stummheit) erlangen gemäß den meisten bisher durchgeführten Untersuchungen einen hohen Prozentanteil, der jedoch stark schwankt. Diese Krankheitsbilder dürften keineswegs repräsentativ sein für Nöte, die Menschen im Hochmittelalter heimsuchten. Nicht auszuschließende Faktoren für ihre Häufung sind bewußte Selektionsmechanismen der Autoren, die mit Vorliebe solche Geschichten erzählten, zum einen, weil sich deren Vorbilder zahllos in der Bibel fanden, zum anderen, weil ihre Beseitigung besonders spektakulär wirkte[7]. Gleichwohl ist einzuräumen, daß der Anteil an Behinderungen in der vormodernen Ge-

---

[5] In 64% der Fälle; Vergleichszahlen aus anderen Forschungen fehlen.

[6] In 34,4% der Fälle; Vergleichszahlen aus anderen Untersuchungen fehlen.

[7] Dies erwägen Forscher wie SIGAL, Maladie, S. 1528; FOREVILLE, Miracula, S. 461/63; GONTHIER/LE BAS, Analyse, S. 24; RÖCKELEIN, Miracle Collections, S. 274, verweist lediglich auf das biblische Vorbild.

sellschaft aufgrund schlechter Ernährung und unzureichender medizinischer Versorgung wesentlich höher gelegen haben dürfte als heute[8]. Zweitens ist zu bedenken, daß die Wundertaten Christi und der mittelalterlichen Heiligen auf ähnlichen psychosomatischen Phänomenen beruhen könnten[9]. Drittens kann der Grund für dieses Bild einfach in der Stereotypie der Beschreibungen liegen, das heißt, den Leiden lagen wesentlich differenziertere und vielfältigere Krankheitsbilder zugrunde als in den Darstellungen hervortritt[10]. In jedem Fall lassen die Mirakelautoren aufgrund ihrer undifferenzierten Darlegungen nur sehr selten hinter die wirklichen Krankheiten blicken – das zeigen auch die bisherigen Untersuchungen zur medizinischen Kasuistik von Wunderberichten[11].

Sozialhistoriker, denen medizinische Kenntnisse im allgemeinen fehlen, sollten mit Hilfe der mitgeteilten Begleiterscheinungen der Krankheiten, zum Beispiel Einschränkungen des Bewegungsapparates oder Schmerzen, die physischen Auswirkungen und subjektiven Wahrnehmungen der körperlichen Not analysieren. Hinweise auf Abhängigkeiten von der Hilfe anderer, auf soziale Notstände wie Arbeitsunfähigkeit oder Bettelei infolge der Behinderung geben Einblick in die sozialen Auswirkungen bestimmter Gebrechen. Hierdurch könnten Aufschlüsse über das Verhältnis zu Krankheit sowie über das Erleben von und die Strategien des Umgangs mit Krisen allgemein gewonnen werden. Ein gewisses Maß an Vorsicht wird man dennoch walten lassen müssen, denn je schlimmer die Krankheit, je länger ihre Dauer, desto größer auch das Wunder, das es ja hervorzuheben galt.

Reiche Ausbeute verspricht der Bereich der Anrufung der Heiligen. Hier wird dargestellt, in welcher Weise und mit welchen Mitteln die Menschen Hilfe von den Wundertätern zu erlangen suchten, mithin eröffnen sich Einblicke in die praktizierte Heiligenverehrung. Sie vermitteln Kenntnisse über Gelübde, Gebete und Gebetshaltungen wie über weitere damit verbundene Gesten und Gebärden. Es könnte untersucht werden, mit welchen Emotionen die Bitten vorgetragen wurden, an welchen Orten und in welcher Gesellschaft dies geschah. Auch die Bedeutung von und der Umgang mit Reliquien wäre zu analysieren, womit sich zugleich das weite Feld der religiösen Bräuche, Riten und Rituale eröffnen würde. Da in den Mirakelsammlungen alle gesellschaftlichen Gruppen vertreten sind, wäre es wichtig, zu erforschen, in welcher Weise sich diese verschiedenen Kreise – soziale „Schichten", die Geschlechter, Kleriker und Laien, die Landbevölkerung und die Stadtbewohner wie auch solche verschiedener Landschaften etc. – den Heiligen

---

[8] FOREVILLE, Miracula, verweist S. 463 auf die Häufung solcher Störungen in unterentwickelten Regionen der Erde.

[9] RÖCKELEIN, Miracle Collections, S. 275, erwägt diese Möglichkeit.

[10] TRÜB, Heilige und Krankheit, verweist z. B. S. 85 f., auf „das vielgestaltige Ursachenbündel von Lähmungen und Lahmheit".

[11] FEHLMANN, Mirakelbuch, S. 15; DERS., Heilkundliche Kasuistik, S. 45* (Anno-Mirakel); ENZINGER, Medizinische Anmerkungen, S. 91 (Walpurgis-Mirakel); JANSEN, Medizinische Kasuistik, S. 14; WENDEL-WIDMER, Wunderheilungen, S. 23 (beide untersuchen die Mirakel der hl. Elisabeth von Thüringen).

und ihren Reliquien näherten und welche spezifischen Frömmigkeitspraktiken sie ausbildeten. Im Sinne Klaus SCHREINERs könnte mit einem solchen Herangehen gezeigt werden, in welcher Weise sich verschiedene soziale Gruppen eine der „gemeinchristliche[n] Frömmigkeitsformen", nämlich den Reliquienkult, aneigneten[12]. Facetten der „Volksfrömmigkeit" könnten damit – im Sinne Roger CHARTIERs – über „ein spezifisches Beziehungsverhältnis zu einem kulturellen Objekt"[13] definiert und differenziert herausgearbeitet werden. Die Stichhaltigkeit einer Dichotomie von Laien- und Gelehrtenreligiosität, die mehr und mehr aufgegeben wird[14], könnte an diesem Beispiel praktizierter Frömmigkeit besonders gut überprüft werden[15]. Doch nicht nur die sozial und kulturell bedingten Differenzen, sondern auch die Formen des religiösen Verhaltens, die „nicht unlösbar an soziale Trägergruppen gebunden [waren], sondern ... zum Gemeingut der christlichen Gesamtgesellschaft" gehörten[16], sollten ermittelt und in ihrer Bedeutung ermessen werden. Dadurch könnte beurteilt werden, in welchem Maße zur Überwindung von Krisen mit Hilfe der Heiligenverehrung einheitliche Handlungsmuster in der mittelalterlichen Gesellschaft eingesetzt wurden.

Mit dieser Methode sollte man sich auch den mit Strafwundern sanktionierten Verfehlungen als einer spezifischen Form religiöser Abweichung nähern. Dabei wäre zu untersuchen, ob die in allen Gesellschaftskreisen vorhandene Kritik an der Reliquienverehrung gruppenspezifische Besonderheiten aufwies und wenn ja, welcher Art diese waren.

Die Errettung aus der Not schließlich wird von den Mirakelautoren insgesamt eher kurz abgetan. Sie folgt bestimmten Gesetzmäßigkeiten, die stereotyp wiederholt werden. Im allgemeinen kennzeichnet den Eingriff des Heiligen sein sofortiges beziehungsweise plötzliches Wirken, das die Notsituation in aller Regel vollständig beseitigt.

Mit den Wundererlebnissen verbunden war in den meisten Fällen eine Pilgerfahrt – im allgemeinen, um das Wunder am Kultort zu erlangen, oft auch, um dort nur noch den schuldigen Dank abzustatten. Die Angaben zu den Wohnorten der Pilger lassen Aussagen über die Ausstrahlung des jeweiligen Kultes einerseits und den Grad der Mobilität und Abkömmlichkeit von Menschen der damaligen Gesellschaft andererseits zu. Geschlechts-, alters- und schichtenspezifische Differenzierungen könnten dabei ermittelt werden[17]. Die Mirakelsammlungen geben wei-

---

[12] K. SCHREINER, Laienfrömmigkeit, S. 58.

[13] CHARTIER, Volkskultur, S. 385 f.

[14] Hierzu bes. K. SCHREINER, Laienfrömmigkeit; DERS., Frömmigkeit, S. 201 ff., bes. S. 205.

[15] Ansätze hierzu bei HAARLÄNDER, Reliquien der Bischöfe.

[16] K. SCHREINER, Laienfrömmigkeit, S. 59 f.

[17] Zu geschlechtsspezifischer Mobilität in der Kunigundenverehrung WENZ-HAUBFLEISCH, Kult, S. 172.

terhin Aufschlüsse über Fortbewegungsmittel, Reisegewohnheiten und die Infrastruktur am Kultort. Die zuletzt genannten Informationen liegen jedoch nicht in quantifizierbarer Dichte vor, sondern hier gilt es eher, Splitter zu sammeln.

Eine Untersuchung, ob Kultstätten und Herkunftsorte der Pilger in einer Beziehung zueinander standen, und wenn ja, welcher Art diese Beziehungen waren, zum Beispiel grundherrschaftlicher, persönlicher oder seelsorgerlicher Natur, könnte Erkenntnisse über Kommunikationsnetze in der mittelalterlichen Heiligenverehrung und über die Funktionsweise des lokalen, regionalen und Fernwallfahrtswesens vermitteln. Die Anno-Mirakel etwa legen nahe, daß die Bedeutung des Heiligen zu Lebzeiten in einem bestimmten Ort oder Wirkungskreis (hier Köln) zu seiner dortigen Verehrung beitrug, am beziehungsweise im direkten Umfeld des Kultorts selbst eine große Affinität zum Heiligen herrschte und der Kult von der geistlichen Grundherrschaft besonders getragen wurde[18]. Die Analyse der Kunigundenmirakel zeigt, daß Besitz- und Personenverbindungen bei der Kultvermittlung eine Rolle spielten[19]. Inwieweit diese Ergebnisse verallgemeinerbar sind, müssen weitere Studien zeigen[20].

Zwar liegt der Fokus der Mirakeldarstellung auf dem einzelnen Notleidenden und seiner Errettung, doch können in den skizzierten Dreischritt des Geschehens weitere Personen, die in einem bestimmten Verhältnis zu diesem stehen, involviert sein. Sie umgeben und umsorgen ihn, raten, den Heiligen anzurufen oder rufen ihn selbst (mit) an, sie begleiten ihn auf der Pilgerreise. Dadurch wird das Beziehungsnetz sichtbar, in das Menschen in Not eingebunden waren, sowie dessen Funktionsweisen. Es wäre lohnenswert, die Art der Beziehungen (Verwandtschaft, Nachbarschaft, Freundschaft, Herrschaft und andere) sowie deren Qualität und Bedeutung für die Bewältigung von Not wie auch das affektive Verhältnis der Personen zueinander zu erforschen. Dieser Aspekt der Mirakelsammlungen, der bislang für das Hochmittelalter noch kaum in den Blick genommen worden ist, könnte das Bild der Formen und Bedeutung sozialer Bindungen im Mittelalter erheblich erweitern. Zum einen treten hier spezifische, nämlich in krisenhaften Situationen wirksame Beziehungen zutage, zum anderen gilt auch hier, daß das gesamte Spektrum der Gesellschaft in solchen Bindungen gezeigt wird[21]. Anders als in spätmittelalterlichen Verhörprotokollen über Wundererlebnisse, in denen notwendigerweise Bezugspersonen als Zeugen auftreten mußten, können solche in den frei erzählten Mirakeln ganz fehlen. Man sollte daher nicht vorschnell auf eine

---

[18] SIGNORI, Maria, verweist S. 36 auf die Rolle „geistliche[r] Informationsnetze institutioneller Art" und auf „lehnrechtliche Abhängigkeiten".

[19] WENZ-HAUBFLEISCH, Kult, S. 169 f.

[20] Sinnvoll durchgeführt werden können solche Untersuchungen aber nur mit größeren Mirakelsammlungen, die eine ausreichende Menge an Ortsangaben aufweisen.

[21] Siehe RENDTEL, Mirakelberichte, S. 164 ff.; für familiäres Verantwortungsbewußtsein im Spätmittelalter ist die Mirakelauswertung von SIGNORI, Bauern, aufschlußreich; siehe auch DIES., Ländliche Zwänge; DIES., Defensivgemeinschaften; KRÖTZL, Parent-Child Relations; HABERMAS, Sorge.

Isolation und Ausgrenzung der Kranken aus familiären und anderen sozialen Bindungen schließen, wenn keine Bezugspersonen erscheinen. Gleichwohl liefern die Mirakelberichte Hinweise auf den Verlust der sozialen Position und Integration durch Behinderungen.

Der Heiligenkult, wie er sich in den Mirakelsammlungen niederschlug, besaß sowohl zeit- als auch regionalspezifische Besonderheiten. SIGNORI vermag in ihrer jüngst veröffentlichten Arbeit über Marienkulte zu zeigen, daß sie zeitgleich in verschiedenen historischen Landschaften unterschiedliche Ausprägungen gewannen (Aquitanien 12. Jahrhundert – Nordfrankreich 12. Jahrhundert), in denen sich unterschiedliche gesellschaftliche Strukturen spiegelten, und daß sie zu verschiedener Zeit und in verschiedenen Landschaften (Aquitanien 12. Jahrhundert – Waadtland 13. Jahrhundert) ähnliche Merkmale aufwiesen[22]. Dringend erforderlich wären daher regionalspezifische und vergleichende Untersuchungen, die bislang noch kaum durchgeführt worden sind[23]. Darüber hinaus müßte die Mirakelproduktion einer Landschaft über mehrere Jahrhunderte verfolgt werden, um Entwicklungen und Konstanten bestimmen zu können.

Neben den im Rahmen von Not und Errettung zu gewinnenden Erkenntnissen können den Mirakelsammlungen also auch wichtige kultgeschichtliche Aufschlüsse entnommen werden. Ein drittes Moment tritt hinzu. Die geistlichen Autoren bringen ihre Wertungen, Einstellungen und Vorurteile in die Mirakelsammlungen mit ein. Zum Beispiel äußern sie sich über soziale Gruppen wie Bauern und Ritter, Frauen und Kinder. Sie beurteilen die Verhaltensweisen anderer und legen dabei ihre Wertmaßstäbe an. Damit eröffnen Mirakelsammlungen Einblicke in klerikale Sichtweisen der Welt, deren Prägung durch Traditionen und zeitgleiche Strömungen verortet werden könnte.

Die besonderen Aussagemöglichkeiten der hochmittelalterlichen postmortalen Mirakelsammlungen liegen demnach im sozial- mentalitäts- und kultgeschichtlichen Bereich. Sie geben den Blick frei auf soziale Situationen und Beziehungsgeflechte, auf Einstellungen, Vorstellungen, Verhaltens- und Handlungsweisen sowie Rituale und Bräuche im spezifischen Zusammenhang von Krise und Kult.

---

[22] SIGNORI, Maria; DIES., Gewalt und Frömmigkeit.

[23] Außer den in der vorigen Anm. genannten Arbeiten von SIGNORI nur noch von HEAD, Hagiography, dessen Untersuchung aber nicht sozialgeschichtlich angelegt ist; siehe künftig RÖCKELEIN, Kommunikation und Mobilität im frühmittelalterlichen Sachsen (erwähnt in DIES., Miracle Collections, S. 273, Anm. 28).

Quellen- und Literaturverzeichnis

Das Quellenverzeichnis umfaßt im ersten Teil – nach Heiligen geordnet – die ausgewerteten Mirakelsammlungen und das übrige hagiographische Schrifttum, das verwendet wurde. Verzeichnet wurden sowohl die Heiligen und Quellen des engeren Untersuchungsraumes als auch die ergänzend analysierten Texte aus anderen Regionen und Zeiten. Zunächst sind jeweils die benutzten Handschriften in alphabetischer Reihenfolge nach ihrer Provenienz und anschließend die Editionen, zunächst der Mirakel, dann der übrigen Quellen, aufgeführt. Die unvollständigen Ausgaben der Monumenta Germaniae historica wurden mit aufgenommen, sofern auf ältere Editionen der Texte zurückgegriffen werden mußte, andere Teileditionen nicht. Der zweite Teil des Quellenverzeichnisses enthält alle übrigen benutzten Quellen. Im Literaturverzeichnis ist die gesamte verwendete Forschungsliteratur aufgelistet, wobei jeweils nur die tatsächlich benutzten Ausgaben angegeben sind, das heißt auf den Nachweis der Erst- beziehungsweise Nachdrucke wurde verzichtet. Mehrere Arbeiten eines Autors sind nach den Erscheinungsjahren angeordnet. Sammelwerke wurden nach den derzeit gültigen „Regeln für die alphabetische Katalogisierung" (RAK) sortiert.

I. Quellen

1. Verzeichnis der Mirakelsammlungen und anderen hagiographischen Quellen, nach Heiligen geordnet

Adalbero von Würzburg

Lambach, Bibliothek der Benediktinerabtei Stift Lambach, Hs. LIV, fol. 15r-23r, 31r-32v.

Vita sancti Adalberonis, hg. v. Irene SCHMALE-OTT (Quellen und Forschungen zur Geschichte des Hochstifts Würzburg, Bd. VIII), Würzburg 1954 (Mirakel unter dem Titel Libellus de quibusdam miraculis beati Adalberonis episcopi, S. 38-85).

Aegidius von Saint-Gilles

Miracula beati Egidii auctore Petro Guillelmo, hg. v. Philipp JAFFÉ, MGH SS 12, Hannover 1856, S. 316-323.

Liber miraculorum sancti Aegidii auctore Petro Guilelmo, bibliothecario in monasterio sancti Aegidii in valle Flaviana, in: AB 9, 1890, S. 393-422.

Altmann von Passau

Vita Altmanni episcopi Pataviensis, hg. v. Wilhelm WATTENBACH, MGH SS 12, Hannover 1856, S. 228-243 (Mirakel S. 240).

De beato Altmanno Ep. Pataviensi apud Gottwicenses in Austria: Vita altera, AA SS Aug. II, 3. Aufl. Paris 1867, S. 378-389 (Mirakel S. 386-389).

Anno von Köln

Düsseldorf, Universitäts- und Landesbibliothek, Ms. G5, fol. 9r-114r.

Libellus de translatione sancti Annonis archiepiscopi et miracula sancti Annonis – Bericht über die Translation des heiligen Erzbischofs Anno und annonische Mirakelberichte (lat.-dt.), hg. v. Mauritius MITTLER (Siegburger Studien, Bde. III-V), Siegburg 1966-1968.

Vita Annonis archiepiscopi Coloniensis, hg. v. Rudolf KÖPKE, MGH SS 11, Hannover 1854, S. 465-514 (Mirakel lib. III, S. 508-514).

Vita Annonis minor. Die jüngere Annovita (lat.-dt.), hg. v. Mauritius MITTLER (Siegburger Studien, Bd. X), Siegburg 1975 (Mirakel lib. II, S. 62-153).

MITTLER, Placidus, Zwei Handschriften mit dem Offizium zu Ehren des heiligen Erzbischofs Anno von Köln, in: Siegburger Studien, Bd. 1, Siegburg 1960, S. 61-104.

Auctor von Trier

Translatio s. Modoaldi, hg. v. Philipp JAFFÉ, MGH SS 12, Hannover 1856, S. 289-310 (Mirakel c. 9, S. 293-295).

Aureus und Justina von Mainz

Inventio et miracula ss. Aurei et Justinae Moguntiae in ecclesia s. Albani. Auctore Goswino ibidem monacho, AA SS Jun. IV, 3. Aufl. Paris 1867, S. 48-61.

Analecta D. P. Ex libro Sigehardi Monachi Sant-Albanensis, AA SS Jun. IV, 3. Aufl. Paris 1867, S. 61-66.

Thomas Becket von Canterbury

Materials for the History of Thomas Becket, Bd. 1, S. 173-546, und 2, S. 21-298, hg. v. James C. ROBERTSON (Rerum Britannicarum Medii Aevi Scriptores (Rolls Series), Bd. 67, 1-2), London 1875-1876.

Bernward von Hildesheim

Miracula sancti Bernwardi, hg. v. Georg H. PERTZ, MGH SS 4, Hannover 1841, S. 782-785.

Bruno von Würzburg

Alterum instrumentum de miraculis S. Brunonis, Migne PL 142, Paris 1880, Sp. 37-40.

Celsus von Trier

Trier, Bibliothek des bischöflichen Priesterseminars, Hs. 4, fol. 197r-200r (Sermo sancti Remigii abbatis in s. Celsi).

Ex translatione s. Celsi auctore Theoderico, hg. v. Georg H. PERTZ, MGH SS 8, Hannover 1848, S. 204-208 (Exc.).

Historia inventionis s. Celsi auctore Theoderico monacho, AA SS Febr. III, 3. Aufl. Paris 1865, S. 402-406.
Miracula s. Celsi, ebd., S. 406-410.
Sermo Theoderici, ebd., S. 410 f.

Eberhard von Salzburg
Vitae et miracula sanctorum Iuvavensium Virgilii, Hartwici, Eberhardi: Vita et miracula beati Eberhardi archiepiscopi, hg. v. Wilhelm WATTENBACH, MGH SS 11, Hannover 1854, S. 97-103 (Mirakel S. 101-103; weitere Redaktionsstufe Anm. 15, S. 102).
Miracles des SS. Eberhard et Virgile, évêques de Salzbourg, in: AB 20, 1901, S. 177-180.
Vita sancti Eberhardi archiepiscopi Salzburgensis auctore anonymo quodam eius discipulo, hg. v. Wilhelm WATTENBACH, MGH SS 11, Hannover 1854, S. 77-84.

Elisabeth von Thüringen
Miracula sancte Elyzabet, hg. v. Albert HUYSKENS, Quellenstudien zur Geschichte der hl. Elisabeth, Landgräfin von Thüringen, Marburg 1908, S. 161-239.

Fides von Conques
Liber miraculorum sancte Fidis, hg. v. A. BOUILLET (Collection de textes pour servir à l'étude et à l'enseignement de l'histoire, Bd. 21), Paris 1897.

Gebhard von Konstanz
Vita Gebehardi episcopi Constantiensis, hg. v. Wilhelm WATTENBACH, MGH SS 10, Hannover 1852, S. 583-594 (Mirakel S. 590-594).
Die Chronik des Klosters Petershausen, hg. und übers. v. Otto FEGER (Schwäbische Chroniken der Stauferzeit, Bd. 3), Lindau, Konstanz 1956.

Gilbert von Sempringham
The Book of St Gilbert, hg. v. Raymonde FOREVILLE und Gillian KEIR, Oxford 1987.

Goar
Wandalbert von Prüm, Vita et miracula sancti Goaris, hg. v. Heinz Erich STIENE (Lateinische Sprache und Literatur des Mittelalters, Bd. 11), Frankfurt/M., Bern 1981 (Mirakel S. 39-84).

Godehard von Hildesheim
Translatio Godehardi episcopi Hildesheimensis, hg. v. Georg H. PERTZ, MGH SS 12, Hannover 1856, S. 639-650.
Vita Godehardi episcopi Hildenesheimensis auctore Wolfherio: Vita posterior, hg. v. Georg H. PERTZ, MGH SS 11, Hannover 1854, S. 196-218 (Mirakel S. 216-218).

Hartwig von Salzburg
Vita et miracula sanctorum Iuvavensium Virgilii, Hartwici, Eberhardi: Incipit vita et miracula sancti Haertwici archiepiscopi, hg. v. Wilhelm WATTENBACH, MGH SS 11, Hannover 1854, S. 95-97 (Mirakel S. 97).

Heimerad von Hasungen
Ekkeberti vita s. Haimeradi, hg. v. Rudolf KÖPKE, MGH SS 10, Hannover 1852, S. 598-607 (Mirakel S. 605-607).

Kaiser Heinrich II.

Adalberti vita Heinrici II. imperatoris, hg. v. Georg WAITZ, MGH SS 4, Hannover 1841, S. 792-814 (Mirakel lib. II, S. 811-814).

Ex aliis miraculis s. Heinrici, hg. v. Georg WAITZ, MGH SS 4, Hannover 1841, S. 814-816 (Exc.).

Miraculorum S. Heinrici pars altera, Migne PL 140, Paris 1880, Sp. 133-140.

Heribert von Köln

Miracula s. Heriberti auct. Lantberto Tuitiensi, hg. v. Oswald HOLDER-EGGER, MGH SS 15,2, Hannover 1888, S. 1245-1260.

Ida von Herzfeld

Die Lebensgeschichte der heiligen Ida von Herzfeld, hg. v. Roger WILMANS, Die Kaiserurkunden der Provinz Westfalen 777-1313 kritisch, topographisch und historisch, nebst anderweitigen Documenten und Excursen, Bd. 1: Die Urkunden des Karolingischen Zeitalters 777-900, Münster 1867, S. 470-488 (Mirakel S. 476-488).

Julian von Brioude

Gregorii episcopi Turonensis liber de virtutibus s. Juliani, hg. v. Bruno KRUSCH, MGH SS rer. Merov. 1,2, Hannover 1885, S. 112-134.

Konrad von Konstanz

Vita Chounradi Constantiensis episcopi: Vita prior auctore Oudalscalcho, hg. v. Georg H. PERTZ, MGH SS 4, Hannover 1841, S. 430-436 (Mirakel S. 434-436).

O̊dalscalci Vitae S. Ko̊nradi liber tertius, hg. v. Walter BERSCHIN, O̊dalscalcs Vita S. Ko̊nradi im hagiographischen Hausbuch der Abtei St. Ulrich und Afra, in: Der heilige Konrad – Bischof von Konstanz. Studien aus Anlaß der tausendsten Wiederkehr seines Todesjahres, hg. v. Helmut MAURER, Wolfgang MÜLLER und Hugo OTT (Freiburger Diözesan-Archiv 95), Freiburg 1975, S. 98-106.

Vita Chounradi Constantiensis episcopi: Vita altera auctore anonymo, hg. v. Georg H. PERTZ, MGH SS 4, Hannover 1841, S. 436-445 (Mirakel S. 441-444, Translation S. 444 f.).

Konrad (Kuno) von Trier

Vita et passio Conradi archiepiscopi auctore Theoderico, hg. v. Georg H. PERTZ, MGH SS 8, Hannover 1848, S. 213-219 (Mirakel S. 218 f.).

Kaiserin Kunigunde

Bamberg, Bayer. Staatsbibliothek, R.B. Msc. 120, fol. 37v-46r.

Leipzig, Universitätsbibliothek, Rep. II 64, fol. 39v-55r.

De miraculis sancte Cunegundis, hg. v. Georg WAITZ, MGH SS 4, Hannover 1841, S. 824-828 (Exc.).

De s. Cunigunde imperatrice, virgine, conjuge, vidua, demum sanctimoniali benedictina, Coufugiae et Bambergae in Germania, AA SS Mart. I, 3. Aufl. Paris 1865, S. 271-279 (Mirakel S. 275-279) (Exc.).

Divi Bambergenses. S. Henricus imperator, S. Kunegundis imperatrix, S. Otho episcopus, hg. v. Jacob GRETSER, Ingolstadt 1611, S. 120-141.

Sermo de sancta Chunigunda, hg. v. Renate KLAUSER, Der Heinrichs- und Kunigundenkult im mittelalterlichen Bistum Bamberg, in: 95. Bericht des Historischen Vereins Bamberg, 1956, Bamberg 1957, S. 1-208, hier S. 191-196.
Sermo magistri Conradi, ebd., S. 186-191.
Visio cuiusdam presbyteri, ebd., S. 183 f.

Liudger von Münster
Libellus Monasteriensis de miraculis sancti Liudgeri, in: Die Vitae sancti Liudgeri, hg. v. Wilhelm DIEKAMP (Die Geschichtsquellen des Bistums Münster, Bd. 4), Münster 1881, S. 237-249.

Liutwin von Trier
Ex miraculis s. Liutwini auct. monacho Mediolacensi, hg. v. Heinrich V. SAUERLAND, MGH SS 15,2, Hannover 1888, S. 1261-1268 (Exc.).
De s. Leodowino seu Lutwino archiepiscopo Trevirensi: Miracula auctore anonymo seculi XI Mediolacensi monacho, AA SS Sept. VIII, 3. Aufl. Paris 1865, S. 176-179 (Exc.).

Marcellinus und Petrus
Translatio et miracula sanctorum Marcellini et Petri auctore Einhardo, hg. v. Georg WAITZ, MGH SS 15,1, Hannover 1887, S. 239-264.
Die Übertragung und Wunder der Heiligen Marzellinus und Petrus von Einhard, verdeutscht v. Karl ESSELBORN, ND Darmstadt 1977.

Martin von Tours
Gregorii episcopi Turonensis libri de virtutibus s. Martini, hg. v. Bruno KRUSCH, MGH SS rer. Merov. 1,2, Hannover 1885, S. 134-211.

Maria von Rocamadour
Les miracles de Notre-Dame de Roc-Amadour au XIIe siècle. Texte et traduction d'après les manuscrits de la Bibliothèque Nationale, hg. v. Edmond ALBE, Paris o.J. [1907].

Matthias von Trier
Trier, Bibliothek des bischöflichen Priesterseminars, Hs. 98, fol. 13r-50v.
Alia acta inventionis corporis s. Mathiae et miraculorum, auctore Lamberto monacho Trevir., AA SS Febr. III, 3. Aufl. Paris 1865, S. 454-458.

Maximin von Trier
Ex miraculis s. Maximini auctore Sigehardo, hg. v. Georg WAITZ, MGH SS 4, Hannover 1841, S. 230-234 (Exc.).
De sancto Maximino episcopo Trevirensi: Historia miraculorum auctore Sigehardo, monacho San-Maximinianensi, AA SS Mai. VII, 3. Aufl. Paris 1866, S. 25-33.

Modoald von Trier
Ex miraculis s. Modoaldi auctore Stephano, hg. v. Georg H. PERTZ, MGH SS 8, Hannover 1848, S. 224-226 (Exc.).

De sancto Modoaldo archiepiscopo Trevirensi: Vita auctore Stephano abbate s. Jacobi Leodiensi, AA SS Mai. III, 3. Aufl. Paris 1866, S. 50-63 (Mirakel lib. III, S. 59-63).

Miracula s. Modoaldi, hg. v. Philipp Jaffé, MGH SS 12, Hannover 1856, S. 310-315.

Translatio sancti Modoaldi, ebd., S. 289-310.

Otto von Bamberg

Miracula et elevatio sancti Ottonis auctore incerto, hg. v. Rudolf Köpke, MGH SS 12, Hannover 1856, S. 911-916.

Miracula sancti Ottonis auctore monacho s. Michaelis, ebd., S. 917-919.

Ebbonis vita Ottonis episcopi Babenbergensis, ebd., S. 822-883.

Herbordi dialogus de vita Ottonis episcopi Babenbergensis, hg. v. Dems., MGH SS 20, Hannover 1868, S. 704-769.

[Sermo in elevatione s. Ottonis episcopi], AA SS Jul. I, 3. Aufl. Paris 1867, c. 151-158, S. 401 f.

Philipp von Zell

Mainz, Stadtbibliothek, I c: 4°/402: Druck des Jakob Köbel aus Oppenheim von 1516.

Pirmin von Hornbach

Miracula sancti Pirminii Hornbacensia, hg. v. Oswald Holder-Egger, MGH SS 15,1, Hannover 1887, S. 31-35.

Quirin von Tegernsee

Jacobsen, Peter Christian, Die Quirinalien des Metellus von Tegernsee. Untersuchungen zur Dichtkunst und kritische Textausgabe (Mittellateinische Studien und Texte, Bd. 1), Leiden, Köln 1965 (Mirakel S. 172-352).

Passio sancti Quirini martiris VIII. Kal. Apr., cuius translatio est XVI. Kal. Julii, ab Heinrico monacho dictata, hg. v. Johann Weissensteiner, Tegernsee, die Bayern und Österreich. Studien zu Tegernseer Geschichtsquellen und der bayerischen Stammessage (Archiv für Österreichische Geschichte, Bd. 133), Wien 1983, S. 247-287 (Mirakel S. 259-287).

Simpert von Augsburg

Adilberti prioris Udalriciani liber de vita et miraculis s. Simperti, AA SS Oct. VI, 3. Aufl. Paris 1868, S. 245-251 (Mirakel S. 247-251).

Stephanus

Sancti Avrelii Avgvstini de civitate Dei libri XI-XXII (Corpus Christianorum, series latina, Bd. XLVIII, Tl. XIV,2), Turnhout 1955 (Mirakel lib. XXII,8, S. 815-827).

De miraculis sancti Stephani protomartyris libri duo, Migne PL 41, Paris 1845, Sp. 833-854.

Symeon von Trier

Bern, Burgerbibliothek, Cod. 24, fol. 238r-242v (Mirakel fol. 241r-242v).

Einsiedeln, Stiftsbibliothek Benediktinerabtei Einsiedeln, Cod. 323 (1065), S. 83-105 (Mirakel S. 99-105).
Ebd., Cod. 247 (379), S. 430-456 (Mirakel S. 447-456).
München, Bayer. Staatsbibliothek, clm 18625, fol. 18v-28r (Mirakel fol. 25r-28r).
Trier, Stadtbibliothek, Hs. 118/106, fol. 297r-310v (Mirakel fol. 306r-310v).
Ebd., Hs. 1384, fol. 2r-13r (Mirakel fol. 8r-13r).
Ex miraculis s. Symeonis auctore Eberwino, hg. v. Georg H. PERTZ, MGH SS 8, Hannover 1848, S. 209-211 (Exc.).
De S. Symeone, recluso in porta Trevirensi: Vita auctore Eberwino, abbate S. Martini Treviris, AA SS Jun. I, 3. Aufl. Paris 1867, S. 86-99 (Mirakel S. 91 f. und 97-99).
Embolismus D. P. de canonizatione S. Symeonis, ejusque ecclesia, ebd., S. 92-97.
COENS, Maurice, Un document inédit sur le culte de S. Syméon moine d'orient et reclus à Trèves, in: AB 68, 1950, S. 181-196.

Trudo von Saint-Trond
Lüttich, Bibliothèque générale, Nr. 231, fol. 189v-190v.
BRASSINNE, Joseph, Une source du livre II du Miracula sancti Trudonis, in: Bulletin de la Société d'art et d'histoire du diocèse de Liège 26, 1935, S. 29-52 (Edition der Mirakel S. 39-52).
Ex miraculis s. Trudonis auctore Stepelino, hg. v. Oswald HOLDER-EGGER, MGH SS 15,2, Hannover 1888, S. 822-830 (Exc.).
Miraculorum s. Trudonis confessoris in Hasbania libri duo auctore Stepelino monacho Trudoniano, AA SS ord. s. Ben., saec. VI,2, 2. Aufl. Venedig 1733, S. 83-104.

Ulrich von Augsburg
Gerhard von Augsburg, Vita Sancti Uodalrici. Die älteste Lebensbeschreibung des heiligen Ulrich, lat.-dt. Mit der Kanonisationsurkunde von 993. Einleitung, kritische Edition und Übersetzung, besorgt v. Walter BERSCHIN und Angelika HÄSE (Editiones Heidelbergenses, Bd. XXIV), Heidelberg 1993 (Mirakel lib. II, S. 332-405).
Lebensbeschreibungen einiger Bischöfe des 10.-12. Jahrhunderts, übers. v. Hatto KALLFELZ (Ausgewählte Quellen zur deutschen Geschichte des Mittelalters, Freiherr vom Stein-Gedächtnisausgabe, Bd. XXII), Darmstadt 1973, S. 46-167.
Uodalscalcus, De Eginone et Herimanno, hg. v. Philipp JAFFÉ, MGH SS 12, Hannover 1856, S. 432-448 (Mirakel S. 434-436).
Translatio s. Udalrici, hg. v. Georg WAITZ, MGH SS 4, Hannover 1841, S. 427 f.

Verena von Zurzach
REINLE, Adolf, Die heilige Verena von Zurzach. Legende, Kult, Denkmäler (Ars docta, Bd. VI), Basel 1948 (Mirakel S. 49-61).

Virgil von Salzburg
Lambach, Bibliothek der Benediktinerabtei Stift Lambach, Hs. LIV, fol. 12r-14r.
Linz, Bundesstaatliche Studienbibliothek, Hs. 359, fol. 190v-192r.

Mainz, Stadtbibliothek, Hs. I 553, fol. 172v-178v.
München, Bayer. Staatsbibliothek, clm 7592, fol. 89v-95r.
Wien, Österreichische Nationalbibliothek, Cod. 339, S. 291-339.
Vitae et miracula sanctorum Iuvavensium Virgilii, Hartwici, Eberhardi: De sancto Virgilio, hg. v. Wilhelm WATTENBACH, MGH SS 11, Hannover 1854, S. 86-95 (Inventio und Mirakel S. 88-95).

Vitalis von Salzburg
Wien, Österreichische Nationalbibliothek, Cod. 339, S. 1-6.
Thesaurus monumentorum ecclesiasticorum et historicorum, sive Henrici Canisii Lectiones Antiquae, ... hg. v. J. BASNAGE, Bd. III,2, Amsterdam 1725, S. 358-361.
UNTERKIRCHER, Franz/DEMUS, Otto, Das Antiphonar von St. Peter. Vollständige Faksimile-Ausgabe im Originalformat des Codex Vindobonensis series nova 2700 der österreichischen Nationalbibliothek. Kommentarband (Codices selecti phototypice impressi, Facsimile vol. XXI, Commentarium vol. XII*), Graz 1974.

Walpurgis von Monheim
Ein bayerisches Mirakelbuch aus der Karolingerzeit. Die Monheimer Walpurgis-Wunder des Priesters Wolfhard, hg. v. Andreas BAUCH (Eichstätter Studien, NF, Bd. 12; Quellen zur Geschichte der Diözese Eichstätt, Bd. 2), Regensburg 1979.

Wiborada von St. Gallen
Vitae Sanctae Wiboradae. Die ältesten Lebensbeschreibungen der heiligen Wiborada. Einleitung, kritische Edition und Übersetzung, besorgt v. Walter BERSCHIN (Mitteilungen zur Vaterländischen Geschichte, Bd. 51), St. Gallen 1983 (Mirakel Ekkehards S. 84-107; Mirakel Herimanns S. 208-231).

Wigbert von Fritzlar
Wolfenbüttel, Herzog-August-Bibliothek, Cod. Guelf. 76.14 Aug. 2°, fol. 38r-40v.
Ex miraculis s. Wigberhti, hg. v. Georg WAITZ, MGH SS 4, Hannover 1841, S. 224-228 (Exc.).
ERDMANN, Carl, Die Burgenordnung Heinrichs I., in: DA 6, 1943, S. 59-101 (Mirakel S. 64-66) (Exc.).
– Beiträge zur Geschichte Heinrichs I.: IV. Burg und Kirche zu Quedlinburg, in: Sachsen und Anhalt 17, 1941-1943, S. 14-37 (Mirakel S. 15 f.) (Exc.).

2. Sonstige Quellen- und Regestenwerke

Abt Hermann von Michelsberg verordnet Gedenkfeste für Kaiser Heinrich II. und Bischof Otto von Bamberg, hg. v. Renate KLAUSER, Der Heinrichs- und Kunigundenkult im mittelalterlichen Bistum Bamberg, in: 95. Bericht des Historischen Vereins Bamberg, 1956, Bamberg 1957, S. 1-208, hier S. 181-183.
Die ältesten Lehnsbücher der Herrschaft Bolanden, hg. v. [Wilhelm] SAUER, Wiesbaden 1882.
Annales Fuldenses sive Annales regni Francorum orientalis, hg. v. Friedrich KURZE, MGH SS rerum Germanicarum in usum scholarum, Hannover 1891.

Annales Mellicenses, hg. v. Wilhelm WATTENBACH, MGH SS 9, Hannover 1851, S. 484-535.
Annales regni Francorum inde ab a. 741. usque ad a. 829. qui dicuntur Annales Laurissenses maiores et Einhardi, hg. v. Friedrich KURZE, MGH SS rerum Germanicarum in usum scholarum, Hannover 1895.
Annales Rudberti Salisburgenses, hg. v. Wilhelm WATTENBACH, MGH SS 9, Hannover 1851, S. 757-810.
Annalista Saxo, hg. v. Georg WAITZ, MGH SS 6, Hannover 1844, S. 553-777.
Augustin, Sermones 320-322, Migne PL 38, Turnhout o.J., Sp. 1442-1445.
– De civitate Dei siehe unter 1. *Stephanus*
Benedicti Regvla, hg. v. Rudolf HANSLIK (Corpus scriptorum ecclesiasticorum latinorum, Bd. LXXV), Wien 1977.
Capitularia regum Francorum, Bd. 1, hg. v. Alfred BORETIUS, MGH LL Sectio II., Hannover 1883.
Cartulaire de l'abbaye de Saint-Trond, hg. v. Ch. PIOT, Bd. I, Brüssel 1870.
Chronicon Magni presbiteri, hg. v. Wilhelm WATTENBACH, MGH SS 17, Hannover 1861, S. 476-534.
Chronicon Montis Sereni, hg. v. Ernst EHRENFEUCHTER, MGH SS 23, Hannover 1874, S. 138-226.
Der Codex Eberhardi des Klosters Fulda, hg. v. Heinrich MEYER ZU ERMGASSEN (Veröff. der Historischen Kommission für Hessen, Bd. 58), 2 Bde., Marburg 1995-1996.
Constitvtiones et acta pvblica imperatorvm et regvm, Bd. 1, hg. v. Ludwig WEILAND, MGH LL Sectio IV., Hannover 1893.
Continuatio Admuntensis, hg. v. Wilhelm WATTENBACH, MGH SS 9, Hannover 1851, S. 580-593.
Continuatio Cremifanensis, ebd., S. 544-549.
Ebernand von Erfurt, Heinrich und Kunegunde, hg. v. Reinhold BECHSTEIN (Bibliothek der gesammten deutschen National-Literatur von der ältesten bis auf die neuere Zeit, Bd. 39), Quedlinburg, Leipzig 1860.
ECKHARDT, Wilhelm A., Das Weistum von Wetter, in: Hessisches Jb. für Landesgeschichte 40, 1990, S. 11-24.
Die Eppsteinischen Lehensverzeichnisse und Zinsregister des XIII. Jahrhunderts, hg. v. Paul WAGNER (Veröff. der Historischen Kommission für Nassau, Bd. 8), Wiesbaden, München 1927.
Erzstiftisch Kölnische Einnahmen zu Rhens, gebucht vom Burggrafen zu Rheineck. 1277-1291, hg. v. Karl LAMPRECHT, Deutsches Wirtschaftsleben im Mittelalter. Untersuchungen über die Entwicklung der materiellen Kultur des platten Landes aufgrund der Quellen zunächst des Mosellandes, Bd. III. Quellensammlung, Leipzig 1885, S. 329-335.
FENSKE, Lutz/SCHWARZ, Ulrich, Das Lehnsverzeichnis Graf Heinrichs I. von Regenstein 1212/1227. Gräfliche Herrschaft, Lehen und Adel am Nordostharz (Veröff. des Max-Planck-Instituts für Geschichte, Bd. 94), Göttingen 1990.
Fürstenbergisches Urkundenbuch, V. Bd.: Quellen zur Geschichte der Fürstenbergischen Lande in Schwaben vom Jahre 700-1359, hg. v. Fürstlichen Archiv Donaueschingen, Tübingen 1885.

Germania Pontificia, hg. v. Albert BRACKMANN, Bd. III,3, Berlin 1935.
Gervasius von Canterbury, Chronica, hg. v. William STUBBS, The Historical Works of Gervase of Canterbury, vol. I (Rerum Britannicarum Medii Aevi Scriptores (Rolls Series), Bd. 73,1), London 1879.
Gesta abbatum Trudonensium, hg. v. Rudolf KÖPKE, MGH SS 10, Hannover 1852, S. 227-317.
Gesta Godefridi archiepiscopi, hg. v. Georg WAITZ, MGH SS 8, Hannover 1848, S. 200-204.
Gesta Treverorum, ebd., S. 130-200.
The Great Rolls of the Pipe for the Second, Third, and Fourth Years of the Reign of King Henry the Second, A.D. 1155, 1156, 1157, 1158, hg. v. Joseph HUNTER, London 1844.
Gregorii episcopi Turonensis decem libri historiarum, hg. v. Bruno KRUSCH, MGH SS rer. Merov. 1,1, 2. Aufl. Hannover 1951.
GUTTENBERG, Erich Frhr. v., Fränkische Urbare, in: Zs. für bayerische Landesgeschichte 7, 1934, S. 167-208.
Itinerarium fratrum Grandimontensium, Migne PL 204, Paris 1855, Sp. 1221-1234.
Liber tramitis aevi Odilonis abbatis, hg. v. Peter DINTER (Corpus consuetudinum monasticarum, Bd. X), Siegburg 1980.
LOŠEK, Fritz, Die *Conversio Bagoariorum et Carantanorum* und der Brief des Erzbischofs Theotmar von Salzburg (MGH. Studien und Texte, Bd. 15), Hannover 1997.
Mainzer Urkundenbuch, Bd. 1, bearb. v. Manfred STIMMING, Darmstadt 1932; Bd. 2,1, bearb. v. Peter ACHT, Darmstadt 1968.
MEERSSEMAN, G. G., Anecdota des 11. und 12. Jahrhunderts, in: Festschrift Bernhard Bischoff zu seinem 65. Geburtstag, hg. v. Johanne AUTHENRIETH und Franz BRUNHÖLZL, Stuttgart 1971, S. 282-294.
Mittelrheinische Regesten oder chronologische Zusammenstellung des Quellen-Materials für die Geschichte der Territorien der beiden Regierungsbezirke Coblenz und Trier in kurzen Auszügen, bearb. und hg. v. Adam GOERZ, Tl. 1, Koblenz 1876.
Monumenta Bambergensia, hg. v. Philipp JAFFÉ (Bibliotheca rerum Germanicarum, Bd. 5), ND Aalen 1964.
Notae dedicationum s. Eucharii Treverensis, hg. v. Oswald HOLDER-EGGER, MGH SS 15,2, Hannover 1888, S. 1278-1280.
Notitia de precariis civitatum et villarum, Constitvtiones et acta pvblica imperatorvm et regvm, Bd. 3, hg. v. Jakob SCHWALM, MGH LL Sectio IV., Hannover 1904-1906, S. 1-5.
Ottonis episcopi Frisingensis chronica sive de duabus civitatibus, hg. v. Adolf HOFMEISTER, MGH SS rerum Germanicarum in usum scholarum, Hannover 1912.
Papsturkunden 896-1046, bearb. v. Harald ZIMMERMANN, Bd. 2 (Österreichische Akademie der Wissenschaften, philosophisch-historische Klasse, Denkschriften, Bd. 177; Veröff. der Historischen Kommission, Bd. IV), Wien 1985.
Das Polyptychon von Saint-Germain-des-Prés. Studienausgabe, hg. v. Dieter HÄGERMANN, Köln, Weimar, Wien 1993.

Le polyptyque de l'abbaye de Saint-Bertin (844-859), hg. v. François-Louis GANSHOF, Paris 1975.

Pommersches Urkundenbuch, I. Bd. 786-1253, 2. Aufl., neu bearb. v. Klaus CONRAD, Tl. 1: Urkunden, Köln, Wien 1970.

Regesta Imperii, begr. v. J. F. BÖHMER, Bd. II. Sächsisches Haus: 919-1024, 2. Abt. Die Regesten des Kaiserreiches unter Otto II. 955 (973)-983, neu bearb. v. Hans Leo MIKOLETZKY, Graz 1950.

Regesta pontificum Romanorum ab condita ecclesia ad annum post Christum natum MCXCVIII, hg. v. Philipp JAFFÉ, 2. Aufl., bearb. v. S. LÖWENFELD, F. KALTENBRUNNER und P. EWALD, Bd. 1, Leipzig 1885, Bd. 2, Leipzig 1888.

Regesta pontificum Romanorum inde ab a. post Christum natum MCXCVIII a MCCCIV, hg. v. August POTTHAST, Bd. 1, Berlin 1874.

Die Regesten der Bischöfe und des Domkapitels von Augsburg, Bd. 1. Von den Anfängen bis 1152, bearb. v. Wilhelm VOLKERT (Veröff. der Schwäbischen Forschungsgemeinschaft bei der Kommission für Bayerische Landesgeschichte, R. IIb), Augsburg 1985.

Die Regesten der Bischöfe und des Domkapitels von Bamberg, bearb. v. Erich Frhr. v. GUTTENBERG (Veröff. der Gesellschaft für fränkische Geschichte, R. 6), Würzburg 1963.

Die Regesten der Erzbischöfe von Köln im Mittelalter, Bd. 1, bearb. v. Friedrich Wilhelm OEDIGER (Publikationen der Gesellschaft für rheinische Geschichtskunde, Bd. XXI,1), Bonn 1954-1961.

Rheinisches Urkundenbuch, Ältere Urkunden bis 1100, Lief. 1, bearb. v. Erich WISPLINGHOFF (Publikationen der Gesellschaft für rheinische Geschichtskunde, Bd. LVII), Bonn 1972.

Salzburger Urkundenbuch, Bd. 1: Traditionscodices, bearb. v. Willibald HAUTHALER, Salzburg 1910; Bd. 2: Urkunden von 790-1199, bearb. v. DEMS. und Franz MARTIN, Salzburg 1916.

Sancti Ambrosii opera, pars decima. Epistularum liber decimus. Epistulae extra collectionem. Gesta concilii Aquileiensis, rec. Michaela ZELZER (Corpus scriptorum ecclesiasticorum latinorum, Bd. LXXXII, Tl. X,3), Wien 1982.

Sancti Avgvstini confessionvm libri XIII, hg. v. Lvkas VERHEIJEN (Corpus Christianorum, series latina, Bd. XXVII), Turnhout 1981.

Schenkungsregister des Klosters Helmarshausen, in: Helfrich Bernhard WENCK, Hessische Landesgeschichte, Bd. 2 (UB), Frankfurt, Leipzig 1789, Nr. LI, S. 60-76; Neuausg. Traditionscodex und Einkünfteverzeichnis von Helmarshausen, hg. v. Hartmut HOFFMANN, Bücher und Urkunden aus Helmarshausen und Corvey (MGH. Studien und Texte, Bd. 4), Hannover 1992, S. 91-130.

Statuta Capitulorum Generalium Ordinis Cisterciensis ab anno 1116 ad annum 1786, hg. v. Joseph-Maria CANIVEZ, Bd. II,2 (Bibliothèque de la Revue d'histoire ecclésiastique, Fasc. 10), Löwen 1934; Bd. III (ebd., Fasc. 11), Löwen 1935.

STRUCK, Wolf-Heino, Aus den Anfängen der territorialen Finanzverwaltung. Ein Rechnungsfragment der Herren von Bolanden um 1258/62, in: Archivalische Zs. 70, 1984, S. 1-21 (Rechnung S. 12-17).

Das Tafelgüterverzeichnis des römischen Königs, hg. v. Carlrichard BRÜHL und Theo KÖLZER, Köln, Wien 1979.

Thurgauisches Urkundenbuch, Bd. 2, bearb. v. Johannes MEYER, fortgef. v. Friedrich SCHALTEGGER, Frauenfeld 1917.

Urbare der Abtei Werden a. d. Ruhr, A. Die Urbare vom 9.-13. Jahrhundert, hg. v. Rudolf KÖTZSCHKE (Publikationen der Gesellschaft für rheinische Geschichtskunde, Bd. XX: Rheinische Urbare, Bd. 2), Bonn 1906.

Die Urkunden Friedrichs I. 1158-1167, bearb. v. Heinrich APPELT, MGH Diplomata regvm et imperatorvm Germaniae 10,2, Hannover 1979.

Die Urkunden Heinrichs II. und Arduins, MGH Diplomata regvm et imperatorvm Germaniae 3, Hannover 1900-1903.

Die Urkunden Heinrichs III., hg. v. Harry BRESSLAU und Paul KEHR, MGH Diplomata regvm et imperatorvm Germaniae 5, Hannover 1931.

Urkunden und Quellen zur Geschichte von Stadt und Abtei Siegburg, bearb. v. Erich WISPLINGHOFF, Bd. 1, 2. Aufl. Siegburg 1985.

Urkundenbuch des Hochstifts Hildesheim und seiner Bischöfe, hg. v. K. JANICKE, Tl. 1 (Publicationen aus den K. Preußischen Staatsarchiven, Bd. 65), Leipzig 1896.

Urkundenbuch des Hochstifts Merseburg, Tl. 1, bearb. v. Paul KEHR (Geschichtsquellen der Provinz Sachsen und angrenzender Gebiete, Bd. 36,1), Halle 1899.

Urkundenbuch zur Geschichte der jetzt die Preussischen Regierungsbezirke Coblenz und Trier bildenden mittelrheinischen Territorien, Bd. 1, bearb. v. Heinrich BEYER, Koblenz 1860; Bd. 2, bearb. v. DEMS., Leopold ELTESTER und Adam GOERZ, Koblenz 1865; Bd. 3, bearb. v. Leopold ELTESTER und Adam GOERZ, Koblenz 1874.

Urkunden- und Quellenbuch zur Geschichte der altluxemburgischen Territorien bis zur burgundischen Zeit, hg. v. C. WAMPACH, Bd. 1, Luxemburg 1935.

Venantius Fortunatus, Vita sancti Hilarii, hg. v. Bruno KRUSCH, MGH Auctores antiquissimi 4,2, Hannover 1885, S. 7-11.

Vita di s. Ambrogio, hg. v. M. PELLEGRINO, Rom 1961.

Vita Willibrordi archiepiscopi Traiectensis auctore Alcvino, hg. v. Wilhelm LEVISON, MGH SS rer. Merov. 7, Hannover 1919, S. 113-141.

Vollständiger Auszug aus den vorzüglichsten Calendarien des ehemaligen Fürstenthums Bamberg, hg. v. Caspar A. SCHWEITZER, in: 7. Bericht des Historischen Vereins Bamberg, 1844, S. 67-319.

II. Literatur

AIGRAIN, René, L'hagiographie. Ses sources, ses méthodes, son histoire, Poitiers 1953.

AMMANN, Hektor, Die Deutschen in Saint-Gilles im 12. Jahrhundert, in: Festschrift Hermann Aubin zum 80. Geburtstag, Bd. 1, Wiesbaden 1965, S. 185-220.

AMON, Karl, Virgils Nachleben – Heiligsprechung und Kult, in: Virgil von Salzburg. Missionar und Gelehrter. Beiträge des Internationalen Symposiums vom 21.-24. September 1984 in der Salzburger Residenz, hg. v. Heinz DOPSCH und Roswitha JUFFINGER, Salzburg 1985, S. 384-399.

– Die heiligen Bischöfe und Erzbischöfe der Kirche von Salzburg, in: Sursum corda. Variationen zu einem liturgischen Motiv. Für Philipp Harnoncourt zum 60. Geburtstag, hg. v. Erich RENHART und Andreas SCHNIDER, Graz 1991, S. 205-216.

ANGENENDT, Arnold, Der Kult der Reliquien, in: Reliquien. Verehrung und Verklärung. Skizzen und Noten zur Thematik und Katalog der Ausstellung der Kölner Sammlung Louis Peters im Schnütgen-Museum, hg. v. Anton LEGNER, Köln 1989, S. 9-24.

– Das Frühmittelalter. Die abendländische Christenheit von 400 bis 900, Stuttgart, Berlin, Köln 1990.

– Zur Ehre der Altäre erhoben. Zugleich ein Beitrag zur Reliquienteilung, in: Römische Quartalschrift 89, 1994, S. 221-244.

ANTON, Hans Hubert, Art. Gregor v. Tours, in: LexMA, Bd. 4, München, Zürich 1989, Sp. 1679-1681.

ARIÈS, Philippe, Die Geschichte der Mentalitäten, in: Die Rückeroberung des historischen Denkens. Grundlagen der Neuen Geschichtswissenschaft, hg. v. Jacques LE GOFF, Roger CHARTIER und Jacques REVEL, Frankfurt/M. 1990, S. 137-165.

ASSION, Peter, Die mittelalterliche Mirakel-Literatur als Forschungsgegenstand, in: Archiv für Kulturgeschichte 50, 1968, S. 172-180.

AUPEST, Dominique, L'observation du repos dominical d'après Grégoire de Tours, in: Impacts. Revue de l'Université catholique de l'ouest, NS 4, 1967, S. 19-33.

BAAKEN, Katrin, Zur Wahl, Weihe und Krönung Papst Cölestins III., in: DA 41, 1985, S. 203-211.

BAUTIER, Anne-Marie, Typologie des ex-voto mentionnés dans des textes antérieur à 1200, in: La piété populaire au moyen âge. Actes du 99e congrès national des sociétés savantes, Besançon 1974. Section de philologie et d'histoire jusqu'à 1610, Bd. 1, Paris 1977, S. 237-282.

BECKER, Petrus, Die monastische Observanz in den Trierer Abteien St. Eucharius – St. Matthias und St. Maximin bis zum 15. Jahrh. Versuch eines Überblicks, in: Kurtrierisches Jb. 7, 1967, S. 23-31.

– Die Abtsreihe von St. Eucharius in Trier (Die ersten 160 Jahre), in: ebd., 11, 1971, S. 24-37.

– Fragmente aus dem geistigen und geistlichen Leben der Abtei Mettlach, in: Zs. für die Geschichte der Saargegend 21, 1973, S. 7-17.

– Die hirsauische Erneuerung des St. Euchariusklosters in Trier, in: Consuetudines monasticae. Eine Festgabe für Kassius Hallinger aus Anlaß seines 70. Geburtstages, hg. v. Joachim F. ANGERER und Josef LENZENWEGER (Studia Anselmiana, Bd. 85), Rom 1982, S. 185-206.

– Das Erzbistum Trier 8. Die Benediktinerabtei St. Eucharius – St. Matthias vor Trier (Germania Sacra, NF, Bd. 34), Berlin, New York 1996.

BERNARDS, Peter, Die rheinische Mirakelliteratur im 12. Jahrhundert, in: Annalen des Historischen Vereins für den Niederrhein 138, 1941, S. 1-78.

– Zur rheinischen Mirakelliteratur im 12. Jahrhundert. Ein Nachtrag, in: ebd., 140, 1943, S. 112-116.

BERSCHIN, Walter, Das Verfasserproblem der Vita S. Wiboradae, in: Zs. für schweizerische Kirchengeschichte 66, 1972, S. 250-277.
– Historia S. Kŏnradi (mit 13 Tafeln), in: Der heilige Konrad – Bischof von Konstanz. Studien aus Anlaß der tausendsten Wiederkehr seines Todesjahres, hg. v. Helmut MAURER, Wolfgang MÜLLER und Hugo OTT (Freiburger Diözesan-Archiv 95), Freiburg 1975, S. 107-128.
– Uodalscalc-Studien III: Historia S. Uodalrici, in: Tradition und Wertung. Festschrift Franz Brunhölzl zum 65. Geburtstag, hg. v. Günter BERNT, Fidel RÄDLE und Gabriel SILAGI, Sigmaringen 1989, S. 155-164.
– /BECHT, Gereon, Sprachliches in den Vitae S. Wiboradae von Ekkehart I. (ca. 960/970) und Herimannus (ca. 1075) von St. Gallen, in: Archivum Latinitatis Medii Aevi 43, 1984, S. 5-26.
BÉTÉROUS, Paule, Quelques aspects de la piété populaire au XIIIe siècle, à travers les miracles mariaux, in: La piété populaire au moyen âge. Actes du 99e congrès national des sociétés savantes, Besançon 1974. Section de philologie et d'histoire jusqu'à 1610, Bd. 1, Paris 1977, S. 283-291.
BEUMANN, Helmut, Methodenfragen der mittelalterlichen Geschichtsschreibung (1961), in: DERS., Wissenschaft vom Mittelalter. Ausgewählte Aufsätze, Köln, Wien 1972, S. 1-8.
– Gregor von Tours und der Sermo rusticus (1964), ebd., S. 41-70.
– Die Ottonen (Urban-Taschenbücher, Bd. 384), 3. Aufl. Stuttgart, Berlin, Köln 1994.
Bibliotheca hagiographica latina antiquae et mediae aetatis, ediderunt Socii Bollandiani, Bd. 1, Brüssel 1898/99; Bd. 2, Brüssel 1900/01; Supplementum (Subsidia hagiographica, Bd. 12), 2. Aufl. Brüssel 1911.
BINDING, Günther, Die Benediktiner-Klosterkirche Helmarshausen. Grabungsbericht 1964, in: Deutsche Kunst- und Bodendenkmalspflege 23, 1965, S. 108-117.
BISCHOFF, Bernhard, Art. Wandalbert von Prüm, in: VerfLex, Bd. 4, 1. Aufl. Berlin 1953, Sp. 830-835.
BLOCH, Hermann, Die Urkunden Kaiser Heinrichs II. für Kloster Michelsberg zu Bamberg, in: NA 19, 1894, S. 603-663.
BONDOIS, Marguerite, La translation des saints Marcellin et Pierre. Etude sur Einhard et sa vie politique de 827 à 834 (Bibliothèque de l'Ecole des hautes études, Fasc. 160), Paris 1907.
BONNASSIE, Pierre, Le Sud-Ouest de la France, in: Hagiographies, hg. v. Guy PHILIPPART (Corpus Christianorum), Bd. 1, Turnhout 1994, S. 289-311.
BORST, Arno, Mönche am Bodensee 610-1525, Sigmaringen 1978.
BOTTINEAU, Yves, Les chemins de Saint-Jacques, 2. Aufl. Paris 1964; dt.: Der Weg der Jakobspilger. Geschichte, Kunst und Kultur der Wallfahrt nach Santiago de Compostela. Mit einer Einleitung und einem Kapitel zur Jakobsverehrung in Deutschland von Klaus HERBERS, Bergisch Gladbach 1987.
BRACKMANN, Albert, Zur Kanonisierung des Erzbischofs Anno von Köln, in: NA 32, 1907, S. 151-165.
BRAUN, Johann Wilhelm, Irimbert von Admont, in: FMSt 7, 1973, S. 266-323.

BRAUN, Rainer, Das Benediktinerkloster Michelsberg 1015-1525. Eine Untersuchung zur Gründung, Rechtsstellung und Wirtschaftsgeschichte, 2 Bde. (Die Plassenburg, Bd. 39,I-II), Kulmbach 1977-1978.

BREMOND, Claude/LE GOFF, Jacques/SCHMITT, Jean-Claude, L''exemplum' (Typologie des sources du moyen âge occidental, Fasc. 40), Turnhout 1982.

BRESSLAU, Harry, Geschichte der Monumenta Germaniae historica (NA 42), Hannover 1921.

BROSCH, H., Der Heiligsprechungsprozeß per viam cultus, Rom 1938.

BROWN, Peter, The Cult of the Saints. Its Rise and Function in Latin Christianity, Chicago 1981.

BRUNHÖLZL, Franz, Geschichte der lateinischen Literatur des Mittelalters, Bd. 1, München 1975.

BÜHLER, Nonnosus, Die Schriftsteller und Schreiber des Benediktinerstiftes St. Ulrich und Afra in Augsburg während des Mittelalters, Borna, Leipzig 1916.

BURKE, Peter, Offene Geschichte. Die Schule der 'Annales', Berlin 1991.

BUSSE-WILSON, Elisabeth, Die Wunder am Grabe der hl. Elisabeth von Marburg, in: Beitrr. zur hessischen Kirchengeschichte 11, 1939, S. 184-209.

BUTSCH, Maria, Historische und psychologische Aspekte mittelalterlicher Mirakelberichte, in: Zs. für Parapsychologie und Grenzgebiete der Psychologie 27, 1985, S. 209-233.

– siehe auch WITTMER-BUTSCH

Catalogus codicum Bernensium (Bibliotheca Bongarsiana), hg. v. Hermann HAGEN, Bern 1875.

Catalogus codicum hagiographicorum latinorum seminarii et ecclesiae cathedralis Treverensis, in: AB 49, 1931, S. 241-275.

Catalogus codicum latinorum Bibliothecae Regiae Monacensis, Bd. II,3, hg. v. Karl HALM, Friedrich KEINZ, Wilhelm MEYER und Georg THOMAS, München 1878.

Catalogus codicum latinorum Bibliothecae Regiae Monacensis, Bd. III,3, hg. v. Karl HALM, Georg THOMAS und Wilhelm MEYER, München 1873; Bd. IV,3, hg. v. DENS., München 1878.

Catalogus codicum manu scriptorum qui in Bibliotheca monasterii Einsidlensis O.S.B. servantur, beschr. v. P. Gabriel MEIER, Bd. 1, Leipzig 1899.

Catalogus librorum manuscriptorum qui in bibliotheca senatoria civitatis Lipsiensis asservantur, hg. v. Emil W. R. NAUMANN, Grimae 1838.

CHARTIER, Roger, Volkskultur und Gelehrtenkultur. Überprüfung einer Zweiteilung und einer Periodisierung, in: Epochenschwellen und Epochenstrukturen im Diskurs der Literatur- und Sprachhistorie, hg. v. Hans Ulrich GUMBRECHT und Ursula LINK-HEER, Frankfurt/M. 1985, S. 376-388.

Codices manuscripti theologici Bibliothecae Palatinae Vindobonensis latini aliarumque occidentis linguarum, Bd. I,1, bearb. v. Michael DENIS, Wien 1794.

COENS, Maurice, Catalogus codicum hagiographicorum latinorum bibliothecae civitatis Treverensis, in: AB 52, 1934, S. 157-285.

COLLINS, Richard, Beobachtungen zu Form, Sprache und Publikum der Prosabiographien des Venantius Fortunatus in der Hagiographie des römischen Gallien, in: Zs. für Kirchengeschichte 92, 1981, S. 16-38.
CORDES, A., Art. Publizität, in: LexMA, Bd. 7, München, Zürich 1995, Sp. 318 f.
CORSTEN, Karl, Eine Reise französischer Mönche nach Köln, Bonn und Siegburg im Jahre 1181, in: Annalen des Historischen Vereins für den Niederrhein 116, 1930, S. 29-60, Nachtrag ebd., 117, 1930, S. 178.
– Rheinische Pilger in Rocamadour, in: ebd., 125, 1934, S. 1-11.
COUÉ, Stephanie, Hagiographie im Kontext. Schreibanlaß und Funktion von Bischofsviten aus dem 11. und vom Anfang des 12. Jahrhunderts (Arbeiten zur Frühmittelalterforschung, Bd. 24), Berlin, New York 1997.
COX, H. L., Die Kontextfunktion der Miracula in den Gesta abbatum Trudonensium (628-1558), der Vita und dem Liber miraculorum sancti Trudonis, in: Rheinische Vierteljahrsblätter 60, 1996, S. 1-15.
DAM, Raymond van, Saints and their Miracles in Late Antique Gaul, Princeton 1993.
D'ANGOMANT, Th., Sur les miracles de Saint Privat, vénéré à Mende, in: Revue du Moyen Age latin 23, 1976, S. 13-26.
DASSMANN, Ernst, Ambrosius und die Märtyrer, in: Jb. für Antike und Christentum 18, 1975, S. 49-68.
– Art. Ambrosius, in: Theologische Realenzyklopädie, Bd. 2, Berlin, New York 1978, S. 362-386.
DAXELMÜLLER, Christoph, Narratio, Illustratio, Argumentatio. Exemplum und Bildungstechnik in der frühen Neuzeit, in: Exempel und Exempelsammlungen, hg. v. Walter HAUG und Burghart WACHINGER (Fortuna vitrea, Bd. 2), Tübingen 1991, S. 77-94.
DELEHAYE, Hippolyte, Les premiers 'libelli miraculorum', in: AB 29, 1910, S. 427-434.
– L'œuvre des Bollandistes à travers trois siècles, 1615-1915 (Subsidia hagiographica, Bd. 13a), 2. Aufl. Brüssel 1959.
– Les recueils antiques de Miracles des Saints. II. Les recueils latins, in: AB 43, 1925, S. 73-85, 305-325.
– La méthode historique et l'hagiographie, in: Bulletin de la classe des lettres et des sciences morales et politiques, 5e série, 6, Brüssel 1930, S. 218-231.
– Cinq leçons sur la méthode hagiographique (Subsidia hagiographica, Bd. 21), Brüssel 1934.
– Les légendes hagiographiques, 4. Aufl., erweitert durch eine Notiz über den Autor von Paul PEETERS (Subsidia hagiographica, Bd. 18a), Brüssel 1955.
– Notices sur la vie et les travaux du Père Charles De Smedt, né à Gand le 6 avril 1833, décédé à Bruxelles le 4 mars 1911 (1924), in: DERS., Mélanges d'hagiographie grecque et latine (Subsidia hagiographica, Bd. 42), Brüssel 1966, S. 281-298.
– Les Passions des martyrs et les genres littéraires (Subsidia hagiographica, Bd. 13b), 2. Aufl. Brüssel 1966.

DEMANDT, Alexander, Die Spätantike. Römische Geschichte von Diocletian bis Justinian 284-565 n. Chr. (Handbuch der Altertumswissenschaft, Abt. 3, Tl. 6), München 1989.

DEMM, Eberhard, Reformmönchtum und Slawenmission im 12. Jahrhundert. Wertsoziologisch-geistesgeschichtliche Untersuchungen zu den Viten Bischof Ottos von Bamberg (Historische Studien, H. 149), Lübeck, Hamburg 1970.

– Zur Rolle des Wunders in der Heiligkeitskonzeption des Mittelalters, in: Archiv für Kulturgeschichte 57, 1975, S. 300-344.

Deutsche Mirakelbücher. Zur Quellenkunde und Sinngebung, hg. v. Georg SCHREIBER (Forschungen zur Volkskunde, H. 31/32), Düsseldorf 1938.

DEVOS, Paul, Le manteau partagé. Un thème hagiographique en trois de ses variantes, in: AB 93, 1975, S. 157-165.

– Cent ans d'Analecta et soixante ans de Bollandisme. Allocution de Bienvenue, in: AB 102, 1984, S. III-XII.

– Voyage marin sur un manteau: S. Peregrinus eremita, in: AB 104, 1986, S. 443 f.

DINZELBACHER, Peter, Vision und Visionsliteratur im Mittelalter (Monographien zur Geschichte des Mittelalters, Bd. 23), Stuttgart 1981.

DOLBEAU, François, Noms de livres, in: Vocabulaire du livre et de l'écriture au moyen âge. Actes de la table ronde Paris 24-26 septembre 1987, hg. v. Olga WEIJERS (Etudes sur le vocabulaire intellectuel du moyen âge, Bd. II), Turnhout 1989, S. 79-99.

– /HEINZELMANN, Martin/POULIN, Joseph-Claude, Les sources hagiographiques narratives composées en Gaule avant l'an mil (SHG). Inventaire, examen critique, datation, in: Francia 15, 1987, S. 701-731.

DOPSCH, Heinz, Die Zeit der Karolinger und Ottonen, in: Geschichte Salzburgs. Stadt und Land, hg. v. DEMS. und Hans SPATZENEGGER, Bd. I,1, Salzburg 1981, S. 157-228 (Anm. Bd. I,3, 1984, S. 1217-1249).

– Salzburg im Hochmittelalter 1. Die äußere Entwicklung, in: Geschichte Salzburgs. Stadt und Land, hg. v. DEMS. und Hans SPATZENEGGER, Bd. I,1, Salzburg 1981, S. 229-336 (Anm. Bd. I,3, 1984, S. 1251-1291).

– Die soziale Entwicklung, in: Geschichte Salzburgs. Stadt und Land, hg. v. DEMS. und Hans SPATZENEGGER, Bd. I,1, Salzburg 1981, S. 361-418 (Anm. Bd. I,3, 1984, S. 1303-1328).

– Virgil von Salzburg († 784). Aus dem Leben und Wirken des Patrons der Rattenberger Pfarrkirche, in: Festschrift zur Wiedereröffnung der Stadtpfarrkirche zum hl. Virgil in Rattenberg, hg. v. Pfarramt Rattenberg/Tirol, Rattenberg o.J. (1984), S. 1-59.

DOREN, R. van, Art. Celse, in: Dictionnaire d'histoire et de géographie ecclésiastiques, Bd. 12, Paris 1953, Sp. 126 f.

DRÜPPEL, H., Art. Eid A.IV. Germanisches und deutsches Recht, in: LexMA, Bd. 3, München, Zürich 1986, Sp. 1677-1680.

DUBOIS, Jacques/LEMAÎTRE, Jean-Loup, Sources et méthodes de l'hagiographie médiévale, Paris 1993.

DUBY, Georges, Histoire des mentalités, in: L'histoire et ses méthodes, hg. v. Charles SAMARAN, Paris 1961, S. 937-966.

DU CANGE, Carolus du Fresne, Glossarium mediae et infimae latinitatis, Bde. II-IV, Paris 1842-1845.

DÜMGÉ, Carl Georg, Ankündigung und Plan-Entwurf einer Sammlung der Quellen deutscher Geschichten des Mittelalters, in: Archiv der Gesellschaft für ältere deutsche Geschichtskunde 1, 1820, S. 9-52.

DUFT, Johannes, Wunder an ertrunkenen Kindern, in: Der Bodensee in Sanktgaller Handschriften. Texte und Miniaturen aus der Stiftsbibliothek Sankt Gallen, hg. v. DEMS. (Bibliotheca Sangallensis, Bd. 3), Zürich, Lindau, Konstanz 1959, S. 36-40.

EBERL, Immo, Art. Einhard, in: VerfLex, Bd. 2, 2. Aufl. Berlin, New York 1980, Sp. 420-425.

Egbert, Erzbischof von Trier 977-993. Gedenkschrift der Diözese Trier zum 1000. Todestag, hg. v. Franz J. RONIG (Trierer Zs., Beih. 18), Trier 1993.

EICKERMANN, Norbert, Zwei Soester Fragmente aus Reginhards verlorener Vita Annonis, in: Soester Zs. 88, 1976, S. 5-27.

EISENLOHR, Erika, Paläographische Untersuchungen zum Tafelgüterverzeichnis des römischen Königs (Hs. Bonn UB S. 1559), in: Zs. des Aachener Geschichtsvereins 92, 1985, S. 5-74.

ENNEN, Edith, Stadt und Wallfahrt in Frankreich, Belgien, den Niederlanden und Deutschland (1972), in: DIES., Gesammelte Abhandlungen zum europäischen Städtewesen und zur rheinischen Geschichte, hg. v. Georg DROEGE u. a., Bonn 1977, S. 239-258.

ENZINGER, Hubert, Medizinhistorische Anmerkungen, in: Ein bayerisches Mirakelbuch aus der Karolingerzeit. Die Monheimer Walpurgis-Wunder des Priesters Wolfhard, hg. v. Andreas BAUCH (Eichstätter Studien, NF, Bd. 12; Quellen zur Geschichte der Diözese Eichstätt, Bd. 2), Regensburg 1979, S. 91-107.

ERBE, Michael, Zur neueren französischen Sozialgeschichtsschreibung (Erträge der Forschung, Bd. 110), Darmstadt 1979.

ERDMANN, Carl, Studien zur Briefliteratur Deutschlands im elften Jahrhundert (Schriften des Reichsinstituts für ältere deutsche Geschichtskunde (MGH), Bd. I), Leipzig 1938.

ERLER, A., Art. Glocke, in: HRG, Bd. 1, Berlin 1971, Sp. 1706-1708.

ESCH, Arnold, Zeitalter und Menschenalter. Die Perspektiven historischer Periodisierung, in: HZ 239, 1984, S. 309-351.

ESSELBORN, Karl, Einhards Leben und Werke. Einführung in die Verdeutschung seiner Schrift: Übertragung und Wunder der Heiligen Marzellinus und Petrus, in: Archiv für hessische Geschichte und Altertumskunde, NF 15, 1928, S. 24-86.

EWIG, Eugen, Die ältesten Mainzer Bischofsgräber, die Bischofsliste und die Theonestlegende, in: Universitas. Dienst an Wahrheit und Leben. Festschrift für Bischof Dr. Albert Stohr, hg. v. Ludwig LENHART, Bd. 2, Mainz 1960, S. 19-27.

FAHLBUSCH, Friedrich Bernward, Art. Helmarshausen, in: LexMA, Bd. 4, München, Zürich 1989, Sp. 2123 f.
FEHLMANN, Hans-Rudolf, Das Mirakelbuch Anno II. Erzbischof von Köln (ca. 1010-1075) als Quelle heilkundlicher Kasuistik, Marburg 1963.
– Heilkundliche Kasuistik im Siegburger Mirakelbuch, in: Siegburger Mirakelbuch. Einleitung und Register, hg. v. Mauritius MITTLER (Siegburger Studien, Bd. V), Siegburg 1968, S. 45*-59*.
[FIESS, M.G./GRANDJEAN, M.], Bibliothèque de l'Université de Liège. Catalogue des manuscrits, Lüttich 1875.
FINK, Carole, Marc Bloch: A Life in History, Cambridge 1989.
FINUCANE, Ronald C., Faith Healing in Medieval England: Miracles at Saints' Shrines, in: Psychiatry 36, 1973, S. 341-346.
– The Use and Abuse of Medieval Miracles, in: History 60, 1975, S. 1-10.
– Miracles and Pilgrims. Popular Beliefs in Medieval England, London, Melbourne, Toronto 1977.
– Cantilupe as Thaumaturge. Pilgrims and their 'Miracles', in: St. Thomas Cantilupe, Bishop of Hereford. Essays in his Honour, hg. v. M. JANCEY, Hereford 1982, S. 137-144.
– Pilgrimage in Daily Life. Aspects of Medieval Communication Reflected in the Newly-Established Cult of Thomas Cantilupe (d. 1282), its Dissemination and Effects upon Outlying Herefordshire Villagers, in: Wallfahrt und Alltag in Mittelalter und Früher Neuzeit. Internationales Round-Table-Gespräch Krems an der Donau 8. Oktober 1990, red. v. Gerhard JARITZ und Barbara SCHUH (Österreichische Akademie der Wissenschaften, philosophisch-historische Klasse, Sitzungsberichte, Bd. 592; Veröff. des Instituts für Realienkunde des Mittelalters und der Frühen Neuzeit, Nr. 14), Wien 1992, S. 165-217.
FISCHER, Hans, Katalog der Handschriften der Königlichen Bibliothek zu Bamberg, Bd. 3, Bamberg 1912.
FLECKENSTEIN, Josef, Art. Einhard, in: LexMA, Bd. 3, München, Zürich 1986, Sp. 1737-1739.
FLESCH, Stefan, Die monastische Schriftkultur der Saargegend im Mittelalter (Veröff. der Kommission für Saarländische Landesgeschichte und Volksforschung, Bd. 20), Saarbrücken 1991.
FONTAINE, de la [o. Vorname], Conflits survenus durant les onzième et douzième siècles entre les comtes luxembourgeois et les archevêques de Trèves. Examen de leurs causes, in: Publications de la Société pour la recherche et la conservation des monuments historiques dans le Grand-Duché de Luxembourg 17, 1861, S. 220-231.
FOREVILLE, Raymonde, La diffusion du culte de Thomas Becket dans l'ouest de la France avant la fin du XIIe siècle, in: Cahiers de civilisation médiévale 19, 1976, S. 347-369.
– Les 'Miracula S. Thomae Cantuariensis', in: Assistance et assistés. Actes du 97e congrès national des sociétés savantes, Nantes 1972. Section de philologie et d'histoire jusqu' à 1610, Paris 1979, S. 443-467.

FOURACRE, Paul, Merovingian History and Merovingian Hagiography, in: Past and Present 127, 1990, S. 3-38.

FREISE, Eckhard, Roger von Helmarshausen in seiner monastischen Umwelt, in: FMSt 15, 1982, S. 180-294.

– Kalendarische und annalistische Grundformen der Memoria, in: Memoria. Der geschichtliche Zeugniswert des liturgischen Gedenkens im Mittelalter, hg. v. Karl SCHMID und Joachim WOLLASCH (Münstersche Mittelalter-Schriften, Bd. 48), München 1984, S. 441-577.

FRÖJMARK, Anders, Mirakler och helgonkult. Linköpings biskopsdome under senmedeltiden (Acta Universitatis Upsaliensis. Studia Historica Upsaliensis, Bd. 171), Uppsala 1992.

– The Miracles of St Bridget and her Daughter St Katherine, in: Spiritualität heute und gestern, Bd. 19: Studies in St Birgitta and the Brigittine Order, Bd. 1, hg. v. J. HOOG (Analecta Cartusiana, Bd. 35), Salzburg 1993, S. 65-84.

FROS, Henryk, *A mortuis suscitati, ut testimonium perhibeant veritati,* in: AB 99, 1981, S. 355-360.

– Bibliotheca hagiographica latina. Novum Supplementum (Subsidia hagiographica, Bd. 70), Brüssel 1986.

– Liste des translations et inventions de l'époque carolingienne, in: AB 104, 1986, S. 427-429.

FUHRMANN, Horst, 'Sind eben alles Menschen gewesen'. Gelehrtenleben im 19. und 20. Jahrhundert. Dargestellt am Beispiel der Monumenta Germaniae Historica und ihrer Mitarbeiter, München 1996.

GAIFFIER, Baudouin de, Les revendications de biens dans quelques documents hagiographiques du XIe siècle, in: AB 50, 1932, S. 123-138.

– L'hagiographe et son public au XIe siècle, in: Miscellanea historica in honorem Leonis van der Essen, Bd. 1, Brüssel, Paris 1947, S. 135-166.

– La lecture des Actes des martyrs dans la prière liturgique en occident. A propos du Passionnaire hispanique, in: AB 72, 1954, S. 134-166.

– Etudes critiques d'hagiographie et d'iconologie (Subsidia hagiographica, Bd. 43), Brüssel 1967.

– La lecture des Passions des martyrs à Rome avant le IXe siècle, in: AB 87, 1969, S. 63-78.

– Hagiographie et historiographie. Quelques aspects du problème, in: La storiografia altomedievale, 10-16 aprile 1969, Bd. 1 (Settimane di studio del centro italiano di studi sull'alto medioevo, Bd. XVII), Spoleto 1970, S. 139-166.

– Le Père Maurice Coens (1893-1972), in: AB 90, 1972, S. III-XVI, Bibliographie, S. XVII-XXIII.

– Les Bollandistes et les légendes hagiographiques (1975), in: DERS., Recueil d'hagiographie (Subsidia hagiographica, Bd. 61), Brüssel 1977, S. 261-271.

GARDONI, Anne-Marie, Les miracles de saint Gérard, in: Etudes touloises 27, 1982, S. 13-23.

Genealogisches Handbuch zur bairisch-österreichischen Geschichte, hg. v. Otto DUNGERN, Graz 1931.

GENICOT, Léopold, Introduction (Typologie des sources du moyen âge occidental, Fasc. 1), Turnhout 1972.

GERLICH, Alois, Geschichtliche Landeskunde des Mittelalters. Genese und Probleme, Darmstadt 1986.

GIERLICH, Ernst, Die Grabstätten der rheinischen Bischöfe vor 1200 (Quellen und Abhandlungen zur mittelrheinischen Kirchengeschichte, Bd. 65), Mainz 1990.

GIESEBRECHT, Wilhelm v., Geschichte der deutschen Kaiserzeit, 6 Bde., Bd. 6, hg. u. fortges. v. B. v. SIMSON, Braunschweig, Leipzig 1855-1895.

GINZEL, F. K., Handbuch der mathematischen und technischen Chronologie. Das Zeitrechnungssystem der Völker, Bd. III, Leipzig 1914.

GLADEL, Nikolaus, Die trierischen Erzbischöfe im Investiturstreit, Kaldenkirchen 1932.

GOETZ, Hans-Werner, Leben im Mittelalter. Vom 7. bis zum 13. Jahrhundert, München 1986.

– Zum Geschichtsbewußtsein in der alamannisch-schweizerischen Klosterchronistik des hohen Mittelalters (11.-13. Jahrhundert), in: DA 44, 1988, S. 455-488.

– Von der *res gesta* zur *narratio rerum gestarum.* Anmerkungen zu Methoden und Hilfswissenschaften des mittelalterlichen Geschichtsschreibers, in: Revue belge de philologie et d'histoire 67, 1989, S. 695-713.

– Die Gegenwart der Vergangenheit im früh- und hochmittelalterlichen Geschichtsbewußtsein, in: HZ 255, 1992, S. 61-97.

– Zeit/Geschichte, in: Europäische Mentalitätsgeschichte. Hauptthemen in Einzeldarstellungen, hg. v. Peter DINZELBACHER, Stuttgart 1993, S. 640-649.

– Historiographisches Zeitbewußtsein im frühen Mittelalter. Zum Umgang mit der Zeit in der karolingischen Geschichtsschreibung, in: Historiographie im frühen Mittelalter, hg. v. Anton SCHARER und Georg SCHEIBELREITER (Veröff. des Instituts für Österreichische Geschichtsforschung, Bd. 32), Wien, München 1994, S. 158-178.

– Die Zeit als Ordnungsfaktor in der hochmittelalterlichen Geschichtsschreibung, in: Rhythmus und Saisonalität. Kongreßakten des 5. Symposions des Mediävistenverbandes in Göttingen 1993, hg. v. Peter DILG, Gundolf KEIL und Dietz-Rüdiger MOSER, Sigmaringen 1995, S. 63-74.

– Heiligenkult und Geschlecht. Geschlechtsspezifisches Wunderwirken in frühmittelalterlichen Mirakelberichten?, in: Das Mittelalter 1, 1996, 2, S. 89-111.

GONTHIER, Dominique/LE BAS, Claire, Analyse socio-économique de quelques recueils de miracles dans la Normandie du XIe au XIIIe siècles, in: Annales de Normandie 24, 1974, S. 3-36.

GOODICH, Michael E., Violence and Miracle in the Fourteenth Century. Private Grief and Public Salvation, Chicago 1995.

– Filiation and Form in the Late Medieval Miracle Story, in: Hagiographica 3, 1996, S. 305-322.

GORDON, Eleanora C., Accidents among Medieval Children as Seen from the Miracles of Six English Saints and Martyrs, in: Medical History 35, 1991, S. 145-163.

GRAUS, František, Volk, Herrscher und Heiliger im Reich der Merowinger. Studien zur Hagiographie der Merowingerzeit, Prag 1965.

GROS, Gérard, Le thème de l'enfant sauvé dans les miracles de Notre Dame de Chartres de Jean le Marchant (XIIIe siècle), in: Bulletin des Sociétés archéologiques d'Eure-et-Loire 85, 1981, S. 145-160.

GROTEFEND, Hermann, Zeitrechnung des deutschen Mittelalters und der Neuzeit, Bd. 1, Hannover 1891.

GRUNDMANN, Herbert, Monumenta Germaniae Historica 1819-1969, München 1969.

GUENÉE, Bernard, Histoires, annales, chroniques. Essai sur les genres historiques du moyen âge, in: Annales E.S.C. 28, 1973, S. 997-1016.

– Temps de l'histoire et temps de la mémoire au moyen âge, in: Bulletin de la Société de l'histoire de France, 1976/77, S. 25-35.

– Histoire et culture historique dans l'occident médiéval, Paris 1980.

– 'Authentique et approuvé'. Recherches sur les principes de la critique historique au moyen âge, in: DERS., Politique et histoire au moyen âge. Recueil d'articles sur l'histoire politique et l'historiographie médiévale (1956-1981) (Publications de la Sorbonne, série réimpressions, n° 2), Paris 1981, S. 265-276.

GUTTENBERG, Erich Frhr. v., Das Bistum Bamberg, 1. Tl.: Das Hochstift Bamberg (Germania Sacra, 2. Abt., 1. Bd.), Berlin, Leipzig 1937.

HAARLÄNDER, Stephanie, Die Reliquien der Bischöfe. Kirchliche Amtsträger und Kultpraxis in hagiographischen Quellen des Hochmittelalters, in: Hagiographica 1, 1994, S. 117-158.

– Vitae episcoporum. Eine Quellengattung zwischen Hagiographie und Historiographie, untersucht an Lebensbeschreibungen von Bischöfen des Regnum Teutonicum im Zeitalter der Ottonen und Salier, Diss. (masch.) München 1994.

HAAS, Stefan, Historische Kulturforschung in Deutschland 1880-1930. Geschichtswissenschaft zwischen Synthese und Pluralität (Münstersche Historische Forschungen, Bd. 5), Köln, Weimar, Wien 1994.

HAASS, Robert, Geschichte der Abtei St. Michael zu Siegburg im Mittelalter, in: Heimatbuch der Stadt Siegburg, hg. v. der Stadt Siegburg durch Hermann Josef ROGGENDORF, Bd. 2, Siegburg 1967, S. 3-24.

HABERMAS, Rebekka, Die Sorge um das Kind: Die Sorge der Frauen und Männer. Mirakelerzählungen im 16. Jahrhundert, in: Ordnung und Lust. Bilder von Liebe, Ehe und Sexualität in Spätmittelalter und Früher Neuzeit, hg. v. Hans-Jürgen BACHORSKI (Literatur – Imagination – Realität. Anglistische, germanistische, romanistische Studien, Bd. 1), Trier 1991, S. 165-183.

– Wallfahrt und Aufruhr. Zur Geschichte des Wunderglaubens in der frühen Neuzeit (Historische Studien, Bd. 5), Frankfurt/M., New York 1991.

– Weibliche Erfahrungswelten. Frauen in der Welt des Wunders, in: Auf der Suche nach der Frau im Mittelalter. Fragen, Quellen, Antworten, hg. v. Bea LUNDT, München 1991, S. 65-80.

Hagiographies, hg. v. Guy PHILIPPART, Bd. 1 (Corpus Christianorum), Turnhout 1994.

Hagiography Society Newsletter, vol. V, no. 1, Nov. 1994.
HALBEKANN, Joachim J., Die älteren Grafen von Sayn. Personen-, Verfassungs- und Besitzgeschichte eines rheinischen Grafengeschlechts 1139-1246/47 (Veröff. der Historischen Kommission für Nassau, Bd. 61), Wiesbaden 1997.
HALKIN, François, Bibliotheca hagiographica graeca, 3 Bde. (Subsidia hagiographica, Bd. 8a), 3. Aufl. Brüssel 1957.
Die Handschriften der öffentl. Studienbibliothek in Linz, beschr. v. Konrad SCHIFFMANN, Linz 1935.
Handschriften des historischen Archivs (Beschreibendes Verzeichnis der Handschriften der Stadtbibliothek zu Trier, H. 8), Trier 1914.
Handschriften uit de abdij van Sint-Truiden, Löwen 1986.
HARDON, John A., The Concept of Miracle from St. Augustine to Modern Apologetics, in: Theological Studies 15, 1954, S. 229-257.
HARMENING, Dieter, Fränkische Mirakelbücher, in: Würzburger Diözesan-Geschichtsblätter 28, 1966, S. 25-240.
HARNACK, Adolf, Das ursprüngliche Motiv der Abfassung von Märtyrer- und Heilungsakten in der Kirche, in: Sitzungsberichte der Königlich Preußischen Akademie der Wissenschaften, Jg. 1910, 1. Halbbd., S. 106-125.
HATTENHAUER, Hans, Das Recht der Heiligen (Schriften zur Rechtsgeschichte, H. 12), Berlin 1976.
HAUSBERGER, Karl, Das kritische hagiographische Werk der Bollandisten, in: Historische Kritik in der Theologie. Beiträge zu ihrer Geschichte, hg. v. Georg SCHWAIGER (Studien zur Theologie und Geistesgeschichte des Neunzehnten Jahrhunderts, Bd. 32), Göttingen 1980, S. 210-243.
– Art. Hagiographie II. Römisch-katholische Kirche, in: Theologische Realenzyklopädie, Bd. 14, Berlin, New York 1985, S. 365-371.
HAVERKAMP, Alfred, '... an die große Glocke hängen'. Über Öffentlichkeit im Mittelalter, in: Jb. des Historischen Kollegs, Bd. 1995, 1996, S. 71-112.
HEAD, Thomas, Hagiography and the Cult of Saints. The Diocese of Orléans, 800-1200 (Cambridge Studies in Medieval Life and Thought, 4th Series, Bd. 14), Cambridge 1990.
HEENE, Katrien, Merovingian and Carolingian Hagiography. Continuity or Change in Public and Aims, in: AB 107, 1989, S. 415-428.
– *Audire, legere, vulgo*: An Attempt to Define Public Use and Comprehensibility of Carolingian Hagiography, in: Latin and the Romance Languages in the Early Middle Ages, hg. v. Roger WRIGHT, London, New York 1991, S. 146-163.
HEINEMEYER, Karl, Das Erzbistum Mainz in römischer und fränkischer Zeit, Bd. 1 (Veröff. der Historischen Kommission für Hessen, Bd. 39), Marburg 1979.
HEINEMEYER, Walter, Ältere Urkunden und ältere Geschichte der Abtei Helmarshausen, in: Archiv für Diplomatik 9/10, 1963/64, S. 299-368.
HEINTZ, Albert, Der heilige Simeon von Trier. Seine Kanonisation und seine Reliquien, in: Festschrift für Alois Thomas. Archäologische, kirchen- und kunsthistorische Beiträge, Trier 1967, S. 163-173.

HEINZELMANN, Martin, Neue Aspekte der biographischen und hagiographischen Literatur in der lateinischen Welt (1.-6. Jahrhundert), in: Francia 1, 1973, S. 27-44.
– Translationsberichte und andere Quellen des Reliquienkultes (Typologie des sources du moyen âge occidental, Fasc. 33), Turnhout 1979.
– Une source de base de la littérature hagiographique latine: le recueil de miracles, in: Hagiographie, cultures et sociétés IVe-XIIe siècles. Actes du colloque organisé à Nanterre et à Paris (2-5 mai 1979), Paris 1981, S. 235-259.
– Hagiographischer und historischer Diskurs bei Gregor von Tours?, in: Aevvm inter vtrvmqve. Mélanges offerts à Gabriel Sanders, professeur émérite à l'Université de Gand, hg. v. Marc van UYTFANGHE und Roland DEMEULENAERE (Instrumenta Patristica, Bd. XXIII), Steenbrugge 1991, S. 237-258.
– Gregor von Tours (538-594). 'Zehn Bücher Geschichte'. Historiographie und Gesellschaftskonzept im 6. Jahrhundert, Darmstadt 1994.
HERBERS, Klaus, The Miracles of St. James, in: The Codex Calixtinus and the Shrine of St. James, hg. v. John WILLIAMS und Alison STONES, Tübingen 1992, S. 11-35.
– Art. Mirakelbuch, in: Sachwörterbuch der Mediävistik, hg. v. Peter DINZELBACHER, Stuttgart 1992, S. 544 f.
– Die Verehrung des hl. Jakobus von Compostela: Kultentstehung und frühe Pilgerfahrten, in: Der Jakobsweg. Geist und Geschichte einer Pilgerstraße (Bensberger Protokolle, Bd. 68), Bensberg 1993, S. 59-81.
– Stadt und Pilger, in: Stadt und Kirche, hg. v. Franz-Heinz HYE (Beitrr. zur Geschichte der Städte Mitteleuropas, Bd. 13), Linz 1995, S. 199-238.
HERMANN, Friedrich Karl, 987: Trennung der Abtei vom Bistum, in: Festschrift St. Peter zu Salzburg 582-1982 (StMGOSB 93, H. I-II), St. Ottilien 1982, S. 26-55.
HERMANN, Hermann Julius, Die deutschen romanischen Handschriften (Beschreibendes Verzeichnis der illuminierten Handschriften in Österreich, NF, Bd. 2), Leipzig 1926.
HERRMANN-MASCARD, Nicole, Les reliques des saints. Formation coutumière d'un droit (Société d'histoire du droit. Collection d'histoire institutionelle et sociale, Bd. 6), Paris 1975.
HEUMANN, H./SECKEL, E., Handlexikon zu den Quellen des römischen Rechts, 11. Aufl. Jena 1907, ND Graz 1971.
HEYEN, Franz-Josef, Reichsgut im Rheinland. Die Geschichte des königlichen Fiskus Boppard (Rheinisches Archiv, Bd. 48), Bonn 1956.
– Kloster Marienberg bei Boppard. Eine zeitgeschichtliche Betrachtung, in: 850 Jahre Marienberg (Bopparder Beiträge zur Heimatkunde, Bd. 8), Ratingen, Kastellaun, Düsseldorf 1973, S. 14-39.
– Simeon und Burchard-Poppo. Aus den Anfängen des Stiftes St. Simeon in Trier, in: Institutionen, Kultur und Gesellschaft im Mittelalter. Festschrift für Josef Fleckenstein zu seinem 65. Geburtstag, hg. v. Lutz FENSKE, Werner RÖSENER und Thomas ZOTZ, Sigmaringen 1984, S. 195-205.

HIESTAND, Rudolf, Kranker König – Kranker Bauer, in: Der kranke Mensch in Mittelalter und Renaissance, hg. v. Peter WUNDERLI (Studia humaniora, Bd. 5), Düsseldorf 1986, S. 61-77.
HILLENBRAND, Eugen, Das literarische Bild des heiligen Konrad von Konstanz im Mittelalter, in: Kirche am Oberrhein. Festschrift für Wolfgang Müller, hg. v. Remigius BÄUMER, Karl Suso FRANK und Hugo OTT (Freiburger Diözesan-Archiv 100), Freiburg 1980, S. 79-108.
HIRSCHMANN, Frank G., Die 'Translatio Sancti Modoaldi' als Quelle für Topographie und Sakralausstattung Triers um 1100, in: Liber amicorum necnon et amicarum für Alfred Heit. Beiträge zur mittelalterlichen Geschichte und geschichtlichen Landeskunde, hg. v. Friedhelm BURGARD, Christoph CLUSE und Alfred HAVERKAMP (Trierer Historische Forschungen, Bd. 28), Trier 1996, S. 17-33.
Historikerlexikon. Von der Antike bis zum 20. Jahrhundert, hg. v. Rüdiger vom BRUCH und Rainer A. MÜLLER, München 1991.
Historismus in den Kulturwissenschaften. Geschichtskonzepte, historische Einschätzungen, Grundlagenprobleme, hg. v. Otto Gerhard OEXLE und Jörn RÜSEN (Beiträge zur Geschichtskultur, Bd. 12), Köln, Weimar, Wien 1996.
HÖDL, Günther, Das Erzstift Salzburg und das Reich unter Kaiser Friedrich Barbarossa, in: Mitteilungen der Gesellschaft für Salzburger Landeskunde 114, 1974, S. 37-55.
HOFFMANN, Hartmut, Buchkunst und Königtum im ottonischen und frühsalischen Reich, 2 Bde. (Schriften der MGH, Bd. 30,I-II), Stuttgart 1986.
– Mönchskönig und *rex idiota*. Studien zur Kirchenpolitik Heinrichs II. und Konrads II. (MGH. Studien und Texte, Bd. 8), Hannover 1993.
HOFMANN, Ernst, Die Stellung der Konstanzer Bischöfe zu Papst und Kaiser während des Investiturstreits, in: Freiburger Diözesan-Archiv 31, 1931, S. 181-242.
HOFMANN-RENDTEL, Constanze, Wallfahrt und Konkurrenz im Spiegel hochmittelalterlicher Mirakelberichte, in: Wallfahrt und Alltag in Mittelalter und Früher Neuzeit. Internationales Round-Table-Gespräch Krems an der Donau 8. Oktober 1990, red. v. Gerhard JARITZ und Barbara SCHUH (Österreichische Akademie der Wissenschaften, philosophisch-historische Klasse, Sitzungsberichte, Bd. 592; Veröff. des Instituts für Realienkunde des Mittelalters und der Frühen Neuzeit, Nr. 14), Wien 1992, S. 115-131.
– siehe auch RENDTEL
HOLDER-EGGER, Oswald, Die Monumenta Germaniae und ihr neuester Kritiker. Eine Entgegnung, Hannover 1887.
HONSELMANN, Klemens, Von der Carta zur Siegelurkunde. Beiträge zum Urkundenwesen im Bistum Paderborn 862-1178, Paderborn 1939.
– Reliquientranslationen nach Sachsen, in: Das Erste Jahrtausend. Kultur und Kunst im werdenden Abendland an Rhein und Ruhr, red. v. Victor H. ELBERN, Bd. 1, Düsseldorf 1962, S. 159-193.
HOPP, Anton, Das Hospiz des heiligen Konrad und die Gründung des Chorherrenstiftes St. Ulrich und Afra zu Konstanz/Kreuzlingen, in: Schriften des Vereins für Geschichte des Bodensees und seiner Umgebung 107, 1989, S. 97-105.

HOTZELT, Wilhelm, Translationen von Martyrerreliquien aus Rom nach Bayern im 8. Jahrhundert, in: StMGOSB 53, 1935, S. 286-343.
– Translationen von Martyrerleibern aus Rom ins westliche Frankenreich im 8. Jahrhundert, in: Archiv für elsässische Kirchengeschichte 13, 1938, S. 1-52.
– Translationen römischer Reliquien ins Elsass im neunten Jahrhundert, in: ebd., 16, 1943, S. 1-18.
HOURLIER, J., Art. Custos, in: LexMA, Bd. 3, München, Zürich 1986, Sp. 395 f.
IGGERS, Georg G., Geschichtswissenschaft im 20. Jahrhundert. Ein kritischer Überblick im internationalen Zusammenhang (Kl. Vandenhoeck-Reihe, Bd. 1565), Göttingen 1993.
IRBLICH, Eva, Die Vitae Sanctae Wiboradae. Ein Heiligenleben des 10. Jahrhunderts als Zeitbild, St. Gallen 1970.
IRSCH, Nikolaus/BUNJES, Hermann, Ehemalige Stiftskirche St. Simeon, in: Die kirchlichen Denkmäler der Stadt Trier mit Ausnahme des Domes (Die Kunstdenkmäler der Rheinprovinz, Bd. 13,3), Düsseldorf 1938, S. 463-497.
JÄGER, Friedrich/RÜSEN, Jörn, Geschichte des Historismus. Eine Einführung, München 1992.
JACOBSEN, Peter Christian, Art. Metellus von Tegernsee, in: VerfLex, Bd. 6, 2. Aufl. Berlin, New York 1987, Sp. 453-460.
JANOTTA, Christine Edith, Vitalis/Erentrud, in: Salzburgs Wallfahrten in Kult und Brauch. Katalog. XI. Sonderschau des Dommuseums zu Salzburg, Salzburg 1986, S. 90-100.
JANSEN, Jürgen, Medizinische Kasuistik in den 'Miracula sancte Elyzabet'. Medizinhistorische Analyse und Übersetzung der Wunderprotokolle am Grab der Elisabeth von Thüringen (1207-1231) (Marburger Schriften zur Medizingeschichte, Bd. 15), Frankfurt/M., Bern, New York 1985.
JOASSART, Bernard, Deux projets du Père Charles De Smedt: Une réforme des Acta Sanctorum, une Ecole des hautes études historiques, in: AB 110, 1992, S. 353-372.
– Les origines des Analecta Bollandiana, in: AB 112, 1994, S. 139-158.
JOHANEK, Peter, Die Frühzeit der Siegelurkunde im Bistum Würzburg (Quellen und Forschungen zur Geschichte des Bistums und Hochstifts Würzburg, Bd. XX), Würzburg 1969.
KEHL, Petra, Kult und Nachleben des heiligen Bonifatius im Mittelalter (754-1200) (Quellen und Abhandlungen zur Geschichte der Abtei und der Diözese Fulda, Bd. 26), Fulda 1993.
KELLER, Hagen, Vom 'heiligen Buch' zur 'Buchführung'. Lebensfunktionen der Schrift im Mittelalter, in: FMSt 26, 1992, S. 1-31.
– /WORSTBROCK, Franz Josef, Träger, Felder, Formen pragmatischer Schriftlichkeit im Mittelalter. Der neue Sonderforschungsbereich 231 an der Westfälischen Wilhelms-Universität Münster, in: FMSt 22, 1988, S. 388-409.
KEMP, Eric Waldram, Canonization and Authority in the Western Church, London 1948.

KEUFFER, Max, Die Kirchenväter-Handschriften der Stadtbibliothek zu Trier (Beschreibendes Verzeichnis der Handschriften der Stadtbibliothek zu Trier, H. 2), Trier 1891.

KIRCHNER-FEYERABEND, Cornelia, Otto von Freising als Diözesan- und Reichsbischof (Europäische Hochschulschriften, R. III: Geschichte und ihre Hilfswissenschaften, Bd. 413), Frankfurt/M., Bern, New York, Paris 1990.

KLAUSER, Renate, Zur Entwicklung des Heiligsprechungsverfahrens bis zum 13. Jahrhundert, in: Zs. der Savigny-Stiftung für Rechtsgeschichte, Kanonistische Abteilung 40, 1954, S. 85-101.

– Der Heinrichs- und Kunigundenkult im mittelalterlichen Bistum Bamberg, in: 95. Bericht des Historischen Vereins Bamberg, 1956, Bamberg 1957, S. 1-208.

– siehe auch NEUMÜLLERS-KLAUSER

KLOOS, Rudolf M., Lambertus de Legia, De Vita, translatione, inventione ac miraculis sancti Matthiae apostoli libri quinque (Trierer Theologische Studien, Bd. 8), Trier 1958.

KLÜPPEL, Theodor, Reichenauer Hagiographie zwischen Walahfried und Berno. Mit einem Geleitwort von Walter Berschin (Reichenau-Bücherei, Bd. 5), Sigmaringen 1980.

KNAPE, Joachim, 'Historie' in Mittelalter und früher Neuzeit. Begriffs- und gattungsgeschichtliche Untersuchungen im interdisziplinären Kontext (Saecula Spiritalia, Bd. 10), Baden-Baden 1984.

KNAPP, Fritz Peter, Die Literatur des Früh- und Hochmittelalters in den Bistümern Passau, Salzburg, Brixen und Trient von den Anfängen bis zum Jahre 1273 (Geschichte der Literatur in Österreich, Bd. 1), Graz 1994.

KÖTTING, Bernhard, Reliquienverehrung, ihre Entstehung und ihre Formen, in: Trierer Theologische Zs. 67, 1958, S. 321-334.

– Der frühchristliche Reliquienkult und die Bestattung im Kirchengebäude (Arbeitsgemeinschaft für Forschung des Landes Nordrhein-Westfalen, Geisteswissenschaften, H. 123), Köln, Opladen 1965.

KORNBLUM, U., Art. Eid, 2. Gerichtlicher Eid, in: HRG, Bd. 1, Berlin 1971, Sp. 863-866.

KRAFT, M., Art. Ambrosius, in: LexMA, Bd. 1, München, Zürich 1980, Sp. 524 f.

KRÖTZL, Christian, Parent-Child Relations in Medieval Scandinavia According to Scandinavian Miracle Collections, in: Scandinavian Journal of History 14, 1989, S. 21-37.

– 'Crudeliter afflicta'. Zur Darstellung von Gewalt und Grausamkeit in mittelalterlichen Mirakelberichten, in: Crudelitas. The Politics of Cruelty in the Ancient and Medieval World. Proceedings of the International Conference Turku (Finland), May 1991, hg. v. Toivo VILJAMAA, Asko TIMONEN und Christian KRÖTZL (Medium Aevum Quotidianum, Sonderbd. II), Krems 1992, S. 121-138.

– Evidentissima signa mortis. Zu Tod und Todesfeststellung in mittelalterlichen Mirakelberichten, in: Symbole des Alltags. Alltag der Symbole. Festschrift für

Harry Kühnel zum 65. Geburtstag, hg. v. Gertrud BLASCHITZ, Helmut HUNDSBICHLER, Gerhard JARITZ und Elisabeth VAVRA, Graz 1992, S. 765-775.

– Pilger, Mirakel und Alltag. Formen des Verhaltens im skandinavischen Mittelalter (12.-15. Jahrhundert) (Studia Historica, Bd. 46), Helsinki 1994.

– Die Heiligen und ihre Klienten. Zur Verwendung hagiographischer Quellen in der Alltagsgeschichte des Mittelalters, in: Medium Aevum Quotidianum 31, 1994, S. 9-23.

KUCHENBUCH, Ludolf, 'Elevatis ad celum manibus et oculis' – Gebärden und Gebaren in den Miracula Sancti Annonis von 1184, in: Frömmigkeit, Formen, Geschichte, Verhalten, Zeugnisse. Lenz Kriss-Rettenbeck zum 70. Geburtstag, hg. v. Ingolf BAUER (Forschungshefte, hg. v. Bayerischen Nationalmuseum München, Bd. 13), München 1993, S. 27-44.

KÜHNE, Udo, Art. Uffing von Werden, in: VerfLex, Bd. 9, 2. Aufl. Berlin, New York 1995, Sp. 1220-1225.

KUTTNER, Stephan, La réserve papale du droit de canonisation, in: Revue historique de droit français et étranger 17, 1938, S. 172-228.

LACROIX, Benoît, L'historien au moyen âge (Conférence Albert-le-Grand 1966), Montreal, Paris 1971.

LAGEMANN, Adolf, Der Festkalender des Bistums Bamberg im Mittelalter. Entwicklung und Anwendung, in: 103. Bericht des Historischen Vereins Bamberg, 1967, S. 7-264.

LAHNER, Andreas, Die ehemalige Benedictiner-Abtei Michelsberg zu Bamberg, Bamberg 1889.

LANGOSCH, Karl, Art. Caesarius von Heisterbach, in: VerfLex, Bd. 1, 2. Aufl. Berlin, New York 1978, Sp. 1152-1168.

– Lateinisches Mittelalter. Einleitung in Sprache und Literatur, 4. Aufl. Darmstadt 1983.

LAPIÈRE, Marie-Rose, La lettre ornée dans les manuscrits mosans d'origine bénédictine (XIe-XIIe siècles) (Bibliothèque de la Faculté de philosophie et lettres de l'Université de Liège, Fasc. CCXXIX), Paris 1981.

Das Leben des heiligen Ambrosius. Die Vita des Paulinus und ausgewählte Texte aus den Werken des Heiligen und anderen Zeitdokumenten, eingel. v. Ernst DASSMANN (Heilige der ungeteilten Christenheit. Dargestellt von den Zeugen ihres Lebens), Düsseldorf 1967.

LECLERCQ, Jean, L'Ecriture Sainte dans l'hagiographie monastique du haut moyen âge, in: La bibbia nell'alto medioevo (Settimane di studio del centro italiano di studi sull'alto medioevo, Bd. X), Spoleto 1963, S. 103-128.

LE GOFF, Jacques, Les mentalités: une histoire ambigue, in: Faire de l'histoire, hg. v. DEMS. und Paul NORA, Bd. 3, Paris 1974, S. 76-94.

– /SCHMITT, Jean-Claude, Au XIIIe siècle. Une parole nouvelle, in: Histoire vécue du peuple chrétien, hg. v. Jean DELUMEAU, Bd. 1, Toulouse 1979, S. 257-279.

LEINWEBER, Josef, Das kirchliche Heiligsprechungsverfahren bis zum Jahre 1234. Der Kanonisationsprozeß der hl. Elisabeth von Thüringen, in: Sankt Elisabeth. Fürstin – Dienerin – Heilige, hg. v. der Philipps-Universität Marburg in Verb.

mit dem Hessischen Landesamt für geschichtliche Landeskunde, Sigmaringen 1981, S. 128-136.
Levison, Wilhelm, Conspectus codicum hagiographicorum, in: MGH SS rer. Merov. 7, Hannover 1920, S. 529-706.
Lexicon latinitatis Nederlandicae medii aevi, begr. v. Johannes W. Fuchs, hg. v. Olga Weijers und Marijke Gumbert-Hepp, Bd. 4, Leiden 1990.
Lhotsky, Alphons, Über eine angebliche Gründungsgeschichte des Stiftes Göttweig, in: DA 17, 1961, S. 247-254.
– Quellenkunde zur mittelalterlichen Geschichte Österreichs (Mitteilungen des Instituts für Österreichische Geschichtsforschung, Erg.bd. 19), Graz, Köln 1963.
Lifshitz, Felice, Beyond Positivism and Genre. 'Hagiographical' Texts as Historical Narrative, in: Viator 25, 1994, S. 95-113.
Lippert, Elisabeth, Glockenläuten als Rechtsbrauch (Das Rechtswahrzeichen, H. 3), Freiburg 1939.
Löhr, Wolfgang, Paläographische Untersuchungen der Düsseldorfer Handschrift der miracula Annonis, in: Siegburger Mirakelbuch. Einleitung und Register, hg. v. Mauritius Mittler (Siegburger Studien, Bd. V), Siegburg 1968, S. 41*-44*.
Longère, Jean, Art. Predigt A. Ursprünge und Recht, in: LexMA, Bd. 7, München, Zürich 1995, Sp. 171-174.
Looshorn, Johann, Die Geschichte des Bisthums Bamberg, Bd. 1 und 2, ND Bamberg 1967.
Lotter, Friedrich, Severinus von Noricum. Legende und historische Wirklichkeit (Monographien zur Geschichte des Mittelalters, Bd. 12), Stuttgart 1976.
– Methodisches zur Gewinnung historischer Erkenntnisse aus hagiographischen Quellen, in: HZ 229, 1979, S. 298-356.
Margue, Michel/Schroeder, Jean, Zur geistigen Ausstrahlung Triers unter Erzbischof Egbert, in: Egbert, Erzbischof von Trier 977-993. Gedenkschrift der Diözese Trier zum 1000. Todestag, hg. v. Franz J. Ronig (Trierer Zs., Beih. 18), Bd. 2, Trier 1993, S. 111-121.
Marrou, Henri-Irenée, Saint Augustin et la fin de la culture antique (Bibliothèque des Ecoles françaises d'Athènes et de Rome, Bd. 145), Paris 1938.
Martimort, A. G., Les lectures liturgiques et leurs livres (Typologie des sources du moyen âge occidental, Fasc. 64), Turnhout 1992.
Martin, Franz, Das Urkundenwesen der Erzbischöfe von Salzburg von 1106-1246. Vorbemerkungen zum Salzburger Urkundenbuch, in: Mitteilungen des Instituts für Österreichische Geschichtsforschung, Erg.bd. 9, 1915, S. 559-765.
– Eine neu aufgefundene Admonter Handschrift, in: NA 41, 1917, S. 267-282.
Martini, Richard, Die Trierer Bischofswahlen vom Beginn des zehnten bis zum Ausgang des zwölften Jahrhunderts (Historische Studien, Bd. 72), Berlin 1909.
Marx, J., Handschriftenverzeichnis der Seminar-Bibliothek zu Trier (Trierisches Archiv, Erg.h. 13), Trier 1912.

MATHEUS, Michael, Adelige als Zinser von Heiligen. Studien zu Zinsverhältnissen geistlicher Institutionen im hohen Mittelalter, Habilitationsschrift (masch.), Trier 1989.
MAURER, Helmut, Konstanz im Mittelalter. I. Von den Anfängen bis zum Konzil, Konstanz 1989.
MCCORMICK, Michael, Les annales du haut moyen âge (Typologie des sources du moyen âge occidental, Fasc. 14), Turnhout 1975.
MELVILLE, Gert, System und Diachronie. Untersuchungen zur theoretischen Grundlegung geschichtsschreiberischer Praxis im Mittelalter, in: Historisches Jb. 95, 1975, S. 33-67, 308-341.
– Wozu Geschichte schreiben? Stellung und Funktion der Historie im Mittelalter, in: Formen der Geschichtsschreibung, hg. v. Reinhart KOSELLECK, Heinrich LUTZ und Jörn RÜSEN (Beiträge zur Historik, Bd. 4), München 1982, S. 86-146.
MEYER, Otto, Translatio Sanctae Cunigundis: 9. September 1201 (1951), in: DERS., Varia Franconiae Historica. Aufsätze – Studien – Vorträge zur Geschichte Frankens, hg. v. Dieter WEBER und Gerd ZIMMERMANN, Bd. 2 (Mainfränkische Studien, Bd. 24/II), Würzburg 1981, S. 444-450.
MISCOLL-RECKERT, Ilse-J., Kloster Petershausen als bischöflich-konstanzisches Eigenkloster. Studien über das Verhältnis zu Bischof, Adel und Reform vom 10. bis 12. Jahrhundert (Konstanzer Geschichts- und Rechtsquellen, Bd. XVIII), Sigmaringen 1973.
Mittellateinisches Wörterbuch bis zum ausgehenden 13. Jahrhundert, Bd. 1 und Bd. 2, Lief. 1-10, München 1968-1994.
MITTLER, Mauritius, Abt Gerhard I. von Siegburg (1173-1185?), in: Heimatblätter des Siegkreises 86, 1964, S. 21-30.
– Annos Heiligsprechung und Verehrung, in: Siegburger Vorträge zum Annojahr 1983, hg. v. DEMS. (Siegburger Studien, Bd. XVI), Siegburg 1984, S. 41-74.
MOODY, D. B., Healing Power in the Marian Miracle Books of Bavarian Healing Shrines, 1489-1523 A. D., in: Journal of the History of Medicine and Allied Sciences 47, 1992, S. 68-90.
MORAW, Peter, Über Entwicklungsunterschiede und Entwicklungsausgleich im deutschen und europäischen Mittelalter. Ein Versuch, in: Hochfinanz, Wirtschaftsräume, Innovationen. Festschrift für Wolfgang von Stromer, hg. v. Uwe BESTMANN, Franz IRSIGLER und Jürgen SCHNEIDER, Bd. 2, Trier 1987, S. 583-622.
MOULIN, Léo, La vie quotidienne des religieux au moyen âge (X^e^-XVe siècles), Paris 1978.
MÜLLER, Heribert, Heribert, Kanzler Ottos III. und Erzbischof von Köln (Veröff. des Kölnischen Geschichtsvereins e.V., Bd. 33), Köln 1977.
NASS, Klaus, Der Auctorkult in Braunschweig und seine Vorläufer im früheren Mittelalter, in: Niedersächsisches Jb. für Landesgeschichte 62, 1990, S. 153-207.
NEUMÜLLERS-KLAUSER, Renate, Die Kanonisation des heiligen Anno, in: Sankt Anno und seine viel liebe statt. Beiträge zum 900jährigen Jubiläum, hg. v. Gabriel BUSCH, Siegburg 1975, S. 439-446.

– Zur Kanonisation Bischof Konrads von Konstanz, in: Der heilige Konrad – Bischof von Konstanz. Studien aus Anlaß der tausendsten Wiederkehr seines Todesjahres, hg. v. Helmut MAURER, Wolfgang MÜLLER und Hugo OTT (Freiburger Diözesan-Archiv 95), Freiburg 1975, S. 67-81.
– siehe auch KLAUSER
NIERMEYER, J. F., Mediae latinitatis lexicon minus, hg. v. C. van de KIEFT, Leiden 1976.
NISSEN, Peter J. A., Niederländische Mirakelbücher aus dem Spätmittelalter, insbesondere das Arnheimer Mirakelbuch des heiligen Eusebius, als Quelle für den Volksglauben, in: Volksreligion im hohen und späten Mittelalter, hg. v. Peter DINZELBACHER und Dieter R. BAUER (Quellen und Forschungen aus dem Gebiet der Geschichte, NF, H. 13), Paderborn, München, Wien, Zürich 1990, S. 275-305.
OERTEL, Annedore, Georg Heinrich Pertz, in: Berlinische Lebensbilder. Geisteswissenschaftler, hg. v. Michael ERBE (Einzelveröff. der Historischen Kommission zu Berlin, Bd. 60,4), Berlin 1989, S. 87-108.
ÖSTERBERG, Eva, Människor och mirakler i medeltidens Sverige, in: Studier i äldre historia, tillägnade Herman Schück 5/4, hg. v. Robert SANDBERG, Stockholm 1985, S. 141-157.
OESTERLE, H. J., Art. Augustinus I. und II., in: LexMA, Bd. 1, München, Zürich 1980, Sp. 1223-1227.
OEXLE, Otto Gerhard, Bischof Konrad von Konstanz in der Erinnerung der Welfen und der welfischen Hausüberlieferung während des 12. Jahrhunderts, in: Der heilige Konrad – Bischof von Konstanz. Studien aus Anlaß der tausendsten Wiederkehr seines Todesjahres, hg. v. Helmut MAURER, Wolfgang MÜLLER und Hugo OTT (Freiburger Diözesan-Archiv 95), Freiburg 1975, S. 7-40.
– Memoria und Memorialüberlieferung im früheren Mittelalter, in: FMSt 10, 1976, S. 70-95.
– Liturgische Memoria und historische Erinnerung. Zur Frage nach dem Gruppenbewußtsein und dem Wissen der eigenen Geschichte in den mittelalterlichen Gilden, in: Tradition als historische Kraft. Interdisziplinäre Forschungen zur Geschichte des früheren Mittelalters, hg. v. Norbert KAMP und Joachim WOLLASCH, Berlin, New York 1982, S. 323-340.
– Die Geschichtswissenschaft im Zeichen des Historismus. Bemerkungen zum Standort der Geschichtsforschung, in: HZ 238, 1984, S. 17-55.
– 'Historismus'. Überlegungen zur Geschichte des Phänomens und des Begriffs, in: Braunschweigische Wissenschaftliche Gesellschaft, Jb. 1986, S. 119-155.
– Art. Memoria, Memorialüberlieferung, in: LexMA, Bd. 6, München, Zürich 1993, Sp. 510-512.
OGRIS, W., Art. Publizität, in: HRG, Bd. 4, Berlin 1990, Sp. 92-95.
OHLER, Norbert, Zuflucht der Armen. Zu den Mirakeln des Heiligen Anno, in: Rheinische Vierteljahrsblätter 48, 1984, S. 1-33.
– Alltag im Marburger Raum zur Zeit der hl. Elisabeth, in: Archiv für Kulturgeschichte 67, 1985, S. 1-40.

OMMESLAEGHE, Florent van, Un jubilé. 150 ans de nouveau bollandisme, in: AB 105, 1987, S. I-XII.

OPPEL, Hans D., Exemplum und Mirakel. Versuch einer Begriffsbestimmung, in: Archiv für Kulturgeschichte 58, 1976, S. 96-114.

PAGITZ, Franz, Quellenkundliches zu den mittelalterlichen Domen und zum Domkloster in Salzburg, in: Mitteilungen der Gesellschaft für Salzburger Landeskunde 108, 1968, S. 21-156.

– Virgil als Bauherr der Salzburger Dome. Wahrheit und Legende, in: ebd., 109, 1969, S. 15-40.

PALAZZO, Eric, Le Moyen Age. Des origines au XIIIe siècle (Histoire des livres liturgiques), Paris 1993.

PEETERS, Paul, L'œuvre des Bollandistes (Académie Royale de Belgique, classe des lettres et des sciences morales et politiques, mémoires, Bd. LIV, Fasc. 5), nouvelle édition augmenté d'une notice bio-bibliographique des PP. H. Delehaye et P. Peeters, Brüssel 1961.

– Le R.P. Hippolyte Delehaye, in: DELEHAYE, Hippolyte, Les légendes hagiographiques (Subsidia hagiographica, Bd. 18a), 4. Aufl. Brüssel 1955, S. I-XXXVII.

PERNOUD, Régine, Le livre des miracles de Notre-Dame de Rocamadour. Etudes des manuscrits de 1172, in: Le livre des miracles de Notre-Dame de Rocamadour. 2° Colloque de Rocamadour, Rocamadour 1972, S. 9-23.

PERTZ, Georg Heinrich, Plan des Unternehmens der Gesellschaft f. ä. d. G., in: Archiv der Gesellschaft für ältere deutsche Geschichtskunde 5, 1824, S. 788-806.

PETERSOHN, Jürgen, Apostolus Pomeranorum. Studien zur Geschichte und Bedeutung des Apostelepithetons Bischof Ottos I. von Bamberg, in: Historisches Jb. 86, 1966, S. 257-294.

– Probleme der Otto-Viten und ihrer Interpretation. Bemerkungen im Anschluß an eine Neuerscheinung, in: DA 27, 1971, S. 314-372.

– Die päpstliche Kanonisationsdelegation des 11. und 12. Jahrhunderts und die Heiligsprechung Karls des Grossen, in: Proceedings of the Fourth International Congress of Medieval Canon Law, Toronto 21-25 August 1972, Città del Vaticano 1976, S. 163-206.

– Die Litterae Papst Innocenz' III. zur Heiligsprechung der Kaiserin Kunigunde (1200), in: Jb. für fränkische Landesforschung 37, 1977, S. 1-25.

– Der südliche Ostseeraum im kirchlich-politischen Kräftespiel des Reichs, Polens und Dänemarks vom 10. bis 13. Jahrhundert. Mission – Kirchenorganisation – Kultpolitik (Ostmitteleuropa in Vergangenheit und Gegenwart, Bd. 17), Köln, Wien 1979.

– Otto von Bamberg und seine Biographen. Grundformen und Entwicklung des Ottobildes im hohen und späten Mittelalter, in: Zs. für bayerische Landesgeschichte 43, 1980, S. 3-27.

– Jubiläum, Heiligsprechung und Reliquienerhebung Bischof Ottos von Bamberg im Jahre 1189, in: Bischof Otto I. von Bamberg. Reformer – Apostel der Pommern – Heiliger (1139 gestorben, 1189 heiliggesprochen). Gedenkschrift

zum Otto-Jubiläum (125. Bericht des Historischen Vereins Bamberg), Bamberg 1989, S. 35-57.
– Jubiläumsfrömmigkeit vor dem Jubelablaß. Jubeljahr, Reliquientranslation und 'remissio' in Bamberg (1189) und Canterbury (1220), in: DA 45, 1989, S. 31-53.
– Kaisertum und Kultakt in der Stauferzeit, in: Politik und Heiligenverehrung im Hochmittelalter, hg. v. DEMS. (Vorträge und Forschungen, Bd. XLII), Sigmaringen 1994, S. 101-146.
PFAFF, F., Die Abtei Helmarshausen. I. Die Geschichte der Abtei, in: Zs. des Vereins für hessische Geschichte, NF 34, 1910, S. 188-286.
PHILIPPART, Guy, Les légendiers latins et autres manuscrits hagiographiques (Typologie des sources du moyen âge occidental, Fasc. 24-25), Turnhout 1977.
– L'édition médiévale des légendiers latins dans le cadre d'une hagiographie générale, in: Hagiography and Medieval Literature. A Symposium, Odense 1981, S. 127-158.
– Art. Legendare, in: VerfLex, Bd. 5, 2. Aufl. Berlin, New York 1985, Sp. 644-657.
– Les légendes latines de sainte Verena. Pour une histoire de leur diffusion, in: AB 103, 1985, S. 253-302.
– Hagiographes et hagiographie, hagiologes et hagiologie: des mots et des concepts, in: Hagiographica 1, 1994, S. 1-16.
– Introduction, in: Hagiographies, hg. v. DEMS., Bd. 1 (Corpus Christianorum), Turnhout 1994, S. 9-24.
PIÉTRI, Luce, Le pèlerinage Martinien de Tours à l'époque de l'évêque Grégoire, in: Gregorio di Tours (Convegni del Centro di studi sulla spiritualità medievale, Bd. 12), Todi 1977, S. 93-139.
– La ville de Tours du IVe au VIe siècle: naissance d'une cité chrétienne (Collection de l'Ecole française de Rome, Bd. 69), Rom 1983.
PLATELLE, Henri, Les chrétiens face au miracle: Lille au XVIIe siècle, Paris 1968.
– La religion populaire entre la Scorpe et la Lys d'après les miracles de Sainte Rictrude de Marchiennes (XIIème siècle), in: Alain de Lille, Gautier de Chatillon, Jakemart Giélée et leur temps, hg. v. H. ROUSSEL und F. SUARD, Lille 1980, S. 365-402.
– Le miracle au moyen âge d'après un ouvrage récent, in: Mélanges de science religieuse 42, 1985, S. 177-184.
Politik und Heiligenverehrung im Hochmittelalter, hg. v. Jürgen PETERSOHN (Vorträge und Forschungen, Bd. XLII), Sigmaringen 1994.
[PONCELET, Albert], De Magno Legendario Austriaco, in: AB 17, 1898, S. 24-96.
POULIN, Joseph-Claude, Le dossier de saint Samson de Dol, in: Francia 15, 1987, S. 715-731.
– Les dossiers des S. Magloire de Dol et de S. Malo d'Alet (Province de Bretagne), in: ebd., 17, 1990, S. 159-209.
– Sources hagiographiques de la Gaule (SHG) III: Les dossiers des saints Melaine, Conwoion et Mervé (Province de Bretagne), in: Manuscrits hagiographiques et travail des hagiographes, hg. v. Martin HEINZELMANN (Beihefte der Francia, Bd. 24), Sigmaringen 1992, S. 119-160.

PRIEST, G., Die Handschriften der Vita Heinrici und Vita Cunegundis, in: NA 40, 1916, S. 249-263.

PRINZ, Friedrich, Hagiographische Texte über Kult- und Wallfahrtsorte: Auftragsarbeit für Kultpropaganda, persönliche Motivation, Rolle der Mönche, in: Hagiographica 1, 1994, S. 17-42.

RÄDLINGER-PRÖMPER, Christine, Sankt Emmeram in Regensburg. Struktur- und Funktionswandel eines bayerischen Klosters im früheren Mittelalter (Thurn und Taxis-Studien, Bd. 16), Kallmünz 1987.

RAMACKERS, Johannes, Analekten zur Geschichte des Papsttums im 11. Jahrhundert. I. Der älteste Papstbrief auf Pergament, in: Quellen und Forschungen aus italienischen Archiven und Bibliotheken 25, 1933/34, S. 49-56.

RAULFF, Ulrich, Ein Historiker im 20. Jahrhundert: Marc Bloch, Frankfurt/M. 1995.

RECK, Josef, St. Mangen in St. Gallen, in: Die weltlichen Kollegiatstifte der deutsch- und französisch-sprachigen Schweiz, hg. v. Guy P. MARCHAL (Helvetia sacra, Abt. 2, Tl. 2), Bern 1977, S. 429-433.

Das Reich der Salier 1024-1125. Katalog zur Ausstellung des Landes Rheinland-Pfalz, Speyer 1992.

RENDTEL, Constanze, Hochmittelalterliche Mirakelberichte als Quelle zur Sozial- und Mentalitätsgeschichte und zur Geschichte der Heiligenverehrung untersucht an Texten insbesondere aus Frankreich, Düsseldorf 1985.

– siehe auch HOFMANN-RENDTEL

RENER, Monika, Lateinische Hagiographie im deutschsprachigen Raum von 1200-1450, in: Hagiographies, hg. v. Guy PHILIPPART (Corpus Christianorum), Bd. 1, Turnhout 1994, S. 199-265.

RENN, Heinz, Das erste Luxemburger Grafenhaus (963-1136) (Rheinisches Archiv, Bd. 39), Bonn 1941.

RICHÉ, Pierre, VIe-XIe siècles. La pastorale populaire en Occident, in: Histoire vécue du peuple chrétien, hg. v. Jean DELUMEAU, Bd. 1, Toulouse 1979, S. 195-221.

RIEKS, Annette, Französische Sozial- und Mentalitätsgeschichte. Ein Forschungsbericht (Münsteraner Theologische Abhandlungen, Bd. 2), Altenberge 1989.

RIMOLDI, A., Art. Gervais et Protais, in: Dictionnaire d'histoire et de géographie ecclésiastiques, Bd. 20, Paris 1984, Sp. 1073-1076.

RÖCKELEIN, Hedwig, Miracle Collections of Carolingian Saxony, in: Hagiographica 3, 1996, S. 267-275.

– Zur Pragmatik hagiographischer Schriften im Frühmittelalter, in: Bene vivere in communitate. Beiträge zum italienischen und deutschen Mittelalter. Hagen Keller zum 60. Geburtstag, überreicht von seinen Schülerinnen und Schülern, hg. v. Thomas SCHARFF und Thomas BEHRMANN, Münster, New York, München, Berlin 1997, S. 225-238.

ROUCHE, Michel, Miracles, maladies et psychologie de la foi à l'époque carolingienne en France, in: Hagiographie, cultures et sociétés, IVe-XIIe siècles. Actes du colloque organisé à Nanterre et à Paris (2-5 mai 1979), Paris 1981, S. 319-332.

Sanctorum. Bollettino dell'associazione italiana per lo studio della santità, dei culti e dell'agiografia 1, 1996.

SAUERLAND, Heinrich Volbert, Trierer Geschichtsquellen des XI. Jahrhunderts, Trier 1889.

SAXER, Victor, Morts, martyrs, reliques en Afrique chrétienne des premiers siècles. Les témoignages de Tertullien, Cyprien et Augustin à la lumière de l'archéologie africaine (Theologie historique, Bd. 55), Paris 1980.

– Reliques, miracles et récits de miracles au temps et dans l'œuvre de saint Augustin, in: Hagiographie, cultures et sociétés IVe-XIIe siècles. Actes du colloque organisé à Nanterre et à Paris (2-5 mai 1979), Paris 1981, S. 261 f.

SCHEFERS, Hermann, Studie zu Einhards Heiligen- und Reliquienverehrung, München 1992.

SCHIEFFER, Rudolf, Ein Quellenfund zu Anno von Köln, in: DA 34, 1978, S. 202-213.

– Art. Adalbert von Bamberg, in: VerfLex, Bd. 1, 2. Aufl. Berlin, New York 1978, Sp. 29-31.

SCHLICK, Jean, Composition et chronologie des De virtutibus sancti Martini de Grégoire de Tours, in: Studia Patristica, Bd. VII: Papers presented to the Fourth International Conference on Patristic Studies, Part I, hg. v. F. L. CROSS (Texte und Untersuchungen zur Geschichte der altchristlichen Literatur, Bd. 92), Berlin 1966, S. 278-286.

SCHMALE, Franz-Josef, Mentalität und Berichtshorizont, Absicht und Situation hochmittelalterlicher Geschichtsschreiber, in: HZ 226, 1978, S. 1-16.

– Funktion und Formen mittelalterlicher Geschichtsschreibung. Eine Einführung. Mit einem Beitrag von Hans-Werner GOETZ, Darmstadt 1985.

SCHMID, Reinhard, Die Abtei St. Alban vor Mainz im hohen und späten Mittelalter. Geschichte, Verfassung und Besitz eines Klosters im Spannungsfeld zwischen Erzbischof, Stadt, Kurie und Reich (Beitrr. zur Geschichte der Stadt Mainz, Bd. 30), Mainz 1997.

SCHMUGGE, Ludwig, 'Pilgerfahrt macht frei'. Eine These zur Bedeutung des mittelalterlichen Pilgerwesens, in: Römische Quartalschrift 74, 1979, S. 16-31.

– Zu den Anfängen des organisierten Pilgerverkehrs und zur Unterbringung und Verpflegung von Pilgern im Mittelalter, in: Gastfreundschaft, Taverne und Gasthaus im Mittelalter, hg. v. Hans Conrad PEYER (Schriften des Historischen Kollegs, Kolloquien, Bd. 3), München 1983, S. 37-60.

– Die Anfänge des organisierten Pilgerverkehrs im Mittelalter, in: Quellen und Forschungen aus italienischen Archiven und Bibliotheken 64, 1984, S. 1-83.

SCHNEYER, Johannes-Baptist, Repertorium der lateinischen Sermones des Mittelalters für die Zeit von 1150-1350 (Beitrr. zur Geschichte der Philosophie und Theologie des Mittelalters. Texte und Untersuchungen, Bd. XLIII), H. 1-9, Münster 1969-1980; Index der Textanfänge A-L, erarb. v. Charles LOHR u. a., H. 10; Index der Textanfänge M-Z, erarb. v. DEMS. u. a., Bibliotheks- und Handschriftenverzeichnis, erarb. v. Manfred GERWING, H. 11, Münster 1989-1990.

SCHÖTTLER, Peter, Sozialgeschichtliches Paradigma und historische Diskursanalyse, in: Diskurstheorien und Literaturwissenschaft, hg. v. Jürgen FOHRMANN und Harro MÜLLER, Frankfurt/M. 1988, S. 159-198.

SCHORN-SCHÜTTE, Luise, Karl Lamprecht. Kulturgeschichtsschreibung zwischen Wissenschaft und Politik (Schriftenreihe der Historischen Kommission bei der Bayerischen Akademie der Wissenschaften, Bd. 22), Göttingen 1984.

SCHREINER, Klaus, Laienfrömmigkeit – Frömmigkeit von Eliten oder Frömmigkeit des Volkes? Zur sozialen Verfaßtheit laikaler Frömmigkeitspraxis im späten Mittelalter, in: Laienfrömmigkeit im späten Mittelalter. Formen, Funktionen, politisch-soziale Zusammenhänge, hg. v. DEMS. (Schriften des historischen Kollegs, Kolloquien, Bd. 20), München 1992, S. 1-78.

– Frömmigkeit in politisch-sozialen Wirkungszusammenhängen des Mittelalters. Theorie- und Sachprobleme, Tendenzen und Perspektiven der Forschung, in: Mittelalterforschung nach der Wende, hg. v. Michael BORGOLTE (HZ, Beih. NF 20), München 1995, S. 177-226.

SCHUH, Barbara, 'Von vilen und mancherlay seltzamen Wunderzaichen': die Analyse von Mirakelbüchern und Wallfahrtsquellen (Halbgraue Reihe zur Historischen Fachinformatik, Serie A: Historische Quellenkunden, Bd. 4), St. Katharinen 1989.

– Jenseitigkeit in diesseitigen Formen. Sozial- und mentalitätsgeschichtliche Aspekte spätmittelalterlicher Mirakelberichte (Schriftenreihe des Instituts für Geschichte, Darstellungen, Bd. 3), Graz 1989.

– Die computerunterstützte Analyse von Mirakelbüchern, in: 'Historia ex Machina'. Beiträge zur Anwendung des Computers in der historischen Forschung und Lehre, hg. v. Gerhard BOTZ und Albert MÜLLER (LBIHS – Arbeitspapiere, Bd. 8), Salzburg, Wien 1990, S. 39-51.

– 'Wiltu gesund werden, so pring ain waxen pildt in mein capellen ...'. Votivgaben in Mirakelberichten, in: Symbole des Alltags. Alltag der Symbole. Festschrift für Harry Kühnel zum 65. Geburtstag, hg. v. Gertrud BLASCHITZ, Helmut HUNDSBICHLER, Gerhard JARITZ und Elisabeth VAVRA, Graz 1992, S. 747-763.

SCHULZ, Knut, 'Denn sie lieben die Freiheit so sehr ...': Kommunale Aufstände und Entstehung des europäischen Bürgertums im Hochmittelalter, Darmstadt 1992.

SCHULZ, Marie, Die Lehre von der historischen Methode bei den Geschichtsschreibern des Mittelalters (VI.-XIII. Jahrhundert) (Abhandlungen zur mittleren und neueren Geschichte, Bd. 13), Berlin, Leipzig 1909.

SEMMLER, Josef, Die Klosterreform von Siegburg. Ihre Ausbreitung und ihr Reformprogramm im 11. und 12. Jahrhundert (Rheinisches Archiv, Bd. 53), Bonn 1959.

– Die Siegburger Klosterreform, in: Monumenta Annonis. Köln und Siegburg. Weltbild und Kunst im hohen Mittelalter. Eine Ausstellung des Schnütgen-Museums der Stadt Köln in der Cäcilienkirche vom 30. April bis zum 27. Juli 1975, hg. v. Anton LEGNER, Köln 1975, S. 45 f.

SIGAL, Pierre-André, Maladie, pèlerinage et guérison au XIIe siècle – Les miracles de saint Gibrien à Reims, in: Annales E.S.C. 24, 1969, S. 1522-1539.
– Comment on concevait et on traitait la paralysie en Occident dans le Haut Moyen Age (V^{e}-XIIe siècles), in: Revue d'histoire des sciences et de leurs applications 24,3, 1971, S. 193-211.
– Les voyages de reliques aux onzième et douzième siècles, in: Voyage, quête, pèlerinage dans la littérature et la civilisation médiévales (Sénéfiance, Bd. 2), Paris 1976, S. 73-104.
– Les miracles de sainte Hélène à l'abbaye d'Hautvillers au moyen âge et à l'époque moderne, in: Assistance et assistés. Actes du 97e congrès national des sociétés savantes, Nantes 1972. Section de philologie et d'histoire jusqu'à 1610, Paris 1979, S. 499-513.
– Histoire et hagiographie: les Miracula aux XIe et XIIe siècles, in: Annales de Bretagne 87, 1980, S. 237-257.
– Le vocabulaire de l'enfance et de l'adolescence dans les recueils de miracles latins des XIe et XIIe siècles, in: L'enfant au moyen âge. Littérature et civilisation (Sénéfiance, Bd. 9), Paris 1980, S. 141-160.
– L'ex-voto au Moyen Age dans les régions du Nord-Ouest de la Méditerrannée (XIIe-XVe siècles), in: Provence Historique 33, 1983, S. 13-31.
– L'homme et le miracle dans la France médiévale (XIe-XIIe siècle), Paris 1985.
– La grossesse, l'accouchement et l'attitude envers l'enfant mort-né à la fin du moyen âge d'après les récits de miracles, in: Actes du 110e congrès national des sociétés savantes, Montpellier 1985. Section d'histoire médiévale et de philologie, Paris 1987, S. 23-41.
– Le travail des hagiographes aux XIe et XIIe siècles: Sources d'information et méthodes de rédaction, in: Francia 15, 1987, S. 149-182.
– Reliques, pèlerinages et miracles dans l'église médiévale (XIe-XIIIe siècles), in: Revue d'histoire de l'église de France 76, 1990, S. 193-211.
– Les miracles de saint Etienne de Muret († 1124) au XIIe siècle, in: L'ordre de Grandmont. Art et histoire. Actes des Journées d'Etudes de Montpellier 7 et 8 octobre 1989, hg. v. Geneviève DURAND et Jean NOUGARET, Carcassonne 1992, S. 43-50.
SIGNORI, Gabriela, Gewalt und Frömmigkeit. Die Waadtländer Landschaft im Spiegel Conon von Estavayers Wunderbücher 'Unserer Lieben Frau von Lausanne' (1232-1242). Ein Beitrag zur sozialgeschichtlichen Erforschung hoch- und spätmittelalterlicher Mirakelliteratur, in: Schweizerische Zs. für Geschichte 40, 1990, S. 127-152.
– Hagiographie, Architektur und Pilgerwesen im Spannungsfeld städtischen Legitimations- und Integrationsstrebens. Gottfried von Ensmingens Strassburger Wunderbuch der 'heiligen Maria' (1290), in: Zs. für Historische Forschung 17, 1990, S. 257-279.
– Marienbilder im Vergleich: Marianische Wunderbücher zwischen Weltklerus, städtischer Ständevielfalt und ländlichen Subsistenzproblemen (10.-13. Jahr-

hundert), in: Maria. Abbild oder Vorbild? Zur Sozialgeschichte mittelalterlicher Marienverehrung, hg. v. Hedwig RÖCKELEIN, Claudia OPITZ und Dieter R. BAUER, Tübingen 1990, S. 58-90.
- Ländliche Zwänge – städtische Freiheiten? Weibliche Mobilität und Geselligkeit im Spiegel spätmittelalterlicher Marienwallfahrten, in: Frauen und Öffentlichkeit. Beiträge der 6. Schweizerischen Historikerinnentagung, hg. v. Mireille OTHENIN-GIRARD, Anna GOSSENREITER und Sabine TRAUTWEILER, Zürich 1991, S. 29-61.
- Bauern, Wallfahrt und Familie. Familienbewußtsein und familiäre Verantwortungsbereitschaft im Spiegel der spätmittelalterlichen Wunderbücher 'Unserer Lieben Frau im Gatter im Münster von Sankt Gallen' (1479-1485), in: Zs. für Schweizerische Kirchengeschichte 86, 1992, S. 121-158.
- Maria als Bürgerheilige: Das Sankt Galler 'Münster' im Ringen zwischen Abt und Stadt. Münsterbau, Bauverwaltung, Münsterstiftung und Wallfahrt im ausgehenden 15. Jahrhundert, in: Unsere Kunstdenkmäler 43,1, 1992, S. 33-50.
- Stadtheilige im Wandel. Ein Beitrag zur geschlechtsspezifischen Besetzung und Ausgestaltung symbolischer Räume am Ende des Mittelalters, in: Francia 20, 1993, S. 39-67.
- Aggression und Selbstzerstörung. 'Geistesstörungen' und Selbstmordversuche im Spannungsfeld spätmittelalterlicher Geschlechterstereotypen (15. und beginnendes 16. Jahrhundert), in: Trauer, Verzweiflung und Anfechtung. Selbstmord und Selbstmordversuche in mittelalterlichen und frühneuzeitlichen Gesellschaften, hg. v. DERS. (Forum Psychohistorie, Bd. 3), Tübingen 1994, S. 113-151.
- Maria zwischen Kathedrale, Kloster und Welt. Hagiographische und historiographische Annäherungen an eine hochmittelalterliche Wunderpredigt, Sigmaringen 1995.
- Defensivgemeinschaften: Kreißende, Hebammen und 'Mitweiber' im Spiegel spätmittelalterlicher Geburtswunder, in: Das Mittelalter 1, 1996,2, S. 113-134.
- The Miracle Kitchen and its Ingredients. A Methodical and Critical Approach to Marian Shrine Wonders (10th to 13th Century), in: Hagiographica 3, 1996, S. 277-303.

SIMON, Gertrud, Untersuchungen zur Topik der Widmungsbriefe mittelalterlicher Geschichtsschreiber bis zum Ende des 12. Jahrhunderts, in: Archiv für Diplomatik 4, 1958, S. 52-119; 5/6, 1959/60, S. 73-153.

SPAHR, Gebhard, Petershausen, in: Die Benediktinerklöster in Baden-Württemberg (Germania Benedictina, Bd. V), Augsburg 1975, S. 484-502.

SPIESS, Karl-Heinz, Das Rheingauer Weistum, in: Nassauische Annalen 96, 1985, S. 29-42.
- Königshof und Fürstenhof. Der Adel und die Mainzer Erzbischöfe im 12. Jahrhundert, in: Devs qvi mvtat tempora. Menschen und Institutionen im Wandel des Mittelalters. Festschrift für Alfons Becker zu seinem fünfundsiebzigsten Geburtstag, hg. v. Ernst Dieter HEHL, Hubertus SEIBERT und Franz STAAB, Sigmaringen 1987, S. 203-234.

SPRANDEL, Rolf, Mentalitäten und Systeme, Stuttgart 1972.

STAAB, Franz, Die Mainzer Kirche. Konzeption und Verwirklichung in der Bonifatius- und Theonesttradition, in: Die Salier und das Reich, Bd. 2, hg. v. Stefan WEINFURTER, Sigmaringen 1991, S. 31-77.

STOLZ, Anselm, Zu den Wunderkapiteln im 22. Buch der Civitas Dei, in: Theologie und Glaube 18, 1926, S. 843-855.

STÜWER, Wilhelm, Das Erzbistum Köln 3. Die Reichsabtei Werden an der Ruhr (Germania sacra, NF, Bd. 12), Berlin, New York 1980.

SUCKALE-REDLEFSEN, Gude, Überlegungen zu zwei Darstellungen des hl. Otto in Bamberger Handschriften des 12. Jahrhunderts, in: Bischof Otto I. von Bamberg. Reformer – Apostel der Pommern – Heiliger (1139 gestorben, 1189 heiliggesprochen). Gedenkschrift zum Otto-Jubiläum (125. Bericht des Historischen Vereins Bamberg), Bamberg 1989, S. 481-488.

– Die Handschriften des 12. Jahrhunderts der Staatsbibliothek Bamberg (Katalog der illuminierten Handschriften der Staatsbibliothek Bamberg, Bd. 2), Wiesbaden 1995.

SUKOPP, Theodor, Beiträge zur Gründungsgeschichte des ehemaligen Augustinerinnenklosters Metten a. d. Sieg, in: Annalen des Historischen Vereins für den Niederrhein 165, 1963, S. 5-53.

THALLER, Manfred, Entzauberungen. Die Entwicklung einer fachspezifischen historischen Datenverarbeitung in der Bundesrepublik, in: Die sog. Geisteswissenschaften: Innenansichten, hg. v. Wolfgang PRINZ und Peter WEINGART, Frankfurt/M. 1990, S. 138-158.

THEILMANN, John M., English Peasants and Medieval Miracle Lists, in: The Historian 52,2, 1990, S. 286-303.

THOMAS, Heinz, Der Mönch Theoderich von Trier und die Vita Deicoli, in: Rheinische Vierteljahrsblätter 31, 1966/67, S. 42-63.

– Studien zur Trierer Geschichtsschreibung des 11. Jahrhunderts insbesondere zu den Gesta Treverorum (Rheinisches Archiv, Bd. 68), Bonn 1968.

– Art. Eberwin von Trier, in: VerfLex, Bd. 2, 2. Aufl. Berlin, New York 1980, Sp. 293 f.

– Art. Theodericus von Trier OSB, in: VerfLex, Bd. 9, 2. Aufl. Berlin, New York 1995, Sp. 753-755.

THÜRLEMANN, Felix, Der historische Diskurs bei Gregor von Tours. Topoi und Wirklichkeit (Geist und Werk der Zeiten, No. 39), Bern, Frankfurt/M. 1974.

TIBUS, Adolph, Gründungsgeschichte der Stifter, Pfarrkirchen, Klöster und Kapellen im Bereiche des alten Bisthums Münster mit Ausschluß des ehemaligen friesischen Theils, Tl. 1, Münster 1885.

TRINKS, Erich, Die Gründungsurkunden und Anfänge des Benediktinerklosters Lambach, in: Jb. des oberösterreichischen Musealvereines 83, 1930, S. 80-152.

TROTTER, Kamillo, Die Grafen von Vohburg, in: Genealogisches Handbuch zur bairisch-österreichischen Geschichte, hg. v. Otto DUNGERN, Graz 1931, S. 52-58.

TRÜB, Carl L. Paul, Heilige und Krankheit (Geschichte und Gesellschaft, Bd. 19), Stuttgart 1978.

UHLIRZ, Karl, Jahrbücher des Deutschen Reiches unter Otto II. und Otto III., Bd. 1: Otto II., 973-983, Leipzig 1902.

UYTFANGHE, Marc van, L'hagiographie et son public à l'époque mérovingienne, in: Studia Patristica, Bd. XVI: Papers presented to the Seventh International Conference on Patristic Studies, Part II, hg. v. Elizabeth A. LIVINGSTONE (Texte und Untersuchungen zur Geschichte der altchristlichen Literatur, Bd. 129), Berlin 1985, S. 54-62.

– Art. Heiligenverehrung II (Hagiographie), in: Reallexikon für Antike und Christentum, Bd. 14, Stuttgart 1988, Sp. 150-183.

– Die Vita im Spannungsfeld von Legende, Biographik und Geschichte (mit Anwendung auf einen Abschnitt aus der Vita Amandi prima), in: Historiographie im frühen Mittelalter, hg. v. Anton SCHARER und Georg SCHEIBELREITER (Veröff. des Instituts für Österreichische Geschichtsforschung, Bd. 32), Wien, München 1994, S. 194-221.

VAN DER MEER, F., Augustinus der Seelsorger. Leben und Wirken eines Kirchenvaters, Köln 1951.

VAUCHEZ, André, Présentation, in: Faire croire. Modalités de la diffusion et de la réception des messages religieux du XIIe au XVe siècles (Collection de l'Ecole française de Rome, Bd. 51), Rom 1981, S. 7-16.

– La sainteté en occident aux derniers siècles du moyen âge. D'après les procès de canonisation et les documents hagiographiques (Bibliothèques des Ecoles françaises d'Athènes et de Rome, Fasc. 241), Rom 1981.

– L'hagiographie entre la critique historique et la dinamique narrative, in: Pourquoi les saints? La vie spirituelle. Ascétique et mystique 143, 1989, S. 251-260.

VERCAUTEREN, Fernand, Note sur un texte du cartulaire d'Homblière et sur un passage de la *Vita altera sanctae Hunegundis*, in: Recueil de travaux offerts à Monsieur Clovis Brunel, Bd. 2 (Société de l'Ecole des chartes. Mémoires et documents, Bd. 12), Paris 1955, S. 651-659.

VETTERS, Hermann, Das Grab in der Mauer, in: Österreichische Zs. für Kunst- und Denkmalpflege 12, 1958, S. 71-75.

– /TRATHNIGG, Gilbert, Vorbericht über die Ausgrabungen im Salzburger Dom, in: Mitteilungen der Gesellschaft für Salzburger Landeskunde 98, 1958, S. 267-278.

Virgil von Salzburg. Missionar und Gelehrter. Beiträge des Internationalen Symposiums vom 21.-24. September 1984 in der Salzburger Residenz, hg. v. Heinz DOPSCH und Roswitha JUFFINGER, Salzburg 1985.

Vitae Corbiniani episcopi Baiuvariorum, hg. v. Bruno KRUSCH, MGH SS rer. Merov. 6, Hannover 1913, S. 545 f.

Vocabvlarivm ivrisprvdentiae Romanae, Bd. 3,2, hg. v. Marianne MEINHARD, Berlin, New York 1983.

VOGTHERR, Thomas, Der König und der Heilige. Heinrich IV., der heilige Remaklus und die Mönche des Doppelklosters Stablo-Malmedy (Schriften des Historischen Kollegs, Vorträge, Bd. 25), München 1990.

VOOGHT, D. P. de, Les miracles dans la vie de saint Augustin, in: Recherches de théologie ancienne et médiévale 11, 1939, S. 5-16.

WAGNER, F., Art. Miracula, Mirakel, in: LexMA, Bd. 6, München, Zürich 1993, Sp. 656-659.

WAITZ, Georg, Deutsche Verfassungsgeschichte, 8 Bde., Kiel 1844-1878.

Wallfahrt und Alltag in Mittelalter und Früher Neuzeit. Internationales Round-Table-Gespräch Krems an der Donau 8. Oktober 1990, red. v. Gerhard JARITZ und Barbara SCHUH (Österreichische Akademie der Wissenschaften, philosophisch-historische Klasse, Bd. 592; Veröff. des Instituts für Realienkunde des Mittelalters und der Frühen Neuzeit, Nr. 14), Wien 1992.

WALTHER, Helmut G., Gründungsgeschichte und Tradition im Kloster Petershausen vor Konstanz, in: Schriften des Vereins für die Geschichte des Bodensees und seiner Umgebung 96, 1978, S. 31-67.

– Das Kloster St. Gregor zu Petershausen, in: St. Gebhard und sein Kloster Petershausen. Festschrift zur 1000. Wiederkehr der Inthronisation des Bischofs Gebhard II. von Konstanz, Konstanz 1979, S. 11-34.

WARD, Benedicta, Miracles and the Medieval Mind. Theory, Record and Event 1000-1215, London 1982.

WATTENBACH, Wilhelm, Verzeichniß der auf der Oesterreichischen Reise untersuchten Handschriften, in: Archiv der Gesellschaft für ältere deutsche Geschichtskunde 10, 1849, S. 447-693.

WATTENBACH-LEVISON. Deutschlands Geschichtsquellen im Mittelalter. Vorzeit und Karolinger, H. VI: Die Karolinger vom Vertrag von Verdun bis zum Herrschaftsantritt der Herrscher aus dem sächsischen Hause. Das ostfränkische Reich, bearb. v. Heinz LÖWE, Weimar 1990.

WATTENBACH-SCHMALE. Deutschlands Geschichtsquellen im Mittelalter. Vom Tode Kaiser Heinrichs V. bis zum Ende des Interregnums, Bd. 1, bearb. v. Franz-Josef SCHMALE unter Mitarbeit von Irene SCHMALE-OTT und Dieter BERG, Darmstadt 1976.

WEILANDT, Gerhard, Ansichten über das Mittelalter. Zur Bewertung hagiographischer Texte in der neuzeitlichen Geschichtsforschung, in: Hagiographie und Kunst. Der Heiligenkult in Schrift, Bild und Architektur, hg. v. Gottfried KERSCHER, Berlin 1993, S. 32-40.

WEISS, Stefan, Die Urkunden der päpstlichen Legaten von Leo IX. bis Coelestin III. (1049-1198) (Forschungen zur Kaiser- und Papstgeschichte des Mittelalters. Beihefte zu J. F. Böhmer, Regesta Imperii, Bd. 13), Köln, Weimar, Wien 1995.

WEITLAUFF, Manfred, Art. Gerhard von Augsburg, in: VerfLex, Bd. 2, 2. Aufl. Berlin, New York 1980, Sp. 1225-1229.

WENDEL-WIDMER, Barbara Ruth, Die Wunderheilungen am Grabe der Heiligen Elisabeth von Thüringen (Zürcher Medizingeschichtliche Abhandlungen, Nr. 194), Zürich 1987.

WENZ-HAUBFLEISCH, Annegret, Die älteste Überlieferung der Mirakel des hl. Vitalis im Cod. 339 der Österreichischen Nationalbibliothek in Wien, in: Mitteilungen der Gesellschaft für Salzburger Landeskunde 134, 1994, S. 167-172.

– Der Kult der hl. Kunigunde an der Wende vom 12. zum 13. Jahrhundert im Spiegel ihrer Mirakelsammlung, in: Kunigunde – eine Kaiserin an der Jahrtausendwende, hg. v. Ingrid BAUMGÄRTNER, Kassel 1997, S. 157-186.

WERNER, Matthias, Die Gründungstradition des Erfurter Petersklosters (Vorträge und Forschungen, Sonderbd. 12), Sigmaringen 1973.

– Zur Verwandtschaft des Bischofs Modoald von Trier, in: Jb. für westdeutsche Landesgeschichte 4, 1978, S. 1-36.

WINHELLER, Ernst, Die Lebensbeschreibungen der vorkarolingischen Bischöfe von Trier (Rheinisches Archiv, Bd. 27), Bonn 1935.

WISPLINGHOFF, Erich, Friedrich I., Erzbischof von Köln (1100-1131), Diss. (masch.) Bonn 1951.

– Untersuchungen zur ältesten Geschichte des Stiftes S. Simeon in Trier, in: Archiv für mittelrheinische Kirchengeschichte 8, 1956, S. 76-93.

– Untersuchungen zu den älteren Urkunden des Klosters Siegburg, in: Archiv für Diplomatik 9/10, 1963/64, S. 67-111.

– Beiträge zur Wirtschafts- und Besitzgeschichte der Benediktinerabtei Siegburg, in: Rheinische Vierteljahrsblätter 33, 1969, S. 78-138.

– Das Erzbistum Köln 2. Die Benediktinerabtei Siegburg (Germania sacra, NF, Bd. 9), Berlin, New York 1975.

– Siegburg, in: Die Benediktinerklöster in Nordrhein-Westfalen, bearb. v. Rhaban HAACKE (Germania Benedictina, Bd. VIII), St. Ottilien 1980, S. 533-557.

WITKOWSKA, Aleksandra, Miracula średniowieczne. Forma przekazu i możliwości badawcze, in: Studia Źródłoznawcze 22, 1977, S. 83-87.

WITTKAU, Annette, Historismus. Zur Geschichte des Begriffs und des Problems (Sammlung Vandenhoeck), Göttingen 1992.

WITTMER-BUTSCH, Maria Elisabeth, Zur Bedeutung von Schlaf und Traum im Mittelalter (Medium Aevum Quotidianum, Sonderbd. I), Krems 1990.

– Pilgern zu himmlischen Ärzten: Historische und psychologische Aspekte früh- und hochmittelalterlicher Mirakelberichte, in: Wallfahrt und Alltag in Mittelalter und Früher Neuzeit. Internationales Round-Table-Gespräch Krems an der Donau 8. Oktober 1990, red. v. Gerhard JARITZ und Barbara SCHUH (Österreichische Akademie der Wissenschaften, philosophisch-historische Klasse, Sitzungsberichte, Bd. 592; Veröff. des Instituts für Realienkunde des Mittelalters und der Frühen Neuzeit, Nr. 14), Wien 1992, S. 237-254.

– siehe auch BUTSCH

WOLFRAM, Herwig, *Conversio Bagoariorum et Carantanorum.* Das Weißbuch der Salzburger Kirche über die erfolgreiche Mission in Karantanien und Pannonien (Böhlau Quellenbücher), Wien, Köln, Graz 1979.

– Die Zeit der Agilolfinger – Rupert und Virgil, in: Geschichte Salzburgs. Stadt und Land, hg. v. Heinz DOPSCH und Hans SPATZENEGGER, Bd. I,1, Salzburg 1981, S. 121-156 (Anm. Bd. I,3, 1983, S. 1203-1216).

WOLLASCH, Joachim, Mönchtum des Mittelalters zwischen Kirche und Welt (Münstersche Mittelalter-Schriften, Bd. 7), München 1973.

WOLTER, Heinz, Die Synoden im Reichsgebiet und in Reichsitalien von 916 bis 1056 (Konziliengeschichte, R. A, Bd. 5), Paderborn, München, Wien, Zürich 1988.

WORSTBROCK, F. J., Art. Hermann (Herimannus) von St. Gallen, in: VerfLex, Bd. 3, 2. Aufl. Berlin, New York 1981, Sp. 1059-1061.

– Art. Lambert (Lantbert) von Deutz, in: ebd., Bd. 5, 2. Aufl. Berlin, New York 1985, Sp. 489-491.

Wortkonkordanz zum Decretum Gratiani, bearb. v. Timothy REUTER und Gabriel SILAGI, Tl. 3 (MGH. Hilfsmittel, Bd. 10,3), München 1990.

WUNDER, Heide, Art. Kulturgeschichte, Mentalitätengeschichte, Historische Anthropologie, in: Fischer-Lexikon Geschichte, hg. v. Richard van DÜLMEN, Frankfurt/M. 1990, S. 65-85.

ZAPP, H., Art. Eid, A. II. Kanonistische Eideslehre, in: LexMA, Bd. 3, München, Zürich 1986, Sp. 1675 f.

ZENDER, Matthias/FELLENBERG, Josef gen. Reinold, Reliquientranslationen zwischen 600 und 1200, in: Atlas zur Kirchengeschichte. Die christlichen Kirchen in Geschichte und Gegenwart, hg. v. Hubert JEDIN, Kenneth Scott LATOURETTE und Jochen MARTIN, Freiburg, Basel, Rom, Wien 1987, Karte 28, Kommentar S. 24* f.

ZILLNER, F. V., Salzburgische Geschlechterstudien. III. Die Werfener Burggrafen, in: Mitteilungen der Gesellschaft für Salzburger Landeskunde 21, 1881, S. 24-79.

ZOEPFL, Friedrich, Das Bistum Augsburg und seine Bischöfe im Mittelalter, Bd. 1, Augsburg 1955.

– Art. Udalschalk, in: Lexikon für Theologie und Kirche, Bd. 10, 2. Aufl. Freiburg 1965, Sp. 444.

Bibliotheks- und Handschriftenverzeichnis

Bamberg, Bayerische Staatsbibliothek, R.B. Msc. 120.
Bern, Burgerbibliothek, Cod. 24.
Düsseldorf, Universitäts- und Landesbibliothek, Ms. G5.
Einsiedeln, Stiftsbibliothek Benediktinerabtei Einsiedeln, Cod. 247 (379); Cod. 323 (1065).
Lambach, Bibliothek der Benediktinerabtei Stift Lambach, Hs. LIV.
Leipzig, Universitätsbibliothek, Rep. II 64
Linz, Bundesstaatliche Studienbibliothek, Hs. 359.
Lüttich, Bibliothèque générale, Nr. 231.
Mainz, Stadtbibliothek, Hs. I 553.
München, Bayer. Staatsbibliothek, clm 7592; clm·18625.
Trier, Bibiliothek des bischöflichen Priesterseminars, Hs. 4; Hs. 98.
Trier, Stadtbibliothek, Hs. 118/106; Hs. 1384.
Wien, Österr. Nationalbibliothek, Cod. 339.
Wolfenbüttel, Herzog-August-Bibliothek, Cod. Guelf. 76.14 Aug. 2°.

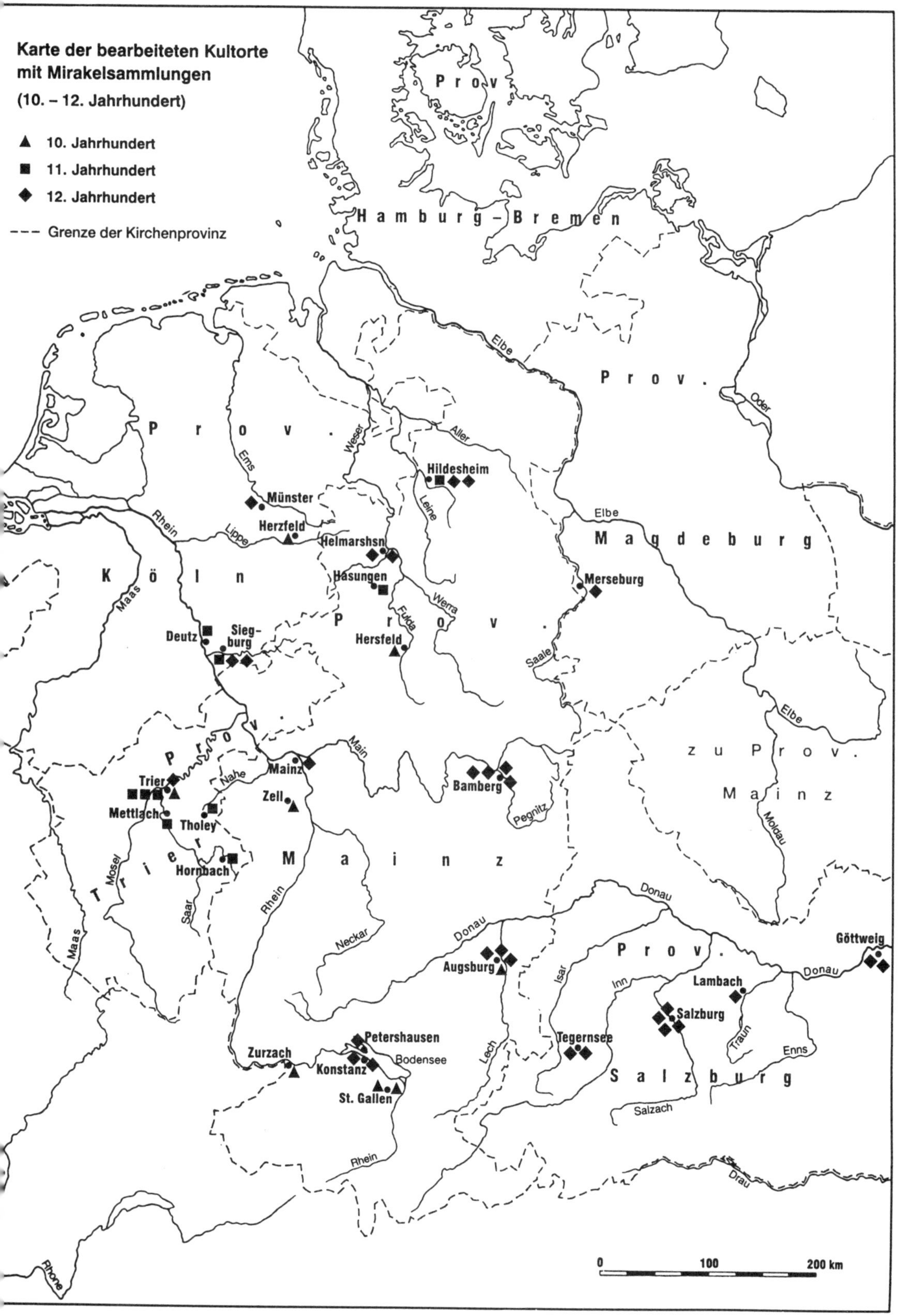
Karte der bearbeiteten Kultorte
mit Mirakelsammlungen
(10. – 12. Jahrhundert)
▲ 10. Jahrhundert
■ 11. Jahrhundert
◆ 12. Jahrhundert
--- Grenze der Kirchenprovinz
P r o v
H a m b u r g – B r e m e n
Elbe
P r o v .
Oder
P r o v .
Weser
Aller
Ems
Hildesheim
Münster
Rhein
Lippe
Herzfeld
Helmarshsn
Leine
Elbe
M a g d e b u r g
K ö l n
Maas
Hasungen
Werra
Merseburg
Fulda
P r o v .
Deutz
Sieg-
burg
Hersfeld
Saale
P r o v .
Elbe
Main
z u P r o v .
M a i n z
Mainz
Bamberg
Trier
Nahe
Zell
Mettlach
Tholey
Pegnitz
Moldau
Mosel
T r i e r
Hornbach
M a i n z
Saar
Rhein
Donau
Maas
Neckar
Donau
Göttweig
P r o v .
Augsburg
Isar
Inn
Donau
Lambach
Salzburg
Petershausen
Traun
Zurzach
Tegernsee
Enns
Konstanz
Bodensee
Lech
S a l z b u r g
St. Gallen
Salzach
Rhein
Drau
Rhone
0
100
200 km